남조선 뱃노래

남조선 뱃노래

김지하 지음

자음과모음

서문

20년이 지난 뒤에

이 책, 『남조선 뱃노래』(당시엔 『남녘땅 뱃노래』)가 출간된 것이 벌써 20여 년 전이다. 20여 년 전의 옛 책을 다시 붙들고 있자니 감회가 기묘하다. 우선 맨 먼저 떠오르는 것이 제목이다. 나의 첫 제목은 지금과 같은 '남조선南朝鮮'이었는데 주변의 여러 친구들이 자꾸 말려서 '남녘땅'으로 바꾼 것이다.

왜?

내가 긴 감옥살이에서 막 출옥한 뒤였고 또 세상이 아직도 '남조선'이란 말에 익숙하지 않을 때였기 때문이다.

그런데 웬일일까?

바로 그놈의 '남조선'이란 말 한마디 시방 막 세계적 화제로 떠오르고 있는 것 아닌가!

내가 '간태합덕艮兌合德'이라는 정역正易의 한 화두(한미 연합을 뜻함)를 가지고 워싱턴 강연차 그곳에 갔을 때 한 전직 주한 특파 기자였던 지식인이 가라사대, "미국인은 한국이 지구의 어느 구석에 붙어 있는지 모른다"고 하던 그 말 한마디가 아직도 내 뇌리에 마치 더러운 똥 찌꺼기처럼 달라붙어 있는 판에 '남조선'이라! 'South Korea'라!

나의 대학 선배인 김준길 선생이 필리핀의 마닐라 대학에서 쓴 한 논문 「South Korea」가 뉴욕에서 큰 상을 받았다. 이 「서문」과 함께 그 수상 소감을 번역해서 끝에 싣는다.

그 선배 왈, "그 글의 시작은 바로 자네의 책 『남녘땅 뱃노래』야!"

이렇게 되었다.

김치, 비빔밥, 'K-pop' 때문인가?

아마도 월가의 금융 쇼크 이후 세계 문명의 중심이 서쪽(대서양)에서 동쪽(태평양)으로 이동하고 있음 때문인가?

더군다나 바로 지금 이 '개벽'의 때에, 이 '화엄'과 동서 융합, 그리고 '네오-르네상스'의 한류 가능성이 떠오르고 있는 바로 이때에……?

내 책을 별로 좋아하지 않는 나의 아내가 유일하게 평가하는 책이 바로 이 『남조선 뱃노래』다.

기이하고 기이하다.

20년이 지난 뒤에 다시 붙들고 있자니 아무래도 기이하다. 마음에 안 드는 부분들이 많다. 그러나 거의 다 그대로 두고 지나간다. 그쪽이 훨씬 편해서다.

편한 것!

그것이 바로 'South Korea' 아니던가!

2012년 7월 1일

김지하

차례

1부

참된
아름다움은
대중적인 것이다

참된 아름다움은 대중적인 것이다*

하길종河吉鍾 감독에게
보낸 편지

* **편집자의 말** 이 글은 김지하 시인이 1970년 3월, 미국에서 시네마 연구를 하고 있던 하길종 감독에게 보낸 장문의 편지이다. 대학 시절부터 하길종 감독과 오랜 친교를 가져 온 김 시인은 당시 빈번한 서신 왕래를 통해 동학 농민 운동을 주제로 한 '태인전쟁'이란 가제의 영화를 구상하고, 공동 작업으로 이 영화를 위한 트리트먼트(시나리오 전 단계의 작품 구성)를 만들었다. 하 감독은 그 후 귀국하여 새로운 영화 운동을 전개함으로써 영화계에 새 바람을 일으켰으며 〈화분〉, 〈바보들의 행진〉, 〈병태와 영자〉 등의 우수한 영화를 만들어 탁월한 영화 작가로서의 능력을 보여 주었다. 그는 1979년 타계했다.

길종아!

시골에서 어젯밤 늦게야 돌아와 네 소포를 받았다. 스크립트는 아직 못 읽고 편지만 읽었다. 너의 그 한국인이라는 화살표를 그린 사진은 나를 오랫동안 눈물이 나도록 웃겨 주었다. 라쇼몽 스크립트는 스틸만 보아도 내가 그간에 생각해 왔던 영화 원고가 얼마나 빈약한가를 새삼 느끼게 한다. 나는 오늘 좀 장문長文의 편지를 써야 할 것 같다. 나의 생각, 느낌 그리고 그 빈약한 트리트먼트를 써 보내기 위하여.

나는 잘 있으나 건강은 별로 좋은 편이 아니다. 이 직장 저 직장 전전하다가 모두 걷어치우고 요즈음은 장시長詩를 쓰기 위해 온갖 잡다한 일들에서 손을 떼고 있다. 생활은 엉망이다. 여전히 고린 동전 한푼 없는 거지다. 하지만 삶에 대해서는 날이 갈수록 독한 도전 충동, 일종의 증오와도 같은 자신自信이 굳어 간다. 반역의 열광熱狂 같은. 그렇지만 나는 살고 있고 또 앞으로도 살아 있을 것이라는 생각에 기쁘다. 산다는 건 어떻든 좋은 거다. 내겐 더욱 강한 리얼리즘이 필요한 것 같다. 해결되겠지.

이것저것 벌여 놓은 일들과, 네 일, 가능한 한 시나리오로까지 진전된 원고, 그것들을 마치면 다시 시골로 가게 될 것이다. 영주永住를 의미한다. 내겐 싸움터가 필요하고, 그 싸움터는 오늘날엔 서울이 아니다. 서울은 나를 숨 막히게 하는 것이 아니라 나를 썩게 한다. 고인 물은 썩는다. 시골에서 내가 필요한 것 같다. 이 계획은 어떤 경우에도 변경되지 않을 것이다. 그러나 네가 돌아오고, 영화를 만드는 데에 내가 필요하고, 통틀어 내가 너를 도와야 할 때에는 언제나 시간을 내겠다. 그것만은 약속하마.

너의 글 가운데 바다에서 솟은 기름 때문에 죽어 가는 동물의 이야기는 무척이나 내 가슴을 아프게 했다. 네가 '인간이 이런 경우를 당하면 어디로 가야 할 것인가?'라고 생각했다는 그 한마디는 너를 내게 가까이 끌어당겨 주었다. 그 한마디로써 족하다.

나는 최근의 세계가 이전의 그 어느 시기 못지않게 변혁의 시대에, 새로운 역사적 변혁의 시대에로 진입하려는 몸부림 속에서 격동하고 있음을 느낀다. 이 시대에 사는 의식意識은 항상 눈을 뜨고 있는, 나날이 새로워져야 하고 끝없는 자기 부정과 반역의 지향으로 긴장된 것이어야 한다고 느낀다. 이미 낡은 이데올로기, 낡은 예술, 낡은 감각으로는 되지 않으며, 비록 이제껏 가장 전위적이었던 혁명의 노선조차도 썩어서 고루한 체제로 퇴색하고, 불모화하고 있다고 생각한다.

새 시대의 새로운 문화의 물결이 오고 있다. 이것을 인식한다면 이것을 앞당기기 위해 노력해야 할 일이다. 그러나 이 선구先驅의 일은 쉬운 것이 아니다. 비상한 각오와 결의, 재능과 덕德, 특히 무한한 지구력과 민중에 대한 다함없는 사랑 없이는 전혀 불가능하다. 짧은 공격과 폭발로써 이루어지지도 않으며, 더욱이 소수의 오만한 폭동으로써 이루어지지도 않는다. 우리의 경우, 세기적인 정체성을 극복하기 위해서는 그만큼 동양적인 인내와 끈덕진 의지 없이는 안 된다. 예술에 있어서도 그렇다. 이 땅의 모든 버려진 것, 오래도록 암장暗葬된, 도륙당한, 그러나 지금도 면면히 살아 흐르고 있는 민중의 정서와 욕구와 예술을 외면한 채로는 그들의 개선을 위해 봉사할 수도, 그들의 편에 설 수도 없다. 참된 미美는 대중적인 것이다. 쉬운 것이며, 쉬운 것 속에 모든 심오한 이념과 사상이 압축되고 육신화肉身化한 것이 미의 극치다. 그러나 그와 함께 세계와 우주의 변화 발전은 또 하나의 중요한 요소다. 보편적인 인간 정신의 전위적인 변혁 속도에서 탈락된 낡은 국수주의적인 예술관은 그 무엇보다 먼저 타기해야 할 참된 예술의 적이다. 요컨대 우리는 두 개의 눈, 세계의 눈과 민족의 눈, 혹은 민중의 눈과 선각자의 눈, 이 두 개의 눈을 가지고 볼 때에만 민중 위에 올바로 초점을 맞출 수 있다.

며칠 전 시골에서 교황 바오로 6세의 「민족들의 발전 촉진에 관한 회칙」을 열심히 공부하고 토의하고 분석하면서 그것을 어려운 이 나라 형편, 어려운 이 시골 형편에 적용하여 보다 더 적극적이고 생활력 있는 현실적인 지침으로 확대 해석하고 육신화하려는 교인, 비교인을 망라한, 가난한 농민들의 협동 세미나에 참가한 일이 있다. 그들에게 가장 중요한 문제는 어떻게 빵과 혼魂의 문제가 모순 없이 통일적으로 해결될 수 있는가에 있었다. 서울에서 기성 종교의 토착화니 사회 참여니 하는 부르짖음이 아직도 공허한 염불에 지나지 못한 채 공전空轉하고 있음을 생각할 때 이것은 매우 심각한 점을 가진 것으로 생각된다. 나는 그 자리에서, 일본의 종교학자 호리이치로屈一郎의 논문 「민간 신앙의 사회적 역할」에서 민중 속에 뿌리를 내린 샤머니즘의 강한 에너지와, 샤머니즘-고등 종교(가톨릭, 불교 등) 간의 상호 침투 및 양자의 현실 속에서의 창조적 통일이 참다운 토착화 과정에서는 필연적인 것임을 역설한 걸 상기했다.

탁월한 의미에서 통일되지 못하고, 민중 속으로 생활력 있게 파고들어 가지 못하고, 현장 민중의 정서와 생활에 적응하지 못하고, 그들의 생生 자체를 진보시키며 개조시킬 수도, 그 혼을 참된 뜻에서 풍부하고 대담하고 자비로운 것으로 유도, 계발시킬 수도 없는 고등 종교는 특히 외래의 그것은, 그 후진 사회의 부패한 상층 부르주아의 권력과 야합하여 그들의 불의를 용납하고, 부패의 소산인 잘못된 비애를 의미 있는 비애로 바꾸어 놓고, 그들의 권위주의를 옹호 방조하는 나쁜, 아주 나쁜 '바리새'로 전락하고 만다.

문화, 예술도 또한 마찬가지다. 아무리 과학적인 문화, 아무리 진보적인 선진 사회의 예술이라 할지라도 그것이 후진 지역에서 고통 받고 방황하고 영원한 생의 저주에 떨어진 황야의 민중 속에 들어가 뿌리를 박고 그들을 현실적으로, 정신적으로 개조하고 자신의 복지 향상을 위해 대담하게 저항하고 투쟁하도록 일깨워 주지 못한다면, 나약한 도시 인텔리의 자기 변명이나 자위 수단, 더러운 현학거리로밖에는 되지 못한다. 샤머니즘에 관한 견해 역시도 그렇다. 토착성, 무속 등을 그 무슨 대단한 호기심거리, 그 무슨 대단한 신비스러운 영물靈物인 듯이 보고, 신기한 것을 찾아 헤매는 권태에 빠진 썩은 족속들의 호기심을 만족시킨 것이 또 그 무슨 대단한 영광인 듯이 으쓱대는 이곳의 민속학자라는 사람들의 샤머니즘관이나 무지몽매한 코쟁이들이 농악대나 무꾸리에 카메라를 들이대는 따위의 가증스러운 짓이 결코 샤머니즘의 올바른 이해라고 할 수는 없다. 샤머니즘은 극복되어야 할 어떤 것이다. 철저히 파괴해 버려야 한다. 그러나 그 방법은 매우 복합적인 것이며 고차적인 것이다. 샤머니즘은 옛날에 있었고 농촌에만 있는 지나간 시대의 유물인 것만이 아니다. 그것은 오늘날, 과거 못지않게 번창하고 있으며, 옛 모습 그대로 또는 둔갑하여 여러 형태, 여러 지역에서 특히 서울에서 그 세勢가 하늘을 찌르고 있다. 기독교의 형태로도 나타나고 불교의 껍질을 쓰고도 나타난다. 샤머니즘이 민중 속에 차지하고 있는 그 강한 영향력의 뿌리를 그 정체부터 파악하는 것이 중요하다. 우리가 파괴해야 할 것은 그 미신성迷信性이며, 우리가 접수하고 심오하게 이어받아 해결해야 할 것은 그 밑에 뿌리로 작용하고 있는 민중의 한恨 어린 욕구, 오랜 불행의 소산인 절대적인 행복에의 열망, 죽음의 의식儀式을 통한 보다 나은 생과 부활에의 집념이다. 기성 종교의 토착화는 어느 복음 교회 따위의 이른바 방언放言 종교가 하는 것처럼 샤머니즘의 표현, 즉 그 주술성에 대한 투항에 의해서가 아니라 오히려 그 주술성, 미신성 내세주의나 공리주의를 불가피하게 만든 중요

요인인 민중의 현실적 갈망, 고통과 빈곤으로부터의 결정적인 해방에 대한 오랜 욕구를 기초요 핵심이요 근본 내용으로 삼아서 과학적 · 현실적 · 이성적으로 현실을 개조하는 방향에 동원시키는 곳에서만 비로소 이루어질 것이다. 종교가 아편이 안 될 수 있는 유일한 길은 이것뿐이라고 믿는다. 내가 민예民藝에 관심을 깊이 집중시키는 것은 그것이 신기해서가 아니다. 사실 하나도 신기할 것이 없다. 내가 나고 또 대부분의 어린 시절을 보냈던 전라도는, 내 가까운 친척들은 바로 그것의 정서 속에서 살아온 사람들이었고, 또 내 피 가운데 줄기차게 흐르는 것은 우리말이 가진 정다운 그리고 힘찬 역동성이기 때문에, 거칠고 우악스러우면서도 동시에 섬세하고 새로운 그것, 나는 민예 속에서 민중의 정서와 열망 그리고 그것의 표현 원리의 핵심을 잡아내고 그것을 어떻게 아직도 모순덩어리 그대로인 현실에 대한 강력한 저항의 예술 형식으로 발전시킬 것인가라는 나의 기본적인 테제에 의해서 관심의 방향을 잡고 있다.

내가 민예에서 첫눈에 발견한 것은 갈등의 원리였다. 일인日人 미학자 야나기 무네요시[柳宗悅]가 『조선의 미술』에서 조선 미술, 아니 조선의 모든 예술의 본질은 여성적이고 탄력적인 선의 아름다움에 있다고 했을 때, 나는 그것을 믿었고 또 아직껏 모든 우리나라 인텔리들, 학자들이 하나같이 그것을 금과옥조로 신봉하고 있다. 그러나 내 지식으로는 그것은 귀족 미술에 한한 것이다. 민간 예술, 평민 예술의 본질적 측면은 오히려 연속성, 통일성, 조화성 그리고 비극성, 여성적인 섬세와 내세적인 것보다는 단절성, 투쟁성, 위화성違和性 그리고 희극성, 힘과 현세적인 것이 주로 되어 있고 전자는 부차적인 것으로 배합되어 있다. 이제 나는 야나기 무네요시를 비판하는 입장에 서 있다. 만약 우리가 분석적이고 과학적으로 우리의 민예 또는 샤머니즘에 접근해 갈 때, 그 각도를 잡는 것은 바로 후자 쪽은 주 전선主戰線으로 하고 전자 쪽은 비판적으로 흡수하는 방향으로 힘을 집어넣어야 될 것이라고 나는 굳게 믿고 있다. 문제는 민중의 뿌리 깊은 욕구 체계와 가치 체계의 역사, 사회적 전형성의 구조나 본질을 밝혀내야 하고 거기서부터 출발한다는 데에 있다. 내용, 사상, 가치의 인식, 파악 활동은 이미 그 속에 그것의 표현 형식, 그것의 구체화 · 육신화 방향과 방법, 그것을 실천하고 그것을 토대로 새롭게 창조하는 활동의 방법론을 함축하고 있는 법이다.

가령, 일본인들이 쌀을 '보살님'이라고 부른다 할 때 그것을 신기한 알레고리나 메타포로 대뜸 제멋대로 써먹어 버리려고 한다거나 기껏해야 일본의 동북 지방에는 쌀이 귀하기 때문에 신성시한다는 정도의 해석에서 그쳐 버린다면 난센스다. 봉건 농경 사회에 있어서 세대전성성世代傳性性이나 운명론은 그 농경 활동 자체가 가진 지역적 제한성(한곳에서 계속 경작해야 하므로)이라는 공간적 한계와 또 한편 농작물의 성장과 수확, 파종, 조락, 재생 등에 관련된 사계의 변화라는 시간적 제약에서 태어난 사상이다. 프레이저Frazer의 말처럼 겨울과 여름의 싸움, 즉 겨울이 지나고 따뜻한 봄이 오면 죽었던 나무에 잎이 피고, 눈 쌓인 산야에 눈이 녹으면서 꽃들이 피어나는 것을 오랫동안 보아 온 농경 민족들은 그것을 두고 신이 죽고 또 살아난다고 생각하였다. 농작물은 바로 살아나는 신의 얼굴과 같은 것이다. 쌀을 보살님이라고 부르는 까닭은 바로 여기에 있다. '죽어 가는 신과 살아나는 신'의 원시 사상은 샤머니즘의 근원이며, 농경 민족들은 그것을 운명론과 세대전성성의 기초 위에서 인간의 실존, 즉 생과 죽음의 법칙으로 해석하고 활용하였다. 농경 부락제가 기본 내용으로 하는 겨울과 여름의 싸움은 농경 의식에서 무속巫俗이 분리되고 독립되면서—이것은 원시 공동체의 역사적 해체 과정에서, 즉 초기의 제정 일치 시대에 사제였던 무당이 정치적 권력, 이른바 전제田制와 농작물 분배에서 우위를 갖기 시작한 귀족이 발생하여 그 위계로부터 탈락하는 과정에서 밀려나기 시작한 것이다—무당이 기능화, 개별화, 예능화함에 따라 탄생과 죽음, 일회적인 죽음의 유한성과 영원한 생 및 부활, 질병과 건강의 대립적인 모순을 보다 나은 방향—생과 건강과 행복의 방향으로 해소시키려는 인생의 현실적 욕구 체계를 변증법으로 전화하였다. 지금에 와서도 우리나라에 지배적인 형태인 '선무당(降神巫)'의 노래나 살풀이의 사설辭說의 내용을 분석해 보면 이러한 대립의 변증법적인 갈등이 얼른 눈에 띈다. 그리고 그 내용은 매우 공리적, 현실적이다. 이 선무당은 시베리아형이긴 하나 원형에서는 찾아볼 수 없는 강렬한 활력성과 현실성, 대립성, 투쟁성—적대적 갈등 형태를 말함—등을 나타내고 있다. 이것은 원형이 우리나라라는 이역異域에 이식될 때 그 지역의 특수한 민중적 욕구 방향에 따라, 그리고 세월이 흘러 모든 역사적 격동과 참담한 시련이 요청한 성격에 따라 매우 특수하게 변모하면서 토착화했음을 알 수 있다.

바로 이런 점을 잘 요해한다면, 우리는 여기서부터 무엇을 뽑아내고 또 그것을 표현한다고 할 때, 그것 자체의 내용과 역사가 가진 기본적인 구조 특질로부터 그 표현의 형식 원리까지도 추출할 수 있을 것이다. 이것에 관련된 좋은 논문이 있다. 너도 아는 조동일趙東一의 「탈춤의 희극적 갈등」이다. 다음 기회에 보내겠다.

요컨대, 민예건 샤머니즘이건 그 속에 관류하고 있는 근원적인 것을 잡아낼 수 있어야 하고, 또 그것이 민중의 생활적인 요구이며 생활 형태의 전형적인 반영임을 잘 알아야 한다. 그리고 그것이 가진 전근대성, 봉건성을 극복하고 그것이 가진 악 요소, 미신성, 비과학성을 파괴 분쇄하는 길은 그 기본 요구의 본질과 그 표현의 원리를 과학적으로 분석해내서 그것과 선진적인 지식,

기술, 방법론에 적절하게, 아주 탁월하고 창조적으로 배합 통일하는 노력 속에서만 이루어지는 매우 지난한 작업인 것이다. 서양과 동양 사이의 오랜 세기 동안의 분리 · 대립이 하루아침에 한 아둔한 엉터리 작가의 머저리 같은 작업에서 통일될 수는 없다. 신중하게 오래도록 추구할 문제다. 그러나 한시도 쉬지 않고 추구해야 될 우리 세대의 가장 중요한 문화적 과업이기도 하다.

언젠가 그림 그리는 한 친구가 무당과 풍물재비의 장구춤을 그린 적이 있다. 색감의 뉘앙스 같은 것은 제쳐 놓고라도 그 친구의 태도가 근본적으로 잘못된 것이 있었다. 앵포르멜하는 친군데, 울긋불긋하게 뭔가 오리엔탈리즘의 냄새가 나도록 기묘하고 신비하게, 약간은 그로테스크하고 혼란스러운, 부옇게 애매몽롱하게 간지럽고 난해하게 떡 그려 놓고 나서는 한다는 소리가 양화洋畵와 동양미의 통일을 이룩한 역작 · 수작이라고 뽐냈고 또 여러 주변의 친구들이 고개를 갸우뚱하며 칭찬했고 또 비평가는 새로운 민족적 추상 미술의 길을 열어 놓은 가작이라고 올려 세웠다. 나는 그 친구를 심하게 욕했고 속물이라고 매도하자 둘은 싸웠고 그 뒤로는 서먹서먹해져 버렸다.

또 누구는 미국에서 오랫동안 그림 공부하고 돌아와서 전람회를 했는데, 색동의 알록달록한 배색을 기조로 하여 거기다 우파니샤드의 철학과 만다라 형상을 적당히 섞어 순수 서정주의에로 이르는 길을 민족 회화 전통을 통해서 개척했다는 호평을 받았고 상파울루 비엔날레에 출품했던 일이 있다. 나는 활자화된 어떤 팸플릿에서 이것을 분석하고 때렸으며 그도 역시 나를 욕했다고 한다.

예술에 있어서, 현대 예술에 있어서의 세계적인 보편성과 민족적인 특수성의 참된 통일이란 얼버무리는 따위의 피상적이고 속물적인 절충과는 아무런 인연도 없다. 거듭하거니와 양자는 오직 깊이 투시된 근본 정신 표현 원리의 이해 위에서 더욱이 생동하는 현실의 숨 막힌 요구에 대한 예술의 결연한 응답과 현실 모순에 대한 대담한 도전 행동 속에서만 빛나는 통일로서, 참된, 새로운, 높은 미의 극치요 또 하나의 강력한 창조로서 결합될 수 있을 뿐이다. 하지만 이 말은 샤머니즘의 여러 외면外面에서 우리가 포착하는 민중의 독특한 서정이나 빛깔, 리듬 따위를 배제하는 것은 결코 아니다. 오히려 근본적인 것만 장악한다면 그런 여러 가지 부차적인 문제에 대한 우리의 긍부肯否 간에 섭취 여부는 매우 자유로울 것이다. 취할 수도 버릴 수도 삭제할 수도, 과장할 수도 약화시킬 수도 있다. 문제는 핵심을 파악하는 것이요 민중적 관점에 서는 것이다.

너의 그 구상, 낙도에 들어간 영화 감독 이야기는 포기하기를 권한다. 미련 없이 말이다. 공허하기 짝이 없는 이야기요 난센스다. 점차 미쳐 간다니 그게 무슨 소리냐? 왜 미쳐? 너는 상징이나 우의寓意를 계산하고 있는 모양인데, 우탁寓託도 연상聯想도 우탁대寓託帶나 연상대聯想帶가 너무 길거나 뒤틀려 있으면, 즉 우탁하는 것과 우탁되는 것 사이의 관계가 너무 멀고 비필연적이면 애매성 때문에 파탄되어 버리고, 그것이 너무 가깝거나 너무 명유적明諭的이면 우스꽝스럽고 천박해지는 법이다. 너의 그 구상이 아직 짜인 건 아니라 하더라도 그 정도만으로도 이상의 두 가지 위험이 동시에 나타날 가능성, 위험이 농후하게 느껴진다. 그보다 더 중요한 것은 네가 샤머니즘을 묵시주의나 밀교 또는 신비주의쯤으로 착각하고 있다는 점이다. 미련 없이 버려라. 차라리 네겐 현대적이고 도시적인 발상이 더 리얼할 것 같다. 김동리金東里의 「무녀도巫女圖」를 내가 마땅찮게 생각하는 이유도 이와 비슷한 것이다. 이 비판은 내 스스로의 과거에 대해서도 똑같이 침을 뱉으며 나는 개새끼였노라고 자백할 용의가 내게 충분히 있음을 전제로 해서 가능하다. 그런 작품, 뱀이 기어 다니는 숲 속의 괴이한 무당집, 그래서 뭐가 어떻단 말인가? 영혼은 육신과 더불어, 내용은 형식과 더불어, 현실은 사물 및 사건이나 인간의 구체적인 행동과 더불어 현현된다. 알레고리에 너무 경도되지 말라. 그것은 함정이다. 오히려 그것을 부분적으로 척척 걸쳐 먹는 식으로 가지고 놀아야 될 일이다. 여유작작하게 역시 기본은 리얼리즘이야. 아무리 돌고 돌아도, 아무리 이것저것 미쳐 봐도 그래. 이제껏 나나 너나 이것저것 미쳐 볼 만큼은 미쳐 보지 않았던가? 역시 정공正攻을 주로 해서 실험해 나갈 일이야. 이건 내 확신이다. 다음 기회에 구체적으로 이 문제를 미학적 토대 위에서 분석하겠다. 어떻든 너는 그 낙도 타령—내게도 「땅끝」이라는 섬 이야기의 플롯이 있다. 네가 원한다면 그것을 보내 주지. 그것도 미신에 반역하다가 온 섬사람의 돌에 맞아 죽어 가는 젊은 남녀의 이야기이지만 네 이야기와는 전혀 달라. 현실적인 문제야. 너무 잔혹한 이야기라 마음 안 내키지. 그건 그렇고— 은 집어치워라. 그렇다고 내 트리트먼트가 대단히 훌륭한 건 아니니까 그 점 오해 없도록.

오늘의 농촌은 여전히 빈곤하고 더욱더 빈곤하다. 중농重農이 구두선口頭禪이 되어 있는 이 땅에 이농離農은 이제 일반 문제로서, 아무도 더 이상 관심 두고 싶어하지 않는, 눈살을 찌푸리는, 그러나 무서운 '폭풍의 눈'으로 발전하고 있다. 그렇긴 하지만 오늘의 농민은 어젯날의 농민이 아니다. 그들은 뭔가 알고 있고 생각하고 있으며 또 노력하고 있다. 봉건 유제와 영세적인 농업 노동, 아직도 샤먼이 지배하는 가슴 답답한 중세 암흑의 여운을 까부수고 그들은 진보하려고 몸부림치고 있으며 보이지 않는 길을 더듬어 찾고 있다. 관제官製의 농협에 의존하는 것이 아니라 자조적인 신용 조합 운동이나 협동화 운동 속에서, 협동화를 권장하는 초라한 젊은이들의 선전 연극 속에서 그들도 눈을 크게 뜨고 있다. 나는 이 연극을 하면서도 그것이 비록 초라하다 해도 그것은 중요한, 매우 중요한 훗날의 큰 바람의 전조라 생각할 때 가슴이 메도록 벅찼다. 그것은 과학과 이성의 대로에로 그들을 이끌고, 합리적 정신에 의해 그들의 당면 문제를 해결하는 파국적인 싸움에로 이끌어 낼 하나의 활로가 될 것이다. 이른바 문화적 민족주의자들의 너절한 무당 타령이나 너의 그 낙도 타령 같은 것은 기본적으로 나의 적이다. 왜냐하면 그것은 어느 복음 교회와 같이 주술에의 투항을 이용하여 민중을 아편으로 오도하는 것과, 우민주의 또는 정체성 및 세기적 고통과 암흑에 대한 동의가 되기 때문에. 하지만 나는 너의 낙도 타령이 문학 면에서 계속 자기 극복을 해 올 수 없었던 이유, 즉 너의 전공이 달라진 데서 온 문학적 발상의 무기력 때문에 그리고 무속에 대한 너의 깊지 못한 이해 때문이라고 생각한다. 화내지 마라. 나도 웃는 기분으로 쓰고 있으니까 부디.

우리는 농촌을 이제껏 조금도 변화하지 않는 것, 돌부처 같은 것으로 생각해 온 것이 사실이다. 그러나 좋든 나쁘든 농촌은 혹심하게 변모하고 있다. 많은 사람이 떠나고 있다. 일부에서는 그들도 깊이 썩어 간다. 고리키의 「첼카슈」에 나오는 왜소한 농민 이상으로 아주 더럽고 치사스럽게 그러나 다른 일부에서는 가슴에 뜨거운 불을 안고 있다. 그 불, 나는 이 세상 그 무엇보다도 이것을 가장 소중한 보물로 여긴다. 이 불은 현세적인 것이지만 영원한 생명력 창조자인 불, 즉 헤라클레이토스의 불이기도 하다. 오로스코Orozco*의 불이기도. 나는 불을 표현하고 싶고 불 속으로 가고자 한다.

그 빌어먹을 낙도 타령 이외에는 너의 모든 의견은 매우 훌륭하다. 읽으면서 언더라인을 그어 두었다. 두고두고 생각하기 위해서.

이제 작품 이야기를 하자. 미리 전제할 것은 앞으로 자주, 많이, 또 필요에 따라서는 전면적으로 뜯어고칠 것과 그것이 안 좋다면 다른 것으로 대치해서 그렇게 하겠다는 점이다.

첫째, 부적에 초점을 모았다. 주인공은 도입부에서 중상을 당하는데 그의 왼쪽 어깨에 붙어 있는 부적을 일본군의 총알이 뚫어 버린다. 주인공은 피 뜨거운 젊은이로서 동학군이다. 그는 동학 농민 전쟁의 마지막, 공주의 우금고개 전역戰役의 일환인 태인泰仁 싸움에서 왼쪽 어깨에 부상을 당하는데 당시 동학군은 모두 왼쪽 어깨에 궁을弓乙이라 쓴 거친 한지韓紙의 부적(靈符라고 함)을 달고 있었다. 그 부적을 몸에 붙이면 총알이 몸을 다칠 수 없다고 동학이 가르쳤기 때문이다.

바로 이 뚫린 부적, 총알이 뚫고 간 피 묻은 부적, 이 부적 속에 실패한 혁명, 좌절된 열정, 압살된 정의, 외세와 연합한 봉건 지배 세력의 무력에 의해 짓밟힌 농민의 민족주의, 끊임없이 외침에 유린되어 온 우리 역사의 피비린내, 특히 근대 한국의 뿌리 깊은 역사적 모순의 폭발과 그 폭발의 회진灰塵, 한마디로 네가 말한 바 역사적 비극을 상징해 넣어 가야 한다.

주인공은 맹신적인 열렬한 신도였다. 주인공은 부적의 힘을 의심해 본 적이 없다. 그런데 그 부적은 총알에 의해 뚫렸다. 여기서부터 주인공은 곤혹에 빠지고, 회의하고, 추궁하고, 해결하고자 하나 결국 더욱더 깊어지는 상처의 화농과 더욱더 깊어지는 절망

* 19세기부터 20세기까지 시케이로스, 파체코 등과 함께 활동한 멕시코의 변혁적 리얼리즘 미술가.

때문에 파멸되고 드디어는 깊은 한을 지닌 채 죽어 간다.

'총알이 뚫은 부적'에서 총알은 근대적인 제국주의 또는 과학 문명을, 부적은 후진 지역, 식민지의 민간 신앙 또는 전근대적인 민족주의, 정신주의를 상징한다. 총알과 부적은 이 작품의 기본적인 갈등의 두 극이며 '총알에 의한 부적의 패배'와 그 패배에 대한 곤혹과 회의가 주제다. 우리는 여기서 민간 신앙과 그에 결부된 민족주의가 강력한 화기火器로 군함 외교 시대의 잔인한 무력으로 침입하는 제국주의와 과학 앞에서 얼마나 서럽게도 패배하였는가 하는 것, 즉 동학 농민 운동과 샤머니즘적 토대 위에 구축된 신념이 지닌 역사 사회적 한계성을 극명하게 그려 내야 한다. 이제껏 역사에 있었던 모든 농민 전쟁은 승리해 본 적이 없다. 러시아의 푸가초프 반란, 독일 농민 전쟁, 중국의 태평천국의 난, 모두 다 그렇다. 가능하면 이것, 그 역사적 경험, 그 필연적 법칙성까지도 그릴 수 있으면 좋겠다.

동학은 1860년(철종 11년 庚申)에 수운이 창도했다. 사실 동학 교조 최수운崔水雲은 신에게서 받았다는 이 부적—자기가 만들었다고 한다. 그러나 그는 반드시 신에게서 받았다고 말해 오다가 교세가 커진 뒤에야 자기가 만들었음을 말했다. 또 그의 교설의 내용이나 포교 형태도 초기의 주술적인 형태에서 후기에는 합리적인 그리고 교리가 과학적인 형태로 접근해 갔다—을 불로 태워 가지고 그 재를 물에 타 먹으면 만병이 물러간다고 말하고 있으며 그것을 안심가安心歌, 권학가勸學歌 또는 몽중가夢中歌와 같은 여러 노래로 지어 부르게 했다— 트리트먼트 가운데 이것들이 나온다. 부상한 주인공을 위해 노인과 그의 딸이 주문을 외우고 노래를 부르며 부적을 태워 타 먹인다. 주인공은 곤혹을 느끼며 뚫린 부적을 보인다. 노인은 말없이 창연한 얼굴이 된다— 수운이 그런 교설로 포교했던 당시는 1821년부터 1823년 사이에 조선에 콜레

라가 만연되어 3년 동안에 수십만의 사람이 죽어 간 얼마 뒤였다. 그는 민중, 수년 동안의 악역惡疫과 고통에 시달리는 민중에게 어필하는 구제의 구체적인 모체를 제시하려 한 것이다.

「안심가」에는 이런 구절이 있다.

그럭저럭 먹은 부符가 수백 장이 되었더라
칠팔삭七八朔 지내나니 가는 몸이 굵어지고
검은 낯이 희어지네 어화 세상 사람들아
선풍도골仙風道骨 내 아닌가

또 수운이 직접 지은 「포덕문布德文」에는 이런 구절이 있다.

"나에게 영부靈符가 있는데 그 이름은 선약仙藥이요
그 모양은 태극太極이요 또 그 모양은 궁궁弓弓이다
나로부터 이 영부를 받아 사람들을 질병으로부터
구제하여라"라고 한울님이 말씀하셨다.

궁궁弓弓 또는 궁을弓乙이라고 하는데 이것은 명확치 않다. 모양이 태극이라는 것을 보면, 무한無限, 즉 음陰과 양陽이 서로 잇달아 소장消長하면서 맞물고 돌아가는 양의兩儀의 통일을 태극이라 하는데, 바로 이것은 땅과 하늘, 현세와 내세 등의 대립적인 것이 일단 두 개로 대립되면서도 서로 이어지고 종내에는 동등해지는 것, 즉 인내천人乃天의 사상을 상징한 것으로 내겐 생각된다. 동학농민 운동 직후 처형된 2대 교주 해월海月 최시형崔時亨(최시형은 교수絞首될 때까지 35년간을 쫓기며 지하 활동을 했다)은 그의 「내수도문內修道文」의 일 조에서 다음과 같은 주목할 말을 하고 있다.

집 안 모든 사람을 한울님같이 공경하고 며느리를 사랑하고 종을 자식같이 사랑하고 우마지축牛馬之畜을 학대하지 말라. 만일 그렇지 못하면 한울님이 노怒하시니라.

또「내수도문內修道文」에는 이런 말이 보인다.

1) 자기 집에 손님이 오면 손님이 오셨다고 말하지 말고 한울님이 강림하셨다고 말하라.

2) 사람은 한울님이라 평등이요 차별이 없느니라. 사람이 인위로써 귀천을 분별함은 곧 한울님의 뜻을 어기는 것이니 여러분은 일체 귀천의 차별을 철폐하여 선사의 뜻을 잇기로 맹서하라.

이것은 무엇인가? 근대 휴머니즘의 정신이 여기에도 표현되어 있다. 요컨대 한울님은 절대적 진실, 필연성, 정의의 표현이며 인간주의의 올바른 전개를 당대 민중의 의식 수준(샤머니즘적 토대)에 맞게 상징적으로 표현한 것이다. 따라서 궁궁이나 궁을도 하나의 궁은 인人을, 다른 하나의 궁은 천 天을 상징하고, 이 둘을 나란히 붙여 놓음으로써 인 속의 천, 천 속의 인, 즉 성聖에 도달한 인간의 지복한 상태를 상징하면서 동시에 인간 생명과 활동과 건강 속에서 특히 계급 없는, 상하 없는 평등 속에서 참된 천의 구체적인 모습을 보려 한 수운 사상의 핵심을 표현한 것 같다. '사람이 한울님'이라는 사상은 노비 해방과 모든 신분제의 폐지, 과부의 개가를 주장한 동학당 강령에서도 나타난다.

수운 자신이 이미 표현상의 문제와 더불어 주술성의 필요와 또한 그 한계를 잘 알고 있으면서 또는 점차 터득해 가면서 이 부적을 써 왔던 것 같다. 수운이 성심誠心, '한울님'을 공경하는 성심이 없는 자는 부적의 효험이 없다고 말한 것을 보면, 그리고 그가 체포되어 대구 형장에서 이슬로 사라지기 직전에 그의 제자가 그 부적을 어떻게 만드는지 죽기 전에 가르쳐 달라고 했을 때 수운이 "그렇게 성심이 없으면 부적을 먹는 즉시 죽어 버린다"고 잘라 말한 것을 보면, 이 영부 사상의 주술성, 미신성의 필요와 허구성을 동시에 알고 있었던 것 같다. 우리는 이 점을 요해할 필요가 있다. 주인공이 끝끝내 밝혀내지 못한 채 죽어 가는 '총알에 뚫린 부적'의 수수께끼를 우리는 영상에 의해 풀어 나가야 할 테니까. 바로 이런 입장에서 우리는 샤머니즘을 때론 긍정적으로 때론 부정적으로 파고들어야 한다. 주인공의 무자각적인 맹신과 그것의 파멸에 농민의 반항과 그것의 괴멸 및 약소 민족의 봉기와 그것의 좌절을 가加하고, 더하여 샤머니즘의 한계와 샤머니즘에 의존할 수밖에 없었던 민중의 서러운 세계 내에서의 자기 상실, 인륜의 상실을 표현해야 하고 그 고뇌에 찬 정신주의를 표현해야 하며, 총알과 관군의 횡포에 의하여 봉건 제도와 연합한 과학 문명, 제국주의와 극명한 리얼의 세계, 탐욕한 물질주의적 부르주아의 세계를 그려야 한다. 이 대립에서 우리는 형식상의 갈등 원리를 선택해야 한다. '형식—내용의 일치'와 역학에 도달하기 위해서도 우리는 민예의 풍부한 여러 형식과 다이너미즘을 배우고 원용해야 한다. 나는 음악을 모두 우리 악기로 쓸 작정이다. 좁은 방 안의 장면 이외에는 모두 노천露天이다. 장소는 모두 전라도로 한다. 전라도는 우리가 필요로 하는 숱한 영상을 충분히 제공할 것이다.

네가 이야기하는 부적의 알레고리는 부분적으로 동의했고 또 앞으로 그 부분을 깊이 연구하겠다. 정작 스크립트를 쓸 때는 그것 때문에 많이 달라질 것 같다. 그러나 역시 기본은 리얼리즘이다.

스토리는 간단하다. 주인공은 두 친구와 함께 전투에 참가하는데 하나는 머슴 출신으로 동학군이 아니며 단순하면서도 굳세고 의리 깊은 자이고, 다른 하나는 소작 출신의 기회주의자로 나중에 변절하여 관군의 앞잡이가 된다. 주인공은 몰락하여 죽은 향사의 아들로 늙은 홀어미를 모시고 있는 빈농 교인. 그는 머슴 출신임에 비하면 약간은 머리가 잘 도는 셈.

스크립트를 쓸 때엔 타이틀 시퀀스와 영화 중 몇 군데에 대포의 포두砲頭와 해태海汰, 광화문 앞에 서 있는 위압적인 돌 해태가 나오는데, 대포는 일제의 상징 또는 기타 외침 세력의 상징이고, 해태는 봉건 조선의 양반 지배 세력, 그 권위주의의 상징이다.

사실 이 해태는 음양오행설陰陽五行說에서 물을 뜻한다. 이조 창국 당시 태조 이성계가 지금의 서울(漢陽)에 도읍을 정했을 무렵, 무학 대사는 한양은 모든 조건이 좋으나 단지 하나, 남쪽의 '불'이 이 도시를 침범할 징조가 농후하니 이 불을 막아야 한다고 말했다. 실은 남쪽 과천의 관악산(말죽거리 뒤로 보이는 험한 산악)이 오행에 의하면 화산火山으로, 실제로 그 산에는 지금도 산불이 자주 나고, 그 인근의 가장 큰 고민은 화재가 빈번한 점이다. 내 견해로는 관악산의 맥脈 중에는 유황이나 인 등속의 인화성 광물이 많이 함유된 것 같다. 그리고 소나무가 많은데 그 송진이 몹시 흘러서 태양이 심하게 뜨거우면 불이 붙기도 한다. 또 그 인근 주민들은(요즈음은 연탄이 많이 보급되어 그렇지도 않지만) 관악산에 흔한 관솔로 불쏘시개를 한다.

여하튼 무학 대사의 말에 따라 태조는 도성 특히 왕성에는 돌 해태를 세웠다. 태종(3대)이 경복궁을 지었을 때에 오행의 수극화水克火(물이 불을 누른다)의 원리에 따라 돌 해태들이 모두 남쪽을 향하여 서 있게 했다. 또 5방위五方位 사상에 의해서도 남쪽은 본래가 불로 상징되고 북쪽은 물로 상징된다.

이와 비슷한 이야기로는 고려 말에 동요가 유행되어 오얏이 왕씨王氏를 멸하리라는 가사가 민간에 큰 동요를 일으켰다. 왕

씨는 토성土性인데, 오행의 목극토木克土(나무가 흙을 누른다. 흙 사태는 나무를 심어 막는다)를 상기한 왕씨가 한양 일대와 전국의 오얏나무를 모조리 벌목했다는 설화가 있다.

대원군 당시, 남쪽에 농민들의 반란(문경새재의 이필李弼의 난이 가장 컸다)이 접종하고 전라도에 큰 흉년이 들어 거기서 불이 일어나리라, 즉 대반란이 일어나리라는 풍설이 떠돌았고 대원군은 이것을 들었다고 한다. 대원군은 왕조의 권위를 회복하기 위해 임진왜란 때 타 버린 경복궁을 중수했으며 광화문(야나기 무네요시가 그렇게도 칭찬했던)을 세우고, 그 앞에 거대하고 위풍당당한 돌 해태가 남쪽을 노려보도록 세워 놓았다. 결국 이 공사 때문에 전국 특히 남쪽의 모든 장정이 끌려갔고, 원납전이라는 화폐를 남발하는 바람에 전황錢荒이 일어나 민심이 흉흉해졌다. 이 때 나온 것이 그 한 어린 「아리랑」이다. 척화비斥和碑까지 세운 대원군이고 보면, 이 해태가 신흥 일본의 침략까지도 견제하는 뜻을 지닐 것으로 희망했겠지. 나중에 일제는 이 광화문과 해태를 철거해 버렸고 그 자리에 총독부를 세웠다. 그런데 작년에 대통령 특명에 의해 광화문과 해태가 중앙청 앞에 복원되었고 해태는 남쪽을 노려보고 있으니 이 무슨 역사의 아이러니냐? 또한 일본은 다시 신식민주의의 형태, 경제적 침식의 방법으로 깊이 한국에 들어오고 있으며 일본 자위대는 재군비에 박차를 가하고 있다.

동학 농민 운동이 일어나고 있던 바로 그 갑오년에 일제와 조선 왕실이 손잡고 갑오경장(일본식 유신, 즉 근대화)을 했다. 오늘날 그 많은 반대에도 불구하고 한일 국교 정상화와 함께 다량의 일본 자본에 의해 이곳의 소비 경제가 물결을 이루고 있다. 우리는 이 모든 것을 깊이 분석해야 하고, 또 아주 리얼한 그러나 순화된 형태로 이 주제를 표현해야 한다. 내가 말한 역사적 비극이란 다른 곳에 있는 것이 아니라 바로 이것, 거듭되는, 풀리지 않고 반복되는 이 악순환에 있으며, 대포와 해태와 총알을 일방으로 하고 부적과 피와 불을 타방으로 하는 모순의 해소되지 않는 영원한 악순환, 그 반복적인 경험에 있다.

그러나 이것을 난해한 시처럼 전적으로 알레고리에 의존하여 표현해서는 안 된다. 알레고리는 부분적으로 그리고 초점으로 무게를 지녀야 하며 남발되어선 안 된다. 그러니까 한편에서는 한 인간의 구체적인 경험의 묘사 전개가 결국 주제를 표현하는 결과에 자연스럽게 도달해야 하고, 다른 한편에서는 부적과 그것에 대립된 상징 간에서 갈등하는 알레고리의 전개가 주제를 표현하는 데 도달해야 하며, 또 이 둘은 서로 섞여서 파동波動—두 개의 줄이 꼬여 굵은 노끈이 되듯이—하는 과정에 통일적으로 그 주제를 부각시켜야 한다. 뿐만 아니라 우리는 이러한 기본적인 내용과 관점 등에서부터 한 시퀀스, 한 쇼트 등의 앵글, 뉘앙스, 만약 색채라면 색감, 색의 대비, 일체의 몽타주의 형태를 끄집어내야 할 것이다. 에이젠슈타인Eisenstein이 만든 그 몽타주의 표(색채, 음악, 동작 등을 한 원리 밑에 갈등시키는)는 실상 중국의 오행표五行表에서 빌려 간 것 같다. '죽어 가는 신과 살아나는 신', '겨울과 여름의 싸움' 등의 제전 사상, 우리나라의 '호장굿'이나 '전차놀이', '소싸움', 부락제 즉 '별신무別神舞', '서낭굿' 심지어는 무꾸리에 있어서까지도(탈춤은 말할 것도 없고) 그 내용과 형식을 함께 관통하고 있는 음기와 양기의 싸움, 즉 숫서낭(男神)과 암서낭(女神)의 싸움 내지는 '화합굿'에서 우리가 표현에 있어서 요구하는 모든 것을 끌어내야 하고 여기에 너의 선진적인 영화 기법과 영화 이론 그리고 너의 오랜 경험과 더불어 중국의 '음양오행설'을 배합해야 한다. 사실 남방계의 오광대五廣大 탈춤에서는 겨울 · 여름의 기본 갈등 위에 오행 형식이 종합된 형태가 나타나 있다. 동—백색, 서—청색, 북—흑색, 남—적색, 중앙—황색의 기치와 의상, 그리고 동양 음악의 오음五音, 오상五常과 오기五氣까지도 철저히 지켜졌다. 결론적으로 말하면 내용과 형식 양면에서 문제를 해결하도록 추구하는 것, 내용으로부터 형식을 끌어내는 노력이 가장 중요한 것이다.

나의 첫 번 트리트먼트는 확실히 이런 점에서 보면 모자라기 짝이 없다. 그러나 고쳐 가면서 보완할 수는 있고, 이런 기본 관점만 서로 동의되고 일치된다면 소재쯤은 무궁무진하다. 내가 가진 다른 것과 첫 번 것을 배합할 수도 있고 또 다르게 할 수도 있는 거니까.

자, 이제 나의 장광설을 끝내기로 하자. 장시간 귀 기울여 주느라고 퍽 수고했다. 욕까지 먹어 가면서 말이다. 트리트먼트는 3단계로 쓰겠다. 첫째는 짤막한 스토리의 전개요, 둘째는 보다 자세한 기술, 셋째는 내가 그동안 언뜻언뜻 생각했던 엉성한 스크립트의 도입 부분을 유사 시나리오 형태로 순서화하는 것.

이번 편지에 대한 너의 허심탄회한 비판과 네 견해가 빠른 시일 안으로 내게 와 줄 것을 믿는다. 내가 서울에 머물 수 있는 나머지 시간은 별로 많지 않다. 아주 짧아질 가능성이 짙다. 너의 선처를 바라겠다. 안녕.

우리
가슴속의
분계선

우리 가슴속의 분계선 *

*** 편집자의 말** 이 글은 1973년, 김낙중(金洛中)이 쓴『굽이치는 임진강』의「서문」으로 쓰여진 것을 재수록한 것이다.

내 운명은 그대로 우리 민족의 운명. 이 민족의 분할은 내 생명의 분할. 나는 이 민족이 자유롭게 될 때에 자유로울 것이고, 이 민족이 통일될 때에 내 삶은 통일될 것이다.

유명한 정객의 말이 아니다. 수난 속을 걸어온 한 인텔리의 말이다. 그리고 이 말은 그 한 인텔리만의 말이 아니라 수난 속을 살고 또 죽어 간 수없이 많은 가슴 더운 청년들의 외침인 것이다.

말도 자꾸만 쓰면 닳아진다. 말이 그 말의 내용과 동떨어져서 쓰이면 때가 낀다. 특히 많은 사람의 희망에 관련된 말일수록 그 희망이 현실 속에서 이루어지지 않은 채 자꾸만 공짜로 쓰일 때, 더욱 더러운 때가 끼고 더욱 빤질빤질하게 닳아지는 법이다. 자유, 통일, 민족, 민주주의, 정의, 평화, 조국의 번영 이런 말들이 이런 말들의 실질적인 내용이나 실질적인 실천과는 하등 인연도 없는 정객들의 입을 들락날락할 때 끼는 것, 바로 그것이 때다. 동일한 말의 반복 사용으로 민중이 그 말의 참뜻을 잊고 말 자체의 주술에 걸려 말의 의미로부터 떨어져 나가도록 만드는 조작, 그리하여 때가 낀 말은 참된 말의 적이 된다. 때가 낀 말은 인간을 사물로부터, 사물의 참된 인식으로부터, 현실로부터, 현실과의 투쟁으로부터 멀리 떼어 내어 피동으로, 마비로, 주체적인 사고의 불모 상태로, 노예적인 암흑으로 몰아넣는다. 때문에 순결한 의식은 때가 낀 말에 부딪칠 때 구역질을 일으킨다.

자유, 통일, 민족, 민주주의, 정의, 평화, 조국의 번영, 이 얼마나 뜨겁게 우리들의 피를 들끓게 하는 말들이냐! 그러나 이 모든 말들이 그 얼마나 오랜 세월을 지겹도록 우리를 구역질 나게 하던 말들이냐!

이 말들로부터 때를 벗겨 내야 한다. 때를 벗겨 말 하나하나에, 그 하나하나의 울림에 새로운 피가, 뜨겁고 붉은 피가 흐르도록 해야 한다. 피! 그렇다. 이 말들은 결코 공짜로 발음할 수 없는 말들이다. 이 말들은 피를 먹고 사는 말, 피를 먹어야만 그것을 말하는 사람, 그것을 듣는 사람의 가슴의 피를 들끓게 하고, 피를 먹어야만 그것을 말하는 사람, 그것을 듣는 사람이 그것을 위한 싸움터로 달려가도록 소리쳐 부르는 것이다. 그리고 오직 그것을 위한 싸움터에서 흘리는 피만이 언제나 그것을 새로운 감격과 새로운 의미로 아로새기는 것이다. 이 책은 그러한 피로 얼룩져 있다. 이 책이 우리에게 서러운 감동과 고상한 이상주의의 향기를 보내주는 것도 바로 그 피 때문이다. 피가 묻어 있지 않은 말, 그것은 오늘날엔 죄악이다.

김낙중 선배의 소망과 비원, 그 때문에 받은 오랜 고통은 바로 우리들 모두의 소망이며 비원이요 고통이다. 군사 분계선은 우리들 모두의 가슴 한복판을 달리고 있고 그것은 우리들 모두의 생존을 반쪽으로 만들어 놓았다. 영화 〈히로시마 내 사랑〉의 마지막, 서로 헤어질 때 프랑스 여인이 그녀의 일본인 애인에게 남긴 말, "당신의 이름은 히로시마, 히로시마는 당신의 이름."

세계의 도처에서 전쟁과 분단은 지도 위에, 사랑하는 사람들 사이에, 인간의 의식 속에 분계선을 그어 놓았다. 누가 그 선을 그었는가? 누가 한시도 떨어질 수 없는 사랑하는 사람들을 서로 헤어지게 하였는가? 정든 사람을 만나기 위해, 그리운 한 줌의 내 국토를 만지기 위해, 두 개로 분열된 자기의 의식과 생존을 통일시키기 위해 통곡과 몸부림으로 분계선을 넘으려는 순결한 젊은이들의 비원 위에 누가 정신 박약자의 그 때 묻은 레테르를, 간첩의 죄목을 들씌웠는가?

차디찬 전쟁, 분단의 악마, 저 고문자의 딱딱한 언어, 딱딱한 회색의 고정 관념, 딱딱한 형식 논리의 마디와 마디 사이에 끼여 몸부림치는 시뻘건 진실의 여린 살점들, 인간적이고 섬세한 해명에 의해, 논리적 연속성에 의해 밖에서는 드러낼 수 없는 압박당하는 자의 진실을 누가 봉쇄했는가? 그 호소할 길 없는 비애, 부당한 고문 아래 부당하게 둘로 찢어지는 인간의 의식과 생존, 분열과 체념과 침묵을 강요당하는 나날, 이 모든 것을 누가 만들었는가? 도대체 누구인가?

우리의 이름은 분단이다. 이 때 묻은 이름, 이 분단은 우리의 모든 것을 지배하는 운명이 되었다. 강요된 운명, 그토록 저항했던 분단, 그 저주받을 이름이 이젠 우리들 삶의 전체를 결정하는 본질로 되어 버렸다. 모든 낡은 것, 모든 때 묻고 닳아지고 길든 것, 친숙한 버릇으로, 우리들 삶의 한 부분으로, 사유하고 판단하는 기본적 방법으로 되어 버린 더러운 이름, 버려야 마땅함에도 오히려 그것을 천착해야만 되는 이름, 극복해 버려야 마땅함에도 오히려 그 밑에 굴복해야만 되는 이름, 분단이다. 통일마저도 이젠 분단을 의미한다. 분단은 이제까지의, 지금의 모든 우리 삶의 총괄 개념인 것이다.

절망뿐인가? 과연 남은 것은 절망뿐인가? 결코 그렇지는 않다. 피와 비명으로 얼룩진 김낙중 선배의 발자국에서 나는 오늘 희망을 읽는다. 한 개인의 운명과 미래를 민족 전체의 운명과 미래에 단단히 결합시킨 곳에서, 끈덕진 집념과 단호한 실천, 죽어도 버리지 않은 그의 고상한 이상주의에서 그것을 읽는다. 기존 권력과 기존 체제에의 환상을 완강히 거절하고 역사의 미래로부터 민중의 깊은 뿌리로부터 새롭고 날카롭게 자라 오르는 때 묻지 않은 젊은 물결 속에 필연적으로 앙양될 새 자각, 새 이념, 새 노선에서 진정한 평화 통일의 가능성을 찾는 그의 지혜에서 나는 그것을 읽는다. 그의 소망과 비원, 고통이 우리들 모두의 것이듯이, 그 고통 속에서 결단하고 발견하고 견지하며 실천한 희망은 바로 우리들 모두의 것이기 때문이다.

우리가 그 희망을 강력히 견지하고 줄기차게 실천할 때 우리의 이름은 서서히 분단으로부터 통일로 바뀔 것이다. 그때 분단의 쓰라린 비극의 경험은 우리로 하여금 그 비극을 딛고 보다 새롭고 벅차고 눈부신 진정한 통일과 완성에로 솟구치게 하는 튼튼한 토대를 제공할 것이다. 희망과 강한 낙관을 견지할 때, 언제나 현실과의 새롭고 순결한 투쟁을 전개할 때, 분단으로부터 그 위에 덮인 오랜 때를 용감히 벗겨 내고 분단의 피 흐르는 고통을 늘 생생하게 받아들일 때, 통일의 미명 아래 꾸며지는 일체의 또 다른 분단 영구화의 음모를 반대하여 진정한 통일을 강력히 요구하고 나설 때, 그것을 위해 싸우다 기꺼이 피 흘려 죽어 갈 수 있을 때, 그때에만 우리는 김낙중 선배의 비극적인 경험을 또다시 반복하지 않을 수 있고, 그때에만 우리 민족사의 이 지리한 악순환의 철쇄를 결정적으로 끊어 버릴 수 있을 것이다.

1973년 2월 1일

고행…… 1974

고행…… 1974*

*** 편집자의 말** 김지하 시인은 민청학련 사건과 관련, 1974년 4월 24일 긴급조치 위반 혐의로 체포 구속되었다. 당시의 비상보통군법회의는 대통령 긴급조치 제4호 위반, 국가보안법 위반 및 내란죄 등의 죄명으로 그에게 사형을 선고했으며 그 후 무기로 감형되었다. 그는 영등포 교도소에서 무기수로 복역 중 1975년 2월 15일 형집행정지로 출감했으나 같은 해 3월 14일 반공법 위반 혐의로 재수감되었다. 이 글은 출감하여 재수감될 때까지인 1975년 2월 25일~27일 사이 『동아일보』에 3회에 걸쳐 게재되었던 옥중 수기다. 인혁당(人革黨) 사건을 다룬 이 글은 그의 재구속 사유가 되었다.

1

나는 작년 4월 25일 새벽 흑산도에서 체포되었다.

나 자신도 조감독으로 참가한 영화 〈청녀青女〉의 촬영반이 투숙하고 있던 대흑산도 예리 관광 여관에서였다. 목포 경찰서 흑산 지서의 민 경사는 정중한 인사를 한 뒤, 내 두 손에 수갑을 채웠다. 음울하고 황막한 바다를 내내 나는 넋 빠진 사람처럼 멍하니 앉아서 지나왔다.

그러나 배가 목포항에 도착했을 때 내 귀에 문득 계면조界面調의 대금 소리가 들리는 듯한 착각에 빠져들어 갔다. 10여 년을 그리던 고향, 그 고향에 나는 수갑을 찬 모습으로 돌아온 것이다. 얼마나 그리던 유달산의 모습이었던가! 그리고 얼마나 초라한 내 모습이던가! 가슴 저 밑바닥에서 갑자기 오열이 터져 올라왔다. 내 시詩의 어머니. 굽이굽이 한이 얽힌 저 핏빛 황토의 언덕들. 사잣밥을 주워 잡수시던 할머니의 갈퀴 같은 손. 굶어 죽은 내 조카 진국이의 시체를 묻으며 뻘밭에 이마를 짓찧으시던 외할아버지의 통곡.

대창을 휘두르며 비년산을 내려오던 뚜갱이의 그 핏덩어리 같은 두 눈. 생매장당한 아버지를 찾기 위해 캄캄한 밤, 송장들마다 들치며 소리 죽여 울던 창남이의 모습. 아아, 그 고향에 나는 수갑을 찬 모습으로 돌아온 것이다.

가까스로 울음을 참으며 브리지를 내려설 때, 나는 그러나 파지장波止場에 몰켜 선 수많은 생선 장수 아주머니들의 그 삶에 지치고 볕에 그을린 얼굴들 속에서, 수갑 찬 나를 강도나 절도로 파악하는 얼굴들, 그리하여 자기들과 똑같이 헐벗고 굶주리고 팔자 사나운 놈으로 생각하는 그 얼굴들 속에서 비로소 나의 귀향을 맞이해 주는 고향의 뜨거운 인사를 발견하기 시작했다. 그렇다.

나는 이제야 내 고향에 돌아온 것이다. 이제야 내 핏줄에 다시금 떳떳이 복귀한 것이다.

저주받은 땅 전라도의 아들답게 수갑을 차고, 천대받는 사람들 '하와이'의 시인답게 한과 미칠 듯한 분노와 솟구치는 통곡을 가슴에 안고, 10여 년 전 옛날과 똑같은 낡고 먼지 이는 그 가난한 거리에 못난 아들이 이제야 돌아왔노라 인사를 드리면서 나는 서서히 내 가슴속에 미소가 돌아오고 있음을 느꼈다.

2

정보부 6국의 저 기이한 빛깔의 방들.

악몽에서 막 깨어나 눈부신 흰 벽을 바라봤을 때의 그 기이한 느낌을 언제나 느끼고 있도록 만드는 저 음산하고 무뚝뚝한 빛깔의 방들. 그 어떤 감미로운 추억도 빛 밝은 희망도 불가능하게 만드는 그 무서운 빛깔의 방들. 아득한 옛날 잔혹한 고문에 의해 입을 벌리고 죽은 메마른 시체가 그대로 벽에 걸린 채 수백 년을 부패해 가고 있는 듯한 환각을 일으켜 주는 그 소름 끼치는 빛깔의 방들. 낮인지 밤인지를 분간할 수 없는, 언제나 흐린 전등이 켜져 있는, 똑같은 크기로 된, 아무 장식도 없는 그 네모난 방들.

그 방들 속에 갇힌 채 우리는 열흘 보름 그리고 한 달 동안을 내내 매 순간순간마다 끝없이 몸부림치며 생사를 결단하고 있었다.

못돌아가리
한번 디뎌 여기 잠들면, 육신깊이 내린 잠
저 잠의 하얀방, 저 밑모를 어지러움

못돌아가리

일어섰다도

벽위의 붉은 피 옛 비명들처럼

소스라쳐 소스라쳐 일어섰다도 한번

잠들고 나면 끝끝내

아아 거친길

나그네로 두번 다시는

굽높은 발자국소리 밤새워, 천장위를 거니는 곳

보이지 않는 얼굴들 손들 몸짓들

소리쳐 울어대는 저 방, 저 하얀방 저 밑모를 어지러움

뽑혀나가는 손톱의 아픔으로 눈을 흡뜨고

찢어지는 살덩이로나 외쳐 행여는

여윈 넋 홀로 살아

이길 위에 설까

덧없이

덧없이 스러져간 벗들

잠들어 수치에 덮여 잠들어서 덧없이

매질아래 발길아래 비웃음아래 덧없이

스러져간 벗들

한때는 미소짓던

한때는 울부짖던

좋았던 벗들

아아 못돌아가리 못돌아가리
저 방에 잠이 들면
시퍼렇게 시퍼렇게
미쳐 몸부림치지 않으면 다시는
바람부는 거친길
내 형제와
나그네로 두번 다시는.

그 방들 속에서 매 순간순간들은 한마디로 죽음이었다. 죽음과의 대면! 죽음과의 싸움! 그것을 이겨 끝끝내 투사의 내적 자유에 돌아가느냐? 아니면 굴복하고 수치에 덮여 덧없이 스러져 가느냐?

1974년은 한마디로 죽음이었고, 우리들 사건 전체의 이름은 이 죽음과의 싸움이었다.

죽음을 스스로 선택함으로써 비로소 죽음을 이겨 내는 촛불신비의 고행 바로 그것이 우리의 일이었다. 이 죽음의 방, 이 죽음과의 대면의 방 속에서 나는 내 아들의 탄생을 알았다. 아아, 신이여! 당신의 뜻을 이제야 비로소 알았나이다.

3

어둠속에서
누가 나를 부른다.
건너편 옥사 철창너머에 녹슨
시뻘건 어둠
어둠속에 웅크린 부릅뜬 두 눈

아 저 침묵이 부른다
가래끓는 숨소리가 나를 부른다

잿빛 하늘 나직이 비 뿌리는 날
지붕위 비둘기 울음에 몇번이고 끊기며
몇번이고 몇번이고
열쇠소리 나팔소리 발자국소리에 끊기며
끝없이 부른다

철창에 걸린 피묻은
낡은 속옷이
숱한 밤 지하실의
몸부림치던 하얀넋
찢어진 육신의 모든 외침이
고개를 저어
아아 고개를 저어
저 잔잔한 침묵이 나를 부른다
내 피를 부른다
거절하라고
그 어떤 거짓도 거절하라고
어둠속에서
잿빛하늘 나직이 비 뿌리는 날
저 시뻘건 시뻘건 육신의 어둠속에서
부릅뜬 저 두 눈이.

잿빛 하늘 나직이 비 뿌리는 어느 날, 누군가 가래 끓는 목소리가 내 이름을 부르더군요. 나는 뺑끼통(감방 속의 변소)으로 들어가 창에 붙어 서서 나를 부르는 사람이 누구냐고 큰 소리로 물었죠. 목소리는 대답하더군요. "하재완입니더." "하재완이 누굽니까?" 하고 나는 물었죠. "인혁당입니더" 하고 목소리는 대답하더군요. "아항, 그래요!" 사상 15방에 있던 나와 사하 17방에 있던 하재완 씨 사이의 통방通房(재소자들이 창을 통해서 서로 큰 소리로 교도관 몰래 대화하는 것)이 시작되었죠. "인혁당 그것 진짜입니까?" 하고 나는 물었죠. "물론 가짜입니더" 하고 하 씨는 대답하더군요. "그런데 왜 거기 갇혀 계슈?" 하고 나는 물었죠. "고문 때문이지러" 하고 하 씨는 대답하더군요. "고문을 많이 당했습니까?" 하고 나는 물었죠. "말 마이소! 창자가 다 빠져나와 버리고 부서져 버리고 엉망진창입니더" 하고 하 씨는 대답하더군요. "저런 쯧쯧" 하고 내가 혀를 차는데, "저그들도 나보고 정치 문제니께로 쬐끔만 참아 달라고 합니더" 하고 하 씨는 덧붙이더군요. "아항, 그래요!" 그 뒤 7월 언젠가 '진찰(구치소 내의 의무과 의사가 재소자들을 감방에서 꺼내어 줄줄이 관구실 앞에 앉혀 놓고 진찰하는 일과)'받으러 나가서 차례를 기다리며 쭈그리고 앉아 있는데, 근처 딴 줄에 앉아 있던 키가 작고, 양다리 사이가 벌어지고, 약간 고수머리에 얼굴에 칼자국이 나 있고, 왕년에 주먹깨나 썼을 것 같은 사람이 나를 툭 치며 "김지하 씨지예?" 하고 묻더군요. "그렇소만, 댁은 뉘시유?" 하고 내가 묻자, 그 사람은 "지가 하재완입니더" 하고 오른손 엄지로 자기 가슴을 가리키지 않겠어요. "아항, 그래요!" 이렇게 해서 잠깐 만난 실물 하재완 씨는 지난번 통방 때와 똑같은 내용의 이야기를 교도관 눈치 열심히 보아 가며 낮고 빠른 소리로 내게 말해 주더군요.

마치 지옥에서 백년지기를 만난 듯이 내 어깨를 꽉 끌어안고, 그러나 내 귀에는 마치 한이 맺힌 귀곡성鬼哭聲처럼 무시무시하게 들리는 그 가래 끓는 숨소리와 함께 열심히 열심히. 또 그 무렵 어느 날인가 출정하다가 한 사람이 나에게 "김지하 씨지요?" 하고 묻더군요. "네, 그렇습니다만……" 하고 대답하자 "나 이수병이요" 하고 말합디다. "아하 그 「만적론」을 쓰신 이수병 씨요?" "네!" "어떻게 된 것입니까?" "정말 창피하군요. 이거 아무 일도 나라 위해 해 보지도 못한 채 이리 끌려 들어와서 슬기로운 학생운동 똥칠하는 데에 어거지 부역附逆이나 하고 있으니…… 정말 미안합니다." "아항, 그래요!"

나는 법정에서 경북대학교 학생 이강철의 그 또릿또릿한 목소리로 분명하게 "나는 인혁당의 인 자도 들어 보지 못했는데 그것을 잘 아는 것으로 시인하지 않는다고 검사 입회하에 전기 고문을 수차례나 받았습니다"라는 말을 듣고 소위 인혁당이란 것이 조작극이며 고문으로 이루어지는 저들의 전가 보도의 결과였다는 것을 확인할 수 있었죠.

그 뒤 어느 날, 나는 감방 벽에 기대앉아 있었어요. 한없는 괴로움에 시달리고 있었어요. 끝없는 분노에 몸을 떨고 있었어요.

내피를 부른다.
거절하라고
그 어떤 거짓도 거절하라고

거절하라고? 그래요. 거절이죠. 어둠 속에 감추어진 진실을 빛 속에 드러내라고? 거짓을 거절하라고? 그래요. 횔덜린의 시에 있어서의 그 빛의 수수께끼 그것은 바로 이 거절이었어요. 정말 그래요.

4

사형이 구형되었다. 나는 웃었다. 김병곤이의 최후 진술이 시작되었다. 첫마디가 "영광입니다!" 아아, 이게 무슨 말인가? 이게 무슨 말인가? "영광입니다." 사형을 구형받자마자 "영광입니다"가 도대체 무슨 말인가? 나는 엄청난 충격 속에 휘말려 들기 시작했다. 이게 도무지 무슨 말인가? 분명히 사형은 죽인다는 말이다. 죽인다는데, 죽는다는데, 목숨이 끝난다는데, 일체의 것이 종말이라는데, 꽃도 바람도 눈매 서글한 작은 연인도, 어여쁜 놀 가득히 타는 저 산마을의 푸르스름한 저녁 연기의 아름다움도, 늙으신 어머니의 주름살 많은 저 인자한 얼굴 모습도, 흙에 거칠어진 아버지의 저 마디 굵은 두 손의 훈훈함도, 일체가, 모든 것이 갑자기 자취 없이 사라져 버린다는데, 그런데, "영광입니다."

성자聖者의 말이다. 우리가 성자인가? 그것은 사형을 집행치는 못할 것이라고 생각하고 비꼬는 말이다. 무슨 일이든 저지를 수 있는 저들의 그 독살스러움을 잘 알고 있는 우리가 다만 집행치는 못하리라고 생각하여 여유 있게 비꼬고 있을 그런 처지인가? 아니다. 그러면 무슨 말인가? 그렇다, 확실히 그렇다. 우리는 드디어 죽음을 이긴 것이다. 그 지옥의 나날 피투성이로 몸부림치며 순간순간을 내내 죽음과 싸워 드디어 그것의 공포를 이겨 내 버린 것이다. 경석이 한 사람, 병곤이 한 사람, 또 나 한 사람이 이긴 것이 아니라 우리 모두가 집단적으로 이긴 것이다. 이기고 나아가 그 죽음 위에 한없이 거룩한 성총의 봉인을 씌운 것이다.

죽음을 받아들임으로써 죽음을 이겼고, 죽음을 스스로 선택함으로써 우리들, 이 집단의 영생을 얻은 것이다. 우리는 우리들이 집단의 사슬에 묶인 가슴속에서 비로소 타오르기 시작하는 참된 삶의 저 휘황한 불꽃을 감격에 차서 바라보고 있었다. 역사적인 순간이었다. 아니, 역사적인 것만이 아니다. 종교적인 천상의 예감이었다. 아니, 종교적인 것만도 아니다. 예술적인 감동의 극치이기도 하였다. 그렇다. 그 순간은 무어라고 차마 이름 붙일 수조차 없는, 모든 인간적인 가치와 모든 고상한 것들이 통일되는 빛나는 절정이었다. 나는 그때 어떤 이상한 영감에 접하고 있는 듯한 느낌이 일어났다.

그리고 언뜻 말 한마디, '정치적 상상력'이라는 어휘가 내 머리와 이상스럽게도 그와 동시에 바로 내 가슴속에서 불에 달군 시뻘건 낙인처럼 아프게 아프게, 깊이깊이 아로새겨지고 있음을 느꼈다. 그렇다. '정치적 상상력!' 탁월한 의미에서의 정치와 예술의 통일. 어쭙잖은 절충이 전혀 아니다. 통일! 바로 그것이다. 나는 드디어 그처럼 오랜 세월 나를 괴롭혀 온 나의 민중적 운동, 정치 행동과 예술적 창조 사이의 저 미칠 것만 같은 간극을 일시에 극복해 버리고 만 것이다. 숙제 해결의 결정적 해답을 선사받은 것이다. 엄청난, 엄청난 순간이었다. 나는 그때 혼잣소리로 중얼거렸다. "감사하나이다." 그리고 또한 말할 수 없이 "영광입니다."

5

이 기다리는 길고 긴 세월, 기다리는 것이 무엇인지조차 잊어버린 채 한없이 그저 기다리기만 하는, 기다릴 수밖에 없는, 이 미칠 것만 같은 기다림.

그 누군가 죽더라도 죽더라도 단 한 번만이라도 이 기다림을 맹폭하게 깨뜨려 주기만을 기다리는 애타는 피 타는 이 길고 긴 세월. 그러나 단 한 가닥의 저 옥사 지붕 위 작은 풀포기마저 흔들리지 않는, 바람도 소리도 빛도 없는 이 세월, 무기 징역. 가득 찬 분진과 교도관의 끝없는 욕질과 등이 휘는 온종일의 노동과 돌로 가득 찬 꽁보리밥과 썩은 새우젓과 낡아 빠진 소화 20년제의 사절기四切機 반절기半切機 전절기全切機들이 악쓰며 돌아가는 소리와 절도 강도 폭력 강간 살인범들이 서로 치고받고, 옥상에 올라 칼로 배를 긋고, 기어에 말려들어 가 잘린 손가락을 붙들고 비명을 지르고, 그리고 마음은 밑 모를 절망 속에서 한없이 떨어져 가고 떨어져 가서 다시는 되돌아오지 않는, 그래서 허무뿐인 이 피투성이의 기다림, 지옥이다.

잘 왔구나, 지하야! 지하야! 이 지옥에 잘도 왔구나. 네 이름, 네 또 하나의 고향, 네가 마땅히 와야 할 자리, 네가 너의 온갖 것, 손톱 하나 머리카락 한 오리까지 다 바쳐 저 저주받은 육신들, 저 추방당한 넋들, 저 이른바 절도 강도 폭력 강간 살인범들과 더불어 해방되는 그 백기가 오르는 날, 그 빛나는 승천의 날, 그 폭풍과 노도의 날, 세말, 세말에의 이 덧없는 기다림, 감옥이다. 내가 비로소 비로소 참으로 비로소 가까스로 밑바닥의 한에 완전히 안팎으로 일치된, 아아, 그렇다! 우리 모두를 묶고 있는 저 번뜩이는 쇠고랑 수갑으로 일치된 캄캄한 암흑 속의 펄펄 끓어오르는 용광로, 영등포 감옥이다. 사상도 빛깔도 사투리도 표준말도, 부자도 가난뱅이도, 그 어떤 차별도 깨뜨려 버리고 일치된 황불의 예감이었다. 그 감방, 그 인쇄 공장은.

지옥 1

꿈꾸네
새를 꿈꾸네
새되어 어디로나
날으는 꿈을 미쳐 꿈꾸네

기름투성이 공장바닥 거적때기에
녹슨 연장되어 쓰레기되어
잘린손 감아쥐고 새를 꿈꾸네
찌그러져도 미쳐 눈감고 꾸네
하얀연이 되고 꽃피고 푸른 보리밭도 되고
미쳐 새가 되고 콩새가 되고
붉은 독촉장들이 수없이
새되어 사라지고 가서 돌아오지 않고

끝없이 알수없는 공장문밖 어디로나 끝없이
체납액 정리실적 복명서
세입인별 징수부 영수증 명세서 집계표 고지서
내손을 떠나 파랑새도 되고
까마귀도 되어 사라지고 가고 없고
돌아오지 않고 아무것도 남기지 않고

기름투성이 공장바닥 거적때기에
멍청히 남은 갓스물
소화 20년째의,
아 아 나는 낡아빠진
가와모도 반절기
찍어내고 찍어내고 잘리고 부러지고
헐떡거리며 지쳐 여위어 비틀거리며
녹슨 연장이 되어 찌그러져 미쳐 그래도
새를 꿈꾸며 잘린손 감아쥐면
예쁜 색동이 되고 파랑개비가 되고
고향집 벽에 붙은 빨간 딱지가 되고

꽃상여 되고
기어이 기어이
울음우는 저 밤기차가 되고

꿈꾸네
새를 꿈꾸네
새되어 어디로나
날으는 꿈을 미쳐 꿈꾸네
남진이 되어 남진이 되어
저 무대위
저 사람들위
저 빛나는 빛나는 조명등에 빛나는
저 트럼펫이 되어
외쳐보렴 목터져라 온 세상아 찢어져라
찢어져 없어져 사라져
호떡도 수제비도 잔업도 없는 무대위에
남진이 되어 새되어
사라져 가렴 손가락아 제기랄!
아무것도 아무것도
뒤에는 아무것도 추억하나도 남기지 않고 잘려나간
내 갓스물아
영화나 되어
낮도 밤도 없는 시커먼 영등포
멍청히 남은
소화 20년째의
아 아 나는 낡아빠진 가와모도 반절기

오늘 나는 옥문을 나온 작은, 피 묻은 손가락이다. 그 길고 긴, 넋과 육신이 함께 해방되는 그날에의 기다림이 꾀 많은 마귀의 간지에 의해 장난질당하고 그 장난 덕으로 옥문 밖에 내동댕이쳐진 잘린 손가락이다. 껍질이다. 넋 잃은 육신일 뿐이다. 내 넋, 그토록 일치된 내 넋은 어디에 있나? 밤거리엔 바람만 분다. 내 넋은 어디에 두고 와 이 빈 밤거리를 내 텅텅 빈 육신만이 바람에 불려 다니나? 아아, 아직도 해방되지 않은 나의 벗들, 장이 부서지고 빠져나간 채 어둠 속에서 두 눈을 부릅뜨고 웅크리고 있는 그 가래 끓는 목소리들, 나의 정다운 '도둑놈들', 헤어질 때 울던 그 '베트남'에서의 양민 학살범. 나는 바로 그들이었다. 그들은 바로 나였다. 그래! 그렇다. 내 넋은 그 감옥에 두고 왔다. 빈 껍질만이 왔다. 내 넋이 거기서 울고 있다. 통곡하며, 해방시켜 달라며, 다시금 다시금 일치되자고 통일되자고 미친 듯이 내 육신을 부르고 있다. 서로 만나자고 외치고 있다. 내 넋이 나를 오라고 손짓하고 있다. 바람 찬 잿빛 거리에 텅 빈 내 육신만 홀로 바람에 이리저리 굴러다닌다.

가자! 내 넋을 찾으러 가자! 가서 옥문을 열고 내 넋을 해방시키자! 해방시켜 울며 부둥켜안자! 일치하자! 일치하자! 통일하자! 통일하자! 내 넋을 만날 때까지 내 육신은 싸우리라. 그것이 매질 아래 산산조각이 나 흩어져 저 바람결에 사라져 없어져 버릴 때까지.

1975년 2월

양심선언

양심선언*

* **편집자의 말** 1975년 2월 26일~27일 『동아일보』에 게재된 「고행…… 1974」와 인혁당 사건에 관한 내외 신문 기자 회견 내용이 문제 되어 1975년 3월 14일 재수감된 김지하 시인은 정부가 9개 국어로 번역하여 전 세계에 배포한 「김지하에 대한 반공법 위반 사건 관계 자료」에 맞서 진실을 밝히지 않으면 안 되었다. '김지하는 공산주의자다'라는 정부의 날조된 주장을 반박하기 위해 1974년 5월 옥중에서 쓴 이 「양심선언」은 어떤 출감자를 통해 감옥 밖으로 반출되어 국외로 전달되었으며 마침내 일본 가톨릭 정의평화위원회와 일본의 김지하구출위원회에 의해 일본과 미국에서 동시 발표되었다. 이 선언은 각종 매스컴에 의해 전문 번역 보도됨으로써 전 세계에 커다란 충격을 주었으며 그를 공산주의자로 몰려던 정부 당국을 매우 난처하게 만들었다.

저자의 말 오늘, 이 글이 재출간되는 것을 계기로 해서 분명히 밝혀야 될 일이 있다. 이 글을 『한겨레』 신문 따위에 마치 제가 쓴 글인 양 거짓을 떠드는 자가 있다. 그러나 이 글은 철저히 나와 고(故) 조영래 씨의 글이다. 내가 감옥 안에서 중요한 '스킴'을 다 작성했고 조영래 씨가 풀어서 쓴 것이 바로 이 글이다. 다만 후일 듣건데 맨 마지막 한 줄 '우리는 곧 만나게 될 것이다.' 그것만 누군가 덧붙였다고 한다. 그뿐이다.

정의와 진리를 사랑하는 모든 이들에게 이 글을 보낸다.

참으로 어처구니없는 모략이 지금 나에게 들씌워지고 있다. 박 정권의 억압자들은 나를 가톨릭에 침투한 마르크스-레닌주의자로, 민주주의자로 위장한 공산주의 음모가로 몰아 투옥하였다. 이제 곧 나를 교활 음험한 공산주의자로 영원히 그리고 합법적으로 낙인찍기 위한 재판 놀음이 벌어질 것이며, 그 결과 나는 이 땅에 만들어진 그 숱한 관제 공산주의자의 대열에 끼게 될 것이다.

분명히 말해 두거니와 이것은 나 개인에 대한 모략만이 아니라 우리들의 민주 회복 운동 전체와 사회 정의 구현을 위해 투쟁하는 신 · 구교에 대한 중상모략 소동의 일환이며 특히 천주교정의구현전국사제단의 활동과 민주회복국민회의 및 일체의 청년 학생 운동을 용공으로 몰아 압살하려는 대탄압의 예비 작업인 것이다.

현재의 내 솔직한 심정으로는 내 자신에게 지난 4년 이래 가해지고 있는 박 정권의 이 더러운 상투적 모략에 대하여 한마디 변명도 하고 싶지 아니하며 또 이번 사건에 관한 최소한의 진실도 정보부원들의 "일체의 주장과 변명은 법정에서"라는 말대로 법정에서 밝히려 하였다.

그러나 사건이 나 자신의 근본적인 사상과 사회적 근기를 왜곡, 파괴하고 나아가 민주 역량 전체와 내 소속 교회, 그리고 후배 학생들에 대한 막심한 피해로 확대될 수 있는 이 시점에서 양심에 따라 나의 사상과 진실을 명백히 밝히는 것이 역사와 민중에 대한 나의 의무라고 생각한다.

1. 내가 공산주의자인가?

한마디로 잘라 말해서 지금껏 나는 자신을 공산주의자라고 생각해 본 적이 한 번도 없으며 현재에도 나는 결코 공산주의자가 아니다. 나를 가리켜 공산주의자라고 한 중앙정보부의 발표는 실로 가소로운 것이다. 변호인들로부터 듣건대 그들은 정보부 5국 지하실에서 쓴 나의 이른바 자필 진술서란 것을 온 세상에 공포하고 마치 그것이 내가 공산주의자임을 증명하는 결정적 증거나 되는 듯이 선전하고 있다 한다.

그 진술서('제3회'를 '제2회'로 고치고 제2회 조서는 파기 처분한 문제의 그 문건)가 내 육체의 한 부분에 의해 쓰여진 것은 사실이다. 그러나 그것은 전혀 나의 임의에 의한 것이 아니다. 한 무력한 개인이 대한민국의 대중앙정보부에서 쓴 종이쪽지를 여러분은 얼마나 믿을 수 있다고 생각하는가.

정보부에 끌려가서 나는 처음부터 내가 가톨릭에 침투한 공산주의자임을 시인하라는 강요를 받았다. 5~6일간 나는 그 '틀'에 끼여 적색 오징어포가 되기를 거부하며 버티었다. 나는 정보부에 가기 전부터 극도로 쇠약, 빈혈로 졸도하거나 지독한 불면증으로 시달리고 있었는데, 5~6일간을 버티는 동안 극도의 정신적 시련과 육체적 피로를 겪어야 했고 내 체력은 한계에 도달, 의식마저 혼란 상태에 빠졌다.

나는 박 정권이 나를 공산주의자로 몰아 처단하려는 기본 방침을 굳히고 있는 한 정보부에서 진실을 밝히려고 노력한다는 것이 얼마나 어리석은 것인가 하는 것을 깨닫게 되었고, 뿐더러 나를 어떤 일이 있더라도 공산주의자로 만들어 내라는 상전의 절대적인 명령을 받고 며칠 밤을 밤샘하며 양심에 위배되는 짓을 하고 있는 불쌍한 말단 수사관들과 피차의 신경만 소모하여 다툴 필요가 없다고 느껴졌기 때문에 6일째에는 그들이 미리 작성해 가지고 온 소위 자필 진술서 내용을 그들이 부르는 대로 낙서처럼 받아써 가지고 내던져 버렸던 것이다. 문제의 자필 진술서라는 것이 만들어진 경위는 실로 이러하였던 것이다. 그러므로 그 진술서의 내용은 당연히 허구와 자기모순으로 가득 찬 것이 되었다.

"빈곤과 질병으로 인한 열등감과 좌절감 때문에 공산주의자가 되었다"라는 대사는 그들이 즐겨 사용하는 상투 문구로서 내가 지극히 혐오하는 부분이다. 그들은 「오적」 사건에서도 「비어」 사건에서도 그리고 민청학련 사건에서도 똑같은 소리를 공소장이나 그 밖의 문건에서 되풀이 쓰곤 했었다. 가난한 자, 병든 자는 모두 다 공산주의 우범이란 말인가. 여러분은 자존심 있는 한 인간이 과연 그와 같은 비굴한 진술을 임의로 할 수 있다고 생각하는가? (그들이 나에게 쓰도록 강요한 진술서에 의하면 나의 모든 행위, 심지어 시 「오적」과 「비어」를 집필한 것까지도 공산주의 사상에 의한 것이라고 되어 있다.)

그렇다면 전 세계가 나에게 속았다는 말인가. 세계의 모든 평론가들은 「오적」, 「비어」를 잘못 평가한 죄로 문책받아야 할 것인가? 문학 작품이란 스스로 그 자신의 주제와 사상을 말하는 것이다. 「오적」이 공산주의 문학이라면 어째서 그에 관한 재판은 4년 이상이나 지연되었는가? 「비어」는 어찌하여 기소조차 되지 않았는가? 또한 진술서는 내가 공산주의자인 동시에 가톨릭 신자라고 한다. 가톨릭을 믿는 공산주의자란 뜨거운 얼음이란 말과 마찬가지로 형용 모순의 표현이다. 공산주의자들이 종교, 특히 가톨릭을 백해무익한 이른바 '인민의 아편'으로 보고 있다는 것은 삼척동자도 아는 사실이다.

이와 같은 엉터리 진술서—그들이 임의로 부르고 내가 자필로 받아 적은 그들의 각본—이외에도 그들은 또 내가 읽은 몇

권의 서적과 나의 옥중 수첩을 가지고 내가 공산주의자임을 입증하는 증거라고 선전한다. 과연 이것이 그들이 제시하는 증거의 전부인 것이다. 여러분은 냉철하게 생각해 주시기 바란다. 아무리 사상의 자유, 학문 연구의 자유가 없는 우리 사회라 할지라도 카를 마르크스의 고전 따위 몇 개를 읽은 것이 어째서 그가 공산주의자라는 증거가 된단 말인가. 어째서 검열 관리는 좌경 서적을 읽어도 되고 지식인을 포함한 일반 시민은 읽어선 안 된다는 말인가. 내가 읽은 수백 권의 책 중 좌경 서적은 그들이 나를 공산주의자로 몰기 위한 증거로 압수한 모택동의 「모순론」 한 권을 포함하여 모두 10권에 미달하며, 그것도 외국에서는 지식인 필독의 책으로 되어 있는 고전적 저작들뿐이다. 또 옥중에서의 정념과 사색의 단초, 작품의 영상映像 따위를 편편이 기록한 나의 수첩들 어디를 뜯어보아도(만약 그들이 증거인 수첩들 전부를 공개한다면 이것은 더욱 분명해질 것이다) 내가 억압과 수탈을 철저히 혐오하고 그것을 제거하기 위한 길을 찾아 사상적 모색을 거듭하며 자신을 채찍질해 온 자취는 있을망정, 내가 공산주의자로서 하나의 확립된 기존 사상 체계를 가진 사람이라는 증거는 전혀 없는 것이다.

그렇다면 나는 나 자신의 사상을 정확히 무엇이라고 말할 수 있을 것인가. 거기에 대한 해명을 시도하기 전에 나는 우선 두 가지 점이 전제되어야 한다고 본다.

첫째, 나는 나 자신을 자유사상가라고 생각한다. 나의 사상은 어떠한 개인적인 야욕에 유혹되거나 위협 따위에 굴복하지 않을뿐더러 어떠한 독단이나 교조에 얽매이지 않는 것이 되기를 원한다. 따라서 나는 나 자신을 한 번도 무슨 '주의자'로 규정해 본 일이 없다. 자유의 혼란 속에서 조성되는 창조적 긴장 가운데로 부단히 자신을 던짐으로써 참된 인식에 도달하려는 것, 이것이 현재의 나의 모습이다.

둘째, 나는 아직 사상적으로 미숙한 사람이다. 나는 어떤 기존의 이데올로기를 선택하기로 결단한 일이 없었음은 물론이고 내 나름대로 하나의 정연한 확립된 사상 체계를 갖지 못하고 있다. 다시 말하면 나는 아직도 방황과 모색을 거듭하고 있을 뿐인 것이다. 이러한 사실은 어떤 의미에서는 매우 부끄러운 일이나 그렇다고 해서 반드시 전적으로 폄하받을 일이라거나 또 나 혼자만의 책임은 아니라고 생각한다. 생각건대 인간 내심의 사상과 양심은 절대로 자유이어야 하며, 그 형성의 과정도 절대로 자유로워야 한다. 이것은 인간의 천부적 권리이며 유신헌법에서까지도 보장하고 있는 바이다. 그럼에도 불구하고 우리 사회에서는 사상의 자유(그 형성 과정의 자유를 포함)는 사실상 극도로 제약되어 있고, 통제된 획일적인 사상과 편견만이 지배한다. 이것은 우리가 우리 자신의 정신적인 성장 과정을 돌이켜 보면 누구에게나 명백한 일이다. 극도로 통제된 정보 입수, 극도로 제약된 독서 범위, 그 밖에도 각종의 불합리한 편견과 터부가 난무하는 불모의 정신 풍토……. 이 속에서 우리의 그리고 나의 사상은 회의와 회오 속에 표류에 가까운 방황을 거듭하지 않을 수 없었던 것이다. 이러한 점을 염두에 둔다면 나는 우리 사회에서 이른바 '자생적 공산주의자'라는 것은 사실상 존재할 수 없다고 생각한다. 공산주의자라고 하면 우리는 거의 조건반사적으로 뿔 달린 붉은 얼굴에 피가 뚝뚝 흐르는 긴 손톱을 가진 악마를 연상하게 된다. 이것이 오늘날 남한에 살고 있는 30대 이하 세대의 공통된 정서적 토양土壤인 것이다. 뿐더러 우리는 공산주의 이론에 대하여 지극히 감정적인 태도 이외에는 아무것도 배울 수가 없었다. 이러한 풍토에서 호기심으로 남몰래 숨을 죽이고 읽은 몇 권의 좌경 서적만으로 어떻게 확고한 공산주의의 이론과 신념을 갖춘 공산주의자가 형성될 수 있겠는가.

이것이 내가 이 땅의 젊은이 중에 자생적 공산주의가 절대로 있을 수 없다고 단언하는 근거이다. 나 역시 예외는 아니다. 다시 말해서 나는 공산주의자이기는커녕, 공산주의가 무엇인지, 공산주의 국가에서의 생활이란 어떠한 것인지조차 거의 제대로 알고 있지 못한 사람인 것이다. 내가 공산주의자라니, 그것은 천만의 말씀이다.

2. 민주주의와 혁명과 폭력에 관하여

나는 이웃인 인간을, 억압받고 수탈되어 고통과 모멸 속에서 인간적인 모든 것을 박탈당하고 있는 구체적인 인간들을 온몸으로 뜨겁게 실천적으로 사랑하는 사람이 되기를 원한다. 이것이 스스로 설정한 나의 인간적인 과제의 전부이다. 이것이 나의 모든 사상적인 모색의 출발점이고 귀착점이다. 따라서 나의 사상적인 모색의 전 과정은 인간에 대한 사랑이라는 관점에서 해석되기를 나는 바란다.

형제들을 사랑하기 위하여 나는 그들을 비인간화하고 있는 따위의 모든 억압과 수탈을 증오한다. 그것은 억압받는 자만이 아니라 억압하는 자까지도 철저하게 비인간화하는 것이다. 그러므로 억압과 수탈을 반대하여 싸우는 것, 그것이 나의 사상적 · 실천적 관심의 전부이다. 내가 가톨릭에 입교하게 된 것은 가톨릭이 정신적 질곡과 물질적 질곡의 동시적 극복, 억압자와 피억압자의 동시적 구원을 통한 억압 그 자체의 절멸絶滅이라는 사상을 보편적 정신으로 제시하였기 때문이다. 그 신앙은 구체적이고 서로 모순되고 충돌하는 다양한 사상 이론, 판단 등을 섭취 용해하여 보편적인 진리로서의 어떤 것을 제시하여 주기 때문이다. 내가 박정권과 오적에 반대하여 싸워 온 것은 그들이야말로 우리 사회에 있어서의 억압과 수탈의 범인이기 때문이다.

나의 사상은 민중에 대한 사랑과 동시에 그들에 대한 신뢰 가운데에서 싹텄다. 나 자신이 그 일원으로서 억압받은 민중들 가운데에서 자라나면서, 나는 억압자들이 사회에 강요해 온 민중에 대한 모든 선입관 즉 비천, 추악, 도덕적인 타락, 천성적인 게으름, 비열한 성품, 무지, 무기력 등의 일종의 열등, 인종적 비하가 실은 아무런 근거가 없는 짓이며 오히려 억압자들 자신에게 돌려져야 할 성질의 것임을 확인하였다. 내가 체험한 민중들의 모습은 정직 · 근면하고, 어리석은 것 같으나 하늘의 지혜로 풍성하고, 힘없고 무기력한 것 같으나 실은 위대한 힘과 강인한 의지를 갖추고, 거칠면서도 이웃에 대한 인간다운 짙은 애정을 가진 떳떳하며 싱싱한 모습이었다. 민중을 신뢰하므로 나는 이들이 스스로의 운명의 열쇠를 가질 때 모든 문제가 올바른 해결로 이끌어질 것이라는 확신과 동시에 그러한 위대한 민중의 날이 반드시 오고야 말리라는 움직일 수 없는 신념을 갖게 되었다. 이러한 확신은 나를 민주주의의 철저한 신봉자로 만드는 동력이 되었다.(민중을 신뢰하지 못하고 억압자들이 주입한 거꾸로 된 가치관을 갖는 자들은 일관성 있는 철저한 민주주의자로 될 수 없고 종국에 있어서는 압제의 편에 서게 마련이다.)

민주주의란 무엇인가.

그것은 침묵에 반대되는 것이며, 자유로운 말을 뜻하는 것이며, 따라서 모든 감춰진 진실이 가차없이 폭로되는 것을 뜻하는 것이다. 나는 진리가, 그리고 오로지 진리만이 인간을 해방한다고 믿는 사람이다. 폭로된 진실이 억압자들의 주술에 걸려 침묵의 문화 속에서 얽매여 있던 민중의 의식을 뒤흔들어 해방하고 그들을 자유로운 비판 정신의 폭풍이 휘몰아치는 광야로 인도할 때에야말로 민중의 날이 오고 민중의 역사는 창조주에 의해 약속된 정의와 자유의 가나안으로 향하게 될 것이다. 이것이 나의 꿈이며 나의 신앙이다. 나는 그 가나안의 모습이 어떤 것인지를 정확하게 그릴 수 없다. 그것은 어느 한 개인에 의해 그려질 것이 아니라 민중의 손으로 창조되어야 할 성질의 것이다. 민중이 스스로의 운명의 열쇠를 스스로의 손에 쥐도록 싸우는 것—여기까지가 나의 과제이다.

이러한 의미에서 내가 요구하고 내가 쟁취하려고 싸우는 것은 철저한 민주주의, 철저한 말의 자유—그 이하도 그 이상도 아니다. 또한 이러한 의미에서 나는 기본적으로 민주주의자, 자유주의자이다. 내가 가톨릭 신자이며 억압받는 한국 민중의 하나이며, 특권, 부패, 독재 권력을 철저히 증오하는 한 젊은이라는 사실 이외에 나 자신을 굳이 무슨 주의자로 규정하라고 한다면 나는 이 대답밖에 할 수 없다.

민주주의는 백성을 사랑하는 위정자를 바라는 것이 아니라 시민의 피와 시민의 칼을 두려워하는 권력을 바란다. 민주주의는 궁극적으로 압제에 대한 끝없는 거부를 뜻하는 것이다. 민중이 원하지 아니하는 정치 권력을 폐지할 권리 없이는 민주주의는 없다. 그러므로 민주주의는 민중의 혁명권을 거부하는 것이 아니라 도리어 그것을 최종적인 담보로 하여 존립하는 것이다. 이 자명한 진리를 우리는 외면해서는 안 된다.

혁명의 보장, 어떤 의미에서 항구적 · 상식적인 혁명 가능성의 존재는 민중이 지배자를 길들이고 억압과 수탈을 배제해 나아가는 근본적인 동력이다. 이와 반대로 혁명의 금압, 혁명의 터부화는 지배자가 민중을 길들이고 억압과 수탈을 영구화하는 수단이다. 그러므로 나는 반항과 혁명의 신봉자가 된다. 나는 우리 민족의 연연한 혁명 전통을 사랑하고 거기에 무한한 민족적 자부심을 느낀다. 민중의 자기 존립을 위한 비판과 항의를 압살하고 끝내 회개할 줄 모르는 권력에 대하여 혁명 이외의 무슨 방법으로 대처할 수 있을 것인가.

토마스 아퀴나스 이후의 가톨릭 정치사상에서는 민중의 생존을 유린하고 공동선을 침해하는 명백한 폭군적 압제를 타도할 자연법적 권리와 의무가 민중 자신에게 명백히 주어진 것으로 인정되어 왔다. 이것은 압제에 의해 상실된 민중 자신의 인간성을 민중 스스로가 회복하는 폭발적 전환점을 마련함으로써 민중의 급격한 보편적 각성, 즉 역사가 비약하는 기적을 일으키는 것이다.

반항과 혁명은 그 과정에 있어 많건 적건 간에 폭력적인 현상을 수반한다. 권력의 억압적 폭력의 지속은 민중의 의지를 마멸함으로써 이른바 '침묵의 질서'를 만들어 낸다. 때문에 이 죽음과 같은 질서를 깨뜨리는 폭력이 불가피하게 되는 경우가 생긴다. 나는 일단은 이러한 폭력적인 현상을 긍정한다. 아니, 긍정할 수밖에 없다. 그러나 이 경우 내가 긍정하는 폭력은 억압하는 폭력이 아니라 저항하는 폭력이며 인간성을 박탈하는 것이 아니라 그것을 회복하는 폭력이다. 그것은 '사랑의 폭력'이라고 불러 마땅할 것이다. 성전을 더럽히는 장사치들의 머리 위에 내리치는 예수 그리스도의 회초리는 바로 이러한 '사랑의 폭력'이었다. 그것은 억압받고 수탈되는 민중만이 아니라 억압하고 수탈하는 압제적 지배까지도 인간으로 거듭나게 하는 사랑하는 폭력인 것이다.

기본적으로 폭력은 고뇌스러운 것이며 그로 인한 파괴는 쓰라린 것이다. 그러나 지상에 사는 우리로서는 이 고뇌를 딛고 넘어서야 할 때가 있는 것이다.

특히 민중이 침묵과 굴종 속에 잠들어 깨어나지 않았을 때 민중에게 '비폭력'을 요구하는 것은 황야의 이리 앞에서 민중을 벌거벗기는 짓이다. 그때 민중을 각성, 격렬한 투쟁에 동원하기 위한 폭력의 계기가 불가피한 것이다. 간디도, 프란츠 파농도 이 때문에 괴로워했고 카밀로 토레스 신부는 이 때문에 총을 든 모습으로 발사하지 않은 채 민중 앞에서 사살당하였다.

총을 든 신부의 모습은 성스럽다. 그의 이념이나 그의 방법이 옳은 것인지 아닌지를 나는 알지 못한다. 그럼에도 불구하고 떨리는 걸음으로 골고다로 가는 길을 찾아 헤매는, 인간을 사랑하기 위하여 자신의 죄악까지도 각오하는, 그리하여 지옥 끝까지라도 가려 하는 그 처절한 사랑의 모습이 눈물겹도록 성스럽게 느껴진다.

비겁한 비폭력이 잔인한 폭력과 통하듯이, 사랑의 폭력은 '용기 있는 비폭력'과 본질적으로 같은 것이라고 나는 믿는다. 사랑의 폭력을 긍정하는 나는 동시에 비폭력주의자인 것이다. 참된 비폭력주의는 억압자에 대한 한 치의 양보도 타협도 없는 철저한 불복종을 전제로 한다. 이 원칙에서 벗어나는 허울 좋은 모든 '비폭력주의'는 압제에 대한 협력 이외의 아무것도 아닌 것이다.

내가 지지하는 혁명은 이와 같은 철저한 비타협, 불복종의 비폭력주의와 고뇌스런 사랑의 폭력을 결합 통일하는 가운데에서 이루어지는 것이다.(이것이 「장일담」의 세계이다.) 거기에 이르기 위하여, 다시 말하면 비폭력이 비굴로 흐르지 않고 폭력이 사랑으로부터 벗어나지 않기 위하여 나는 인간의 부당한 내적·영신적 쇄신이 필요하고 민중의 보편적인 자기 각성 과정이 필요하다고 본다.

나는 (비록 블랑키즘 같은 것이 심리적으로 혁명의 단초적 계기가 되는 점은 인정하지만) 소수의 조직적 폭력 음모에 의하여 요행으로 얻어지는 그러한 혁명은 꿈꾸지 아니하며 신뢰하지도 아니한다. 이것이 내가 어떠한 음모자의 조직을 구성하거나 거기에 소속되려 하지 아니하고 민주주의를 위한 발언, 집회 또는 기도회에 참여하는 이유이다.

또한 내가 꿈꾸는 혁명은 자유, 민주, 자주, 평화, 통일의 조국을 건설하기 위한 것이지만 본질적으로는 우리 민중이 스스로의 운명을 스스로의 손으로 결정하기 위한 보장을 전취하려는 것이다. 그것이 내가 확신을 가지고 지지하는 혁명의 모습이다.

또 그것은 외래의 이데올로기에 의해 스테레오 타입이 된 모습이 아니라 우리 민족 특유의 혁명 전통을 계승 · 발전시킨 것이 될 것이다. 동학 농민 운동과 3 · 1운동, 그리고 4월혁명의 전통은 그러한 혁명의 모습을 예시해 주는 것이다.

3. 혁명적 종교에의 꿈 — 「장일담」의 세계

나는 J.B. 메츠의 고백처럼 내 속에 혼재하는 여러 사상들의 상대적 다양성 그 자체 때문에 더욱 유일 절대적 존재에의 신앙이 요구되고 또 가능해진다고 믿는다.

혁명은 종교를 거부하여야 하며 종교는 혁명을 거부하여야 하는가? "아니다"라고 나는 말한다. 이 점에서 나는 이미 마르크스-레닌주의자가 아니다. 마르크스주의적인 아편 종교관은 역사적인 종교의 한 측면에서만 타당한 일면의 진리일 뿐이다.

보름달이 구름에 가려 흐려지듯 가열苛烈하고 오랜 억압에 찌든 민중의 가슴속에는 정의에의 열정과 이웃에의 사랑이 이기적 · 개체 보존적인 도생주의圖生主義 · 보신주의保身主義에 압도되어 잠들어 버리고 그들의 미칠 듯한 한과 분노는 좌절과 자학 속에서 방향을 잃은 채 분산 · 고립되어 무조직적 발산을 거듭하게 된다. 이것이 지배자들이 침 뱉으며 형무소에 처넣은 수많은 '천민 범죄賤民犯罪'—절도, 강도, 폭력, 살인, 자살, 탈영, 인질극 등— 모든 참담한 비극의 원인이다.

이때 제사장의 종교, 바리새의 종교는 민중의 이기적 도생주의 · 보신주의를 내세의 환상으로 영구히 타락시키고 그들의 한과 분노를 감상적인 자선주의로 길들여 거세해 버린다. 민중을 걸인화하는 구호물자의 신은 결국 억압자의 신인 것이다. 이것이 바로 내가 슈바이처에게 찬동할 수 없는 이유다.

그러나 똑같은 시간에 예언자의 종교, 사랑의 종교는 광야에서 일어나 억압받고 그리하여 소외되고 비인간화된 민중의 가슴속에서 잠자는 모든 인간적인 것, 모든 하늘의 것을 폭풍처럼 뒤흔들어 일깨워 낸다. 그것은 부활의 신비—혁명이다. 그것은 민중들로 하여금 신의 형상대로 창조된 자신의 존엄성에 눈뜨게 하여 그들의 좌절과 자학을 종말론적인 희망으로 바꾸어 놓는다.

그리하여 그것은 민중의 이기적 · 개체 보존적 · 환상적인 도생주의를 연대적 · 집단적 · 현실적인 도생주의로—만인의 인간다운 삶과 존엄을 쟁취하기 위한 투쟁으로 전변시킨다. 그것은 민중의 한과 분노를 그 자학적인 발산으로부터 해방하여 그것을 하느님의 공의公義를 요구하는 강인하고 열렬하고 우렁찬 아우성으로, 나아가서 필요한 경우에는 그 결정적이고 조직적인 폭발에로 발전시킨다. 그것은 혁명적 종교이다.

이 기적과 같은 전환, 이 부활의 신비를 잉태하는 계기는 삶과 죽음을 꿰뚫는 인간의 종교적인 결단, 인간의 내적 · 영신적 쇄신에 있다.(이것이 장일담이 노래하는 '단斷'의 철학이다.) 대학 시절 특히 결핵으로 오랫동안 요양할 때부터 나는 죽음에 대한 공포와 우리 사회에 만연한 정신적 비인간화가 물질적 빈곤과 더불어 동시에 극복되는 길에 대한 갈증을 느끼고 있었다. 그때 '사람이 곧 하늘이다人乃天'라는 동학의 속삭임이 내게 들려왔다. 그리고 그것은 곧 '제폭구민除暴救民'의 깃발을 높이 들고 생존의 권리를 쟁취하기 위한 투쟁의 대열에 나서는 저 참혹한 농민 전쟁의 처절한 기아 행진의 영상과 결합되어 천지를 뒤흔드는 우렁찬 함성으로 울려 왔다.

그 순간 이래 10여 년을 나는 이 영상을 줄기차게 추구해 왔다. 그러는 사이 나는 어느덧 이 영상에 신과 혁명의 통일이라는 이름을 붙이게 되었다. 또한 나는 '사람이 하늘이다'라는 말을 '밥이 하늘이다'라는 시어詩語로 번역하게 되었다. '신과 혁명의 통일'이라는 이 어렴풋한 영상을 끌어안고 피투성이의 고뇌로 가득 찬 오랜 사색 과정을 거치는 동안 나는 현대의 진보적 기독교 사상과 그 운동에 이끌리게 되었다. 그 사상은 트릴쥐, 오자남, 마르크스 등을 포함한 유럽의 사회 개혁 사상을 전통적인 기독교 사상의 거대한 건축 속에 흡수, 새로운 것을 발전시키려는 것이었다.

1972년 기독교 사회주의 샌디에이고 선언에서 제시된 바와 같은 마르크시즘의 사회 개혁 원리와 기독교 사상과의 통일에 관하여 나도 같은 관심을 갖게 되었는바 그것은 예컨대, 마르크스와 예수가 결합하는 경우 마르크스에서는 사회적 억압이 인간의 구원을 방해한다는 구조적 인식론이 선택되고, 예수에서는 만인에 대한 사랑과 인간의 존엄을 주장하는 휴머니즘, 인간의 구원의 계기로서의 '거듭남'의 강조, 그리고 역사 속에서 심판하며 공평하게 하며 해방하는 소망의 신—나사렛 예수의 활동 모범이 선택되어 통일되는 것에 대한 관심이다. 적어도 나에게 있어서는 이 통일은 물론 역사적인 마르크시즘과 역사적인 기독교의 기계적인 결합이 아닌 완전히 새로운 어떤 것이다. (이 새로운 것—아니 이 창조되어 가고 있는 도중의 미확정물에 대하여 나는 어떠한 기존의 명칭도 사양한다. 남북 분단의 비통, 그리고 그것을 빌미로 한 가혹한 억압과 지배의 현실 아래서 경직될 대로 경직되어 버린 우리 사회의 불모적不毛的 정신 풍토는 나의 이 사상적 미완물에 관하여 성급하게 어떤 기존 이데올로기의 낙인을 찍기를 강요할지 모른다. 그러나 나는 이것을 창조하는, 인간의 권리로서 거부한다. 단호히 절대로 거부한다. 인간의 모든 창조적 사상은 대량생산 과정에 의해 만들어지는 획일적 규격품이 아니다.)

나의 경우 신과 혁명의 통일의 영상은 요한 23세의 「어머니와 교사」가 '지상 양식의 기적을 통해 천상 양식의 마련을 예고' 하던 예수의 빵의 신비를 지적함으로써 한층 분명하여지고, 현대의 해방신학(Frederick Herzok, James Cone, Richard Shaull, Paul Lehmann, Jügen Moltmann, J. B. Metz, Toät Hugo Assman, Reinhold Niehbur, Bonhöffer의 보고들), 그리고 제2차 바티칸 공의회 이후의 교황들의 칙서 및 그 이전의 「레룸 · 노바룸」, 「콰트라게시모 안노」 등의 회칙 등으로 인하여 더욱 구체화되어 왔다. 그러나 무엇보다도 나는 1971년 이래 지금까지 줄기차게 전개되어 오고 있는 한국 기독교의 민권 운동의 실천에 스스로 참여한 과정을 통하여 한국과 같은 가장 깊은 모순을 품은 복잡한 조건과 풍토 속에서 독특한 생명력을 발휘해 온 우리 민중의 끈덕진 저항과 혁명의 전통 속에야말로 신과 혁명의 통일이라는 새로운 인간 해방의 원리를 창출하여 세계에, 특히 제3세계에 제시할 소재素材의 금 광맥이 있다는 확신을 갖게 되었다. 이 소재를 현대의 해방신학의 끌로 다듬어 낼 때 '하느님의 선교Missio Dei'는 투박한 한국적 민중 투쟁의 전통 속에서 새로운 모습으로 기적을 일으킬 것이다. 바로 위와 같은 주제들, 한 종교가의 가르침과 사상적 편력의 일생을 통하여 복음서 형식으로 표현하려 한 것이 「장일담」이며 소위 '반국가적 표현물 제작 예비 음모'에 저촉되었다고 박 정권이 주장하는 시작 구상詩作構想인 것이다.

장일담은 원래 백정과 창녀의 아들로 태어난 '도둑놈'이다.

그는 자기의 처지에 고통 받다가 어느 날 득도, 해방의 설교자가 된다. 그는 임꺽정처럼 '부자가 훔쳐 간 돈을 가난뱅이가 도둑질' 하여 나눠야 한다고 생각하고 그것을 실행하다가 감옥에 들어와서도 도둑들에게 혁명을 가르친다. 감옥 안에서 어느 날 그는 운동 시간을 빼앗기고 분통이 터진 나머지 "해방은 가차 없이 필요한 것, 원수인 부르주아를 타도하자"고 외친다.(이 시작 구상 메모는 장일담의 초기 행동, 과격 행동 사상에 따른 감옥에서의 가르침의 내용의 일부인데, 저들은 이것을 내 사상 그대로인 듯 발췌, 클로즈업하여 내가 공산주의자라는 움직일 수 없는 증거라고 몰아 대고 있다.)

장일담은 탈옥하여 수배되고 창녀들이 있는 뒷골목에 숨는다. 그는 창녀들에게 "오 나의 어머니여!" 하며 그 발에 입 맞추고 거기서 "밑바닥이 하늘이다", "하느님은 바로 당신들의 썩은 자궁 속에 있다. 하느님은 밑바닥에 있다"고 선언한다. 그 후 그는 계룡산으로 들어가 '해동극락교海東極樂敎'를 선포, '시천주侍天主, 양천주養天主, 행천주行天主, 생천주生天主'의 네 단계의 수행과 '공동 소유' 및 혁명 행동 등을 설교하고 기도와 행동을 통일할 것을 강조하며, '흐름에의 거역', '밑바닥을 하늘로 전복할 것'과 지상에서 천상에로 이르는 나그네 길이 혁명이며, 인간 속에 있는 짐승을 죽이는 것—'백정' 짓—이 수행의 핵심이라는 것을 가르치고 이 세상은 말세이며 곧 새 세상이 온다, 해동에 극락이 온다는 것을 약속한다.

이후 그는 노동자, 농민들을 향하여 전도를 하며 황야에 이르러 제사를 올려 모든 옛것을 불태우고 폭력은 불가피하나 '단'이 바람직하다고 가르친다. 그는 무리와 더불어 마귀가 있는 서울을 향하여 모두 깡통을 들고 진군한다. 이때 그는 극락이란 "밥을 나눠 먹는 것"이며 "밥이 하늘이다"라고 선포한다. "밥이 있는 서울로 가서 거기를 또 지나 밥을 나눠 먹는 천국에로 이르는 영원한 나그네 길로 간다." 이 길은 극에 이르면 다시 밥이 있는 곳으로 되돌아오는 영원한 수행을 암시한다.

그는 진군하고 패배하고 현상 수배되어 배신자 유다스의 밀고로 잡혀 죽는다. 그는 한마디 변명도 없이 반공법, 국가보안법, 내란죄 등의 죄명을 쓰고 목 잘린다. 이때 그는 〈밥이 하늘〉이라는 노래를 부른다.

> 밥이 하늘입니다. 하늘을 혼자 못 가지듯이 밥은 서로 나눠 먹는 것
>
> 밥이 하늘입니다. 하늘의 별을 함께 보듯이 밥은 여럿이 갈라 먹는 것
>
> 밥이 하늘입니다. 밥이 입으로 들어갈 때에 하늘을 몸속에 모시는 것
>
> 밥이 하늘입니다. 아아, 밥은 모두 서로 나눠 먹는 것

처형된 장일담은 사흘 만에 부활하여 그 모가지가 배신자의 모가지를 떼고 배신자의 몸통에 붙는다. 배신자의 몸뚱이는 성자의 머리와 결합한다. 간지奸智를 우반자友伴者로 하고 성聖, 선善, 진리를 내용으로 하는 이 기이한 결합은 복수이면서 동시에 악인까지도 구원하는 화엄경에 입각한 기이한 장일담의 사상을 표현한다.

장시 「장일담」은 다음과 같이 끝날 예정이다. "밥을 나눠 먹는다는 노래를 부르는 소리, 폭동이 되어 전국 각처를 휘몰아친다고 전한다."

이와 같은 것이 「장일담」의 윤곽이다. 그것은 아직도 어렴풋한 윤곽이다. 거듭 말하거니와 「장일담」의 세계는 아직 미완성의 세계이다. 그 속에는 종교적 고행과 혁명적 행동이, 예수의 행적

과 최수운 · 전봉준의 투쟁이, 초기 기독교의 공동체적 생활 양식에의 동경과 우리 민족의 오래고 강인한 민중운동에의 애착이, 파울루 프레이리의 피압박자의 교육 테제, 프란츠 파농의 폭력론, 블랑키스트적인 급진 폭력, 기독교의 원죄론적인 인간관, 가톨릭의 '행천주' 사상 등과 불교의 윤회설輪回說, 임꺽정, 홍길동의 활빈活貧 사상, 동학의 시천주 · 양천주 사상들이 혹은 결합하고 혹은 용해되고 혹은 서로 모순하고 부딪치면서 어지럽게 교차하고 있다.

현재로서는 내가 구상하고 있는 이러한 「장일담」의 세계에 대하여 나는 어떤 일관된 이론적 해명을 하려 하지 아니한다. 그것은 불가능한 것이다. 내가 그것을 할 수 있는 것은 「장일담」을 완성한 후의 일이 될 것이다.

4. 나는 반공법을 위반하였는가?

나를 공산주의자로 '만들어 내려는' 박 정권은 내가 옥중 수첩에 「장일담」 등의 시작, 극작 구상을 메모한 것을 가지고 반국가 단체를 찬양하는 표현물 제작 행위로, 나의 소위 인혁당 사건 관계 발언들을 반국가 단체 찬양 · 고무 · 동조 행위로, 내가 내 방에다가 몇 권의 서적을 놓아두고 있었던 것을 반국가 단체를 찬양 · 고무 · 동조할 목적의 표현물을 은닉 · 보관하여 반국가 단체를 이롭게 한 행위로 몰고 있다. 어제오늘에 시작된 것이 아닌 이 지긋지긋한 반공법 제4조의 상투적 · 견강부회적 · 무차별적 · 모략적 적용이야말로 우리 사회의 사상적 · 정신적 성장과 발전을 가로막아 온 최대의 질곡이며 우리 민중으로부터 '말의 자유'를 빼앗아 숨 막히는 암흑한 침묵의 문화를 보급함으로써 민주주의를 압살하고 부패 특권의 압제 권력을 유지해 온 최대의 억압의 무기이다. 나는 이에 대하여 자유의 이름으로 머리끝부터 발끝까지 치 떨리는 분노로 항의한다. 나는 또다시 나에게 들씌워진 이 더러운 질곡을 단호히 거부한다. 인간을 인간답게 하는 개성의 허용, 사상의 자유, 표현의 자유를 온몸으로 요구한다.

가) 첫째로, 중앙정보부와 경찰의 수사 과정을 통하여 저들은 내 시작 구상 「장일담」에 관한 메모에 대하여 그것이 모택동 사상에 의해 쓰인 것이라고 나를 강박하였다. 「장일담」의 메모에는 앞에서 언급한 바와 같이 동서고금의 수많은 사상, 입론, 행적 등에 관한 메모가 있다. 그중 하나로서 모택동의 「모순론」도 있다. 이것을 빌미로 저들은 내가 모 사상에 입각한 공산주의자이며 모순론의 대립물의 전화, 통일의 법칙에 따라 가톨릭에 입교했으며, 「장일담」 메모 중 '신과 혁명, 빵과 자유, 지상과 천상의 통일' 등의 기록은 모순의 전화론에 해당하는 것이며 심지어는 '부활'까지도 모택동 사상이라고, 즉 죽음의 부활로 '전화'된 것은 모순의 전화라고 실로 어처구니없는 억지를 부리고 있다. '부활'을 모 사상에 입각한 '모순의 전화'로 보는 검사의 그 놀라운 상상력에 대하여 우리는 경탄만 하고 있을 것인가!

유물론과 형이상학을 동일시하고 변증법 비슷한 것만 있으면 모두 공산주의자로 모는 대한민국의 '민주 경찰' 앞에서는 노자도, 공자도, 예수도, 석가도, 아니 그 누구도 모두 공산주의가 될 수밖에 없을 것이다.

앞서 나는 「장일담」이 아직 미완성의 세계이며 그런 고로 아직 그에 대한 이론적 해명을 할 수 없다고 하였지마는 적어도 그것이 마르크스주의 사상을 표현하기 위하여 일관된 사회주의 리얼리즘에 입각하여 쓰인 것이 아니라는 것은 단언할 수 있다. 「장일담」의 내용은 묵시록적 · 예언자적이며, 우화, 괴기, 상징, 비유와 엉뚱한 초자연적 사건, 그리고 농민적 · 자유노동자적 감수성이나 상상력으로 가득 차고, 그 색채는 기교 화미하여 표현주의적이고, 죽음 · 동요 · 불안 · 공포 · 혁명 · 절망 · 음울 · 학살 · 처형 · 퇴폐 등이 주된 분위기를 이루어 강렬한 언어와 폭력적인 사건으로 피투성이와 같은 과도 시대의 특징을 보여 주는 것이다. 따라서 그것은 사회주의 리얼리즘의 회색 분위기나 자연주의적 묘사, 현실적 사건 전개, 철과 용광로 등 노동자적인 것과는 무관한 것이다.

이러한 작품 세계에 관하여, 그것도 아직 미완성인 것을 가지고 '북괴를 이롭게 할 목적'으로 쓰인 것이라고 강변하는 데에 이르러서는 할 말을 잃을 수밖에 없다. 이것이 '문예 중흥 5개년 계획'을 내세우고 있는 저들의 진면목인 것이다.

다음 부르주아에 저항하는 '말뚝'을 주제로 한 나의 극작 구상 메모에 관한 저들의 주장을 보자. 저들 검찰과 정보부는 이것이 자본주의와 부르주아를 타도하고 노동자 · 농민이 승리하는 마르크스주의적 작품이라고 몰아붙이고 있다. '공산주의자'를 만들어 내기에 여념이 없는 저들은 '부르주아'라는 한마디에 거의 조건반사적으로 반공법을 들이대는 신경질적인 반응을 보인다. 그러나 마르크스가 꽃을 꽃이라고 부른다고 해서 내가 왜 꽃을 보고 꽃이라고 불러서는 안 되는가? 오늘날 '부르주아'란 이미 전 세계에 걸쳐서 보편적으로 인정되어 있는 역사적인 개념이다. 또한 '부르주아'라는 말을 사용하거나 '부르주아'를 증오한다고 해서 공산주의자라고 한다면 '부르주아'를 증오한다고 외쳤던 프랑스 가톨릭의 오자남, 베르나노스는 어떻게 설명할 것인가? 뿐더러 우리 사회에서는 일반적으로 '잘사는 사람, 있는 사람'을 가리켜 반半농담으로 부르주아라고 지칭하는 관용 어법이 통용되고 있다. 내가 극작 구상 메모에서 쓴 '부르주아'란 용어는 바로 이러한 의미, 더욱 구체적으로 말하자면 우리 사회의 억압자인 '부패

특권층'을 지칭하는 한정된 의미를 지닌 것으로서 이는 곧「오적」과 동일한 내용이다.

또한 이 극작의 주제는 반부패, 반특권의 민생 운동 테제에서 시작되는 것이며 주인공을 자유노동자로 설정함으로써 '말뚝이'란 원래 탈춤 속의 반항적 종놈이나 공업 노동자 계급의 계급독재를 전제로 한 혁명 따위와는 전혀 무관한 '천민적 저항 인간상'을 창조하여 보여 주려 하는 것이 목적이다. 즉 인륜을 상실한 정신, 육체적으로 소외된 '밑바닥 천민'을 주인공으로 하여 현대 한국 민중 정신, 육체적으로 인간성을 박탈당한 비인간의 전형을 창조, ① 그의 좌절과, ② 그 좌절을 '미사' 즉 하늘로부터의 계시에 의해 극복하게 하고, ③ 저항케 함으로써 민중의 좌절—인간회복에 이르는 '행동과 기도의 상호 작용'—을 '한국적인 투박한 저항적 천민'인 말뚝이 속에 투사하여 '희망'을 강조하고 그 결과로 도래할 종말론적 환각으로서의 어떤 '친교'(성서의 코이노니아koinonia)의 세상을 그리려 하였는바, 이는 참된 예술의 영원한 주제인 억압 없는 사회에의 표현이며 기독교적 · 종말주의적 상상력에 의거한 것이지 그 어떤 이데올로기에 입각한 것이 아님은 물론, 북괴를 이롭게 할 목적으로 쓰인 것은 더욱 아닌 것이다.

여기서 나는 왜 내가「오적」,「비어」,「장일담」,「말뚝」 등의 문학 작품을 쓰느냐는 동기를 분명하게 밝혀 두려 한다. 나는 그것을 누구를 이롭게 할 목적으로 쓰는 것은 아니다. 쓰고 싶어서 쓴다. 쓰지 않고는 도저히 배길 수 없는 속으로부터의 억누를 수 없는 충동 때문에 쓴다. 쓰지 않을 수 없어 쓴다. 그것뿐이다.

나) 나의 소위 인혁당 관계 발언들

하재완의 고문설, 인혁당 석방 요구, 기자 회견 등에 관하여 저들은 내가 '북괴의 선전 활동에 동조'하였으며 '반국가 단체인 인혁당을 이롭게' 한 것이라고 주장하고 있다.

인혁당 고문설에 관한 나의 발언과 북괴의 선전 활동의 내용이 같았다고 하자. 그러면 내가 북괴의 선전 활동에 동조한 것인가? 북괴가 나의 선전 활동에 동조한 것인가? 그들은 하재완을 만나지 못하였으나 나는 직접 하재완을 만나 내 귀로 그 이야기를 들었다. 그것을 그대로 세상에 전한 것뿐이다. 나는 결코 북괴의 선전 활동을 듣고 그것을 근거로 하여 하재완이 고문받았다고 선전한 것이 아니다. 만약 내용만 같다고 모두 '동조'라고 한다면 민주 인사 석방을 요구해 온 수많은 시민, 지식인, 종교인, 학생, 정당인들은 역시 '민주 인사 석방'을 틀림없이 주장하였을 '북괴의 선전 활동에 동조'한 죄로 반공법의 적용을 받아야 한단 말인가? 이 얼마나 지나친 난센스인가?

나의 발언은 '반국가 단체인 인혁당'을 이롭게 하기 위한 것이었던가? 아니다. 나는 내가 아는 사실을, 세상 사람들이 마땅히 알아야 할 저 끔찍한 진실을 이 나라의 인권과 민주주의를 위하여 폭로하였을 뿐이다. 나는 많은 할 일을 젖혀 두고 나와 아무런 관계도 지면도 없었던 '인혁당'을 특별히 이롭게 하기 위하여 박 정권의 탄압을 무릅쓰고 애쓸 아무런 이유가 없다. 저들은 내가 나의 '용공성'을 감추기 위해서 '인혁당 조작설'을 퍼뜨렸다고 주장하나 세상이 나를 용공 분자로 알지 아니하고 국무총리란 사람까지도 김지하는 공산주의자가 아니라고 국회에서 공언한 처지에 내가 '용공성'을 감추기 위하여 그런 발언을 할 무슨 이유가 있었겠는가? 오히려 그런 발언을 하는 것은 박 정권에 의해 '용공 분자'로 몰릴 명백한 위협이 존재하고 있었을 것이다.

인혁당 사람들이 고문을 받았다는 것은 나의 확신이다. 중앙정보부란 어떤 곳인가? 학생들, 야당 국회의원들은 물론이요, 최근에는 공화당 원내총무란 사람까지도 고문을 받은 일이 있노라고 폭로한 그런 곳이다. 그러한 중앙정보부에서 공산주의로 몰아 처형하려 한 '인혁당' 사람들이 고문을 받지 않았으리라고 하는 '논리적' 심증을 가질 수 있는 사람이 대체 몇 사람이 되겠는가?

그러한 나의 확신을 나는 그것도 내가 귀로 듣고 눈으로 본 사실에만 국한하여 표현한 것뿐이다. '인혁당'이 과연 반국가 단체인가, 아닌가? '인혁당'이라는 것은 과연 실체가 있었던 것인가, 도깨비인가? 나는 아직도 이 의문에 관한 박 정권의 선전을 절대로 그대로는 믿지 않는다. 만약 나로 하여금 그것을 믿게 하려면, 그리고 내가 거짓으로 고문설을 퍼뜨렸다고 국민들에게 납득시키려면, 박 정권은 이미 처형된 8명을 되살려 놓든가, 하재완, 이수병의 혼이라도 불러와야 할 것이다. 이 문제에 관한 재판은 어떻게 가능한 것인가?

다) 나에게 씌워진 가장 기막힌 죄목을 이야기하자. 1964년도에 내가 읽은 잡지 『한양』과 『청맥』, 그리고 1969년에 읽은 『실천론』, 『모순론』 등의 서적을 내 집 골방에 내버려 놓은 것이 반국가 단체를 이롭게 하기 위하여 반국가적 표현물을 은닉, 보관한 것이라는 것이다.

10여 년 전에 읽고 버려 둔, 골방 속에서 먼지를 뒤집어쓰고 잠자는 책이 무엇이 어째서, 어떻게 적을 이롭게 한단 말인가?

5. 자유와 정의를 사랑하는 모든 이들에게

억압과 독재에 반대하고 자유와 정의, 그리고 양심을 지키려는 모든 사람들은 지금도 부패 특권의 독재 정권에 대하여 치떨리는 분노로 맞서고 있을 것이다.

나는 지난 2월 15일 무기수로서 출감할 때 분명히 약속한 바대로 내 생명이 붙어 있는 한 끝까지 독재 정권에 대항하여 투쟁할 것이다.

위에서 나는 나의 반공법 위반 사건의 진상을 밝혔다. 나는 나를 기억하는 모든 이들이 위의 양심선언의 내용에 반하는 어떤 형태의 나에 대한 모략도 신뢰하지 않을 것을 확신하면서 밀폐된 방 속에서나마 나는 나의 평화를 누리고 있다.

나의 옥중 수첩에는 나의 위의 선언의 진실을 입증할 많은 기록들이 있고, 또 나로서는 옥중에서의 고통스럽던 시절에 밑바닥의 버림받은 이웃들과의 교우에서 얻은 귀중한 체험과 진실과 영감들이 그 수첩에는 기록되어 있다. 그 속에는 나의 것만이 아닌 우리 시대의 진실이 있다고 말하고 싶다. 그 4, 5권의 수첩들이 인멸되지 않도록 노력해 주기 바란다.

우리는 무엇 때문에 싸워 왔는가? 인간을 위하여서이다. 자유롭고 해방된 인간, 신이 창조한 본래의 모습으로 회복하기 위하여서이다. 우리의 이 과제는 그 무엇보다도 우선하는 것이며, 잠시도 늦출 수도 멈출 수도 없는 것이다.

부패와 특권, 독재야말로 적화赤化에의 황금교黃金橋이다. 독재와 억압을 유지시키는 것은 안보가 아니다. 독재와 억압을 물리치고 자유와 민주주의를 지키는 일이 참다운 안보임을 직시하자. 자유와 민주주의를 잃고 나면 우리는 도대체 무엇을 지킬 것인가?

저 지루한 기아와 질병, 암흑과 모멸의 끝없는 굴레를 지키기 위하여 우리는 목숨을 걸어야 할 것인가? "아니다"라고 우리는 다 같이 말하자.

자유와 평화를 사랑하는 전 세계의 양심 있는 이웃들은 우리의 외롭고 고난에 찬 투쟁에 아낌없는 지원을 보낼 것이다. 이 시대에 가장 필요한 것은 진실, 그리고 그것을 사랑하기 때문에 당해야 하는 수난에 대한 정열이다. 인간의 자유와 해방을 위하여 온 민중이 애타게 기다리는 민주주의의 승리를 위하여 우리의 모든 것을 던지자고 말하고 싶다.

우리 모두의 건투를 위하여 나는 오늘도 기도하고 있다.

추신 : 나는 내가 체포될 때에 내가 살고 있던 시골집과 내 아들이 살고 있던 집(妻家)이 시간을 같이하여 수색당하고 그 결과 나의 내밀한 사적 기록인 메모첩 4, 5권이 압수되었는바, 그들이 나를 체포하고 집을 수색한 목적이 당초에 어디에 있었던가에 의문을 갖고 있다. 그들은 처음 "김대중 씨 납치 사건의 진상을 시로 써 달라는 부탁을 받지 않았는가?" "원고는 어디에 있는가?"를 매우 신랄히 추궁했었으니까.

나는 지금 접견도, 통신도, 집필도 금지되고 운동과 기타 모든 권리가 제약된 채로 심지어 서적까지, 성경까지도 금지된 상태에서 1.27평의 어두움 속에 밀폐되어 있다. 이 어둠 속에서 나는 또한 끈질긴 추억의 유혹과 싸워야 하며 부단히 저 불길하고 잿빛뿐인 미래와 눈을 부릅뜨고 맞서고 있다.

이 고통만이 나를 적 앞에서 각성케 하고 잠들게 하지 않는다. 지금 내 마음은 물처럼 맑다. 다만 이 글이 나가 발표될 때에 연관된 선의의 사람들에게 가해질 그 쓰라린 피해만이 걱정이다. 벗들, 부디 그들의 고통에 관심을 기울여 달라! 나를 슬픈 눈빛으로 보지 말아 다오. 우리는 곧 만나게 될 것이다.

1975년 5월 4일

나는
무죄이다

나는 무죄이다*

법정 최후 진술

* **편집자의 말** 1975년 3월 반공법 위반 혐의로 재수감된 김지하 시인은 이 해 5월 19일부터 오랜 기간에 걸쳐 재판을 받았다. 이 글은 1976년 12월 23일 오전 10시부터 밤 10시까지 약 12시간 계속된 재판에서 변호인단의 변론에 이어 약 3시간 15분에 걸쳐 최후 진술한 것을 요약 발췌한 것이다.

우선 장장 9개월 동안 수고해 주신 재판부의 노고에 대하여 치하의 말씀을 드리면서 아울러 끝까지 나의 최후 진술을 경청해 주시기를 부탁드립니다. 그리고 만난을 무릅쓰고 열과 성을 다해 변호해 주신 변호사 여러분께 감사와 눈물겨운 존경의 인사를 바칩니다. 그리고 이 사건을 국가를 위한다는 명분 아래 담당하여 끝까지 노심초사한 검찰관에게도 국민의 한 사람으로서 감사를 드립니다. 특히 징역 10년에 자격 정지 10년의 구형은 나에게는 큰 영광입니다. 지금 살고 있는 종신형을 다 살다 죽고 나서 다시 부활해서 10년 징역을 더 살라는 뜻으로 알고 더욱 감사하게 생각합니다.

본 진술에 들어가기 전에 현 정부의 주장과 태도에 대한 나의 소감을 밝히겠습니다. 첫째, 현 정부는 애당초 인혁당 사건이 조작되었다는 나의 주장은 허위일 뿐만 아니라 내가 북한의 선전에 동조하는 것이라 하여 반공법 위반으로 구속했습니다. 그러나 그 뒤 검찰의 취조 과정에서는 작품 구상 메모만을 전면 확대하고 인혁당 사건에 관한 부분은 퇴화된 꼬리처럼 붙어 있기는 붙어 있으되 유죄인지 무죄인지 분명한 언급 없이 얼렁뚱땅 넘어갔습니다. 논고에서도 명확하고 합당한 증거나 논리의 제시 없이 형식적 거론만으로 넘어갔습니다. 죄가 있는지 없는지, 조작했다는 것인지 아닌지 나는 도무지 뭣이 어쨌다는 것인지 모르겠습니다.

이와 관련해서 현 정부의 나에 대한 태도에도 많은 문제점이 있습니다. 베트남 사태 이전과 이후, 「양심선언」 발효 이전과 이후, 3 · 1민주구국선언 사건 이전과 이후에 각각 나를 대하는 태도가 판이합니다. 대법원 판결 1975년 4월 8일이 끝나자마자 재심 청구의 기회도 허용되지 않은 채 24시간 이내에 처형해 버릴 정도의 중대한 국사범國事犯인 인혁당 인사들을 무죄라 하여 구명에 나섰던 김지하라면 엄청난 중죄인임에 분명합니다. 또 검사의 주장과 같이 내가 10년에 걸쳐서 골수 깊이 공산주의 사상을 가지고 있는 반反국가 분자라면 더더욱 중죄인입니다. 이름은 밝히지 않겠지만, 중앙정보부의 고급 요원 둘이 나에게 와서 베트남 사태 이전에는 "당신의 석방 여부는 당신의 태도 여하에 달려 있으니 협조적으로 나올 수 없느냐"고 했고, 「양심선언」 직후에는 와서 "장관 될 의사가 없느냐, 고집만 부리지 말고 협조적으로 나오면 빛도 보고 출세도 할 텐데 무엇 때문에 모두가 손을 들고 있는 판에 당신만 끝까지 버티고 있느냐"고 했고, 명동 사건 직전에는 "그만큼 고생을 했으니 이제는 가슴을 탁 열어 놓고 허심탄회하게 얘기를 해서 고집 그만 부리고 나가야 될 것이 아니냐"고 했습니다. 나는 "안 나간다"고 했습니다. 현 정권 마음대로 휘두르는 꼬락서니 보기 싫어서 안 나간다고 그랬습니다. 10년이고 20년이고 징역 살겠다고 했습니다.

나는 징역 살 각오는 돼 있습니다. 그런데 문제는 그러한 중죄수인 내가 장관도 되고 말만 잘하면 석방도 될 수 있다는 그 점입니다. 도대체 내가 죄가 있다는 것인지 아닌지, 또 공산주의자라는 것인지 아닌지, 인혁당이라는 것이 존재했던 것인지 아닌지, 인혁당을 조작을 한 것인지 아닌지, 종잡을 수가 없습니다. 나의 발언이 그만큼 중죄라면 국가 공권력은 처음부터 끝까지 분명하고 투명한 태도를 취했어야 합니다. 그런데 그들의 태도가 이토록 불투명하다면 국민 된 사람으로서 한심하다고 할 수밖에 없는 일입니다.

둘째, 현 정부는 내가 가난한 환경에서 태어나 가난뱅이로 자라나, 바로 가난뱅이이기 때문에 생리적으로 부자와 자본주의를 증오하는 악랄한 공산주의자가 됐다고 합니다. 1964년 한일회담 반대 시위로 법정에 선 이래, 수차에 걸쳐 현 정부는 상투적으로 정부 비판의 동기를 가난뱅이이기 때문이라고 말하고 있습니다. 이 나라는 절대 다수가, 국민의 8할 이상이 가난한 민중입니다. 가난한 8할의 민중을 가난하다는 이유 하나만으로 가상 적, 즉 공산주의 우범으로 몰아세우는 정부라면 이것을 어떻게 국민의 정부라고 할 수 있겠습니까? 더욱이 국민의 절대 다수를 가난하게 만들며 특권 부패를 조장한 것은 누구입니까? 나는 가난한 민중 속에서 태어난 가난뱅이라는 것에 자부심을 갖고 있습니다. 나는 그들을 위하여 끝까지 투쟁할 것입니다. 무엇이 어쨌다는 겁니까?

셋째, 나는 시인입니다. 시인이라는 것은 본래부터 가난한 이웃들의 저주받은 생生의 한복판에 서서 그들과 똑같이 고통 받고 신음하며 또 그것을 표현하고, 그 고통과 신음의 원인들을 찾아 방황하고, 그 고통을 없애며 미래의 축복받은 아름다운 세계를 꿈꾸고, 그 꿈의 열매를 가난한 이웃들에게 선사함으로써 가난한 이웃들을 희망과 결합시켜 주는 사람입니다. 그렇기 때문에 우리는 참된 시인을 민중의 꽃이라고 부르는 것입니다. 만약에 시인이 혁명을 선택했다면 그것은 그가 사랑하는 가난한 이웃들에게 꿈을 주기 위해서이며, 때문에 그 혁명은 이 세상에서 전혀 새로운 창조적인 혁명에 대한 몽상의 단계일 수밖에 없습니다. 그러므로 시인이 꿈꾸는 혁명적 사상의 몽상에 대해서 판단하려면, 때 묻은 이데올로기의 논리나 형식적인 법정 논리에 의해서가 아니라 시인의 상상력의 자율적인 운동 법칙과 직결시켜서 이해하지 않으면 안 됩니다. 소련 당국의 박해 아래 자살한 시인 예세닌은 일찍이 "나는 오늘 『자본론資本論』 속에서 시인에겐 시인의 법칙이 있다는 것을 읽는다"고 쓴 적이 있습니다. 마르크스조차도 시인에겐 시인 나름의 내밀하고도 오묘한 상상력과 자율적인 운동 법칙이 따로 있다는 것을 인정했다는 것입니다. 예세닌은 여기서 소련 당국이 이데올로기의 논리로 시인의 상상력을 찢어발기고 짓밟고 있다는 것을 지적한 것입니다. 이데올로기의 논리는 끝내 시인의 자유를 짓밟았고 그래서 그는 절망했고 그래서 그는 자살했습니다. 소련 당국의 이 같은 이데올로기의 논리로부터 시인의 자유와 상상력의 자율성을 포함한 시민적 자유를 보위하기 위하여, 즉 자유라는 이름의 대의명분으로밖에는 그 입법 취지를 결코 구할 길이 없는 바로 그 반공법을 가지고 현 정부는 이제 소련 당국처럼 때 묻고 둔탁한 상투적인 논리의 강철로 시인의 상상력을 탄압하려 하고 있습니다. 만약 이런 행위가 용납된다면, 현 정부가 예세닌을 죽인 소련 공산주의자들보다 나은 것이 도대체 무엇입니까?

저들이 나에게 가한 박해는 비단 이뿐이 아닙니다. 그들은 나를 특수 감시 상태 속에 집어넣고, 접견, 통신, 독서, 운동, 세면 일체를 금지한 위에 심지어 6개월 이상이나 일체의 물품 구매마저 금지시켰습니다. 하루 밥 세 끼밖에는 주지 않았습니다. 말하고 싶지는 않지만 휴지 구매마저도 금지했습니다. 밥을 먹으면 배설을 해야 되고 배설을 하려면 휴지가 필요한데 손가락으로 닦으라는 얘기입니까? 현 정부의 소아병적인 정치이기주의에 의해서 반공법은 반공법 자체를 만들어 낸 자유라는 이름의 기본 국가 이념에 정면으로 도전하는 반란을 일으키고 있는 것입니다.

넷째, 현 정부는 '악랄하고 극악무도하고 교활 무쌍'하다는 형용사까지 붙여 가면서 내가 마르크스-레닌주의자이고 모택동주의자라고 계속 주장하고 있습니다. 나의 메모 속에는 분명히 내 자신이 창조적 사상을 찾아 헤매고 있는 의지가 나타나 있습니다. 즉, 이 민족의 정신적 전통이라는 토대와 하느님의 보편 진리를 결합, 어떻게 하면 이 민족이 이토록 복잡 다난한 난국을 뚫고 활로를 개척해 나갈 수 있겠는가 하는 고뇌에 찬 새 사상의 창조 의지가 도처에 나타나 있는 것입니다. 분명히 말하거니와 '나는 나'

입니다. 나는 대한민국 국민 김지하라는 사실에 대해서 높은 자부심을 가지고 있습니다. 나는 이 나라가 허리가 동강 나고 가난하고 초라하기 때문에 더욱더 사랑하고, 그러기에 내가 이 나라 국민임을 짙은 열정으로 확인하고 있습니다. 나는 이곳밖에는 살 데가 없습니다. 내가 쓰는 시도 모국어로밖에는 표현될 수 없는 예술 장르입니다. 나의 모든 상상력과 아름다운 언어의 영상들과 창조적인 생각들의 모든 오묘한 색깔들이 태어난 고장도 바로 이 땅이올시다. 내 태胎가 묻힌 곳입니다. 나는 가장 짙은 어둠 속에 비치는 빛이 가장 강렬하다는 것을 나의 신념으로 삼고 있습니다. 수첩에 적혀 있고, 「양심선언」에 표백漂白되어 있듯이, 이 법정에서 진술한 모든 것은 어둠 속에서 빛을 찾아 헤매는 구도자의 기록이라고 감히 말할 수 있습니다. 빛을 찾아 헤매는 과정에서 모택동도, 마르크스도 볼 수 있습니다. 우리는 보다 더 대담해야 합니다. 우리는 보다 더 거대한 위장을 가져야만 합니다. 마르크스면 어떻고 모택동이면 어떻습니까? 거기에 뭔가 부분이나마 경청할 만한 것이 있길래 야단법석들 떠는 것 아니겠습니까? 그들의 사상에—물론 비판을 거쳐서입니다만—만약 긍정할 만한 것이 있다면 꿀꺽 삼켜서 내 것으로, 우리 사상 체계 속에 체단백體蛋白 동화를 시켜 버려야 한다는 것이 내 생각입니다. 그 정도의 배포 없이는 민족통일의 이니셔티브를 결코 우리가 잡을 수는 없습니다. 우리의 조국이, 우리의 민족이 안고 있는 이 비극을 극복하기 위해서는 우리는 대승적大乘的이고, 크고 넓게 보고, 또 대범해야 됩니다. 메모의 기록이란 그런 점에서 사상 창조를 위한 몸부림인 것입니다. 따라서 나의 메모는 기성의 논리, 이 세상에서 통용되고 있는 논리적인 용어로서는 정립할 수가 없습니다. 그러나 현 정부가 나를 공산주의자로 낙인찍으려 하기 때문에 어쩔 수 없이 법정에서 논리화시켜야 되는 고충이 뒤따르고 있습니다.

이제 나는 나의 메모 기록에 나타난 사상에 대하여 또 말하지 않을 수 없습니다. 첫째, 「말뚝」의 메모에 나타난 사상은 국민 민주 혁명 사상이올시다. 검찰의 주장을 입증할 만한 증거는 메모첩 어디에서도 찾을 수 없습니다. 메모에는 유물唯物주의적 가치관은 어디에도 없습니다. 오히려 비나리, 즉 기도 형식으로 시작해서 기도 형식으로 끝나고 있고, 중요한 장면 전환 부분마다 집단적인 기도 형식이 강조되어 있습니다. 둘째, 이것이 마르크스주의 혁명이 되기 위해서는 프롤레타리아 독재가 상당한 강조점이 되어야 하는데, 전혀 그렇질 않습니다. 산업 노동자가 아니라 날품팔이 등 룸펜 프롤레타리아가 주역입니다. 또 원수와 원수 사이의 친교를 의미하는 코이노니아, 즉 기독교적 세계관이 핵심 진리로서 표현되어 있습니다. 셋째, 이것이 마르크스주의 혁명이 되려면 폭력 혁명이어야 합니다. 그러나 메모첩에는 분명히 말뚝이가 잡아먹히면서도 익살스럽게 재기하여 저항하는 등, 비폭력적인 행동이 강조되어 있습니다. 그리고 어디에도 타도나 폭력 따위의 언어는 없습니다.

국민 민주 혁명에 대하여

내가 얘기하는 국민 민주 혁명은 제3세계에 주어지고 있는 특징적 현실과도 관련됩니다. 제3세계에 있어서 민중들의 저항이라는 것은 바로 민주 · 민족 · 민생이라는 내용으로 전개되고 있습니다. 우리 현실의 경우 요청되는 혁명은 역시 국민 민주 혁명입니다. 나는 이 과정에서 기독교의 사회 혁명 사상과 인간 해방 사상을 동학 농민 운동 등 민중 전통과의 관련 속에서 토착화시키는 방향을 시도해 본 것입니다. 국민 민주 혁명의 대상이 되는 현 정권에 대하여 말합시다. 메모첩 자체에 의해서도 내가 추구하는 혁명이 국민 민주 혁명이라는 것은 명백하고 또 그 대상은 현 정권이라는 것도 명백합니다. 현 정권은 그 자신이 독재 권력이요, 외세의 앞잡이요, 착취 자본가입니다. 그렇기 때문에 민주, 민족, 민생을 주 내용으로 하는 국민 민주 혁명의 대상이 됩니다. 나는 현 정권을 부르주아라고 썼습니다. 그리고 현 정권을 독재 권력, 착취 자본가, 외세의 앞잡이라고 분명히 표시해 놓았습니다. 국민 민주 혁명의 3대 테제인 민주, 민족, 민생에 대한 3대 적대 요소는 그 자신이 독재 권력이며 착취 자본가이며 외세의 앞잡이인 현 정권일 수밖에 없는 것입니다. 도대체 지금 이 사회에서 돈 쥔 놈이 칼 쥔 놈이요, 칼 쥔 놈이 돈 쥔 놈이라는 명백한 사실을 모른다면, 그런 사람을 간첩으로 신고해도 결코 틀리지 않을 것입니다. 천주교에서도 강조하고 있는 기본 생존권 보장 운동을 설사 부분적인 계급 투쟁으로 볼 수 있을지 모릅니다. 그러나 전면적인 계급 투쟁과는 무관합니다. 우리의 민중 전통으로 보아서, 또 현재의 여건으로 보아서 국민 민주 혁명의 가능성은 충만해 있습니다. 그것에 대한 질곡이 바로 현 정권입니다. 현 정권이 무너지면 혼란이 온다, 대체 세력이 없다고 말하는 사람이 있지만, 천만의 말씀입니다.

5 · 18쿠데타 이후 오늘날까지 15년에 걸쳐서 반독재 · 민주화 운동이 줄기차게 이어져 왔고, 수천의 선언문이 나왔습니다. 나는 그들 선언문 가운데는 어느 나라 혁명사에서도 볼 수 없는 엄청나게 심오하고 새로운 형태의 민주주의 혁명 매너와, 엄청나게 높은 영원하고 보편적인 이상과, 엄청나게 광활한 혁명에 의해서 이루어질 미래의 꿈이 보이고 있다고 확신합니다. 많은 청년, 학생, 지식인, 종교인 등 민중운동의 지도자들이 투옥되고, 그 혹독한 고문 아래서 얻어터지면서도 자기들의 신념을 굽히지 않았

습니다. 그 과정에서 자기의 개체적인 인식과 민족의 전체적인 인식을 결합시키는 내적 · 외적인 통일적인 생의 방향을 결단해 왔습니다. 국민 민주 혁명의 잠재적인 간부가 이 사회에는 꽉 들어차 있는 것입니다. 그들은 지금도 '기다리는 칼'로 존재하고 있습니다. 더욱이 국민 민주 혁명을 정치적 차원에서뿐 아니라 인간의 영구 보편적인 소망과 관련시킬 수 있는 근거라 할 수 있는 종교 역량이 우리와 합류하고 있습니다. 신부와 목사는 국민 민주 혁명의 명실상부한 지도자로 되고 있습니다. 우리에게는 이와 같이 국민 민주 혁명을 위한 모든 전반적인 조건이 갖추어져 있는 것입니다. 국민 민주 혁명은 반드시 승리할 것이며 3대 테제는 또한 반드시 성취될 것입니다. 따라서 3대 적대 요소의 집적인 현 정권은 반드시 망할 것입니다. 나는 그것을 확신합니다. 물론 국민 민주 혁명의 동력은 연합된 민중의 힘입니다. 따라서 연합된 민중에는 노동자, 농민뿐만 아니라 각계 각층의 소시민, 학생, 지식인, 소상인, 기업가 등이 참여하여야 합니다. 메모에도 그렇게 표시되어 있지만, 「말뚝」과 「장일담」에 나타나는 혁명은 두 개가 아니라 하나입니다. 나는 메모에서 연합된 민중의 정치 형식을 전선戰線이라고 부르고 있는데, 이것이 공산주의에서 말하는 통일 전선이냐 하면 그렇지 않습니다. 즉, 공산당을 이미 전제해 두고 그 당의 전위前衛 노릇을 하는 껍데기로서의 통일 전선이 아니라, 전위당前衛黨이 존재하지 않는 조건 아래서 민중 전체의 정치적 지도부로서 그 자체 하나뿐인 지도부로서 나는 전선이라는 말을 썼습니다. 즉, 국민 민주 혁명의 보편적인 정치 지도부로서 당 기능을 가진 전선인 것입니다. 알제리의 민족해방 '전선당'과 같은 '전선당'을 말하는 것이지 공산주의자들의 외곽 조직으로서의 인민 전선 따위와는 무관합니다. 다음, 국민 민주 혁명의 주력으로서의 천민, 그 말썽 많은 룸펜 프롤레타리아에 대하여 말하겠습니다. 나는 우리나라에 있어서 나타나야 할 국민 민주 혁명이 지닌 독특한 성격, 즉 제3세계적 현실 일반과의 깊은 연관 속에서 나타나는 그 특수한 성격 때문에 특수한 주체 세력이 등장해야 된다고 생각해 왔습니다. 그리고 우리들의 국민 민주 혁명이 기독교의 보편 진리를 배경으로 하게끔 하자는 나의 희망에 따라, 나는 기독교의 복음 사상과 일치되는 주체가 나타나야 된다고 생각해 왔습니다. 따라서 나는 버림받은 형제가 주체가 되어야 한다고 생각하게 된 것입니다. 이 밖에도 나는 국민 민주 혁명의 대상이 현 정권인 한, 그에 대치할 수 있는 세력을 설정함에 있어서도 이들이 가장 바람직하다고 생각했습니다. 현 정부는 우리나라 역사상 유례없는 교활 무쌍한 전술 집단입니다. 정치, 경제, 사회, 문화의 모든 정보와 온갖 기구들과 갖은 현실적인 유통 가치를 독점한 위에, 중앙정보부 등의 정보 통치 조직을 갖추고 있으며, 뿐만 아니라 북으로부터의 군사적 위협이라는 위기의식을 활용할 수 있는 정권 유지의 명분이 있습니다.

거기다 외국에 나가 학위를 얻어 가지고 청와대로 직행하는 자들이 날로 늘어 가고 있습니다. 이들의 교활한 지혜가 현 정권을 위해 동원되고 있습니다. 이러한 정권에 대항함에 있어 나 같은 백수건달 가지고는 안 됩니다. 조직적으로 탄압하면 할수록 오히려 탄압 그 자체로 말미암아 오히려 스스로가 인간임을 확인할 수 있는 저들, 실제로 현 정권에 의하여 희생, 유린된 창녀와 갈보와, 전과자와 버림받은 자들만이 현 정권과 끝까지 대결할 수 있을 것이라고 생각하게 된 것입니다. 우리나라와 제3세계의 현실 일반에서의 전체 민중의 가열한 인륜 상실의 모습은 한마디로 '뿌리 뽑히고 저주받은 자'의 모습인바, 이들 밑바닥 인간들은 전체 민중의 인륜 상실 상태의 상징, 피압박 상황의 전형이기 때문입니다. 이들의 가슴속에 쌓인 한恨, 세상으로부터 소외되었기 때문에 축적된 그 한, 이 한의 엄청난 자기 운동에 의해서만 현 정권과의 대결이 가능하다고 본 것입니다. 나 같은 인텔리나 종교인들 또한 현 정부가 자비(?)로워서 그렇지, 현 정권이 계속 몰아붙인다면 전부 손들게 될지 모르는 것입니다. 그러므로 내가 그들을 주력 또는 주인공으로 본 것은 이와 같은 이유에서였습니다. 우리 민중은 노동자든 농민이든 현 정권의 매판 · 독재 · 착취와 분단 및 농촌공동체의 해체와 도농 격차로 인해 모두 뿌리 뽑힌 '부평초'와 같은 일반적 유민 상태에 있습니다. 그러나 여기에는 조건이 있습니다. 이들이 각성하고 이들이 혁명적으로 진출하게 되면 그들이 사용할 수 있는 것은 폭력이 될 것입니다. 그들의 각성도가 높으면 높을수록 그 폭력의 광폭성도 가열苛烈해 갈 것입니다. 그 폭력이 방치되어서는 안 됩니다. 그 자제력으로서 나는 기독교의 비폭력적 복음을 설정한 것입니다. 이것은 예수의 출생과 성장, 그리고 복음의 선포와 죽음의 과정에서 터득한 것입니다. 이로써 그들은 놀라운 변화를 일으켜 그 한이 크리스천의 자기희생 정신 및 비폭력 정신과 결합, 숭고한 혁명적 정열로 전환할 것이며, 그 결과 그리스도의 축복을 받는 국민 민주 혁명이 결실될 수 있으리라고 믿고 있습니다. 국민 민주 혁명의 투쟁 방식으로서 폭력, 비폭력의 통일에 관하여 말하겠습니다.

나는 폭력과 비폭력은 하나로 이루어진 신비스러운 기독교적인 독특한 사회 행동 형식이라고 봅니다. 인체로 볼 때 한방漢方에서는 횡격막 이하는 불의 성질을 가지고 있고, 횡격막 이상은 물의 성질을 가지고 있는 것으로 보고, 하체는 불꽃처럼 원시적인 생명력으로 끊임없이 타올라야 하고, 상체는 물 같은 성질로서 차게 내리누르고 맑아야만 병이 안 난다고 합니다. 즉 밑에서 위로 타오르는 불의 성질과 그것을 자제하여 밑으로 내리누르는 물의 성질이 합해져서 교묘한 조화가 이루어졌을 때 원만한 생명 현상이 일어나는 것입니다. 폭력, 비폭력의 통일 문제도 마찬가지입니다. 석탄을 태우는 불꽃이 기관차를 움직이는 것이 아니라, 석탄을 태워서 끓는 물에서 나오는 증기가 기관차를 움직입니다. 기관차의 원리와 폭력-비폭력의 통일 관계는 똑같습니다.「누가복음」22장에 보면 죽음이 다가오자 예수는 제자들의 겉옷을 팔아서라도 검劍을 준비하라고 합니다. 두 자루의 칼을 제자들이 가지고 오자 예수는 그것으로 족하다고 말합니다. 예수는 다가오는 폭력에 대하여 인간성을 방어하기 위한 저항적 폭력의 불가피성을 인정하고 있습니다. 그러나 예수는 그 뒤에 끝없이 깨쳐서 시험에 들지 않도록 기도하라고 당부합니다. 예수는 겟세마네 동산에서의 필사적인 기도 끝에 저항적인 폭력의 불가피성의 순환 고리마저 끊고 일어납니다. 그래서 그는 "검을 가진 자는 검으로 망한다"는 말을 남겼습니다. 그리하여 그는 앞으로 종말이 올 때까지 보편적인 인간 전체를 각성시키고 구원하는 가장 원천적인 비폭력 행동의 모범을 창조하였던 것입니다.

나는 모택동주의자인가

검찰은 내가 수첩 속에 모택동의 모순의 법칙을 적용해 보겠다는 명백한 의사 표시를 하고 있는 것으로 보아 내가 모택동주의자라고 주장하고 있습니다. 먼저 말하고 싶은 것은, 검사는 모순 법칙이 마치 모택동의 창조물인 것처럼 착각했거나 아니면 억지를 쓰고 있다는 사실입니다. 그러나 천만의 말씀입니다. 모순, 모순의 대립, 대립의 통일, 모순의 전화, 모순 법칙이라는 것 몽땅은 하느님이 태초에 천지를 창조할 때부터 나타난 하느님 자신의 진리입니다.「창세기」1장에 하느님 자신이 태초에 어두움과 빛을 둘로 나누어 하나는 밤이라 칭하고 하나는 아침이라고 칭해서 아침이 저녁으로 되니 첫날이었다고 되어 있습니다. 이것이 모순과 모순의 전화轉化입니다. 아리스토텔레스는 모순, 모순의 전화와 대립, 대립의 통일 등을 명백히 논리화했습니다. 세계 4성聖의 가르침은 거의 모순에서 시작해서 모순으로 끝납니다. 또 모순 법칙 가운데에도 변증법과 안티노미아(二律背反)가 있습니다. 나의 메모첩에는 안티노미아가 많이 기록되어 있습니다. 이러한 것은 상식에 속합니다. 그런데 검찰은 이러한 상식마저도 무시한 채 억지로 나를 옭아매려 하고 있습니다만, 무리올시다. 내가 메모에서 모택동의 모순 법칙을 부분적으로, 방법론적인 문제에서 적용해 보려 한 것은 사실입니다. 예컨대 서학(天主敎)의 토착화 문제 등이 그것입니다. 모택동은 서양의 산물인 마르크스주의를 수천 년의 이질적인 문화 전통을 가진 중국, 수억 민중의 역사, 사회적인 복잡한 조건, 그 특수한 정형 속에서 토착화하려고 했습니다. 천주교를 한국과 같은 또 다른 복잡성 · 특수성을 가진 민중 생존과 역사적 조건 속에 토착화하는 데서 반드시 한 번은 참고해야 할 경험이라 생각했던 것입니다. 그러나 이것은 방법론적인 문제에서 통일성과 투쟁성, 모순의 전화 등등의 구조와 동양 문화, 특히 민중적 세계관과의 관계에서 여하히 가톨릭과 불교 · 유교 · 노장 · 역 철학의 종합에 창조적 암시를 던져 줄 것인가에 대한 관심의 표현일 뿐입니다. 그러나 증거물로 제출된 문제의 노트를 읽어 보면 알 수 있는 바와 같이 모택동은 모순의 통일성과 투쟁성의 법칙을 해석함에 있어 투쟁성의 우위를 인정하면서 그것을 절대적, 항구적, 본질적인 것으로 평가하고 있습니다. 그에 대하여 통일성이란 종속적, 상대적, 잠정적, 비본질적인 것으로 평가하고 있습니다. 모택동은 국공 합작이라든가 하는 전술 면에서의 통일성은 잠정적인 것으로 보고 투쟁성을 본질적인 것으로 보고 있습니다. 즉 투쟁은 영구하고 통일은 일시적이라는 것이 주장의 핵심입니다. 이와 같은 잠정적인 통일성의 원리를 가지고 내가 메모에서 기록한 바와 같은 '지상과 천상의 통일', '빵과 자유의 통일', '밑바닥과 하늘의 통일', '마르크시즘과 가톨릭시즘의 통일'을 설명할 수 있다고 본다면 그렇게 하려는 놈이 바로 미친 놈입니다.

나의 메모첩에 나타난 기록은 명백히 모순의 투쟁성보다는 통일성을 강조하고 있고 통일을 영구한 것으로 보고 있습니다. 내가 말하는 통일성은 기독교적 정신에 입각한 것입니다. 즉 그리스도가 우리에게 가르친 것은 사랑이요, 친교요, 통일입니다. 통일로 가는 길 속에서 우리는 투쟁을 선택해야 될 때도 있습니다. 그러나 그 선택은 눈물을 흘리며 슬픈 마음으로 선택하는 것입니다. 투쟁을 선택하는 쪽에서 보면 어쨌든 그것은 비극입니다. 그렇지만 그것은 친교의 사회 건설을 위하여 불가피한 도정입니다. 친교란 극대된 사랑의 가장 극치된 사회적 형태입니다. 또 통일의 가장 적극적인 사회적인 형식입니다. 「장일담」의 시작 구상 역시 철저히 통일을 위한 투쟁입니다. 나는 친교를 최고의 가치로서, 또 통일의 완전한 형식으로서 메모 속에 강조한 바 있거니와 특히 「벗에게 보내는 편지」 속에서 나의 통일과 친교에 대한 상념을 적나라하게 숨김없이 적어 놓았던 것으로 기억합니다.

통일 투쟁은 곧 천주天主 투쟁이다

통일 투쟁은 곧 천주 투쟁입니다. 천주, 즉 하느님은 만유 위에 계시며 또한 만유 가운데 계시고, 그 속에서 만유를 통일합니다. 십자가는 통일 투쟁의 상징입니다. 기독교의 핵심 원리인 통일은 행인지 불행인지, 우리나라의 우리 세대가 걸머진 민족통일이라는 절대 지상 과제와 일치합니다. 우리 민족과 민중 개개인 전체가 당하고 있는 슬픔과 고통은 결국 통일이 아닌 분단, 적대, 분열, 전쟁, 소외, 상호 불신 등 분열로부터 초래되고 있습니다. 이것을 극복할 수 있는 것은 통일뿐이요, 친교뿐이요, 사랑과 화해와 사랑에 입각한 개혁적인 평등의 실현뿐입니다. 그만큼 통일은 우리에게 중요하고, 그만큼 시대 정신으로서 압도하고, 그만큼 통일 투쟁은 우리에게 주어진 절대 명령입니다. 현실과 관련하여 통일 투쟁으로서의 천주 투쟁을 해명하겠습니다.

첫째, 장기적인 분단과 적대로 화해와 친교의 가능성이 전혀 주어지지 않은 채 분열이 지속됨에 따라 이 사회에는 양도론兩刀論, 결정론, 흑백 논리만이 지배하게 되었습니다. 죽일 놈 아니면 살릴 놈이고, 빨갱이 아니면 파랭이(靑)입니다. 이러한 양도론이 우리 생활 전체와 가치 체계와 우리의 정신 내부까지도 지배하고 있습니다. 이것이 모든 고통의 장본인입니다. 나는 이러한 속에서 소외를 극복하고 그리스도를 통해서 참된 삶을 회복할 수 있는 통일 환각과 그 통일 환각을 현실로 바꿀 수 있는 정신적 각성 운동이 일어나야 된다고 봅니다. 즉 소외나 회의懷疑의 끝없는 유혹과 대결하는 정신문화 운동과 복음 선포 운동이 일어나야 되는 것입니다. 그리스도를 중심으로 한 소외 극복, 찢어진 생존의 통일, 전인적인 인간의 통일을 위한 정신 혁명이 일어나야 합니다. 바로 이것이 시천주侍天主입니다.

둘째, 개인과 개인, 집단과 집단, 계층과 계층 사이에 압박과 착취와 상호 불신이 우리 사회에 가득 차 있습니다. 이것은 일종의 정신 병리이며 또한 분열입니다. 이러한 질서를 웅변적으로 압축하는 것이 바로 현 정권입니다. 인간이 인간을 철저히 사랑할 수 있기 위해, 인간에 대한 인간의 정열을 불태울 수 있는 사랑과 친교의 사회를 건설하기 위해서는 결국 압박과 착취, 독재와 독점의 전형인 현 정권과의 대결이 불가피합니다. 즉 독재 권력과 국민 전체 사이에 화기和氣 어린 친교와 협동적 공동체를 실현시키기 위해서는 반독재 투쟁이 불가피하게 되는 것입니다. 이것도 민주적 권익 운동, 교회의 쇄신 운동을 수반해야 합니다. 즉 전 국민적 정치적 통일 운동이 일어나야 합니다. 이것의 첫 관문은 그것을 장애하고 있는 현 독재 정권과의 철저한 정치 투쟁이 선행되지 않으면 안 된다는 것입니다. 이것이 바로 양천주養天主입니다.

셋째, 민족통일은 우리 민족과 우리 세대에게 주어진 절대 과제요 지상 명령입니다. 나는 통일을 단순한 명분으로서가 아니라 현실론으로서도 불가피하다고 생각합니다. 이념이나 제도, 또는 사상 문제 하나 때문에 이 과제를 외면하려 한다면 그것은 민족 반역 행위입니다. 통일을 저해하고 있는 세력은 분단 고정과 분단 영구화를 획책하고 있는 기성 독재 권력과 해외의 신식민주의 세력입니다. 이러한 것들에 대하여 민족 전체가 부딪쳐 싸우지 않으면 안 됩니다. 남북의 기성 독재 권력들은 서로 타방에 대한 끊임없는 적대를 획책함으로 해서 버티고 있습니다. 즉 그들은 민중의 요구와 민중의 인간으로서의 요구를 묵살하고 억압하고 모든 사회 경제 체제를 분열과 적대와 그것을 위한 군비 경쟁에 치중해 왔습니다. 그리고 바로 그러한 적대 정책에서 자기들의 기성 독재 권력의 정권 연장의 명분을 찾아 왔습니다.

따라서 반도半島에는 논리적으로 네 개의 세력이 존재하는 셈입니다. 두 개의 기성 독재 권력과 두 개의 민중적인 안티 테제가 그것입니다. 이 두 개의 기성 독재 권력의 본질은 적대요, 분열이요, 겨울이요, 모순입니다. 여기에 저항하는 두 개의 민중적 안티 테제는 그 본질이 통일이요, 친교요, 자유요, 민주화요, 봄(春)입니다. 일견 독재 권력은 강력한 집단으로 보입니다만, 그들은 내부적으로 부패하고 모순되고, 자기 분열적이고, 반사회적이고,

반역사적입니다. 일견 민중적 안티 테제는 조잡하고 연약해 보입니다만, 그 내부에 끓는 불은 진리 그 자체요, 통일이요, 사랑이요, 정의 그 자체입니다. 따라서 합법칙적인 역사 발전에 따라 안티 테제는 기성 권력의 압제를 물리치고 자기의 본질을 이 땅에 행사하기 시작할 것이 명백합니다. 기성 권력이 살아 나갈 길은 오직 하나, 즉 굴복입니다. 나는 북쪽에서보다는 남쪽에서 먼저 민중적 안티 테제의 승리가 오리라고 확신하고 있습니다. 이것은 길고 긴 반독재 투쟁 과정에서 탄생된 새로운 청춘의 민주, 민족, 민생의 전위 정치 부대를 중심으로 조직화된 전 국민의 새롭고 자발적인 집단적인 열정의 폭발로서 이루어질 것입니다. 이것이 이 나라에 찾아오는 또 하나의 아테네의 봄입니다. 이 아테네의 봄날의 압력에 따라 분단된 북쪽에서도 서서히 자기 나름의 변화를 시작할 것이라는 것을 나는 감히 말할 수 있습니다. 바로 이것이 반도의 북쪽에 찾아오는 프라하의 봄입니다. 바로 이와 같은 두 개의 봄, 아테네의 봄과 프라하의 봄은 반드시 반도를 찾을 것입니다. 이것이 법칙입니다. 하느님 역사役事의 숨결입니다. 그리고 이 봄은 서서히 두 개의 봄을 하나의 봄으로 결합하기 위한 준비를 할 것입니다. 그 중심 세력은 남과 북의 청춘 집단이어야 합니다. 그러나 두 개의 봄은 각기 체제 내 혁명일 뿐입니다. 이것은 점차 반도 전체의 봄의 서곡을 연주하기 시작할 것이며, 그 속에서 하나의 나무로 급속히 성장할 것입니다. 그리고 그것은 반도 주변 정세의 해빙 추세와도 직결되어 반도 전체에 휘황찬란한 대지의 봄을 가져올 것입니다. 비무장 지대에서 지뢰가 철수되고 무기는 농기구로 바뀔 것입니다. 비무장 지대에는 지뢰 대신 꽃과 사슴과 노루와 다람쥐와 더불어 남북 청년 공동체가 창설될 것입니다. 여기서는 밤새도록 친교와 통일이 토론됩니다.

여기서의 새로운 통일 모범은 민족 공동체의 새로운 핵으로서 통일 생활의 규범이 되고 새로운 통일 정신의 출현을 앞당깁니다. 이와 같이 해서 참으로 휘황찬란한 대지의 봄이 시작되는 것이며, 이것은 모든 것을 통일하는 하느님의 역사가 반도 전체에 미치는 것을 의미합니다. 이것이 '행천주行天主'입니다.

넷째, 우리의 반도는 얄타의 역사적 산물, 제국주의 열강에 의한 세계 분할의 비극적 상징입니다. 따라서 반도 내부에서 적대와 분단과 분열과 싸우는 통일을 위한 투쟁은 이 나라 이 민족에 국한된 것만이 아닙니다. 한반도는 동서의 양 이데올로기의 대립과 적대 사이에 끼어서 그 적대를 극복하기 위해 노력하는 제3세계 민중의 새로운 역사적 과제를 상징적으로 압축하고 있습니다. 그러므로 우리는 그 적대를 극복하는 과정에서 제3세계 민중과 철저히 연대하여야 합니다. 따라서 제3세계의 민중은 자신들을 해방할 뿐만 아니라 그것을 둘러싸고 있는 동서東西 양 이데올로기의 껍질도 깨야 합니다. 마치 중국의 개벽 설화에 나오는 반고盤古처럼 딱딱한 세계 달걀 속에 갇힌 채 노른자와 흰자 사이에 끼어 양쪽으로부터 영양을 흡수하며 성장한 씨눈이 드디어 병아리가 되어 노른자와 흰자의 공간을 다 같이 밀어제침으로써 딱딱한 세계 달걀의 감금을 부수고 창조적 통일과 살아 생동하는 해방을 성취하는 것과 똑같습니다. 제3세계의 이 같은 세계사적 운명과 형편은 우리 민족의 운명과 형편 속에 웅변적으로 압축되어 나타납니다. 우리는 강대국 패권에 의해 강요된 두 개의 서양 이데올로기를 밀어제침으로써 제3세계 민중과 함께 달걀 껍질을 깨뜨려 버려야 합니다. 그리하여 이 세계를 사랑과 친교의 참된 통일 세계로 창조하고 해방해 나가야 할 것입니다.

이와 같은 상태에 도달하면, 성경에서 말하는 "칼을 쳐서 낫을 만들고, 창을 쳐서 보습을 만들고, 이리와 양이, 사자와 소가, 독사와 어린이가 함께 노는" 눈물과 통곡과 압박과 착취가 없는 새 땅, 새 하늘이 열리게 될 것입니다. 이것이 '생천주生天主'입니다.

이것을 나는 통일에의 환각이라고 부릅니다만, 나는 통일 투쟁이 종국적으로 승리한다는 확신을 갖고 있습니다. 이 통일 환각이야말로 우리 민족 전체가 분열과 분단, 그리고 소외와 양극화의 고통으로부터 벗어나게 하는 하느님의 선물이요, 계시요, 복음이요, 생의 활로라고 믿고 있습니다. 이것을 실현하는 데 있어서는 우리들의 피가 요구됩니다. 그 피는 현 정권과의 투쟁에서 불가피합니다. 현 정권은 그 자신이 독재 권력이요, 착취 자본가요, 친일파 집단이기 때문에 통일에 반대됩니다. 현 정권의 제거 없이는 통일은 불가능합니다. 이 점은 아무리 강조해도 지나치지 않습니다. 우리는 감옥에 던져질 것입니다. 통일로 가는 길은 일차적으로는 그러므로 서대문 감옥으로 가는 길입니다. 그러나 그 길은 승리의 길입니다. 서대문 감옥으로의 행진이 곧 통일 행진인 것입니다. 왜냐하면 통일의 길은 곧 부활의 길이요, 참된 삶의 길이기 때문입니다. 그리고 예수 그리스도의 길입니다. 십자가의 길입니다.

나는 무죄이다

이상과 같은 통일을 위한 투쟁 바로 그것이 「장일담」과 「말뚝」에 나와 있는 내 사상이며, 「양심선언」과 나의 진술의 내용입니다. 그렇다면 나는 무죄올시다. 나는 내가 서 있는 이 법정과 지난 3년간 살아 온 그 작은 감방이 통일 환각과 그 휘황찬란한, 그 아름다운 대지의 봄을 향한 대행진의 한 부분임을 확신합니다. 그래서 나는 자부심을 갖고 있습니다. 나는 통일 환각에 사로잡혀 나의 단조로운 생활을 행복으로 껴안고, 수난에 대한 정열을 불태우며, 밖에 대한 집착, 나가게 되지 않을까 하는 환상을 깨뜨리고 끊어 버리고 내던져 버리고 지낸다는 사실을 고백합니다. 그것은 쓰라린 행복입니다. 그러나 그것은 어디에서도 맛볼 수 없는 진리의 기쁨이요, 십자가가 던져 주는 외로운 눈부심 같은 슬프고 맑은 희열입니다. 나의 통일 환각은 남이 나를 미친놈이라고 할 때까지 더욱더 감옥 안으로 파고드는 좁은 문에 대한 결단으로서밖에는 이루어지지 않는다는 사실을 깨닫고 있습니다. 객기가 아니라, 무수한 환상과 번민과 고투 끝에 얻어진 조그마한 결론이요 행복입니다. 뫼르소, 카뮈의 소설 속 주인공은 신 없이도 감옥에서 행복했다고 합니다. 그 비결은 썩어 빠진 세상에 대한 절망이었습니다. 나는 감옥에서 행복해지는 비결을 압니다. 영생과 부활에 대한 다소곳한 소망만이 나를 구원한다고 믿습니다. 나는 행복하고, 매일매일 영광스럽습니다. 그러므로 나에게 무죄가 아닌 어떤 형벌이 주어진다고 하더라도 나는 행복하게 이 길을, 내 십자가를 지고 가겠습니다. 나를 위해서가 아니라 오직 진리를 위해서 판결해 주시기 바랍니다. 끝으로 한마디만 더 하겠습니다. 인혁당 사람들은 억울합니다. 그것은 비극입니다. 이 비극은 반드시 원한을 만들어 낼 것입니다. 그들과 그들 가족들의 원한이 하늘에 사무칠 때 하늘은 분명히 머지않은 장래에 역사를 통해서 심판하실 것입니다. 하느님의 역사는 우리 세대 전체를, 명백한 불의를 보고도 일신의 더러운 안전과 평안을 위해서 침묵을 선택한 불의의 공범 집단으로서 단죄할 것입니다. 여러분 방청객과 모든 사람들의 노력을 아끼지 말아 주십시오. 나를 위해서 기도하고, 고통을 겪고 투옥까지 되고, 또 감옥 안에서 몇 차례씩이나 단식 투쟁을 해서 나에 대한 처우 개선을 요구하며 끝없이 사랑해 주시는 함세웅咸世雄 신부님, 문정현文正鉉 신부님, 신현봉申鉉奉 신부님, 문동환文東煥 박사, 안병무安炳茂 선생, 이문영李文永 교수, 서남동徐南同 교수, 윤반웅尹攀熊 목사, 김대중金大中 선생, 그리고 나의 「양심선언」으로

인하여 고통 받고 있는 후배 학생들이 제발 빨리 석방되도록 빌고 또 빌겠습니다. 내가 괴로워서 못살겠습니다.

하느님의 은총이 이 불행한 민족 위에 폭포수처럼 쏟아져서 다시는 샛별 같은 이 나라의 청년들이 이 더러운 분단의 비극 때문에 법정에 끌려와 청춘을 시들게 하는 일이 없도록 끝없이 기원하겠습니다. 그리고 내일 주의 성탄절을 맞이하여 여러분에게 모두 축복이 내리고 나를 박해하고 나를 미워하는 현 정부 최고 지도자 박정희 선생과 중앙정보부의 모든 고급 요원들의 가슴과 머리 위에도 흰 눈처럼 은총이 폭폭 쏟아지기를 빕니다, 자비로운 은총이. 그래서 용서하시고, 모두 다 축복받기를 빌겠습니다. 감사합니다.

1976년 12월 23일

2부

삶의 새로운
이해와
협동적 삶의
실천

삶의 새로운 이해와
협동적 삶의 실천

아시아, 아프리카, 라틴아메리카
민중의 새 세상을 위하여

죽음의 먹구름이 온 세계를 뒤덮고 있다. 수많은 재래식 무기뿐만이 아니라 핵병기, 생물학 · 화학 무기, 레이저 광선, 무장 우주선이 온 지구상의 생명 전체를 위협하고 있다. 인류를 비롯한 전 생명계는 언제 닥쳐올지 모르는 비명횡사의 가능성에 떨고 있다. 현재 그들은 삶과 죽음 사이의 선택이 아니라 급속한 죽음과 완만한 죽음 사이의 선택을 강요받고 있다. 대다수의 인류에게는 실로 두 가지 길밖에 남아 있지 않은 듯하다. 억압과 착취 속에서 일하고 굶주리고 병들어 천천히 죽어 가느냐, 증오와 갈등과 의혹과 좌절과 원한과 불신 속에서 서로 팽팽히 맞서다 어느 날 불시에 죽어 가느냐, 또는 가스, 중금속, 일산화탄소, 유황, 유기수은을 먹고 마시고 숨 쉬다 죽느냐, 집단 학살, 폭동, 혁명, 전쟁판에서 죽느냐, 산업 재해, 식량 위기, 화학 비료 남용에 따르는 토지 생산력의 감퇴, 농촌과 도시, 선진국과 후진국 사이의 문화적 격차, 교역 불균형, 자원 고갈, 노동 소외*, 매스미디어를 통한 대중 조작과 기만, 물신 숭배**, 군비 경쟁과 대량 살상 무기 개발, 정치적 탄압과 고문, 선진 자본주의의 제국주의화 및 신식민주의화—이들은 모두 생명 대신에 죽음이 우리의 삶의 질서로 들어서고 있음을 증언한다.

뿌리 뽑힌 민중적 삶, 인간성의 상실, 폭력 숭배, 소비 숭배, 가학 · 피학 증세의 보편화, 인간 및 범생명의 물질화***, 테러리즘,

---

* 노동하지 않는 인간은 자기의 삶을 꾸려 나갈 수 없다. 따라서 노동은 인간의 삶에서 가장 높은 가치를 지닌다. 그러나 현대 사회에서는 노동을 상품으로 취급하여 화폐를 대가로 교환하는데, 그 과정에서 노동이 그 정당한 대가를 받지 못할 경우 노동에 대한 천시가 일어난다. 가장 존경받아야 할 노동이 가장 열등한 대우를 받는 상태가 노동의 소외이다.

** 인간의 삶의 수단이 되는 돈, 상품, 학식, 명예, 권력 들을 인간보다 더 높게 평가하는 태도를 가리킨다.

*** 인간이나 동물, 식물, 자연 등 그 자체의 생명으로 움직이는 모든 유기체를 인간의 이기적 욕구를 충족시키는 수단으로 파악하여 그 자체의 이용 가치만으로 평가, 교환하는 상태이다.

복수의 악순환, 이러한 집단적 정신 분열의 현상은 죽음의 옆얼굴이다. 이렇듯 빈부의 격차에서부터 생태계의 파괴에 이르기까지 오늘날 지상에서 일어나고 있는 온갖 부조리한 현상의 내부를 꿰뚫어 흐르고 있는 것은 생명 경시, 생명 파괴, 반생명의 악마적 경향이다. 이에 대응하여 역시 전 세계적인 범위에서, 그리고 전 사회적 규모에서 생명 회복과 생명의 본성에 대한 새로운 인식이 요청되고 있으며, 생명을 일체의 가치관, 인생관, 사회관, 역사관, 세계관, 우주관의 중심으로 파악하고 그것을 중심으로 기존의 모든 문화, 과학, 기술의 성과들을 창조적으로 통합할 것과 협동적 · 공동체적 삶의 확장에 의한 개인 및 사회적 생명의 진정한 부활, 해방이 요구되고 있다.

많은 측면에서 20세기는 역사의 밤에 견주어질 수 있다. 밤은 그 안에 갇혀 있는 사람들로 하여금 한 치의 앞도 내다보지 못하게 한다. 그것은 우리의 눈을 멀게 하고, 우리의 발길을 멈추게 하고, 우리로 하여금 목표를 밖에 둘 수 없게 하고, 우리를 고립시키고, 우리를 잠들게 한다. 밤은 죽음의 세계이고 따라서 물질적인 질서가 유일한 질서가 되는 세계이다. 밤의 세계에서는 모든 것이 물질로 환원된다. 가장 확실한 것은 촉각에 닿는 것이요, 소유될 수 있는 것이며, 자신의 피부에 직접적으로 닿는 것이다. 밤의 어둠 속에서 개인은 다른 모든 것으로부터 격리되어 있다. 그를 둘러싸고 있는 것은 모두 그의 존재에 대한 위협의 대상으로 여겨진다. 어디로 발걸음을 내디디어도 확실하지 않다.

따라서 밤은 단절의 영역이다. 이 극한적인 영역에서 이성은 잠들고자 하는 욕망으로 대치된다. 개인들은 모두 그의 시선을 내면으로 집중한다. 그 어두운 무의식의 심층에서만 그는 자신의 정체를 확인한다. 그는 내면의 기괴한 그림자놀이에 빠져 나중에는 외계와의 유일한 통로인 그의 촉각과 청각마저 버리게 된다. 그리하여 많은 경우에 사람들은 잠에 빠져든다. 그것은 악몽으로 누벼지는 고문 같은 잠일 뿐 생명의 기운을 모으고 축적시키는 숙면이 아니다. 그러나 밤의 어둠 속에서야말로 의식은 그 어느 때보다 성성히 깨어 있어야 한다. 20세기의 밤은 잠을 위해 주어진 것이 아니다. 만일에 이 밤의 성격에 대한 올바른 이해가 없으면 인류, 그리고 지구상의 생명 전체는 영원한 죽음의 잠 속에서 깨어나지 못하게 되고 말 우려가 있다. 밤에는 밤의 행동 양식이 있다. 이제까지 우리에게 부정적으로 여겨졌던 것, 내부로 돌려진 시선, 촉각을 통한 세계 이해, 청각을 통한 외계의 인식 등은 평소의 상황에서는 모두 극복되어야 할 것이나 밤의 행동에는 절대적으로 필요한 것이다.

생명의 고유한 기능은 자기 집중성에 있다. 모든 생명은 종마다 다른 형태를 띠는데, 그것은 바로 생명의 자기 집중의 양상의 차이 때문에 생기는 것이다. 시각을 상실함으로써 외부의 표적을 잃어버림으로써 인간은 비로소 스스로의 상황에 대한 재인식의 필요를 느끼게 된다. 이제 그를 이끌어 갈 것은 그의 내부의 소리이다. 또 어떤 것도 확실하지 않으므로, 그는 모든 것을 피부로 느끼고 겪고 확인해야 한다. 이 시대에 있어 육체성의 중요함이 바로 그것이다. 그리고 무엇보다도 그는 말의 기능에 새로이 주목하게 된다. 시각적 보조물이 완전히 없어진 상황에서 말은 어떻게 해야만 올바른 의사소통의 수단이 되는가? 공통의 체험이 빠진 상황에서, 공동의 지표가 없는 상황에서 너와 내가 한마디 말로 각각 다른 것을 지시하지 않고 꼭 같은 것을 지시하기 위해서 해결해야 할 문제는 무엇인가? 말은 어둠 속에서 그 원초의 상태로 되돌아가지 않으면 안 된다. 곧 그것은 모든 생명체를 생명체이게 한 기본 법칙에 이르러야 한다.

이러한 원형의 획득은 깊은 내성을 통해서만 가능하다. 왜냐하면 우리가 어둠 속에서 생명에 이를 수 있는 길, 진리에 이를 수 있는 길은 영혼의 내부를 관통하는 길뿐이기 때문이다. 그래서 모든 시각적 보조물이 없이 영혼에서 영혼으로, 생명에서 생명으로 전달되는 메시지로서의 말을 해독하는 방법을 새로 익혀야 한다.

기본적으로 말은 너와 나의 의사소통의 수단이다. 의사소통을 통해서 공동으로 문제를 해결하는 수단이다. 따라서 그것은 입 밖으로 나와야 한다. 그것을 통해서 세계는 밝혀지고 바뀌어야 한다. 말이 진리로서, 길로서 상대방에게 전달되려면 그것은 내성을 통한 사변의 단계를 넘어서야 한다. 그것은 동시에 구체적인 현실에 대한 정보를 담고 있어야 한다. 어둠 속에 고립되어 있는 사람에게 구체적인 현실은 촉각을 통해서만 주어진다. 따라서 그는 촉각을 최대한으로 이용해서 자기가 놓여 있는 상황을 진단해야 한다. 촉각이 가장 많은 정보를 전달하는 것은 우리가 엎드려 포복할 때이다. 우리는 '엎드리고' '기어감으로써' 곧 우리를 낮추고, 우리를 밑바닥 현실과 밀착시킴으로써 비로소 구체적 현실을 인식할 수 있게 된다.

어둠은 적과 아군을 구별하지 못하게 한다. 우리가 맞고 있는 이 밤의 세계는 빛이 생기기 전의 세계의 상황과 같기 때문에 전선이 나뉘어 있지 않다. 모든 것은 뒤섞여 있고 전방과 후방의 구별이 없다. 나는 일차적으로 잠재적인 적에게 둘러싸여 있는 것이다. 나는 원자적으로 고립되어 있고, 나 밖의 어떤 것도 믿을 수 없으며, 이 세계는 나의 존재를 위협하는 거대한 물신의 형상을 나에게 압도해 온다. 나는 내 숨길마저, 외계와 맞닿는 내 살갗마저 나를 적에게 밀고하는 배신자가 될지 모른다는 극한의 불신 속에서 전전긍긍한다. 그리하여 나는 한자리에 얼어붙어 화석이 된다. 이것이 밤의 어둠 속에서 생명이 물질화되는 과정이다. 그러나 잠든 자, 물질로 바뀐 자에게는 새벽은 영원히 찾아오지 않는다. 빛은 깬 자의 몫이다. 밤의 한가운데에서 우리의 의식은 결정적으로 깨어나야 한다. 깬 의식이 어둠 속에서 하는 모든 행위는 밤을 물리치고 생명의 부활을 앞당기는 데에로 기울어져야 한다. 곧 그의 모든 행위는 생명을 부활시키는 활동이어야 하고 진리의 구현이어야 하고 빛이어야 한다.

이러한 행위가 어떻게 가능한가? 우선 그는 이 밤이 잠정적이고, 그 안에서 가상사 상태에 있는 모든 생명은 부활이 가능하다는 믿음을 가져야 한다. 우리는 형식 논리적인 이분법에 속아서는 안 된다. 낮과 밤을 같은 힘을 지닌 실체로 보는 흑백 논리, 어둠의 세력을 빛의 세력보다 더 압도적인 것으로 보는 자기 패배의 논리는 철저한 반성과 비판의 대상이 되어야 한다. 밤은 모든 것을 숨김으로써 그들을 모두 자기편으로 삼았다고 여긴다. 그리고 밤의 공포에 사로잡힌 사람의 시선에는 과연 모두가 어둠의 편인 것처럼 보인다. 그러나 어둠은 빛을 이겨 내지 못한다. 빛은 어둠에 둘러싸여 있으나 어둠에게 져 본 적이 없다. 빛은 충만이고 어둠은 결핍이기 때문이다. 어둠의 세력은 사실은 소수이다. 그들은 우리의 공포를 통해서 자신의 크기를 과장할 뿐이다. 우리가 어둠의 두려움을 극복하는 길은 생명의 기능에 대한 깊은 성찰을 통해서 주어진다.

생명은 고립을 거부한다. 생명은 일원성, 통일성, 역동성, 전일체성, 협동성, 유연성, 지속성, 친화성, 주체성, 다양성과 저항성을 그 본질로 삼고 있다.* 생명은 그것이 운동하는 과정에서 잠정적으로 이원적인 분리를 인정하지만 궁극적으로는 하나요, 하나로 뭉친다. 우리에게 겉으로 드러나는 손과 발, 입과 귀, 정신과 육체, 너와 나, 생물과 무생물, 음과 양 같은 차별상이지만, 이러한 차별상의 밑을 꿰뚫고 흐르는 것은 끊임없이 역동하는 생명 그 자체이다. 다양하게 변화하면서 지속하고 지속하면서 변화하는 생명에는 잠정적인 위상이 있고 그 위상에는 저마다의 주체가 있다. 그러나 이 저마다의 주체는 고립된 것이 아니다. 생명이 물질을 매개로 해서 시간 속에 지속되고 공간 속에 확장된다는 것을 우리는 종의 보존과 삶의 사회적 통합을 통해서 확인할 수 있다. 그러나 어둠이 빛과 맞서는 자체적 존재가 아니고 빛의 결핍이듯이, 물질도 자체적인 존재가 아니고 생명의 잠든 형태라고 할 수 있다. 고립되어 잠든 생명은 물질의 모습을 띤다. 생명은 실체화된 물질과 벽에 막혀 원자적으로 고립된 폐쇄된 계系인 것처럼 보인다.** 그러나 바위 끝에 뿌리내린 한 포기의 풀이 그에게 직접적으로 주어진 모든 것, 햇빛과 대기와 물을 자기편으로 이끌어 들여

* 생명은 일원성, 통일성, 역동성, 전일체성, 협동성, 확장성, 유연성, 지속성, 친화성, 주체성, 다양성과 저항성을 그 본질로 삼고 있다. 생명은 하나의 끝없이 생동하는 총체로부터 끝없이 창조되는 하나의 총체이며(일원성), 물질과는 달리 여러 가지 기능이 유기적으로 한데 합쳐진 것이며(통일성), 끊임없이 목적과 방향을 지닌 운동 속에서 있으며(역동성), 궁극적으로는 생명의 고리들은 모두 다른 생명의 고리들과 이어져 있으며(전일체성), 식물은 동물에 동물은 식물에 기대어 살아가듯이 모든 생명이 다른 생명들과 서로 도우며 살고 있으며(협동성), 끊임없이 물질의 저항을 이겨 내며 자신의 영역을 넓혀 가며(확장성), 외부의 상황의 변화에 따라 자신의 기능과 구조를 조절할 수 있으며(유연성), 개체들을 고리로 삼아 과거에서 미래로 연속되며(지속성), 생명들 사이에는 종種과 류類가 달라도 영성적 교류가 가능하며(친화성), 일정한 종으로서, 개체로서 스스로의 운명에 책임을 지며(주체성), 상황이 다름에 따라 거기에 맞춰 스스로의 기능을 새로운 구조로 변형시키고(다양성), 이러한 생명의 본성적인 여러 활동을 파괴, 억압, 약탈하는 반생명적 장애에 부딪혔을 때 그것을 반복적으로 확장적으로 저항 극복하는(저항성) 능동적인 힘을 지니고 있다.

** 본디 물질은 자체 구조를 지니지 못한 것이므로 일정한 형태를 지니지 못하고 있다. 바로 이러한 물질의 기본적 특질이 물질의 형태를 마음대로 바꾸어서 생명 활동의 보조물로 쓰는 기술의 발달을 가능하게 한다. 그러나 인간은 물질 세계를 인간의 생명 활동이 거기에 부여한 형태 이상의 자체성을 지닌 고유한 세계로 잘못 인식하기 쉽다. 여기에서 다양한 생명 활동에 대한 경이 대신에 그 결과로 빚어진 물질의 형상들에 대한 우상화가 생긴다. 이러한 물질적 형상들이 궁극적으로는 생명 활동의 피조물임이 인식되면, 물질들의 벽에 갇힌 듯이 여겨지는 생명은 사실은 하나로 연속되어 있음이 확인된다.

돌로 얼어붙은 생명력을 되살려 내어 스스로를 키워 나가는 데에서 볼 수 있듯이, 물질은 자기 동일성을 지니고 있지 못하고 궁극적으로 생명에 의해서 극복되고 지양되는 주변적 생명 현상이라고 볼 수 있다. 밤의 죽음이 낮이듯이 물질의 죽음은 생명이다. 이로써 볼 때 물질은 죽음의 원리에 바탕을 둔 반생명 현상이다. 삶은 죽음의 죽음으로서의 죽음의 극복이기 때문이다. 바위로 응결된 물질의 힘은 스스로의 자기 동일성을 상실함으로써 삶의 질서 속으로 들어오고 활성화된다. 생명의 원리란 바로 이런 것이다. 그것은 그것이 접촉하는 모든 것을 이용하고 되살려 낸다.

그런데 생명의 기본적 특색은 자율성이며 모든 기계적 법칙을 벗어나고 극복하고자 하는 자유 의지이다. 생명 진화의 역사는 따라서 자율성 확장의 역사이며, 자유 확대의 역사이다. 남이 내 앞을 가로막고 있으면 내 자율성은 침해받으며, 내 자유는 그만큼 한정된다. 그렇기 때문에 자율성과 자유는 남을 남으로 남겨두지 않는다. 그것은 남을 자기 속에 흡수하고 스스로 남에게 동화된다. 생명은 이처럼 전일체성을 지향함으로써 자신을 해방시키고 궁극적으로 통일과 협동에, 평등에, 충만에, 빛의 영역에 이르게 된다. 밤의 세계에서 벗어나고 어둠을 극복할 당면 과제를 안고 있는 우리에게 이 시점에서 중요한 것은 끝없이 지속, 변화하며 자신을 확장시키는 이 생명을 어떻게 볼 것이냐이다. 근본적으로 일원적, 통일적인 것으로 보고 통일적인 전일체적인 생명운동 속에서 분리를 보느냐, 아니면 분리 그 자체를 근원적인 것, 이원적인 세계의 자체 구조로 보느냐. 만일에 우리가 이원적인 세계 구조를 인정할 경우, 빛의 영역과 어둠의 영역은 절대적인 대립 모순 관계에 서게 된다. 그리고 생명 보존과 확장의 노력은 명백한 한계를 갖게 된다. 생명의 한계에는 죽음이, 생명과는 엄연히 구별되는 적대 세력이 생명을 끊임없이 노리며 대치하게 된다.

과연 오늘의 우리 상황을 이 양극의 팽팽한 대치 상황으로 보아야 할 것인가? 아니다. 양극의 팽팽한 대치 상황에서는 어떤 운동도 불가능하다. 그러나 생명 현상 그 자체는 운동이다. 끊임없는 자기 극복과 자유 확장의 노력이다. 그 노력이 끝나는 순간 생명은 이미 물질화하게 된다.

분명히 오늘의 상황은 위기이다. 인류가 맞고 있는 최대의 위기이자 지구상의 생명계 전체가 맞고 있는 총체적인 위기이다. 그러나 위기는 긍정과 부정을 그 안에 동시에 포함한 가능성이다.* 가능성이므로 그것은 생명의 승리로 끝날 수도 있으며 죽음의 승리로 끝날 수도 있다. 죽음의 질서에 종사하는 독점자본주의자들, 제국주의자들, 사회제국주의자들, 신식민주의자들, 무기상인들, 관료주의자들, 정상배들, 매판 자본가들, 극좌 극우 모험주의자들, 기회주의자들, 독재자들, 국수주의자들, 분파주의자들, 부정과 악덕에 눈감는 종교인들, 도구화된 이성을 섬기는 지식인들—이들은 어둠 속에서 인류의 멸망, 생태계의 파괴, 생명의 종식을 노리는 악마적 경향의 대변자들이다. 그들은 역사에 어두운 밤의 장막을 내리고 이성과 생명의 빛을 차단함으로써 죽음의 승리를 확보하고자 한다. 그러나 그들의 목적은 자기모순이므로 필연적으로 실패로 끝나게 된다. 그들은 그들이 섬기는 물신이 생명의 왜곡된 형태임을 간과하고 절대적인 것으로 본다. 어둠 속에서 스스로 고립된 것으로 파악하고 공포에 사로잡혀 있던 개개의 생명체가, 자신을 거대한 생명의 흐름의 한 위상에서 응결된 범

* 위기라는 말에는 아직도 결말 나지 않은 상태라는 의미가 함축되어 있다. 서양 말인 crisis에도 역시 같은 뜻이 들어 있다. 이 crisis는 본디 그리스 말로서 '가르다', '판가름하다', '결단하다'라는 뜻을 지닌 동사에서 나온 명사이다. 위기는 따라서 살 판과 죽을 판을 가름하는 분기점이라고 할 수 있다.

생명의 한 고리로서 파악하고, 포복을 통해서 파악한 밑바닥의 실정을, 생명의 실정을, 감연히 이웃에 있는 또 하나의 고리에 알리게 될 때, 그리하여 처음에는 어두운 밤을 찢는 목 졸린 외침의 형태를 띠지만 차츰 조용한 속삭임으로, 여기저기의 수군거림으로, 너와 나의 웅성거림으로 마침내 집단적인 함성으로 울려 퍼질 때, 밤의 지배는 처음에는 완강히 버티는 듯하지만, 결국은 천천히 무너져 내리기 시작한다.

생명을 지키고자 하는 자는 죽음을 두려워해서는 안 된다. 생명은 개체를 초월한다. 모든 민중 저항의 역사는 억압과 착취와 물신에 대한 저항과 자기희생으로부터 시작한다. 자기희생은 강요된 죽음의 허구성을 폭로하는 생명 활동의 극치이다. 육신에서 해방된 생명의 힘은 찬란한 빛이 되어 어둠에 갇혀 있던 이웃의 의식을 깨어나게 하고 억압자의 수중에서 억압의 효율성을 박탈한다. 희생자는 희생을 통하여 억압자를 과대평가하고 있던 민중들에게 억압자의 실체를 재인식시킨다. 그들은 어둠을 이용하여 자기들을 고립시키고 자기들을 포위하고 있는 것처럼 여겨졌던 적의 정체가 정면으로 맞서는 순간 갑자기 거꾸로 고립되어 있으며 자기들에 의하여 포위당해 있는 소수의 왜곡된 생명 현상임을 발견하게 된다. 그들은 이미 더 이상 밤을 무서워하지 않게 된다. 밤은 이제 가능적인 낮이다. 그들을 둘러싸고 있는 어둠 속에는 적들이 숨어서 그들의 가슴에 총구를 겨누고 있으나, 더 많은 동지들이 그들을 감싸고 안전하게 보호하고 있음이 확인된다. 그들은 이제부터 두려워하지 않고 말을 하게 된다. 그가 말을 거는 상대는 물론 적일 수도 있다. 그러나 동지일 가능성이 더 많다. 아니, 이제 그는 그가 말을 거는 대상이 적이든 동지든 크게 괘념하지 않는다. 그가 괘념하는 것은 그의 말이 진리인가 아닌가뿐이다. 생명은 어둠 속에서도 협동적 · 공동체적 삶을 지향하고, 바로 그 때문에 어둠 속에서 우리의 귀는 더 크게 열리는 것이다. 생명이 곧 말이요 진리라 함은 생명이 지향하는 보편성이 추상적으로 연역적으로 도출된 절대적이고 시공을 초월한 형상적인 것이 아니고, 구체적인 현실 속에서 너와 나의 삶의 경험이 얽히고 설키는 가운데 짜여지는 역동적인 운동으로서 귀납적으로 얻어지는 것임을 뜻한다.

이처럼 말은 곧 생명의 근거이기 때문에 개체의 삶의 문제 해결은 공동의 삶의 문제 해결을 전제로 하고, 공동의 삶의 문제 해결은 필연적으로 생명 전체 문제의 해결을 함축한다. 말씀은 곧 대화이며, 그것은 너와 나의 영성적靈性的 만남이다. 개체는 대화를 통하여 공동의 삶에 관여함으로써 비로소 생명을 유지하게 된다. 우리는 말씀에 참여함으로써 개체적 생존에서 해방되어 생명의 본질에 접근한다. 보편적 진리의 지평에 이르고자 하는 열망, 범생명에의 참여 없이는 나의 개체적 삶은 불가능하다는 각성 속에서 대화를 통한 공동 문제의 해결이라는 협동적 · 공동체적 삶을 지향하는 모든 개체는 이리하여 하나의 생명 현상의 역동적이고 다양한 국면이 된다. 대화는 참이 참임을, 거짓이 거짓임을 밝히는 작업일 경우에만 가치가 있다. 대화는 숨기는 수단이 아니고 드러내는 수단이다. 대화는 밤을 낮으로 전환시키는 생명의 본질적 기능이다. 대화 속에서는 이성과 감성, 사유와 믿음이 하나로 통합된다. 직감이 따르지 않은 이성은 도구화되기 쉬우며, 믿음이 뒷받침되지 않은 사유는 왜곡되기 쉽다. 대화의 주체들 사이에 자유, 평등, 우애, 관용의 정신이 없이 대화가 지속될 수 없으며, 화제에 대한 동일한 관심이 없이 대화가 이루어질 수 없으며, 한 문제에 대한 의견의 일치가 없이 대화가 다른 문제로 옮아 갈 수 없으며, 협동을 통한 공동 문제의 해결이 없이 대화가 원만히 마무리될 수 없다. 이처럼 대화는 작게는 인간과 인간을 맺어 주는 생명의 유대이고 크게는 범생명을 연결하는 신적인 기능으로서의 말이다.

목숨을 지키기 위하여 폭탄과 무기를 만들어야 하고, 자식을 올바르게 교육시키기 위해서 아비가 불의와 부정을 저지를 수밖에 없고, 쓸모없는 새것을 생산하기 위해서 요긴한 옛것을 파괴해야 하고, 원조와 자선을 베풀기 위해 먼저 착취해야 하고, 더 튼튼하게 오래 살기 위해서 오염된 음식을 먹고 마셔야 하고, 불확실한 미래의 복지와 건강과 안전을 위하여 확실한 현재의 복지와 건강과 안전을 포기해야 하고, 더 인간적인 삶을 영위하기 위하여 더 기계화된 세계를 만들어야 하고……. 지금 이곳의 삶을 집약하는 표현은 모두 이처럼 이율배반적인 모순의 논리에 바탕을 두고 있다. 이러한 모순은 범생명이 하나의 말의 마당에서 진리의 빛을 받으며 대화를 통해 협동적인 삶을 모색하는 대신에, 물질의 질서에 종속된 자신의 고립된 정체를 진정한 생명 현상으로 오인하고 타인의 죽음을 자신의 생명의 확장으로 잘못 파악하는 데에서 생긴다. 그것이 비록 한낱 이름 없는 잡초라 할지라도 생명체는 신적인 것이고, 빛의 영역에 속해 있는 진리의 구현물이다. 그런 뜻에서 잡초의 절멸은 생명의 연속성을 보장하는 하나의 고리를 없애는 것이고, 결국 그것은 생명계 전체의 재난으로 귀결된다. 하물며 생명의 가장 진화된 형태인 동료 인류의 생명을 해치는 대가로 자신의 생명을 유지하려는 요소론적인, 정태적인, 반생명적인 세계 인식 태도*야 말해 무엇하랴.

이제 죽음은 자연적인 현상이 아니라 이 시대의 뒤틀어진

* 세계는 불변하는 원자적 단위들의 이합집산에 의해 이루어지며 이 단위들 자체는 고정되어 그 안에 어떤 운동도 받아들이지 않는다는 관점에서, 오로지 자신의 생명만을 유지하려고 하고 다른 사람과의 관계를 부차적인 것으로밖에는 보지 않으려는 태도이다. 이러한 태도를 지닌 사람은 다른 사람의 생명을 물질화함으로써 스스로의 생명도 물질화된다는 것을 모른다.

삶을 꾸려 나가는 데에 빠질 수 없는 수단이자 동료로 등장한 것이다. 사람에게 가장 불행한 사태는 스스로 죽고 싶지 않을 때, 자기의 생명을 보람 있게 꽃피우고 싶을 때 자기의 소망과 의지에는 상관없이 억눌리고 죽음을 당해야 한다는 것이다. 우리는 이런 형태의 삶을 거부한다. 우리가 바라는 것은 오직 한 가지뿐이다. 우리에게 주어진 생명의 몫을 우리의 능력대로 가꾸어서 굳게 닫힌 낙원의 문이 열리도록 커다란 소망의 불꽃으로 키우려는 것뿐이다. 우리는 우리의 귀중한 생명이 가난과 억눌림 속에서 시들고 짓밟히는 것을 바라지 않는다. 우리는 이웃의 생명이 우리의 무관심 속에서 싸늘하게 식어 증오의 덩어리로 응어리지는 것을 바라지 않는다. 우리는 본래 하나의 유기적 생명체인 우리 민족이 허리를 절단당한 채 단말마의 고통 속에서 잘린 토막끼리 서로 할퀴고 물어뜯고 자멸적으로 찢어 가르는 피바다의 지옥을 바라지 않는다. 민족들 사이의 일체의 멸시, 차별, 불신, 증오와 착취, 억압, 세뇌, 병탄, 학살, 보복, 전쟁의 악순환을 바라지 않으며 그로 인한 민족들 전체의 상호 멸망을 바라지 않는다.

스스로 신령한 생명체이며 우리 인류에게 먹이를 제공해 주는 동료 생명인 미생물, 풀, 벌레, 새와 물고기와 짐승과 숲들과 산맥들이 학대당하고 약탈, 파괴, 멸종당하고 죽고 썩어서 부패 오염 물질로 비참하게 전락하는 것을 바라지 않으며 또한 전락 그 자체가 이미 인류 생명의 부패, 오염, 죽음이므로 이를 바라지 않는다. 우리 인류와 모든 중생의 삶의 터전이요 어머니인 물과 토지와 공기, 그리고 대기 전체와 태양과 달과 별들과 우주 전체의 파멸을 바라지 않는다. 우리는 우리 인간 자신과 삼라만상 안에서 쉴 새 없이 활동하고 있는 신령한 생명 그 자체의 어떠한 형태의 파괴도 바라지 않는다. 생명은 알파요 오메가다. 그것 말고 다른 것은 없다. 재난에 부딪친 생명의 창조적 부활을 위해 생명 파괴와 죽음의 실상에 정확한 진단을 내려야 한다. 생명 파괴의 역사는 이미 오래전에 시작되었다. 그러나 그것이 전면화의 절정에 달한 것은 20세기이다. 우리는 여기에서 20세기에 절정에 달한 생명 파괴의 역사가 현대사 안에서 구체적으로 어떤 경로를 밟아 진행되었는지를 간략하게 살펴볼 필요가 있다.*

파시즘과 민주주의의 대결이라는 외관을 띠고 있었던 제2차 세계 대전이 끝나면서 세계는 역사상 유례없는 평화의 시대로 들어서는 듯했다. 자유의 적들은 파시즘에 반대하는 연합 세력의 단결과 선진된 과학의 힘 앞에 무릎을 꿇었으며, 식민지에서는 민족 해방 운동이 불붙기 시작했다. 자본주의는 다가올 시대에 더 많은 분배와 정의를 약속했고, 공산주의는 평등하고 계급 없는 사회의 실현을 선언했다. 진정한 평화는 강대국의 힘에 의해서가 아니라 여러 민족의 자율과 평등을 바탕으로 한 유대 위에서만 실현될 수 있으며, 사회 정의와 복지는 권력자의 자선에 의해서가 아니라 시민과 민중의 각성에 의해서만 현실에 뿌리내릴 수 있다는 생각이 뿌리를 내리기 시작했다. 자본과 무기와 기술은 원조와 협력이라는 이름으로 선진국에서 이른바 개발도상국으로 엄청나게 이동하고, 선진 사회를 풍요롭게 한 부와 이념이 후진 사회도 살

---

* 먼저 우리가 염두에 두어야 할 것은 어떤 주의, 어떤 사상, 이념 및 그것들의 성취 구조 모두를 막론하고 인류의 모든 역사가 한편으로는 생산력의 확장을 통한 인간 해방의 변증법적 과정이었으나 다른 한편으로는 생명을 길러 내고 생명이 자기의 기능을 최대한으로 발휘하게 하여 그 결실의 여분을 이웃과 나누는 자로서의 농민, 여분의 생명을 건져 올리고 그 전환을 통하여 전체 생명의 확장, 해방, 완성이 가능하도록 바다에서 힘겨운 일을 하는 자로서의 어민, 잠들어 있는 생명을 캐내고 거기에 질서를 줌으로써 잠재적인 생명의 에너지를 일깨워 인간을 위하여 봉사하게 함으로써 작게는 산천 초목 등의 많은 실존하는 생명의 보존 확장을 가능하게 하고 크게는 범생명의 순환 전화를 적극화시켜 생명의 확장, 촉성, 변모를 현실화하는 자로서의 광부를 비롯한 일반 산업 노동자들의 극심한 소외와 억압과 착취의 제도화 과정이었으며, 따라서 생명 경시, 생명 파괴, 소수 지배 세력을 위한 범생명의 말살 과정이기도 했다는 것이다.

찌게 할 수 있다는 낙관이 온 세계를 부풀게 했다.

그러나 40년이라는 시간이 흐르면서 우리 눈앞에 전개된 사태는 예측과는 엄청나게 다른 것이었다. 우선 민주와 자유와 평등과 정의를 표방했던 선진 사회의 위선적인 태도가 표면에 드러나기 시작했다. 20세기 초까지 미국과 유럽을 지배했던 독점자본주의는 부의 지나친 집중으로 말미암아 계층 사이의 이익 대립을 양극화시키고, 세계를 국가 간의 제국주의적 이익 대립의 난장판으로 바꾸고, 거대한 신식민지 체계를 재편성하면서 세계 인구의 대다수를 노예 상태로 전락시켰다. 과학, 기술, 학문, 교육의 발달로 해방에 대한 전망과 가능성이 극도로 높아졌음에도 불구하고, 바로 그 가능성이 소수의 계층과 민족의 손에 놓이게 됨으로써 전쟁과 공황과 불신은 이제 일상적인 삶의 환경으로 자리 잡게 되었다. 이렇듯 파탄에 빠진 사회와 국가를 재정비하기 위해 선진 자본주의 진영에서는 수정자본주의가 대두하여, 국가가 사이에 끼어들어 계층 간의 타협을 주선하였으며, 뒤떨어진 자본주의 국가들 안에서는 공산주의와 파시즘이 뿌리를 내렸다.

격렬한 투쟁 과정을 거쳤음에도 불구하고 제2차 세계 대전 중에 손잡고 싸웠던 자본주의와 공산주의 사이의 적대 관계는 완전한 청산을 보지 못했다. 이 전쟁 중에 성립된 전시 체제는 양상을 달리하여 냉전 체제로 개편되고, 파시즘과의 투쟁 과정에서 국민 총력전의 형태로 굳어진 국가의 기본 골격은 전후에도 그대로 존속되어 민중은 자신의 양심과 이익에 관계없이 군부, 관료, 자본가의 연합 세력이 주도하는 이 총력 체제에서 병사와 군수 노동자와 저임 생필품 생산자로 동원되었다. 구식 체제에서 형식상의 독립을 얻은 신생 국가들은 민족적 차원의 자주적 발전 양식을 모색할 틈도 없이 이 냉전 체제의 덫에 걸려들었다. 냉전 체제하의 평화는 군사력의 균형 위에서 유지되는 것이어서 평화에 고유한 요소인 안전성과 확실성을 지니고 있지 못하며, 이에 따라 세계의 북쪽인 동서양 블록, 즉 강대국의 이해 대립이 당사자들의 직접적인 전쟁 형태로 나타나는 대신에 지구를 벗어나 몇 번이나 황폐화시키고 남을 핵무기 및 재래식 군비의 끊임없는 확산, 대리전쟁, 국지 전쟁이라는 형태로 나타난다.

신생 독립국은 그들의 후진성 탈피를 위해서 불가피하게 강대국의 자본과 자원과 기술에 의존하게 되고, 그 과정에서 냉전 체제에 자연스럽게 편입되어 정치적 · 경제적 위성국으로 전락하게 되며, 이에 따라 구 식민 잔재 세력은 강대국의 비호 아래 고스란히 온존하여 독립 국가의 사회적 기강을 어지럽히고 경제적으로는 매판 세력으로 나타나 신생 국가에서 가장 강력한 조직인 군부와 결탁, 후진국 파시즘을 정착시킨다. 정통성이 없는 식민지 잔재 세력의 존재는 개발도상국의 건전한 국가 발전을 해치는 가장 큰 장애 요인이다. 이들은 정통성의 확립에 협력하기보다 식민지 체제의 유산인 탄압, 고문, 음모, 학살, 보복의 정치 전통을 계승하여 제 나라 민중을 억압하며 그 결과 필연적으로 나타나는 폭동, 테러, 무장 반란, 혁명의 직접적 책임 소재가 된다. 이러한 부작용의 저류로 작용하는 냉전 질서는 대결을 최선의 정책으로 삼는 자신의 성격을 반성하여 고쳐 나가기보다는 자신의 모든 힘을 기존의 가치 유지에 얽어매는 경직 현상을 보인다.

우선 선진 자본주의 체제에서 이윤 추구의 동기는 국가의 지도 아래 새로운 운동 방향을 모색하게 되고, 상대적인 과잉 생산과 국내 시장의 포화로 투자 기회를 해외에서 찾게 된다. 이렇게 해서 다국적 기업의 형태로 확대 개편된 독립 기업은 이제 막 식민지적 수탈에서 벗어난 신생 독립국들의 취약한 생산 기반을 무너뜨림으로써 그들의 자생적 역량을 꺾어 버린다. 정치적 목적과 밀착된 원조와 경제 협력 관계는 매판 세력을 더욱 살찌게 하여 냉전과 자본 운동의 대리인으로 나서게 하고, 이런 신식민주의 확대재생산의 구조 위에서 자기 나라 안의 계급적 갈등을 무마시킨다. 고도 산업 사회의 거짓과 위선은 바로 여기에 바탕을 두고 있다. 그들은 풍요의 의미를 더 많은 상품의 소비에 국한시키고 인간 이성의 능력을 마비시키면서 자기들이 해결해야 할 근본 문제를 저개발국들에 떠맡긴다. 상품 소비로 대표되는 풍요의 체제는 자본가의 손에 그 운명을 맡기기 때문에 모든 가치는 이윤 추구의 동기라는 척도에 의해서 우선순위가 정해진다. 그들은 거기에서 이윤만 생긴다면 인간의 생명 유지에 필수적인 공기와 물이 더럽혀지는 것마저 아랑곳하지 않으며, 자연 자원의 고갈이나 화학 비료, 농약의 남용으로 인한 지력의 쇠퇴, 생태계의 파괴에 관심을 두지 않는다. 도시의 밀집된 생활 공간에서 인간의 심성이 일그러지고 알코올이나 환각제가 시민의 몸과 마음을 황폐시키는 것은 말할 것도 없고 모든 매스미디어를 총동원하여 인간의 의식을 상품 가치 하나에 집중되도록 마취시키는 데 혈안이 된다. 결국 저개발 국가에서 받아들이는 것은 선진 사회의 부가 아니라 쓰레기일 뿐이다. 이렇듯이 냉전의 덫에 걸린 저개발국이 자신에게 맞는 발전 양식을 개발하기보다는 선진 사회의 모형을 그대로 수용하게 되고, 자생적 발전의 바탕이 되는 식량 생산, 생활필수품의 자급, 문화적 전통의 창조적 계승, 삶의 질적 향상 등에 시선을 돌릴 줄 모르게 되었다. 그리고 또한 오늘의 패권주의적 공산주의는 생산의 우상화 속에서 인간의 사회적 해방을 보다 많은 소유의 분배 조정에 고정시킴으로써 인간 의식을 소유에 결박시키고 인간 존재를 분배된 소유, 증대된 소유의 총체로 오해하도록 함으로써 인간과 범생명의 물질화에 빠져 있다. 이와 같은 세계 질서 안에서 그 속에서는 인간다운 삶의 유지가 불가능하다고 느끼는 광범한 대중 집단, 곧 '민중'이 나타난다.* 민중이란 이데올로기적인 측면에서 고립시켜 지칭하는 사회적 계급이라기보다는 왜곡된 역사 속에서 모든 형태의 억압자들과 실천적으로 대결하는 과정에서 생성된 피억압자들의 세력 일반을 지칭하는 말이다. 거기에는 고전적인 계급의 도식으로 파악할 수 없는 노동자, 농민, 도시 영세민, 양심적인 자본가, 지식인, 성직자 및 차별받고 냉대받는 인종 전체가 포함되어 있다. 구체적으로 말하면 민중은 제국주의 및 냉전의 질서에 시달리고 그에 대해 저항하는 과정에서 형성된 제3세계의 실체이다. 그들은 새로운 세계, 빛과 생명을 약속받은 인간들이다. 이 점에서 그들은 정복 전쟁의 산물인 고대의 노예와 구별된다. 그들은 제국주의가 전 세계적인 영역으로 확장되었을 때 새로운 압제의 멍에를 짊어진 것이다. 그들의 힘에 넘치는 노동에도 불구하고 또 그에 따라 사회적인 부가 확대되고 있음에도 불구하고 인간 및 자연 생명의 가공할 파괴, 고갈에도 불구하고 그들은 만성적인 빈곤과 비참과 죽음 속에서 허덕이고 있다. 한 사회의 총체적 부가 증가하면 구성원도 저절로 그 혜택을 입게 된다는 가설은 적어도 제3세계에서는 허구로 판가름이 났다. 저개발국들은 그들의 모든 역량을 경제 개발에 집중했으나 분배 체제를 염두에 두지 않고 진행된 개발 정책은 이자라는 형식을 빌려 경제 잉여를 대부분 해외로 유출시키는 데에 그쳤으며, 그나마 남은 얼마 안 되는 경제 잉여도 국내에서 자본가적 이윤을 보전시키는 데에 돌려져서 결국

* 이들은 지구상의 인류의 출현 이래로 오늘에 이르기까지 생산을 위하여 범생명의 잠재적 에너지를 일깨워 내고 생명의 교감 체험과 전화, 순환, 완성 과정에 대한 참된 인식에 입각하여 협동적이고 공동체적 삶을 지향해 왔으나 생산의 결과를 수렴하지 못하고 극도의 소외, 억압, 착취 속에서 불안에 떨고 방황하며 동요해 온 계층 역사와 생명의 전위이며, 주체이면서도 역사적 · 사회적 · 영성적으로 왜곡된 생명 에너지로서의 소수 잘못된 지배 집단, 이념, 제도, 경향에 의해 그 영성 및 사회적 생명이 전면적으로 잠식 파괴당해 온 밑바닥 계층, 뿌리 뽑힌 민초, 곧 대지의 저주받은 자들이다.

소수의 손에 독점되고 말았다.

경제적인 불평등은 빈부의 격차라는 물질적 삶의 국면에만 머물지 않는다. 후진 자본주의 체제는 가혹한 수탈 체제를 유지하기 위하여 민중의 자각을 억누르지 않을 수 없으며, 그들의 단결된 행동을 폭력적으로 탄압하지 않을 수 없다. 이 억압의 강화를 통하여 국가 권력은 민중들 사이에 무력감으로 대표되는 피압박 심리를 내면화시키고 유효 수요를 강제로 창출하기 위한 악순환적인 소비문화의 조장, 농촌 파괴, 농업 생산력 격감, 대규모의 국내 이민, 농업 노동력의 도시 집중, 실업, 고향 상실, 비인간화, 전통 단절, 민중 의식의 뿌리 뽑힘을 가속시키고 미디어와 교육에 의한 상업주의 세뇌 및 상호 불신 풍조를 조성하고 자원을 고갈시키며 생태계를 파괴하고 오염과 공해의 지옥으로 대지를 황폐화시키면서, 실업자를 구제하려는 노력을 기울이는 대신에 그들의 노동 시장 조작에 이용함으로써 비인간적인 고용 구조를 상대적으로 안정된 것처럼 위장시키고 있다. 반면, 이 악순환의 혁명적 극복을 기치로 내세우는 전투적 폭력 집단은 민중을 증오와 생명 파괴, 학살과 집단 보복의 악순환 속으로 또다시 밀어 넣는다. 국가의 통치 역량은 국민의 복지와 생명의 본성에 대한 올바른 인식 및 실천을 확장시키는 데에 기울여지는 대신 제국주의적인 외국 산업 군사 자본과 결탁하여 민중의 수탈에 동원되거나 혁명의 수출과 증오에 가득 찬 끝없는 총동원, 총궐기, 총돌격 체제와 피비린내 나는 숙청 작업에 동원되고 있다. 그러나 민중의 삶에, 그리고 그것을 바탕으로 해서 비로소 가능해지는 전체적 생존에 필요한 것은 이윤의 보전이나 권력의 유지나 혁명의 수출이 아니라 생명의 본성을 지키고 협동적 · 공동체적 생존의 확장으로 사회적 해방을 참으로 수행하려는 각성된 의식과 단결된 행동이다. 필요한 것은 유럽적인 자본주의, 제국주의, 신식민주의와 그와 결탁한 소수 매판 군부 세력 대 유럽적인 공산주의, 사회제국주의, 패권주의와 그에 지원받는 무장 폭력 집단의 폭력 대결의 악순환, 그 피비린내 나는 상대 연기相對緣起가 아니라, 모든 생명, 일체 인간, 특히 제3세계 민중 자신의 전통적 지혜와 창조적 노동 속에 생생하게 살아 움직이고 있는 그 보편적 생명에 대한 존중과 사랑, 그리고 그 다양한 협동적 생산 및 생존의 전통에 단단히 뿌리내린 영성적이면서도 공동체적인 새로운 세계관의 확립과, 그러한 생명의 세계관에 일치한 전 사회적 · 전 우주적인 다양한 협동적 생존의 확장 운동이다. 이러한 세계관과 운동은 결코 기존의 학문, 과학, 기술의 성과들을 소박하게 부정적으로만 보지 않는다. 본래 학문, 과학, 기술의 가치는 생명의 유지, 보존, 확장의 함수이다. 기술은 그 본성이 언제나 실패하는 곳에서부터 출발한다는 점에서 생명 지향적이기 때문이다. 다만 어떤 세계관에 의해 통어되고 지휘되며 관통되고 촉진되는가에 따라 죽음의 힘으로 역전될 수도, 생명의 힘으로 회복될 수도 있는 것이다. 이 새롭고 민중적인 생명의 세계관, 생명의 존재 양식을 기본 가치, 중심 가치로 확립하고 그 토대 위에서 유럽과 더불어 온 인류가 창조하고 성취시킨 학문, 과학, 기술, 문화와 민중운동의 여러 역사적 경험들을 생명의 기본 가치관에 의해 엄중히 판단하고 비판적으로 수렴, 통합하여 생명의 방향으로 재활성화하고 생명의 방향으로 재활용하는 창조적 통일이 실천되는 과정으로부터 제3세계 민중 자신을 비롯한 전 인류와 전 생명계, 전 우주적인 생명의 부활, 해방, 완성을 향한 세계사적 대전환에 대해 제3세계 민중운동이 짊어진 역사적 책임의 내용이 그 확실한 모습을 드러낼 것이다. 이제 아시아, 아프리카, 라틴아메리카의 광활한 대륙에서 수십억 민중의 일상적인 영성과 공동체적 생존 속에서 생명운동이라는 대전변이 일어나야 하고 또 일어날 수밖에 없다는 신념이야말로 죽음에 직면한 전 인류, 전 중생의 유일한 희망이다.

죽음은 생명의 대치물이 아니다. 죽음은 역동적, 창조적으로 운동하는 생명의 한 반대 계기일 뿐이다. 생명은 죽음의 죽음으로서의 죽음의 극복이며 죽고 부활하는 생명이야말로 영원하고 무궁하며 참으로 살아 있는 참생명인 것이다. 창조적 생명운동과 그 운동의 협동적 실천 속에서 자기 안에 영원무궁한 생명이 우주의 주체로서 살고 죽고 또다시 거듭거듭 부활하면서 쉴 새 없이 활동하고 지속하고 있음을 확신하고 그 활동이 매일매일 협동적 생존 속에서 끊임없이 확장하고 신선해지고 있음을 경험하는 민중은 더 이상 죽음을 두려워하지 않는다. 핵전쟁에 의한 전 지구의 파멸, 우주 전쟁에 의한 전체의 파탄, 엔트로피 증대의 최절정, 그 파천황의 죽음도 그 뒤에 올 휘황찬란한 범생명의 해탈과 부활, 지구 및 우주 에너지 총량의 전면적인 질적 대전환, 즉 현실적인 후천개벽의 한 반대 계기일 뿐 두려울 것은 아무것도 없다. 민중은 그 부활의 씨앗을 매일매일의 생명운동의 실천 속에서 지금, 여기 자신과 사회에 뿌림으로써 지금, 여기 끝없이 부활하고 있기 때문이다. 생명의 진리는 중도다. 그것은 양쪽 가장자리를 떠나면서도 가운데가 아니다(離邊非中). 그것은 모두全이며, 모든 것이 생명의 씨앗임(處處皆佛)을 믿는 것이며, 이 믿음으로부터 오는 사랑의 실천(慈悲行)이다. 제3세계 민중운동으로서의 생명운동은 어떤 것, 어떤 사람을 반대하는 것이 아니라 모든 것, 모든 사람 속에 활동하는 반생명적 경향을 반대하고 모든 것, 모든 사람 속에 숨은 채 드러나는 생명의 씨앗을 현실적으로 꽃피우는 일이다. 절충이나 샛길은 이 운동과 인연이 없다. 제3세계만이 아니라 모든 사회, 모든 민족, 모든 계층, 모든 인종과 나아가 모든 유정 무정有情無情의 생명체와 존재들 속에 생생히 살아 계신 영원무궁한 총체적 생명이 이 죽음의 시대에 있어 그 생명의 참된 담지자이며 그 실천적 전위인 민중이 지금, 여기 협동적으로 그러나 다양하고 개성 있게 확장적으로 그러나 진취성 있게 과학적으로 일체의 생명 파괴에 저항하며 서로 존중과 사랑으로써 공동체적 삶을 건설함에 의하여 모든 적대적인 또는 다양한 기존의 이데올로기와 물신의 지배 아래 있는 생명이, 있는 그대로의 체제 속에서 스스로 창조하고 스스로 해방하고 반생명에 저항하다 죽고 다시 부활하여 스스로 확장함으로써 자신을 변화시키고 체제 자체의 역사적 한계를 근본적으로 근원적으로 철저히 소멸시킬, 전면적인 부활과 해방과 개벽을 가져오는 변혁 운동이며 동시에 자비와 사랑의 운동인 것이다.

한국의 사회와 인간의 전 세계적으로 일반화된 생명 경시, 생명 파괴, 반생명 현상 위에 특수하게는 분단 상황이 결정적 요인으로 작용하여 어떤 점에서는 보편적인 생명 파괴의 가장 적나라한 전시장으로 볼 수도 있다. 이러한 현상을 인식하고 척결하려는 이념적 및 실천적 대응으로서의 수많은 운동들이 있어 왔으나 정도의 차이는 있지만 대체로 현상의 인식에 국부적, 요소론적이었고 그 척결의 실천에 있어 정태적, 이론적이어서 총체적인 생명의 회복에 있어 오히려 생명의 원리나 생명의 실상과 반대되는 방면으로 나가기도 했다.

이것은 물론 상황 자체의 복잡하고 어려운 점들 때문이기도 하겠으나 상당한 정도로 이 운동들을 지도한 지식인들의 세계관, 운동관의 내용에 그 원인이 있다. 서구 사회를 휩쓴 진보주의의 이름 아래에 강요된 선線적, 수직적, 단계론적, 공리주의적이며 결국은 형상론적인 세계관과 운동관에 그 원인이 있다.* 이러한 이념 사상 등은 생명 파괴를 극복하기보다 가속시키는 작용을 더 많이 한 측면이 있다. 그러나 독초가 무성한 곳에는 반드시 영험한 약초가 있는 법이다. 생명 파괴, 반생명 현상이 극심하고 보편화된 한국 사회, 특히 민중의 생존 속에 일상화되고 있는 생명 파괴를 극복할 슬기와 힘은 민중 자신의 개인 및 집단적인 노동 체험과 지혜의 전통 안에 숨겨져 있다.

토지를 살아 있는 생물로 보고 물과 바람과 대기, 빛과 그늘, 변화하는 기후와 계절, 풀, 곡식, 나무와 벌레, 짐승들을 하나의 총체적인 통일된 생명체로, 하나의 통일적인 기氣의 운동으로 인식하고 믿어 의심치 않으며, 일체 생명을 신령한 것으로 존중하는 전통과 이웃을 한 형제, 한 가족처럼 가깝게 느끼는 전통 속에 이미 영성적이면서 공동체적인 세계관이, 생명의 세계관과 그에 입각한 전 사회적, 전 우주적인 협동적 생존의 확장 가능성이 '숨겨진 채로 드러나' 있다. 물론 이러한 공동체적 세계관이 가진 봉건 유제와의 일정한 관계와 그에 관련된 한계성, 그리고 미신적인 세계 인식에로의 경계 범람과 어떤 형태의 보수성 등에 대한 날카로운 과학적 비판을 조건으로 한다. 그러나 그럼에도 불구하고 총체적 세계 인식과 영성적인 인간 이해라는 초미焦眉한 현실적 도전에 대한 창조적인 응전의 기초는 이 민중적 세계 인식과 보편 진리로서의 생명의 사랑 이외에서는 발견하기 어렵다. '숨겨진 채로 드러나고 있는' 이러한 민중적 세계관, 생명의 세계관을 기초로 하여 현대 서양철학의 생물학적 전환**, 물리학 및 제 과학

---

* 사태의 물량적 증대와 확장이 곧바로 질적인 변화로 이어진다(선적 사고), 세계의 질서는 사다리꼴로 되어 있어서 가장 훌륭한 것은 맨 위에 자리 잡고 있다(수직적 사고), 다윈의 진화론에서 보듯이 생명의 진화에는 단계가 있고 따라서 생명의 문제 해결도 낮은 단계의 문제부터 단계를 밟아서 해결해 나가야 한다(단계론적 사고), 애초부터 고립된 것으로 보이는 개개의 생명에 모두를 만족시켜 줄 문제 해결 방법은 없으므로, 최선의 길은 소수의 생명을 희생시키더라도 다수의 생명을 유지하면 그것이 바른 길이다(공리주의적 사고), 모든 생명체는 각각 독특한 개성을 지니고 있는 독립적 단위이므로 이들의 특성을 충분히 존중하려면 그들에게서 어떤 가변성과 역동성도 배제하고, 하나하나를 시간과 공간을 초월한 불변하는 것으로 파악해야 한다(형상론적 사고)는 세계관 및 운동관으로서 이것은 모두 생명의 본질에 대한 왜곡된 인식으로부터 생겨난 부정적 세계관이요 운동관이다.

사상의 혁신적인 변화, 기술의 놀라운 발전 성과들과 제반 민중운동의 역사적 경험들을 새로운 비판적 조명 아래 자각적, 창조적으로 통일하여 심화, 확대시키는 곳으로부터 그러한 민중적 세계관에 입각한 전 민중적, 전 사회적, 전 인류적, 전 생명계적인 협동적 생존***의 확장과 영성적이면서 공동체적인 새로운 생존 방식을 창조, 발전시키는 운동을 제3세계 민중운동과의 공고한 연대 속에서 수행하는 곳으로부터 한국 사회의 극심한 일체의 생명 파괴 현상과 분단 상황에 대한 근본적이고 총체적인 해결책, 대응책이 찾아질 수 있다.

8 · 15 광복 이래 진정한 해방이 계속 지체되는 악조건 속에서 이 땅의 양심적 지식인과 학생, 성직자들은 민중의 고뇌를 정의의 이름으로 대변해 왔다. 또 외세의 힘을 업은 매국적인 억압 체제와 맞서 오면서 민중은 이 민족의 정기를 보존하기 위해 온 힘을 기울여 왔다. 민중은 자신의 노동을 근대 국가의 건설

** 철학의 전통 속에서 우주의 생성을 생물학적 관점에서 해명하려는 시도는 서양에서는 탈레스의 물활론物活論 이래로 플라톤과 아리스토텔레스를 거쳐서, 그리고 동양에서는 불교나 도가 사상 이래로 태극설과 이기 논쟁理氣論爭을 거쳐서 끊임없이 이어져 내려왔으나, 계몽기 이후로 자연 과학이 급속히 발달하고, 특히 물리학의 법칙이 자연 과학 일반의 법칙의 효용성을 대변하게 되면서 철학의 물리학적 · 기계론적 전환이 급속하게 일어났다. 그러나 1900년대 초에 양자역학, 빛의 파동설, 불확정성 원리 같은 물리학 자체 안에서의 기존 물리학 이론의 완벽성에 대한 강력한 의문이 제기되면서 또 궁극적으로 생명 현상, 정신 현상이 물리학적 · 기계론적 법칙으로 환원되기 어렵다는 각성이 뿌리를 내리기 시작하고 정신 현상과 생명 현상을 물질의 원리와는 다른 생명의 원리에 의해서 해명하려는 시도가 딜타이, 베르그송, 화이트헤드, 샤르댕 같은 철학자들에 의해서 이루어져 왔다. 현대 분석철학에서 끊임없는 논쟁의 대상이 되는 몸과 마음의 문제(mind-body problem)도 이러한 전환의 고비를 반영하고 있다고 볼 수 있겠다.

*** 공해 문제는 본질적으로 생존의 문제를 인간이라는 폐쇄된 종의 울타리 속에 집어넣고 해결하려고 한 데에서부터 일어난 것이다. 범생명에 대한 존중, 자연은 인간의 생존의 필수적 동반자라는 각성은 넓게는 동양 문화권 전체, 좁게는 한반도의 역사적 전통 속에 이미 깊이 뿌리내린 민중적 지혜의 결정체이다. 농촌공동체적 삶에서 모기나 파리 같은 해충의 생명까지도 존중하여 멀리 쫓아 버릴 뿐 잔혹하게 죽이지는 않는 관습이 아직도 유지되고 있음에 주목하라.

에 쏟아 부었으며 부정과 부패가 만연하고 있을 때 죽음을 무릅쓰고 저항해 왔다. 그리하여 이제 어떤 지배자도 민중과 민족을 도외시하고 군림할 수 없다는 사실이 국민 전체의 의식에 뿌리내리게 되었다. 이와 같은 거국적 자각은 앞으로 전개될 민족사의 방향을 근본적으로 규정할 것이다. 억압을 일삼고 허위의식으로 국민을 오도한 불의하고 악덕한 집단은 더 이상 민중을 기만할 수 없는 막다른 골목에서 타협을 모색하고 있다. 앞으로 전개될 어떤 운동도 이와 같은 역사적 좌표 위에서 자기의 방향을 찾아야 할 것이다. 우선 지금까지 운동을 주도해 왔던 소위 선진집단들은 오랜 저항과 그에 따르는 희생에도 불구하고 왜 민중의 비극을 구체적으로 해결하지 못했는지를 근본적으로 반성해야 한다. 이들 집단은 모든 행동을 민중과 민족의 이름 아래 해왔으면서도 민중과 민족이 겪고 있는 역경에 대한 올바른 인식을 하지 못했다는 점에서 이들은 사회적 모순에서 발생한 개인의 고난을 민중의 총체적인 움직임으로 활성화하지 못한 책임을 져야 한다. 우리는 우리가 마주하고 있는 민중의 소리에 귀를 기울이기보다 외국으로부터 관념적으로 배운 우리의 매판적 급진적 지식을 민중에게 강요하지나 않았을까? 우리 자신이 한 사람의 민중으로 민중의 삶을 스스로 살며 민중의 호흡을 자기 자신의 호흡으로 숨 쉬기보다 몇 가지 학문적 도식에 빠져 상황의 핵심을 전혀 오해하지는 않았을까? 가장 큰 고난의 담당자가 민중임에도 불구하고 민중의 피압박 심리에 지쳐 지식인들만이 그 상황을 해결할 수 있다는 독단적 아집에 빠지지 않았을까? 우리가 당면한 가장 큰 문제는 소위 운동의 담당자라고 자처하는 사람들 사이에서 은연중에 엿보이는 민중의 잠재력에 대한 불신임이다. 민중의 삶에서 생명 보존의 본능적 충동으로부터 튀어나오는 거친 행동과 말투에 근거 없이 압도되어 말로는 민중을 위해 일한다고 하면서도 전 민중과 진정한 하나가 되어야 할 때 소심하게 움츠러드는 각종 형태의 패배주의가 우리의 실천을 저해하는 암적인 요소로 작용해 왔다.

우리는 지금까지 민중을 총체적으로 파악하는 데 실패했고 민중 속에서 줄기차게 살아 생동하는 근원적 세계관, 가치관을 인식하는 데 실패했기 때문에 자신을 얻을 수 없었다는 점을 시인해야 한다. 우리는 민중을 당면한 피압박 상태의 피해자로만 볼 것이 아니라 다가오는 미래에 억압의 무거운 멍에를 벗어 버리고 민족적 현실의 주체자로 등장할 중심 세력이며 그 해방의 주도적 이념의 실질적인 담지자임을 깨달아야 한다. 역사의 발전에서 가장 중요한 것은 현실의 모순과 주체의 의지이다. 의지는 그 진정한 목표와 그에 이르는 방법이 모순 없이 통합되었을 때 비로소 힘을 발휘할 수 있다. 그러면 현재의 시점에서 주체적 의지의 진정한 목표는 무엇인가? 전 세계적으로, 전 사회적으로 허무하고 짓밟히고 시들어 가는 생명을 되살려 내는 일이다. 악마에의 저항에서 악마 편에 가담하는 자에 못지않게 악마와 맞서서 저항하는 쪽도 생명 자체를 추상적 이념과 소외된 욕망에 종속시킬 위험이 크다. 그러나 목적을 망각한 저항은 반드시 저항 자체를 배반하게 된다는 점에서 생명에 대한 사랑으로 뒷받침되지 않은 저항은 무엇보다 경계해야 한다. 우리가 추구하는 방법은 목적을 배반하지 않으면서 궁극적으로 민중적 합법성을 띠고 있어야 한다.* 그러면서도 그것은 통일적, 총체적, 일원론적, 동시적, 역동적, 확장적, 수평적

* 우리가 추구하는 목적은 평등한 인간관계에서 출발한 생명 존중, 협동적 삶이다. 따라서 이 목적에 맞는 방법을 선택할 때는 그것은 반드시 민중적 합법성, 곧 민중에 의해서 전폭적으로 지지받게 됨으로써 소수의 악마적 세력으로 하여금 용납하고 타협적 태도로 나올 수밖에 없도록 강력한 뒷받침을 얻어야 한다. 우리의 행동이 급진적 성격을 띰으로써 운동에 참여하지 않은 사람에게 불필요한 공포심을 주지 않아야 하는 까닭도 여기에 있다.

인식으로 확고히 뒷받침되어야 한다.*

1984년 7월

* 생명의 본질에 대한 바른 통찰에서 출발하는 인식은 모든 생명의 왜곡 현상과 그것을 바로 잡으려는 생명 활동을 자신의 문제로 환원시키게 되며, 그렇게 되면 어느 하나의 문제도 고립되거나, 부분적이거나, 고정되거나, 독자적인 것으로 존재하는 것이 아니므로, 이 문제의 해결도 생명계 전체의 역량을 결집시킴으로써 비로소 가능하다는 자각을 갖게 된다. 이것은 앞서의 생명 경시, 생명 파괴, 소수 지배 세력을 위한 범생명의 말살 과정과 상반되는 진실한 인식으로서, 모든 판단의 기준은 생명의 보호와 창조에 있다. 생명은 모든 생물의 상호 부조와 보완으로 유지되며 생명은 결코 머물러 변하지 않는 것이 아니라 끊임없이 자기 쇄신의 운동 가운데 있음으로써 비로소 변화의 방향 자체를 바람직하게 설정할 수 있을뿐더러 자신의 활동 범위를 넓힘으로써 생명 그 자체를 안전하게 만든다.

인간의
사회적 성화聖化

인간의 사회적 성화聖化

수운 사상 묵상

생명은 자연적 죽음에 맞서 있지 않습니다. 생명이란 잉태되고 태어나고 자라고 살고 죽고, 죽어 다시 다른 생명체로 다른 요소로 전환하는 일체의 자연 운동을 뜻하기 때문입니다. 생명은 자연적 죽음이 아니라 인위적 죽임과 맞서 있습니다. 즉 인간에 의한 생명 파괴와 맞서 있습니다. 참삶은 죽임으로서의 삶과 맞서 있습니다. 따라서 인위적인 죽임, 생명 파괴에 맞서 생명을 회복하고 생명의 본성에 돌아가려는 생명운동은 인위적이며 자각적이며 조직적인 것입니다.

생명운동은 인간의 역사적 · 사회적 생명, 즉 민중 생명의 인위적이고 능동적인 자기 회복 운동 속에서 자각적으로 진행됩니다. 전 우주 중생의 생명운동이란 현실적으로는 인간의 인위적인 죽임, 즉 억압과 분단과 왜곡, 소모, 파괴, 약탈, 오염, 변질, 멸종 등에 대한 저항을 민중 생명의 인위적인 자기 회복 운동 속에서 진행한다는 이야기입니다.

생명운동은 일체 중생의 자아 복귀 운동이며 현실 역사 안에서는 억압자, 지배자, 약탈자, 파괴자의 인위적인 일체의 죽임에 저항하는 인간을 비롯한 전 중생의 조직적인 자기 회복 운동으로서 나타나게 됩니다. 그러나 이제까지의 전 인류 역사에서 생명운동, 특히 민중 주체의 생명운동은 확실하고 탁월한 차원에서의 자기 근원에 대한 명백한 자각을 토대로 한 운동으로 드러나지는 않았습니다. 생명의 자기 근원에 대한 명백한 자각을 토대로 한 열정적이면서도 통일적인 생명 공동체의 창조는 소수의 예언자나 지혜자들끼리의 소집단적인 종교 운동이나 아니면 사상 운동이나 혁명 운동, 또는 그들의 지도하에 있던 다수 대중의 추종을 요구하는 카리스마적인 기복적인 종교 운동, 사상운동, 혁명 운동으로만 나타났었고, 그나마 곧 수직적이고 카리스마적인 구조로 말미암아 새로운 억압, 새로운 자기 배신, 새로운 죽임의 세력으로 자기 소외되어 온 것이 사실입니다. 절대 다수의 민중은 아직 스스로 집단적인 자각이 명백하지 않은 채로 그들의 생명의 흐름이 장애에 부딪칠 때마다 민란이나 여러 형태의 반란, 폭동 혹은 혁명 등을 통해 폭발적, 발작적으로 자기 생명의 복귀 의지를 나타냈을 뿐이며, 생명의 본성을 근원적으로 자각하고 그 자각에 기초하여 민중 자신이 집단적이고 창조적인 공동체 운동으로, 명백한 '생명의 세계관'에 기초한 협동적인 생존의 확장 운동으로는 발전시키지 못해 온 것이 역사적인 사실입니다.

그것이 전 세계적 차원에서 비교적 자각된 형태의 민중운동으로 나타나게 된 것은 서양 제국주의에 의한 전 지구적, 전 중생적인 보편적인 죽임, 즉 죽임의 보편화에 저항하여 아시아, 아프리카, 라틴아메리카의 민중, 제3세계의 민중이 벌인 여러 가지 해방 운동에서였습니다. 그리고 그 같은 운동은 오늘, 보편적인 죽임, 죽임의 보편화가 절정에, 최악의 상태에 달한 오늘, 제3세계 민중운동을 통해서 분명히 나타나고 있습니다. 그러나 이 경우에 있어서도 뛰어난 차원에서의 자각적인 전 민중운동으로, 전 민중적인 생명운동으로는 되지 못하고 있으며 더욱이 전 우주 중생계적인 생명 회복, 근원적 생명으로의 복귀 운동으로는 아직 이르지 못한 것이 사실입니다.

그러므로 그것은 이제부터 전개돼야 할 제3세계 민중의 생명운동의 과제, 반드시 관철되고 성취해야 할 과제로서 두드러져 나오기 시작합니다. 우리 민족의 경우 그것은 특히 중세 이조 봉건 체제의 억압과 서양 및 일본 제국주의 침략이라는 복합적이고 보편적인 죽임, 생명에 대한 그 극단적인 천대와 파괴에 저항하여 민중 생명을 회복하고자 하는 동학 운동, 인내천 혁명, 즉 인간의 사회적 성화聖化의 집단적 실천으로 나타났었습니다. 그리고 그것은 오늘날 전 문화, 전 문명, 전 사회적인 억압과 분단, 기만과 세뇌, 조작, 증오의 촉진, 동족 살해, 타민족 정복, 끊임없는 전쟁, 전지구적인 공해, 정신 및 인간 생활 일반에 있어서의 온갖 형태의 질병, 전 생태계의 약탈, 파괴와 고갈 등 다시 말해 전면적인 인간 파괴, 생명 파괴, 중생 파괴가 절정에 달한 보편적인 죽임에 맞서 민중이 참다운 생명 해방 운동을 강력히 요구함으로써 결정적인 모습으로 나타나기 시작하고 있습니다.

민중 주체의 생명운동은 민중 자신이 민중 자신을 스스로 인식하고 민중 자신이 민중 자신을 스스로 해방하는 민중 생명의 진정한 자기 회복, 창조적인 주체 회복 운동입니다. 그것은 또한 전 중생계의 평화와 친교의 고향인 근원적인 생명의 본성에로, 활동적인 생명의 본성에로 인위적으로 복귀하는 운동이며, 그런 의미에서 그것은 후천개벽後天開闢 운동인 것입니다. 이제까지의 모든 역사, 이른바 선천 시대先天時代의 역사는 온갖 상극과 상호 증오와 원한, 상호 살육, 상호 말살과 극대화된 분별지分別智, 극단적인 분열과 대립, 항쟁, 투쟁, 온갖 형태의 무자비한 살인적인 분단과 억압, 약탈, 독점과 기만과 세뇌가 지배하는 역사였으며 한마디로 죽임이 지배하는 역사였습니다. 그러나 그 지배 밑에서도 민중이 근원적인 자기의 생명 주체에로 역동적, 창조적으로 돌아가려는 잠재적인 후천개벽 운동의 물줄기가 민중의 집단적인 삶 속에 숨은 채 드러나고 드러나는 채 숨겨지는 형태로 계속 출몰하면서 모든 문화 창조와 문명 건설의 실질적인 원동력으로, 일체 역사적 격동의 실질적인 배력背力으로 작용하면서도 완전히 드러나지 않고 잠복해 왔었습니다. 오늘 우리 민중은 수천 년에 걸쳐 동일한 집단적 생명 주체가 꿈꾸어 온 바로 이 운동의 지속적이고 확장적인 실천, 명백히 자각적인 실천을 통해서 민중 자신과 전 중생의 해방, 민족통일과 전 인류 및 전 생명계의 보편적인 생존의 통일을 제3세계 민중과의 공고한 연대 속에서 성취해야 할 시점에 와 있습니다. 우리 민중의 참된 자유와 민주, 평등과 화해, 민중 주체에 의한 민족통일과 제3세계 중심의 새로운 세계 문화 및 새로운 세계 문명 건설, 그리고 나아가 전 우주 생명의 보편적인 평화와 친교 및 화해의 성취 등은 모두 다 생명운동 안에 수렴되어야 하며 이 천해 빠진 생명, 짓밟히고 파괴되고 죽임당하는 인간 생명, 민중 생명의 사회적 성화, 즉 인내천 운동으로부터 출발되어야만 할 것입니다.

우리는 우리 민족 역사 안에서 전 민중 생명의 회복 운동 즉 활인活人 운동을 통한 우주 중생의 자기 복귀, 주체 회복의 시작을 동학 운동에서 찾을 수 있습니다. 동학 운동은 서기 1860년 수운水雲 최제우崔濟愚 선생의 생명의 실상에 대한 큰 깨달음과 민중 생명의 자기 복귀를 위한 민중 자신의 자각적이고 인위적인 조직 실천으로부터 시작되었습니다. 동학의 민중적인 생명의 세계관은 제일 먼저 영성靈性 공동체 활동으로부터 시작되어 생활 공동체로, 그리고 결국은 소외와 억압과 약탈, 분단과 파괴라는 죽임의 세력에 저항하는 혁명적 후천개벽 운동으로 확장되어 나갔습니다. 동학의 민중적 생명의 세계관은 그 경전인 『동경대전東經大全』에 확고하게 나타나 있습니다. 그리고 『동경대전』 전체의 내용은 21자로 되어 있는 주문呪文 속에 압축되어 있으며 이것은 다시 본 주문 13자 속에 압축됩니다.

동학은 우리 민족 특유의 민중적인 생명 사상을 확고한 중심으로 하여 그 기초 위에서 유교, 불교, 노장老莊 사상과 도교와 기독교 등 제 사상의 핵심적인 생명 사상을 통일하되, 특히 민중적인 생명 사상, 민중적인 유교, 민중적 불교, 민중적 도교와 민중적 차원에서 새로 조명된 노장사상과 선사상禪思想, 민중적 기독교 사상 등의 핵심적인 생명 원리를 창조적으로 통일한 보편적 생명 사상입니다.

먼저 우리는 동학사상 전체가 압축된 주문의 넓고 깊고 큰 생명관을 이해함으로써 바로 지금 우리 민중에게 주어진 목전의 현실 운동에 있어서 그 세계관적 기초와 그 실천적 방향 및 그 방법의 테두리를 찾아내야 할 것입니다. 최수운 선생의 말씀에 의하면 이 주문은 그가 서기 1860년 음력 4월 5일 오전 11시 사시巳時에 깨친 것인데, 한마디로 그것의 내용과 기능은 한울님을 지극히 위하고 섬김으로써 중생이 스스로를 한울님으로 드높이는 실천적 방편이 된다는 것입니다. 이것은 바로 민중의 근원적인 주체인 생명을 민중 자신, 중생 자신이 지극히 위하고 섬김으로써, 그리고 그 생명의 역동적인 활동을 성실히 실천함으로써 그 큰 생명으로 복귀하는 방편이 된다는 것입니다. 한울 또는 한울님이란 민중과 중생의 삶 속에서 살아 생동하는 우주 생명, 바로 그것 외에 아무것도 아닙니다. 최수운 선생은 이 주문을 열심히 닦고 실천하는 사람은 그 깊고 넓은 뜻을 쉽게 깨쳐 생명의 모든 이치를 다 알게 된다고 말한 바 있습니다.

최수운 선생은 『동경대전』 가운데 「논학문論學文」 부분에서 21자의 주문에 대해 결정적인 해설을 붙이고 있는데, 이 주문 가운데 앞 주문 8자의 뜻은 모두 본 주문 13자의 뜻 속에 겹쳐져 있거나 반복 구조로 되어 있습니다. 그러므로 핵심적 의미는 본 주문 13자 안에 다 들어 있어서 이 13자의 뜻만 잘 깨쳐 안다면 앞 주문의 뜻과 '궁궁영부弓弓靈符'의 뜻도 저절로 알도록 되어 있습니다. 이 본 주문의 생명 사상을 최수운 선생 자신의 해설을 따라가면서 오늘 죽임에서 살아나야 할 우리 자신의 처지에 대해 생각해 보기로 합시다. 그리고 이 주문에 대한 이해를 통해서 오늘의 문제들을 어떻게 파악하여 어떻게 해결해야 할는지도 생각해 보기로 합시다.

본 주문

侍天主造化定 永世不忘萬事知

본 주문 해설(『동경대전』, 「논학문」 중에서)

侍者 內有神靈 外有氣化 一世之人 各知不移者也

主者 稱其尊而 與父母同事者也

造化者 無爲而化也

定者 合其德 定其心也

永世者 人之平生也

不忘者 存想之意也

萬事者 數之多也

知者 知其道而 受其知也

故 明明其德 念念不忘則

至化至氣 至於至聖

인내천人乃天 사상은 맨 먼저 '사람이 한울님을 모신다' 곧 '시천주侍天主'로부터 시작합니다. 의암義菴 손병희孫秉熙 선생은 '성령출세설性靈出世說'에서 수운 선생이 풀이한 '시侍' 곧 '모심'의 세 가지 뜻이야말로 인내천의 정의라고 말한 바 있습니다. 즉, 첫째 '안에 신기로운 영이 있고(內有神靈)', 둘째 '밖에 기운화함이 있으며(外有氣化)', 셋째 '온 세상 사람이 각각 옮기지 못하는 것임을 깨닫는다(一世之人 各知不移者也)'는 뜻 안에 인내천 사상과 인내천 혁명의 모든 것이 다 들어 있다는 것입니다. '시' 한 글자는 곧 인간 생명의 주체인 영靈의 유기적 표현입니다. 인간과 우주의 자연적 통일, 인간과 인간의 사회적 통일, 인간과 사회의 혁명적 통일이 이 '시' 한 글자, '모심' 하나에 다 통일되어 있습니다. '시' 안에는 최수운 선생의 인간과 우주의 자연적 통일로서의 시천侍天 사상뿐만 아니라 뒷날 최해월 선생의 인간과 인간의 사회적 통일로서의 양천養天 사상, 나아가 동학 혁명 민중 전체와 전봉준 선생, 3 · 1운동 민족 전체와 손병희 선생 등의 인간과 사회의 혁명적 통일로서의 체천體天 사상이 다 들어 있는 것입니다. 그러나 시천 안에 양천, 체천이 들어 있는 것만이 아니라, 양천 안에도 시천, 체천이 있으며 체천 안에도 시천, 양천이 있습니다. 씨앗 가운데 이미 성장과 열매가, 성장 가운데 씨와 열매가, 열매 가운데 씨앗과 성장이 다 있는 것과 같이.

동학은 믿음의 종교가 아니라 실천 즉 행위의 가르침이요, 인내천 사상은 생명의 사상이며, 민중의 삶 속에 살아 있는 생명의 활동, 생명운동 그 자체인 것입니다.

'시천주', 내 안에 한울님을 모셨다는 뜻은 우선 모든 사람, 중생이, 끊임없이 활동하는 일체의 생명이 제 안에 한울님, 즉 끊임없이 활동하는 범생명의 활동을 모셨다는 뜻입니다. 이것은 바꾸어 말하면 한울이 사람과 중생의 모두 안에 살아 계신다는 뜻입니다. 사람, 중생이 저마다 제 안에 살아 계신 한울님을 모시고 적극적으로 섬김으로써 섬김의 주체인 내가 한울과 한 치의 틈바구니도 없이 일치하고 그 한울에 돌아가 나의 근원인 한울을 내가 회복한다는 뜻입니다. 나의 주체요 나의 자아인 한울을 내가 살아 생동하는 가운데서 회복한다는 뜻입니다. 이때 주인 주主 자는 한울님을 뜻하며 한울이 사람과 중생 속에 주인으로서, 주체로서 살아 생동하여 계신다는 뜻입니다.

그런데 최수운 선생 자신은 이 '시천주'에 대한 해설에서 한울을 부모와 똑같이 모시고 섬긴다는 뜻으로 주인 '주' 자를 풀이하고 있습니다. 한울을 부모와 똑같이 모시고 섬긴다는 뜻은 거꾸로 부모를 한울과 똑같이 섬기고 모신다는 뜻인데, 이는 바로 섬기고 모시는 나와 중생이 부모로부터 생겨났다는 뜻을 가집니다. 『동경대전』 가운데 「불연기연不然其然」 편에서 또는 기타 도처에서 수운 선생 자신이 표현하고 있는 바와 같이 부모는 음양을 의미하기도 하므로 음양 상생陰陽相生, 음양이 서로 화합하여 새 생명이 탄생된다는 것입니다. 그러므로 이는 생명 창조 활동 과정 전체와 생물학적 진화에 관한 이야기이기도 합니다. 음양으로서의 부모, 부모로서의 음양, 곧 내가 태어난 근원을 인위적으로, 적극적으로 섬김으로써 그 근원과의 일치를 이룩하여 주체를 회복한다는 뜻입니다.

수운 선생은 여기에서 생명 창조 과정과 생물학적 진화를 인정하고 있음이 분명합니다. 그러나 이때의 진화론은 서구 진화론과 같은 미래주의적, 시간주의적인, 일방적으로 끊임없이 미래를 향해 내빼 나아가는 것과 같은 상승적이고 계속적인 진화와 진보, 화살 방향의 진화론을 인정하고 있는 것이 아닙니다. 생명의 창조 과정을 밟아 진화하되 나아가면서 돌아가고 돌아가면서 나아가는, 즉 창조되어 나아가되 나아가는 행위 자체가 섬김을 통해서 도리어 그 근원과 고향으로 돌아가고, 확장하면서 수렴하고 수렴하면서 확장하며 공시적共時的이면서 동시에 통시적通時的입니다. 「불연기연」이라는 글에서 보는 것처럼 수운의 진화론에서의 미래와 과거는 현재의 삶 속에 들어와 통일적으로 생동하고 있는 시간입니다. 그러므로 수운 선생의 진화론은 시간 방향의 미래주의적인 진화가 아니라 사방 팔방 시방으로 확장되어 나가는 진화이며 동시에 생명의 근원으로 끊임없이 되돌아 들어가는 화엄적華嚴的 진화론이라 불러야 마땅합니다.

지금 여기의 삶 속에서 부모를 똑같이 한울님으로 섬긴다는 것은 아버지만이 한울님이 아니라 어머니도 역시 한울님이라는 뜻이 되며 어머니는 음陰을, 아버지는 양陽을 의미하는 것이므로 가부장제의 부정과 더불어 역사에서의 모권 지배 사회, 즉 여성 지배의 사회도 동시에 부정함을 뜻합니다. 그것은 진정하게 수평적인 남녀평등, 음양 평등을 의미합니다. 그것은 음도 똑같은 태극으로서 높임 받으며 섬김의 대상이 된다는 뜻입니다. 음양, 남성 여성으로 활동하는 태극, 갈라지되 태극 속으로 아우러지는 활동적 통일로서의 한울의 섬김을 통해 한울과 일치하여 한울을 회복하고 한울이 된다는 뜻입니다. 그런데 한울님이란 어디 인격적인 존재로 따로 있는 것이 아니라 음양의 통일로서 활동하고 일하는 존재이기 때문에 그와 마찬가지로 섬긴다는 것은 일을 통해서 섬기는 것입니다. 즉 일 속에서 사람과 중생은 한울님이 되고 한울님은 일을 통해서 사람과 중생 속에 살아 있는 것입니다. 사람과 중생은 일하는 섬김을 통해서 태극太極과 함께 무극無極을 스스로 이루는 것입니다. 그리고 한울을 부모같이 섬긴다는 것은 수직적으로, 우상적으로, 추상적으로, 신비로운 존재로 섬기는 것이 아니라 끊임없는 노동 속에서 일하는 한울님을 섬긴다는 것을 뜻하는 것이며, 끊으려야 끊을 수 없는 연대 관계 속의 부모, 그 친숙한 부모처럼 익숙하고 친숙하게 일 속에서 섬김으로써 한울과 사람 중생이 아주 익숙한 부모 · 자식 간의 관계 같은 일치에 도달한다는 것입니다. 한울이 음양으로 활동하는 태극이란 뜻을 갖는 한, 한울님의 섬김은 아버지의 대담성, 남자의 광대함과 진취적인 활동만을 섬기는 것이 아니라, 어머니 또는 여성의 온유함과 섬세함과 공동체적으로 생산하고 양육하고 보호하고 풍요하게 결실을 거두어 평화롭게 나누는, 그리고 걱정 없는 행복 속에 포근히 감싸는 그런 대지의 덕성, 여성적 덕성을 아울러 섬기고 체현하는 것을 말합니다. 그것은 곧 남녀 동등의 평등의 세상, 즉 후천의 세상을 실현하는 한울의 성취를 통해 사람과 중생이 진정한 자기 고향으로 복귀하는 것을 뜻합니다.

수운 선생이 본 주문 '시천주 조화정 영세불망 만사지侍天主造化定永世不忘萬事知'에 스스로 붙인 해설을 풀어서 말하면 대체로 이상과 같은 내용이 됩니다. '시侍' 즉 모심이라 함은 안으로 신령이 있고 밖으로 기화氣化가 있어서 온 세상 사람이 서로 옮기지 못할 것임을 아는 것이고, '주主'라 함은 존칭하여 부모와 똑같이 섬기는 것이며, '조화造化'라 함은 무위이화無爲而化로서 즉 아무것도 함이 없이 끊임없이 변화하고 활동함으로써 어떤 것도 하지 않는 것이 없으며, '정定'이라 함은 그 활동의 덕에 합하여 마음을 정하는 것이고, '영세永世'라 함은 사람의 평생이요, '불망不忘'이라 함은 언제나 생각을 두어 잊지 않는다는 뜻이요, '만사萬事'라 함은 수의 많음이요, '지知'라 함은 그 도를 알아 그 지혜를 받는다는 뜻이니, 그러므로 밝고 밝은 그 덕을 생각하고 생각해서 잊지 아니하면 지극한 지기至氣로 화하여 지극한 성인의 경지에 이를 것이다라는 뜻입니다.

侍者 內有神靈 外有氣化 一世之人 各知不移者也

'모심'이란 섬김입니다. 모심은 사람이, 민중이, 중생이 안으로는 신령, 생명, 또는 무어라고 불러도 좋을 영성, 부처, 진리, 다시 말해 처음도 끝도 없고 무변광대하며 끊임없이 물결치며 생동하는 영, 즉 생동하는 생명, 근원적인 생명 그 자체를 모심으로써 생동케 하고, 밖으로는 그 생명이 무궁무궁하게 유기적이고 통일적으로 사회적으로 활동케 함을 말합니다. 그리하여 이 세상 모든 사람이 서로 따로따로 옮겨 살 수 없는 통일적인 생명임을 스스로의 실천을 통해 혁명적으로 깨쳐 안다는 말입니다. 모심이란 생명 활동에 대한 그저 객관적인 관찰이 아니라 인위적이고 실천적, 역동적인 모심인 까닭에 신령한 생명이 끊임없이 무궁하게 활동하도록 '인위적으로' 활동시킴을 뜻합니다.

동학의 인내천 사상의 심오한 뜻은 결국은 이 '시' 한 자 속에 전부 포함되어 있다고 해도 과언이 아닙니다. 그것은 인간 생명의 주체인 영의 유기적 표현입니다. 인간과 우주의 자연적 통일, 인간과 인간의 사회적 통일, 인간과 사회의 혁명적 통일이 '시' 한 자 속에 통일되어 있다고 이미 앞서 말했습니다.

그런데 '내유신령內有神靈'의 '신神' 자와 '외유기화外有氣化'의 '기氣' 자는 맞짝을 이루어 하나의 말, 즉 '신기神氣'란 말을 만듭니다. 이 '신기'는 유기론唯氣論에서 말하는 일기一氣로서 음양의 통일로서의 태극, 근원적인, 통일적인 생명을 말합니다. 그리고 '기화氣化'는 노장사상에서 말하는 도道의 물화物化, 진리의 운동을 뜻하는 물화에 대비되며 역학易學에서 말하는 기의 운동, 즉 변화 발전을 말합니다. 그리므로 신령의 기화란 생명의 무궁한 활동, 즉 인간 역사의 경우 노동이며 순환이며 창조이며 확장이며 반복이며 통일이며 수렴을 말합니다. 그것은 끝도 갓도 없이 물결치는 바다 같은 활동을 말하는 것으로, '모심'이란 생명이 바로 그 본성에 따라 활동하도록 만드는 것을 말하는 것입니다.

그리고 '내유신령 외유기화內有神靈 外有氣化'에서의 '유有'는 단순히 '무無'에 대립하는 '유'가 아니라, 단순한 '있음'이 아니라, 살아 있음, 참답게 활동다웁게 살아 있음, 즉 활동하게 함을 뜻합니다. 존재는 곧 활동이며, 활동은 곧 존재입니다. 활동과 분리된 정지된 존재란 이 세상에는 없습니다. 따라서 모든 존재는 활동하는 존재입니다. 일체의 '유'는 활동하는 유이지 정지된 유가 아닙니다. 즉 생존입니다.

'외유기화'에 있어서의 '화化', 여기에서의 '화'는 온갖 천변만화, 쉴 새 없이 움직이는 '역易', 역학에서 말하는 변할 역입니다. 그것은 한순간도 멈추지 않고 변화, 운동, 확장, 수렴하는 운동이면서도 동시에 그것은 단순한 운동이 아니라 창조적으로 운동하는 것입니다. 그것은 창조적인 노동입니다. 음양의 끝없는 접촉과 상호 작용과 변화와 순환과 창조적인 활동, 즉 새로운 생명의 창조와 그것의 성장과 쇠퇴 전체를 가리켜 말합니다. 또한 이 '화'는 일치함, 통일, 협동적으로 공동체적으로 공생함, 서로 얽힘, 서로 상생함을 뜻합니다. 즉 창조적 노동 속에서 협동적으로 생산하며 평등하게 협동적으로 나누며 서로 일치 통일하는 활동, 상부상조하고 상보하는 공생의 공동체 활동이기도 합니다.

그런데 '내유신령 외유기화'라 하여 '안'과 '밖'으로 나누어 설명하고 있습니다만, '유'란 살아 생존하는 존재이므로 안과 밖이 따로 없는 것입니다. 다만 우리가 사용하고 있는 말의 역사적 한계, 사람 삶의 물질적 한계 때문에 방편상 분별해서 쓰고 있을 뿐, 그것은 분단적 관계에 있는 것이 아니라 통일적 관계에 있습니다. 그럼에도 불구하고 안과 밖으로 표현한 것은 살아 활동하는 생존, 즉 존재의 활동은 근원적으로 일원적이고 통일적이되, 구체적인 생명의 운동 과정에서는 안과 밖의 잠정적 분리가 가능하기 때문일 것입니다. 우리는 여기서 수운 사상의 일원론一元論에 입각한 역동적인 이원론, 일원적 이원론의 구조를 발견할 수 있습니다. 그리고 신령과 기화를 따로 나누지 않고 통일적으로 파악한다면 신령기화, 즉 신령의 기화 활동이겠는데, 이것은 '체體' 즉 본질에서, '용用' 즉 현상으로 활동하는 것일 뿐만 아니라 용에서 체로도 활동하는 것을 말합니다. 본디는 체와 용이 따로 없고 본성에서 현상으로, 현상에서 본성으로 끊임없이 역동적으로 움직이는 활동 전체를 뜻하는 것이기도 합니다.

또한 신령의 기화란 말은 '신기神氣'가 '영화靈化'한다고 바꾸어 말할 수도 있습니다. '영화'는 영성화로서 해방을 말합니다. 그러므로 노동, 공동체적 노동과 공동 분배, 공동체적 민중 생존의 확대를 말하는 동시에 영성화, 무궁 무한한 영원, 영원한 생명 상태로 확장, 해방해 가는 것을 뜻합니다. 그것은 인간의 일상적 노동 활동의 한울님으로서의 확장이면서 한울님으로 변화함, 한울님과 같이 자유로운 창조적 활동 상태로 해방된다는 뜻을 가집니다. 이것이 바로 역동적 창조 노동 속에서의 인간의 사회적 성화 바로 그것입니다. 이 영성은 개인적인 영성이면서도 사회적인, 공동체적인 영성입니다. 이 모든 것의 비밀은 '유' 있음, 살아 생동하는 활동적인 존재인 '유'에 숨어 있습니다. 이 '유'는 안과 밖의 신령과 기화를 신기의 영화로, 또는 신령의 기화로, 노동의 해방으로, 해방의 노동으로, 안을 밖으로, 밖을 안으로 역동적으로 통일시키는 보편적 생존의 활동을 압축 암시하고 있습니다. 안과 밖이 따로 없으면서도 동시에 따로 분별할 수 있는 근원적인 일원론 위에서의 역동적인 이원론에 수운 선생과 동학의 생명관, 민중적 생명의 세계관의 비밀이 숨어 있습니다.

'일세지인 각지불이자야一世之人 各知不移者也'란 세상의 모든 사람들이 각각 서로 본성에서 옮겨 살 수 없음을 깨쳐 안다라는 뜻입니다. 우선 '일세지인一世之人'의 '인人'부터 생각해 보는 것이 좋겠습니다. 여기에서의 사람 '인'은 어떤 특정 시대와 사회의 제약을 받는 어떤 인간, 집단적 인간, 즉 민중을 뜻하면서도 동시에 전 중생을 뜻합니다. 사람이란 큰 생명, 전 중생, 범생명이면서도 동시에 일세一世 즉 한 세상의 사람으로서 시대와 사회의 제약을 받는 육신화된 인간, 개인이면서 동시에 집단적인 민중입니다. 민중은 전 중생이며 전 중생은 곧 민중입니다. 전 중생이라는 범생명의 활동적, 역사적 주체로서 민중을 파악해야만 사회적 제약을 받는 민중의 전 생명계적 의미가 오히려 올바로 파악될 수 있을 것이며 또 반대로 시대와 사회의 제약을 받는 민중의 구체적인 삶, 그 현실 속에서 작용하고 있는 죽임, 이에 맞서 생명의 본성으로부터 출발한 민중의 집단적인 저항 활동을 통해서만 참된 전 중생, 범생명으로 확장되는 민중운동의 진정한 의미를 발견할 수 있게 될 것입니다.

'각지불이자야各知不移者也'에서의 '각各'은 무엇을 뜻하는 것일까요? 그것은 역사적 · 사회적 조건, 개인적으로는 개성, 개체의 이러저러한 특수한 성격적 · 환경적 · 선천적 · 후천적 온갖 조건, 주 · 객관적 조건 전체를 뜻합니다. 그 같은 조건에 입각하여, 조건을 통해서 조건과 더불어 본질적인, 본성적인 생명의 실상을 깨치는 것이라는 뜻입니다. 여기에서 안다는 '지知'는 감각, 지각 또는 통각을 통해서 그저 아는 것이 아니라, 그저 단순한 지혜나 각성이 아니라, 깨쳐 앎이며 실천적 지혜로서의 앎입니다. 머리로 분석해서 계산해서 아는 것이 아니라 실천적인 삶의 지혜로서 아는 것입니다. 즉 앎으로서의 참삶입니다. 그러면 무엇을 깨쳐 아는 것인가? 역사적, 사회적, 주 · 객관적 조건을 통해서, 의지해서 어떤 보편적인 것을 아는 것인가? '각지불이자各知不移者' 그것은 즉 '불이자不移者'를 아는 것입니다. 사람이란 서로 옮겨 살 수 없음을 안다는 뜻입니다. 그런데 여기에서 아닐 불 자, 옮길 이 자에 놈 자 자가 붙음으로 해서 그것은 본성 자체부터, 본성적으로, 본시부터 옮길 수 없다라는 것을 뜻합니다. 즉 어느 때는 옮길 수 있고 어느 때는 옮길 수 없는 것이 아니라 본성적으로 옮길 수 없다는 것을 놈 자 자로 표현하여 못 박았다고 보아야 할 것입니다.

이 옮긴다는 것은 무엇인가? 첫째, 그것은 제멋대로 하는 것을 말합니다. 이랬다저랬다 제멋대로 판단하고 행동하는 것을 가리킵니다. 그것은 저 좋은 대로 제 이익대로 제 마음대로 놀아나고 방자하게 세상을 휘둘러 버리려는 것, 그것이 본성적으로 그렇게 될 수 없다, 본성에서 벗어난 것이다라는 뜻입니다. 그것은 또한 유기적 · 연대적인 관계를 떠나서 저 혼자서만, 따로 살짝 혼자서만 살 궁리를 하는 도생圖生주의적인 방자한 태도를 말합니다. 공동체로부터 따로 떨어져 산속에서, 남모르는 숲 속에 들어가 혼자 살려고 하는 것이 본성적으로 안 된다는 뜻입니다. 공동체 안에 살면서도 스스로는 따로 사는 것, 당파를 만들고 분파주의를 일삼고 서로 헐뜯고 저만 혼자 잘살고 우뚝 서려고 하는 태도, 경쟁적인 태도, 바로 이와 같은 것들이 모두 다 옮김입니다.

둘째로, 이 옮김은 생명의 본성에서의 옮김, 생명의 본성에서 떨어져 나감을 뜻합니다. 생명의 본성인 신령기화 또는 신기영화, 기화신령氣化神靈, 즉 앞에서도 말했듯이 영성적이면서도 공동체적인 생명의 본성, 협동적으로 살게 되어 있는 생명의 본성, 자유롭고 무궁무궁하게 확장하는 생명의 본성에서 떨어져 나가는 것을 말합니다. 이것은 민중이 자신의 본성인 이 같은 생명의 실상으로부터 떨어져 나가 그 실상을 오히려 역습하는, 자신의 자아를 오히려 깎아 먹고 파괴하는 자기 배신을 뜻합니다. 이 자기 배신을 소외라고도 부르는데, 이 소외가 바로 옮김입니다.

셋째로, 그것은 어떤 힘에 의해서, 어떤 죽임의 힘에 의해서 죽임당하고 타율적으로 격리당하고 차단당하고 분단당하고 억압당하고 약탈당하고 막힘 당하고 감금당하는 상태를 말합니다. 함께 살게 되어 있는 것이 함께 살 수 없도록 강제로 헤어지게 되는, 자유롭게 살도록 된, 자유롭게 살아가야 할 본성이 감금당하는, 계속 흘러넘쳐야 할 생명이 냉동당하는, 서로 연결 속에서 유기적으로 상호 교환하면서 살게 되어 있는 생명이 분단 · 고립당하는, 자유롭게 자기를 무궁무궁 신장시켜야 할 생명이 그 본성과 반대로 거슬러서 어떤 억압과 죽임의 세력에 의해서 끊임없이 억눌림당하는 이 모든 것을 옮김이라고 부르는 것입니다.

넷째, 그것은 기화신령, 공동체적 영성靈性을 말합니다. 공동체적 영성이란 말이 요즘 많이 쓰이고 있기 때문에 방편상 이 같은 표현을 사용합니다만, 그러나 기화신령이란 말은 공동체적 영성과 완전히 일치하는 것이 아닙니다. 기화신령은 훨씬 넓고 다양한 뜻을 갖고 있기 때문입니다. 통일적인 자유라 할까요? 그것은 본성적인 생명 공동체에서 떨어져 나가 고립화되고 물질화되어 굳어져 신선한 생명의 자유로운 물결을 거스르고 통일적인 공동체 활동을 역습하고 파괴하고 분단하는 생명에 대한 억압, 착취, 분열, 해체, 분단, 독재를 극복하는 것입니다. 개개인의 고립화, 입자화, 이것저것을 따로 꿰어서 본질적으로 다른 것인 것처럼 요소요소로 나누어서 보는 요소론, 생명의 분할, 모든 생명 활동에 본질적으로 대립하는 것, 삶이란 본디부터, 바탕에서부터 오로지 투쟁하는 것이고 서로 충돌하는 것이고 갈등하는 것이라고 잘못 이해하고 남에게도 그렇게 이해하도록 세뇌시키고 말을 안 들을 때는 총을 갖다 대고 어거지로 강요하고 주입시킴으로써 본성적인 생명의 자유롭고 생생한 활동의 전개를 죽이는, 자르고 눌러서 죽이는 죽임, 자연적인 죽음이 아닌 인위적인 죽임, 억압자에 의한 인위적인 죽임 일체를 옮김이라 부릅니다.

다섯째, 그것은 우리가 제3세계론에서 흔히 이야기하는 민중의 '뿌리 뽑힘'입니다. 자기 생명의 익숙한 연대적 관계로부터, 그리고 자기와 친화해 있는 자연, 동식물과 흙과 물과 바람으로부터, 고향과 문화적인 공동체의 추억과 자기 민족의 역사로부터, 역사의 기억으로부터, 자기 이웃들과의 끈질긴 정으로 연결된 온갖 생명의 유기적인 상태로부터 뿌리 뽑아서 옮겨 놓은 것, 뿌리 뽑힌 상태, 뿌리 뽑혀 유랑하는 것, 끊임없는 유민 상태로 내던져지는 것, 원자적으로 분해되어 버리는 것, 분열되는 것, 객체로 전화되는 것, 끝없는 이민 유민 천민의 상태로, 밑바닥으로 떨어지며, 물질로, 도구로, 연장으로, 종살이로, 노동 노예로, 임금 노예로, 또는 천대받는 범죄자로, 쓰레기로 전락해 가는 것을 옮김이라고 부릅니다.

여섯째, 생명 활동은 공동체적으로 생산하며 그 결과로 축성된 생산 가치를 평등하게 분배해서 나누어 먹고 다시금 확대 생산을 위한 생명 활동의 역량을 축적시키는 것을 그 본성으로 하는데, 이 같은 본성으로부터 민중을 떼어 내는 것을 옮김이라고 합니다. 생명 활동인 노동력과 그 노동의 결과인 가치를, 그리고 미래에 확대재생산될 생명 활동, 질적으로 높아지고 심화되고 확장된 생명 활동의 기본적 동기인 노동 의욕, 삶의 의욕 일체를 빼앗아 버리는 것을 뜻합니다. 즉 생명 활동의 결과인 밥, 그리고 그 밥을 통한 새로운 확대재생산의 의욕 즉 생명 의욕을 모두 다 약탈해서 그것이 본래 있어야 할 자리로부터 다른 곳으로 강제 이동 · 수송시키는, 본 자리로부터 옮겨 놓는 일체의 수탈, 착취, 약탈을 옮김이라 부르는 것입니다. 전 세계에 거미줄같이 쳐진 도로, 항로, 공로와 통신망과 위성 등을 통한 일체 물질적 및 문화적 가치들의 국제적 이전 · 수송 또한 옮김입니다. 원래 노동의 결과인 밥은 노동의 주체인 민중에게 되돌아와 다시 확대재생산되는 것이 생명의 본성적 · 창조적 순환의 원리입니다. 바로 이 같은 순환 활동을 차단해서 생산된 가치, 즉 밥을, 잉여를 그 주체에게 되돌려 보내지 않고 고정시키고 감금시키고 독점함으로써 본래의 가치의 순환으로부터 가치 자체를 떼어 내는 것, 이 독점을 또한 옮김이라고 부릅니다. 그리고 본래 통일적이고 일원적인 생명을 이원적으로 분리시켜, 본시 가져가는 자가 따로 있고 일하는 자가 따로 있다는 듯이, 너와 나를 분열시키고 문화와 노동을 분리 · 분열시키는 것, 하늘과 땅이, 인간과 신이 분열되고 주인과 노예는 본래부터 다른 것이고, 귀족과 천민은 원래 따로 있는 것이고, 노동자와 기업가가, 자본과 노동이 원래부터 분리되는 것이라는, 어느 한쪽이 다른 한쪽을 지배하게 되어 있다는 식으로 갈라 보는 이원론, 극대화된 분별지, 이것을 우리는 본성적 생명 인식으로부터 옮김이라고 부릅니다. 거짓말인 이원론을 생명의 실상인 것처럼 속여 먹고 세뇌시키는 것, 음양의 잠정적인 분리를 생명 활동의 본성인 것처럼 속여 먹는 일체의 교육, 대중 매체 활동, 예술, 학문, 과학 활동이 바로 옮김입니다.

또한 이로부터 받는 고통의 짐을 제 스스로 지지 않고 남에게 전가시키는 짐의 옮김도 '옮김'입니다. 집을 옮기는 것과 마찬가지로, 가족이면 가족으로부터 고향으로부터, 사회적인 집인 민족으로부터 역사로부터 자기 이탈을 함으로써 자신을 배반하고 민족을, 인간 생명을 배반하는 이탈, 이것이 옮김입니다. 자기 고통을 남에게 옮기는 것은 더 말할 나위 없는 옮김입니다. 영웅은 제후에게 고통을 전가하고, 제후는 신하에게, 신하는 백성에게, 밑바닥 민중에게, 노동하는 민중에게 자기의 고통을 전가시키고, 또는 한 민족은 다른 민족을 침략하고 짓밟고 약탈하고 억누름으로써 자기의 고통을 옮기고, 또한 개인은 밖에서 받은 고통을 집안에 들어와 여편네를 두들겨 팸으로써 마누라에게 옮기고, 여편네는 남편으로부터 받은, 사회적 억압으로부터 받은 고통, 역사적으로 끊임없이 억압당한 여자로서의 고통을 아이를 두들겨 팸으로써 자식에게 옮기고, 아이는, 그리고 모든 사람들은 중생, 즉 풀과 나무와 벌레와 짐승들을 끊임없이 괴롭히고 밟아 죽이고 찢어 죽이고 잡아먹어 잔인성을 발휘함으로써, 원풀이를 함으로써 다른 생명체로 자기 고통을 옮기는 이 같은 연쇄적인 옮김, 이 모든 것이 옮김입니다.

그러나 옮김 가운데서도 가장 커다란 옮김, 옮김 중에도 못된 옮김은 한 민족을 분단시켜 허리를 잘라 버리는 죽임입니다. 집단적 생명체인 민족에게서 생명을 떼어 내 버리며, 민족 혈액의 순환을 막아 활력을 빼내며, 민족문화와 민족혼을 송두리째 뽑아 버리고 악마 혼, 매판 문화, 죽임의 문화로 옮겨 놓는 것, 북쪽 사람을 가족과 떼어 내 남쪽으로 옮겨 놓고, 남쪽 사람을 가족과 떼어 내 북쪽으로 옮겨 놓는 것, 무수한 사람을 이민이란 이름으로 오대양 육대주의 낯선 도시와 황야로 옮겨 놓는 것.

이 같은 옮김이 생명의 본성에 알맞은 것이 아니다라는 것이 '불이자야不移者也'의 아닐 '불不' 자의 뜻입니다. 생명은 본래 통일적이고 일원적이고 유기적이고 연대적이고 공동체적인 것이다, 자유롭고 해방적이고 창조적이고 영성적인 것이다, 서로 섬김, 상호 존중이 삶의 실상이다, 그러므로 그로부터 떨어져 나감은 본성에 위배되는 것이다, 그러므로 그렇게 살 수 없다, 그런 삶은 올바르지 않다라는 것이 '불' 자의 뜻입니다. 그렇게 살 때는 문제가 생긴다, 병이 생긴다, 생명의 길 즉 기혈이 막힌다, 개인도 병들고 사회도 병든다, 썩어 문드러진다, 고통이 만연한다, 죽음이 지배 질서로 등장하게 되어 있다라는 것이 '불' 자의 가르침입니다. 억압자, 약탈자들에 의해 민중이 소외당하고 죽임 당하고 끊임없이 고통을 전가받는 삶, 허우적거리는 삶, 약육강식, 타인 도태, 독극물에 의한 소비자 살해, 대규모 살상 무기의 생산, 전쟁, 자원의 약탈과 고갈, 수질 오염, 대기 오염, 탄압, 고문, 대량 학살, 군비 경쟁, 전쟁, 핵 확산 등 일체의 생명 파괴 활동은 생명의 본성에 위배되는 것임에도 불구하고 그렇게 살도록 강요받고 있는 것이 오늘의 부정적 · 악마적 현실이다라는 뜻이 '불이자不移者' 안에는 들어 있습니다. 따라서 그 부정은 부정되어야 한다라는 뜻을 아닐 '불' 자는 내포하고 있습니다. 아닐 '불' 자는 본질적으로 그것이 아니다라는 뜻이면서 동시에 역동적인, 실천적인 부정을 뜻합니다. 민중 생명의 자기 복귀는 이 같은 부정적 현실에 대한 민중 생명 전체의 자체 본성으로부터 나오는 저항, 전면적이고 지속적이고 확장적인 끊임없는 저항을 통해서만 성취될 수 있다는 것을 말해 주는 것입니다. 우리 민중이, 민족이 현실적으로 당하고 있는 고통, 제3세계 민중 전체가 당하고 있는, 인간 전체와 중생계 전체가 당하고 있는 일체의 억압과 독재와 독점, 차단과 분열, 공해, 전쟁 등 보편적인 생명 파괴 현상을 세계의 실상인 것으로 착각시키는, 그래서 민중을 자기 배신의 소외의 늪으로 몰아넣는 인간의 물질화, 민족 분단, 죽임, 생명 파괴 등 '옮김'에 대해 저항하는 것은 생명의 본성에 따른 진실이라는 것입니다. 아닐 '불' 자는 역동적 · 실천적인 부정의 표현입니다.

바로 이 '불이자' 곧 '옮길 수 없음'의 실천적 표현이 동학에서는 '십무천十毋天'과 '삼전론三戰論'으로 명확히 나타납니다. '십무천'은 이 '옮김'이라는 부정에 대한 '하지 말라'라는 실천적 부정의 표현입니다. '십무천'은 다음과 같습니다.

무기천毋欺天 : 한울(사람, 중생, 생명)을 속이지 말라.
무만천毋慢天 : 한울을 업수이여기지 말라.
무상천毋傷天 : 한울을 다치지 말라.
무란천毋亂天 : 한울을 어지럽히지 말라.
무요천毋夭天 : 한울을 죽이지 말라.
무오천毋汚天 : 한울을 더럽히지 말라.
무뇌천毋餒天 : 한울을 굶기지 말라.
무괴천毋壞天 : 한울을 부수지 말라.
무염천毋厭天 : 한울을 싫어하지 말라.
무굴천毋屈天 : 한울을 굴복시키지 말라.

그리고 이와 같은 부정의 부정 실천의 전략적 지침이 바로 '삼전론'이올시다. 삼전은 도전道戰, 재전財戰, 언전言戰으로서 정치

도덕적 전투, 사회 경제적 전투, 언어 심리적 전투가 그것인데 이것들은 모두 이른바 '인간과 사회의 혁명적 통일'인 체천體天의 구체적 방략으로 나타납니다. 그리고 그것의 실천은 동학의 역사에서 이미 민족 서사시적으로 수행된 바 있습니다.

그런데 수운 선생의 13자 주문에 대한 해설에는 '시천주侍天主'의 '천天'에 대한 설명이 전혀 없습니다. 모신다는 '시侍' 자의 설명 다음에 바로 주인이라는 '주主' 자의 설명으로 넘어가 버리고 맙니다. 왜 이렇게 되었을까요? 수운 선생은 왜 '천'을 설명하지 않고 활동적인 섬김의 '시'에서 '주'라는 주체의 사상으로 넘어가 버렸을까요? 활동하는 주체에 어떤 말로써 표현하기 힘든 '천', 즉 왜 하늘을 공空으로 비워서 남겨 놓았을까요? 바로 이 '천'을 무無로, 없음 · 비움의 상태로 남겨 둔 것에, 즉 괄호로 남겨 둔 것에 비밀이 있습니다. 그것은 활동하는 무無로서의 중심적 전체를 뜻합니다. 텅 비어 있음으로 해서 신선한 생명의 물결이 뛰뛰며 춤추며 약동하며 생산적으로 노동하게 하는 '무'입니다. 생명의 심장은 바로 이 같은 텅 빈 상태, 무, 없음의 상태, 유와 무의 대립으로서의 무가 아니라 유와 무를 넘어서 있는 텅 비움, 여백, 그럼으로써 유와 무를 상호 연관 속에서 생생하게 활동시키는 그런 중심적인 눈, 태풍의 눈, 씨눈입니다. 이런 점에서 생명의 원리는 바로 자유이며 자유가 바로 생명의 심장이라는 수운 선생의 생각에 대한 우리의 추측을 가능케 합니다. '천'을 설명하고 규정하며 그 규정을 강조하는 순간부터 우상 숭배는 시작되며 생명에 대한 우상의 억압, 그 죽임이 시작됩니다, 생명의 심장은 자유입니다. 민중 생명이 끊임없이 되돌아가려 하는 것, 회복하려 하는 것은 바로 이 같은 텅 비어 있어 참으로 생생하게 살아나는 해방입니다. 따라서 민중이 가고자 하는 곳은 나의 역사적 한계 안에 들어 있는 역사적 규정성을 다방면으로 받아들이면서도 그것을 넘어서 가려는 근원인 '무', 활동적인 '무', 중심적 전체로서의 무, 무궁무궁하고 크고 넓고 깊은 중심적 전체, 즉 자유에 있는 것입니다. 이것이 민중의 집단적 생명 주체입니다. 그러므로 이를 참으로 이해한다면 우리는 민중운동으로서의 해방 운동, 민중운동으로서의 통일 운동, 이 전체를 아우르는 민중의 자기 복귀 운동인 생명운동의 깊은 의미를 이해하게 될 것입니다.

다음으로 '시천주侍天主'의 '주主'는 무엇일까요. 앞서 잠깐 이야기했듯이 수운 선생은 '주자主者'는, 즉 '주'라는 것은 '칭기존이 여부모동사자야稱其尊而 與父母同事者也'라 하였습니다. '주'라는 것은 존칭해서 높여 부르며 부모와 똑같이, 부모와 하나도 다름없이 섬기는 것이라 하였습니다. 여기에서의 '주'는 주인공, 주체, 불교에서 말하는 부처, 여래如來, 여여如如, 불이不二, 일여一如 등 여러 가지 말로 씁니다만, 바로 그것, 우리로 하여금 말을 하게 하고 여러 노동 활동과 창조 활동, 여러 저항 활동 들을 시키는 살아 있는 모든 존재의 주체일 것입니다. '주'는 주인이라는 '주' 자인데, 여기서는 주체라고 부르는 것이 좋겠습니다. 민중 생명이 나오고 또한 되돌아가야 할 바로 그 자아가 주체입니다. 그리고 '주'는 한마디로 '님'입니다. 그래서 천주는 한울님이 되고 한울이라는 주체가 됩니다. '칭기존이稱其尊而'에서의 '칭稱'은 칭한다, 부른다는 뜻인데 '칭기존稱其尊'을 합쳐 부르면 '님이라 부른다'는 뜻이 되겠습니다.

그런데 여기에서의 님이라는 호칭, 주인이라고 부르는 호칭은 하나의 자각적 구성 행위, 자각적 확인 행위인 동시에 님이라 부르는 어떤 곳으로 복귀하려는, 그리고 지향하려는 활동임을 말해 주는 것으로, 우리는 이 호칭이 갖는 의미를 다각도로 음미해 볼 필요가 있습니다. 한울을 아버지라고 자꾸 호칭함으로써, 높여서 님이라고 부름으로써 님 자체는 일단 물질화되어 하나의 인격적 존재로 상승하기 시작합니다. 님이라고 부르며 그곳으로 되돌아가려고 끊임없이 지향함으로써, 복귀 활동 지향 활동을 그 방향으로 진행시킴으로써, 이 진행하는 힘, 생명 활동의 유출 방향, 즉 벡터가 이 님으로 집중해 들어감으로써 님 앞에 붙는 하늘이 마치 인격적 존재처럼 물질화되고 고정되곤 합니다. 가부장제적 권위주의의 문명 사회에서 볼 수 있는 하나의 통치자, 절대자, 마치 인격적 존재로서 명령하고 통치하고 억압하고 분단하고 때려 부수고 다시 세우는 절대권을 가진 그런 실재로서, 지배자로서, 강력한 자로서, 어마어마한 챔피언으로서, 엄청난 근육과 무궁무진한 힘을 가진 군림자, 왕자, 임금, 천자, 황제로서, 그리고 끊임없이 질투하고 저주를 내리고, 끊임없이 축복도 주며, 끊임없이 휩쓸어 버리는, 때려 부수는, 공갈치는, 겁주는, 성내기 잘하는, 싸움 잘하는 그러한 자로서 인식되고, 또한 호칭하는 자 스스로에게 있어 그렇게 실천될 수 있습니다. 이 같은 호칭을 통한 생명 활동의 끊임없는 유출량의 집중, 벡터의 집중이 강력하면 할수록 그만큼 그 대상은 점점 더 물질화되고 고정돼서 환상적인 형태로 실재하게 되고 실재로서 환상됩니다. 그래서 지배자의 탄생, 억압자의 탄생이 발생합니다. 이것이 자기소외의 과정인데, 그리고 생명 활동의 극단적인 자기 배신 과정인데, 바로 '옮김'의 과정인데, 그렇다고 해서 참다운 의미에서의 호칭 활동과 지향 활동 자체를 부정할 수는 없는 것입니다. 동학에서는 님이라 부르는 호칭 활동이 엄청나게 강조되되 그러나 님의 내용인 한울에 대한 규정이 없이 공空으로 비어져 있습니다. 강렬한 자각적 활동의 중심적 전체가 '무無'입니다. 참된 자유, 살아 행동하는 해방에로의 치열하고 맹렬한 지향을 요구하는 것입니다. 더욱이 이러한 지향 활동 과정에서 극단적인 물질화, 고정화가 나타나고 억압자가 나타나 거꾸로 역습해 올 때 그 역습이라는 '옮김', 근본적 분리인 것처럼 옮겨 가는 과정 자체에 대해 불이자의 그 실천적 부정으로 저항 · 극복함으로써 참된 호칭 활동, 한 지점으로 끊임없이 지향하고 집중해 들어가는 참된 생명 활동을 회복해 가야 하는 것입니다. 님이라고 부르는 지향 활동의 대상은 고정된 것이 아닙니다. 아버지, 지배자, 강자, 싸우는 자, 무서운 자만이 아니라 어머니, 연약한 자, 지배받는 자, 억눌린 자, 화해하는 자, 친절한 자이기도 한 것입니다. 그처럼 음양이 다 같이 하나로 통일되어 있는, 끊임없이 활동하는 텅 빈 자유, 무궁무진한 가능성을 가진, 그러면서도 생산적인 물질화 과정을 동반하는 그런 활동적인 '무無'로서 인식되고 호칭되고, 끊임없이 그곳으로 지향함으로써만 호칭 활동, 지향 활동은 진정한 자기 복귀 활동으로서의 민중 생명의 해방 과정으로 회복될 수 있을 것입니다.

그러면 '칭기존'에서의 '기其'는 도대체 무엇을 뜻하는 것일까요? 여기서 그 '기'라는 말은 '시천주'에서 하늘의 설명을 공으로 남겨 놓은 대신 한울이라는 것에 대해 단서를 잡을 수 있는 다리, 실마리로서의 역할을 수행합니다. '그'만이 있지 그 뒤에 오는 그 무엇, 그 성냥개비, 그 라이터, 그 볼펜, 그 똥, 그 녹음기 등 구체적 대상을 적시하지 않음으로써 어떤 자유를 향한 지시임을 말해 줍니다. 그러나 이 지시는 활동적인 지시, 지향적 지시입니다. 여기서의 그는 섬기는 활동, 모시는 활동을 강하게 끌어들이는 텅 빈 자유, 텅 빈 주체, 텅 빈 흡입자를 유추케 하는 하나의 단서입니다. 또한 '기'라는 말은 서로 다른 문명권, 서로 다른 사회의 역사적 특수 조건과 개성적인, 개체적인 주 · 객관적 조건을 암시하기도 합니다. 따라서 한울님은, 한울을 가리키는 비워진 상태로 남겨진 그것은 이러저러한 시대의 이러저러한 역사, 개성, 문명권 안에서는 이런 것으로 나타나기도 하고 저런 것으로 표현될 수도 있다는 유동적인 다양한 가능성을 암시하고 있습니다. '천天', 즉 한울은 무어라고 명언적으로 규정할 수는 없지만 '기'를 앞에 붙임으로써 이리저리 가늠됩니다. 그때그때마다, 사람 사람마다, 사회마다, 민족마다, 시대마다, 문화권마다 또 경우마다 보편적인 실상이 특수한 조건성을 가짐으로써 명백한 역사적 구체성, 사회적 구체성, 현실성, 실천성을 띠게 됩니다. 그러므로 여기서의 '기'는 앞의 '각지불이자'의 '각各'과 대응합니다. 가령 민중이란 말을 놓고 볼 때도 시대마다 지시 내용이 다를 수 있습니다. 민중을 일단 생산 주체라고 할 때 농경 사회에서는 농민이고 산업 사회에서는 산업 노동자라고 합니다. 이처럼 '각'과 '기'는 종種 개념적인 규정을 만드는 계기가 되며, 보편적인 생명의 근원인 한울이라든가 자유라든가 통일이라든가 중심적 전체라든가 어떤 말로서 이름 짓기 힘든, 분명히 이것이다 저것이다 말하기 힘든 생명의 근원에 대해서 무언가 구체적 접근을 가능하게 해 줍니다. 바로 여기에서도 수운 선생과 동학사상의 민중적 생명의 세계관의 기본 구조의 독특함을 감지하게 됩니다.

하여튼 무어라고 딱 꼬집을 수는 없는 생명의 어떤 근원, 실상 즉 한울을 님으로 받들고 모시고 높임으로써 근원적인 생명인 한울로 집중 지향한다는 뜻을 '칭기존'은 나타내고 있습니다. 사람이 한울을 모셨다 했을 때, 이 모셔진 한울을 님으로 높이 받듦으로써 인간이 자신을 비하시키지 않고 자신을 스스로 성화하고 거룩하게 하고 무궁무궁하게 무변광대하게 확장할 수 있다는 뜻입니다. 그리고 자기 안에 계신 한울을 님으로 높인다는 것은 자기만이 모시는 한울이 아니라 똑같이 남도 모신 한울이기 때문에, 그 한울을 모신 남, 이웃 사람, 온 민중, 다른 민족, 민족을 넘어서서 모든 풀, 벌레, 동식물과 공기, 대기, 하나의 입자들까지, 우주의 일체의 삼라만상까지 다 존중할 수 있다는 가능성을 제시해 주는 것입니다. 이 같은 존중은 우리로 하여금 독선이나 아집이나 유아론唯我論, '나' 중심주의, 개인 중심주의, 자기중심주의, 이기주의에 빠지지 않고 자신을 확대할 수 있는, 공동체적으로 생각하고 생활할 수 있는 가능성을 열어 줍니다. 이른바 인간의 사회적 성화입니다.

'칭기존이'에서의 '기'는 끊임없이 펑펑 솟구쳐 나오는 영원한 생명의 근원, 무엇이라고 말할 수 없는 중심적 전체, 모든 선善의 원천, 옳은 것의 원천을 자기가 구체적으로, 역사적, 사회적, 주·객관적으로 처한 특수한 환경 속에 조건 지워진 지금 여기에 있어서의 '나'가 끊임없이 자각하고 확인하는 것을 뜻합니다. 그러나 이 과정은 앞서 말씀드린 것처럼 자각, 확인, 집중 과정에 벡터가 고도로 집중됨으로써 대상을 물질화시키고 육신화시키고 고정시킴으로써, 인격적인 존재로 떠받듦으로써, 마치 생산 노동의 가치인 잉여가 지배자로 전변되는 것과 마찬가지로 한울님을 지배자로, 억압자로, 군림자로, 분단자로, 세뇌자로, 모든 것을 좌지우지할 수 있는 방자한 어떤 주체로 거꾸로 뒤집어 놓아 자기 배신시키고 소외시키는 악과 억압과 죽임의 발생 과정일 수도 있습니다. 그러나 진정한 자아로 복귀하려는 활동 자체가 악이요 억압 과정일 수는 없는 것입니다. 오히려 앞서 말한 바와 같이 그 활동 과정이 강렬할수록 더욱더 생생하게 해방되는 것입니다. 더욱이 참된 자기로 돌아가려는 활동 자체에서 발생하는 억압과 죽임 즉 옮김을 끝없이 경계하고 저항하며 이것을 극복하고 물리침으로써 진정한 자기 회복을 창조적으로 수행할 수 있다는 이야기입니다.

'여부모 동사자야與父母同事者也'의 '여與'에 대해 생각해 봅시다. '여'는 더불어, 함께, 똑같이, 수평적으로의 뜻을 갖고 있습니다. 그것은 선불교나 화엄에서 말하는 일여, 불이의 뜻입니다, 하나이며 둘이 아니다라는 뜻입니다. 둘인 것에 저항하여 하나로 통일적인 본성을 회복한다는 뜻입니다. '여'는 동시에 무엇과 무엇이라고 할 때의 평형적 나열의 뜻을 가진 '…과'의 의미를 지닙니다. 부모, 음양, 태극, 한울과 같은 분별적인 것들이 서로 다른 것이 아니라 원래 하나라는 것, 하나이면서도 '여' 즉 '…과'로서 서로 수평적으로 대응하고 있으므로 원래 하나이되 운동 과정에서는 잠정적 분리와 대칭을 인정할 수 있다는 뜻을 함축하고 있습니다. 이와 같이 '여'에는 '불연기연不然其然', 즉 '아니다, 그렇다'의 구조를 그대로 압축하는 불연기연의 역설의 논리, 반대 일치의 생명 논리의 활동적 표현이 담겨 있습니다.

'여부모 동사자야'의 '동사자同事者'란 그러면 무슨 뜻이겠습니까? '사事' 자는 섬긴다는 '사' 자이면서 일 '사' 자입니다. 동사同事는 같은 일을 한다, 같은 노동을 한다, 즉 동무라는 뜻입니다. 동시에 '동사'는 섬김이므로 동일한 목표를 섬기고 지향한다는 뜻에서의 동지이기도 합니다. 즉 부모를 똑같이 섬길 뿐만 아니라 또한 부모와 동무요 동지라는 뜻이올시다. 이 말은 수평적 친교의 뜻을 나타냅니다. 한울과 부모, 신과 인간, 태극과 음양, 본성과 운동, 본질과 현상, 체體와 용用, 문화와 노동, 정신과 육체, 의식과 물질, 고요와 생동, 생명과 협동적 활동 등은 수평적 친교, 수평적 교호 관계에 있는 근원적으로 분리될 수 없는 통일체라는 뜻이며, 또한 섬김 받는 자 한울과 부모와, 섬기는 자 인간과 자식이 똑같은 동무요 동지라는 것, 섬김, 일하는 섬김, 창조하는 섬김을 통해 역동적으로 통일된다는 것입니다. 한울이 곧 부모요 부모가 곧 한울이란 뜻이며, 동시에 부모가 바로 자식이요 자식이 바로 부모인 것입니다. 따라서 효도는 자식이 부모에게 할 뿐 아니라 부모가 자식에게도 해야 하는 생명 본래의 창조적인 친교 활동입니다.

'동사'는 앞서도 이야기된 바 있듯이 똑같이, 비슷비슷하게가 아니라 문자 그대로 똑같이 섬긴다는 것입니다. 여자도 남자와 똑같이, 음도 양과 똑같이 섬김 받는다는 것입니다. 이 같은 섬김을 통해 섬기는 자는 생명의 큰 근원인 큰 생명처럼 거룩한 생명으로 점점 높여지는 것을 뜻합니다. 그것은 커다란 새로운 개벽을 현실적으로 가능케 하는 지향 활동의 화두話頭의 의미를 내포하고 있습니다. 선천 시대先天時代에는 서로 분열되고 수직적인 지배와 피지배 관계, 상호 대립 · 상극 관계에 있었던 것이, 새로운 개벽, 즉 후천 시대에는 수평적으로 창조적으로 통일되어 상생 관계로 변혁됨을 의미합니다. 여기에서도 놈 '자者' 자를 씀으로써 그 같은 수평적 통일이 본성적인 것이며 본질적인 것임을 당연한 것으로 규정하고 있습니다.

그리고 '동사同事'란 같이 일하고 같이 섬긴다는 뜻이므로, 노동하는 삶, 일하는 삶이 참다운 삶일 뿐만 아니라 서로 섬기는 삶, 혼자 사는 것이 아니라 함께 섬기며 사는 것이 진정한 삶이란 것을 말해 주는 것이겠습니다. 음양과 태극이 서로 돌고 돌면서 함께 살듯이 모든 삶, 모든 생명, 중생은 서로 동무로서 동지로서 함께 일하고 서로 섬기는 생명 공동체 속에 있다는 말입니다. 즉 한울과 사람, 부모와 자식, 사람과 사람, 민중과 중생은 다 길동무, 동반자입니다. 바로 이것이 본성적인 것이기 때문에 여기에 어긋나는 것은 '옮김'이며, 옮김은 바로 죽임이기 때문에 이 부정적인 것을 부정하지 않으면 안 된다는 것을 말해 줍니다.

그러면 '칭기존이'에서의 '이而', 말 이을 '이而' 자는 무슨 뜻으로 쓴 것일까요? 생명의 근원, 한울님을 님으로 불러 모심으로써 생명의 본성에로 지향하고자 하는 것은 함께 일하고 함께 섬김으로써 진정한 의미에서의 생명 공동체를 이룩하는 유기적 공화共和라는 것을 이 글자는 나타냅니다. 님으로 불러 높임으로 함께 일하는 친구가 되고, 친구로서 함께 일하는 섬김을 통해 님으로 불러 높임입니다. 둘은 마찬가지요 서로 활동 속에서 상승, 순환한다는 뜻으로 '이'를 썼습니다. 그러므로 '이'는 이 두 가지를 수평적으로, 동시적으로 통일시켜 주는 활동적인 계사繼辭입니다.

造化者 無爲而化也 定者 合其德 定其心也

'조화자造化者'는 '무위이화야無爲而化也'라 하였습니다. 글자를 한 자 한 자 풀어 보면 만들 '조', 변화할 '화', 없을 '무', 행할 '위' 그리고 또 계사로서의 말 이을 '이', 변화할 '화', 잇기 '야' 자로 되어 있습니다. 우선 '조화'란 무엇입니까? 그것은 천변만화하는 온갖 형태의 세상만사의 변화 활동을 말하는 것이면서 동시에 어떤 사물이 어떤 거룩한 변모 과정을 겪는 것을 뜻하기도 합니다. 우리는 우선 이것을 노자의 '무위무불위無爲無不爲'와 연결해서 이해할 수 있습니다. 아무것도 하지 않으면서도 끊임없이 무궁하게 활동하고 변화하고 순환하는 것, 순환하되 창조적으로, 생산적으로, 확대재생산적으로 순환하는 것을 말합니다. 아무것도 하지 않는 것 자체가 무궁무궁한 변화로서 '아무것도 하지 않는 것이 없다'라는 뜻도 되겠습니다. 이때에도 '무위'와 '화'는 '이而'로써 연결되는데, 이때의 '이' 역시 수평적 동일성, 동시 발생성, 동시 활동성을 나타내는 활동적 계사입니다. 즉 '무위'와 '화'는 본래 수평적으로 동일한 것인데, 활동하는 사물의 같음이 달리 나타난 것일 뿐이라는 것입니다. 다시 풀어 말하면 참다운 변화란, '화'란 운동, 활동, 생명 활동이란 작위적인 것, 자의적인 것, 옮기는 것, 즉 분열, 분단, 억압, 자기 배신, 인공적인 것, 반생명적인 것, 즉 한울님의 근본적인 생명 활동의 법칙에 합하지 않고 반대하는 것, 그래서 생명 활동을 파괴하는 것, 민중의 생명 활동을 죽이는 것, 죽임이 아니고, 무위, 즉 자연적인 생명의 본성을 따르는 것, 본성에 따라 활동하고 변화하는 것이라는 말입니다. '무위'란 모든 번거로운 집착을 놓아 버리는 것, 비우는 것, 공空, 허虛, 기독교에서 말하는 케노시스kenosis, 이른바 유대인들이 말하는 샤바트, 안식일, 다시 말해 모든 활동 정지, 동작 정지, 운동 정지로서 다 비워 버리는 것인데, 또는 보이콧, 스트라이크 하는 것인데, 인공적이고 작위적이며 반생명적인 행위는 아무것도 하지 않고 텅 비워 버린 이 비움이 곧 '화' 즉 참다운 의미에서의 모든 변화, 창조적 · 생산적인 일체의 활동, 순환 활동, 인위적이고 자각적인 활동, 조직적 활동 그 활동 속에서의 공동체적인 생산과 분배, 민중 공동체적인, 역사 공동체적인, 중생 공동체적인, 생명 공동체적인 참다운 창조적 변화가 이룩된다는 것입니다. 이 역시 '아니다 그렇다(不然其然)'의 반대 일치의 생명 논리와 같습니다. 활동하는 무, 중심적 전체로서 표현했듯이 비움이 곧 역동이요, 역동이 곧 비움이며, 텅 비움으로써 진정한 생명 활동이 생기발랄하게 생동生動하고, 신명나게 끊임없이 무궁하게 활동하게 된다는 말입니다. 안식일, 샤바트, 파업, 보이콧, 비움과 이와 동시에 밥을 만들고, 빼앗긴 밥을 되찾아 함께 나누어 먹고, 함께 일하기 위해 힘을 축적하고 함께 나아가 공동체적으로 확대재생산적으로 노동하는 일은 동일한 것이며 동시에 일어나는 한 사건, 한 행동이라는 뜻입니다. 바로 이것이 예수가 "나는 바로 안식일이요 안식일의 주인이다"라고 말했던 것의 참된 의미입니다. 병자를 고쳐 주고 밥을, 성당에 놓인 거룩한 밥을 배고픈 사람에게 먹여 주는 밥 먹는 안식일, 그런 안식일의 주체가 바로 자신이라고 말한 것은 이와 깊은 연관이 있습니다. 비움과 진정한 생명의 충만은 같은 것입니다. 비움으로써 생명이 활동한다는 것은 생명의 활동이 '필연적으로' 그렇다는 것입니다. 이것은 불연기연, 즉 반대 일치의 논리로밖에는 파악할 수 없는 것입니다. 그러므로 민중과 중생은 비우며 동시에 창조하고 창조하며 동시에 비웁니다. 이것은 생명의 법칙이며 신진대사이며 노동의 원리입니다. 이것이 밥을 먹는 안식일이며 생산적 보이콧입니다. 이것이 생명의 본성적 활동입니다.

바로 생명 활동의 본성이 이러하므로, 이것이 한울님의 활동의 원리이므로, 이 같은 필연적인 원리에 합치해서 행동해야만 한다는 것이 '조화정造化定'의 '정定'의 뜻입니다. 수운 선생은 '정자定者'는 '합기덕 정기심야合其德 定其心也'라 하였습니다. 여기에서의 '기其'는 앞서도 말씀드린 것처럼 주·객관적인 조건 속에 있는, 사회·역사적 조건 속에 있는 그 어떤 것을 지칭하는 것으로, 뒤에 오는 '덕德'에 대해 구체성을 부여합니다. '덕'이란 사회·역사적 조건 속에서 우리가 인식하고 실천해야 할 어떤 행동, 활동을 말하는데, 여기서는 생명의 순결한 본성적 활동을 뜻합니다. 그러므로 '합合'이란 이 같은 '무위이화無爲而化'의 생명의 필연적인 본성적 활동에 인위적으로 합치함, 따름, 자각적으로 여기에 순順함, 조직적으로 귀의한다는 뜻입니다. 그 덕 즉 무위이화를 생명의 본성적 활동으로 인식하고 적극적으로 그에 따라 삶으로써 자기 자신을 해방한다는 말입니다. '합'은 일치의 뜻이므로 생명의 법칙성과의 일치, 즉 과학성을 뜻합니다, 생명의 법칙에 대한 진정하고 탁월한 의미에서의 과학적 인식과 과학적 실천을 요구하는 수운 사상, 동학사상, 생명 사상, 생명운동을 신비주의, 낡은 신비주의 따위로 생각하는 것은 전혀 오해이며 잘 모르는 사람들의 소리에 불과하다 할 것입니다.

요컨대 '합기덕合其德'이란 생명 활동의 본성적 전개에 그대로 일치하는 것, 적극적으로, 인위적으로 일치해 들어가는 것, 자각적으로 노력해서, 애써 역동적으로 일치해 들어가는 것을 말합니다. 그리고 이 일치는 수평적 일치입니다. 어떤 것이 주인이고 어떤 것이 노예인 것이 아니라, 형식 논리적 이분법, 수직적 이분법에 의한 지배 · 종속 관계에서의 통합이 아니라 수평적 일치입니다. 자기의 활동을 생명의 본성과 구별할 수 없을 정도로 수평적으로 일치시키는 일을 적극 실천함으로써 덕을 이루며, 덕을 이룸으로써 도를 깨치는 것, 즉 도덕을 이루는 것을 뜻합니다. 덕은 무위이화의 원리를 말하며, 동시에 크고 광활한 삼라만상에서 여러 경우 온갖 모양으로 이렇게 저렇게 움직이는 온갖 생명 활동과 자연계의 운동 전체, 즉 커다란 활동이란 뜻으로도 씁니다. 그리고 이것은 도덕을 뜻하기도 합니다. 도道가 움직이면 덕이요, 움직이는 도가 덕이라는 말이 있습니다. 이때에 도가 '체體'라면 덕은 '용用'입니다. 그러나 이 경우 체와 용의 수직적 종속 관계는 존재하지 않고 언제나 수평적 통일성, 활동적 동시성 속에 둘은 놓여 있습니다. 체는 곧 용이요, 용은 곧 체입니다. 도는 덕으로 나타나고, 나타난 덕, 활동하는 덕이 도입니다. 도가 따로 있고 덕이 따로 있는 것이 아닙니다. 해월 선생은 도덕을 가리켜 모든 사람이 함께 살아갈 크고 넓은 길이요, 그 모든 목숨을 살리는 활인기活人機라고 불렀습니다. 동학에서는 일체 생명 활동의 실상에 대한 과학적 인식과 과학적 실천의 성취가 바로 도덕인 것입니다. 이것은 서양의 자연 인식, 생명 인식인 자연 과학, 사회 과학과 그 실천인 이데올로기와 물질 문명이 모든 사람을 따로따로 분리시키고 서로 죽이며 민족을 분단시키고 세계와 인류와 생태계를 파괴하는 살인기殺人機로 나타난 것과는 의미심장한 대조를 보여 줍니다.

'정기심定其心'도 마찬가지입니다. '정定'은 앞서도 말씀드렸듯이 천변만화하는 생명 본성의 활동에 순하게 따르되 생명 활동의 필연적 원리를 과학적으로 인식하여 이것과의 일치를 적극적으로 능동적으로 실천함으로써 자기 자신의 인위적이고 자의적인 심리 활동, 이래 볼까 저래 볼까 하는 필연에 따르지 않는 일체의 활동을 그만두어 버림으로써 제자리 생명의 본성적인 마음으로, 고요하면서도 살아 있는 고요, 활동하는 고요로 돌아가는 것입니다. '정'은 자기를 비움으로써 자기의 여러 가지 욕망과 욕구 즉 개인적인 혼자 살 궁리, 옮기는 생각, 자기 배신, 죽이는 생각 등을 없애버림으로써, 억압 활동과 피억압 활동 전체를, 죽임의 활동을 중지시킴으로써, 끊어 버림으로써, 보이콧함으로써 자기 안에서 본성적인 생명 활동이 신선하게 물결치도록 놓아 둠, 텅 비게 열어 줌, 방하착方下着, 집착을 버림, 놓아 줌으로써 오히려 적극적으로 활동하게끔 살아 뛰뛰게 해 주는 것을 말합니다.

'정'은 또한 마음과 태도를 분명하게 정한다는 뜻도 가지고 있습니다. 이것은 곧 마음을 자유롭고 부드럽게 해방시키는 것, 비움과 멈춤으로 신선하고 싱싱하게 생기가 넘쳐 자유로워지게 하는 것, 그런 쪽으로 태도를 분명히 정하는 것, 그래서 흔들리지 않고 뿌리 뽑히지 않고 옮겨지지 않는 것, 즉 '불이자不移者'에 해당합니다. 그리하여 진리가 절대 파괴당하지 않는 금강불괴金剛不壞를 이룸으로써 진정한 의미에서의 해방과 해탈, 생명의 근원과의 창조적 통일을 성취하는 것을 뜻합니다.

이제 우리는 '정기심'에서의 '기其'와 '심心'을 생각해 볼 차례가 되었습니다. 마음 '심' 자의 이 한문 글자는 천변만화하며 끊임없이 움직이는 생명 활동을 표현합니다. 그렇다고 유심주의唯心主義적 시각에서 이 말씀을 이해할 필요는 없습니다. '심'은 곧 '물物'이요 '물'은 곧 '심'이며 생명에서는 모두가 하나입니다. 다만 '심', 즉 마음은 끊임없는 변화를 역사적 · 사회적 현상 쪽보다는 심리적 · 정신적 측면, 문화적 상황, 주관적 · 영적靈的 현상 속에서 표현한 것입니다. '심'이란 온갖 변화 중에서도 좋았다 싫었다, 하려고 했다가 그만두려 했다, 왔다 갔다 하며 끊임없이 꼬리를 물고 일어나는 상대 연기相對緣起를 나타냅니다.

수운 선생은 생명 활동을 덕과 심으로 이중 표현했는데, 그것은 이 두 가지가 따로 있어서가 아니라 둘이 한 가지이되 어떤 측면에서는 덕으로, 어떤 측면에서는 심으로 표현했던 것입니다. 그래서 덕과 심 앞에 그 '기'를 붙입니다. 심 앞의 '기'는 심의 상대 연기적 측면을 강조한 것입니다. 원래 삶은 죽음과 맞서 있는 것이 아니라 삶과 맞서 있습니다. 진정한 삶은 죽임으로서의 삶, 살아 있는 죽이는 자, 살아 있는 억압자의 삶과 맞서 있는 것이지 죽음과 맞서 있는 것이 아닙니다. 죽은 사람은 산 사람을 결코 어찌할 수가 없습니다. 죽일 수가 없습니다. 산 압제자가 산 사람을 죽입니다. 따라서 삶은 삶과 맞서 있으며 삶은 죽임으로서의 삶, 억압자의 삶, 산 억압자의 죽이는 삶과 맞서 있습니다. 그리고 또한 죽임 당하는 삶, 피살 당하는 삶과 맞서 있습니다. 마찬가지로 악순환적인 상대 연기로서의 마음의 헐떡임은 자기 배신의 온상으로서 진정한 의미에서의 '연기緣起'와 맞서 있으며, 죽임의 장본인인 억압을 산출해 냅니다. 그러므로 여기서의 '기'는 마음에 있어서의 상대 연기성을 가리켜 조건 지은 것입니다. 따라서 '합기덕'의 '기'가 본성적인 생명 활동을 더 많이 강조해서 의미하는 것과는 대조적으로 '정기심'의 '기'는 '정定'이 바로잡는다는 뜻이므로 마음의 악순환적인 상대 연기성을 강조한 것으로 보입니다. 그러므로 '정기심'이란 헐떡임을 멈추고 자기를 비우고 놓아 버리고 가라앉힘으로써 신선한 새 마음으로, 본성적인 연기로써 극대화된 상대 연기에 저항한다는 뜻을 갖는 것이라 보아야 마땅합니다. 『대승기신론大乘起信論』에서 말하는 환멸 연기還滅緣起와 같은 뜻입니다. 그러므로 '합기덕 정기심'이란 총체적으로 보아 천변만화하는 민중 생명의, 생명 활동의 필연적 본성을 과학적으로 인식하고 과학적으로 실천하는 것, 자기를 비우며 비움으로써 생기가 비움의 자유 속을 통과하게 하여 진정한 자기 해방을 실현하는 것이며, 동시에 심리적인 악순환의 상대 연기를 끊어 버리고 그것을 원래의 바른 활동, 바른 연기로 고쳐 잡는, 그리하여 그 연기를 타고 생명의 근원으로의 복귀를 실현하는 것, 민중 생명의 신선한 자기 복귀의 실현을 뜻하는 것입니다. '정기심'은 요컨대 시천주의 첫 뜻인 '내유신령內有神靈'과 연결시켜 볼 때, 심리적 조건 속에서 악의 발생을 강조함으로써 심리적 대변혁, 정신 혁명, 언어 심리적 혁명, 문화적인 혁명이 진정한 생명 본성을 회복하는 활동에 있어서 매우 중요한 선결적 문제라는 점을 돋보이게 하는 표현이라고 이해해야 할 것입니다.

永世者 人之平生也

여기에서의 '인人', 사람은 개인이며 또한 인류 전체, 살고 있거나 끊임없이 나고 죽고 죽었다 또다시 태어나는, 수억 년 전부터 시작하여 수억 년 후까지 이어질지도 모를 생명 공동체로서 동일한 집단적 생명 주체로서의 전 민중 생명 그 자체를 뜻하면서 또한 온갖 중생 전체를 말합니다. 따라서 민중이면서 동시에 중생이요, 중생이면서 동시에 민중입니다. 그것은 인류 전체, 생명 공동체 전체이며 또한 구체적 개인이기도 합니다. 이 같은 생명의 논리로 볼 때 사람은 우주 전체이며 우주 전체는 바로 사람인 것입니다. 그리고 사람의 평생이란 개인의 전체적 삶이면서 민중의 전체적인 삶, 인류의 전체적 삶이며, 「불연기연」 편에서 강조하고 있듯이 중생 전체의 화엄적 생존 전체입니다. 보편적 생존 전체입니다. '영세永世'의 '영永'은 시간의 무한적 지속성을 뜻하며 또한 역사를, '세世'는 사회와 함께 무한하고 무궁한, 지구와 우주 공간을 통틀은 본성적 생명 활동의 장場 전체를 뜻합니다.

不忘者 存想之意也

잊지 않고 생각을 계속한다는 말입니다. 이때에 잊음은 잊음 자체를 뜻하는 동시에 잊음에서 오는 본성 망각, 망상, 자기 상실, 주체 상실, 나를 잃어버림으로써 내가 남(他者)으로 뒤집히거나 도구로, 물질로 되어 버리는 것, 또는 아노미 상태와 정체 상실을 의미합니다. 죽임의 세력에 의해 강요되고 있는 망상, 억압자에 의해 끝없이 세뇌당하는 데서 오는 극대화된 이원론적인 분별지分別智를 말합니다. 마치 충돌, 대립, 분열, 분단, 억압, 주인과 노예의 수직적 예속, 종속 관계, 피지배 관계가 생명 자체의 본성적 활동인 것처럼 세뇌당하고, 그렇게 믿어 행동하고, 따라서 이웃을 증오하고, 강자에게는 개처럼 충성하고 끊임없이 동족을 살해하고, 타민족을 억압, 침략, 약탈하고 모든 동식물, 풀벌레를 마구 잡아 죽이고 파괴하고, 대기와 수질을 오염시켜 공해를 남발하고, 전쟁과 핵을 확산시켜 인류와 생명 전체에 결정적인 종말적 재난을 선사하는 것, 이 모든 것들을 마치 역사 발전의 필연적인 법칙인 것처럼 거꾸로 생각하는 남이 된 자기, 소외된 자기, 이것이 '망忘'입니다. 이 같은 도착, 우치愚痴, 무명無明, 정신의 어두움, 눈먼 상태, 아귀와 같은 집착, 큰 것은 다 놓쳐 버리고 조그만 자기 이익에 매달리는 것, 물질화되어 남이 된 자기, 남이 만들어 준 자기, 공동체적으로, 통일적으로 자유롭게 살게 마련된 생명의 본성을 까맣게 잊어버리고 빗나가서 자기와 이웃의 생명 활동의 본성을 억압하고 증오하고 자르고 쑤시고 갈기갈기 찢어서 죽임, 이 빗나간 삶, 이 죽임당한 삶의 극단을 우리는 '망'이라 부르고 '미침'이라 부릅니다.

'불망不忘'이란 이 같은 부정에 대한 부정, 역동적 창조적 부정을 의미합니다. 자기소외, 정체 상실이라는 부정을 줄기차게 비판하고 끈질기게 저항하여 생명 활동을 그 본성으로 되돌려 놓는 것, 진정한 자기 회복, 주체 회복을 실현하는 것을 '불망'이라 합니다. 이 같은 실천을 끝끝내 잊지 않고, 또다시 뒤집히거나 도착되지 않도록, 기만당하지 않도록, 잊어버리거나 잃어버리거나 소외당하지 않도록, 죽임 당하지 않도록 끝끝내 노력함, 선방禪房 문자로 성성히 깨어 있음, 잠들지 않으려는 끈질긴 노력, 물질화의 타성에 대한 인간 정신의 적극적 이니셔티브, 창조적 승리를 성취하려는 줄기찬 혁명적 지향, 이런 것들을 '불망'이라 부릅니다. 또한 이것은 한번 깨달은 것은 끝끝내 놓치지 않겠다는 '돈오점수頓悟漸修'와 같은 뜻을 지니며 『대승기신론大乘起信論』에서 말하는 '환멸 연기'의 뜻과도 대응됩니다. 그러나 이때의 부정의 부정은 단순한 요소론적 부정이 아닙니다. 부정을 하나의 요소로, 이에 대한 또 하나의 부정을 또 하나의 요소로 놓고 이 두 개의 요소가 부딪혀서 긍정이 발생하는 그런 요소론적 운동, 알맹이와 알맹이 사이의 충돌이나 또는 조화 사이에서 발생한다고 잘못 믿어지는 그러한 운동이 아닙니다. 여기에서의 부정의 부정은 '불연기연'의 창조적 생명 논리에 의한 부정, 애당초부터 적극적인 역동적 긍정적 실천으로서의 부정 운동입니다.

'존상存想'이란 끝없이 되풀이하여 생각한다는 뜻입니다. '시천주 조화정侍天主 造化定'의 화두, 영성적이면서 공동체적 생명 운동의 화두를 성성히 깨어서 끝끝내 잊지 않는다는 말입니다. 이 화두를 물고 늘어져 진리를 인식하고 그것을 줄기차게 실천하면 죽임의 틈, 분단의 틈을 극복하고 생명의 거스름을 끝끝내 거역하여 생명의 본성과의, 큰 생명과의 일치를 성취함으로써 참되고 순결한 생명 활동이 물결치도록 스스로 해방하고 해탈한다는 뜻입니다. '존상지의存想之意'의 '지의之意'는 그 같은 방향으로 집요하게 실천하라는 방향 지시입니다. 가늠 잡아 줌, 인도함, 지도 기능입니다. 그러나 우리는 '존상지의'의 '지之'에 대해 주목할 필요가 있습니다. 여기에서의 '지'는 '존상'과 '의'의 어느 것이 다른 것을 포섭하는 것이 아니라 수평적 동일 관계에 있다는 것입니다. 이것은 지식인 또는 지도자와 민중의 관계, 보편적 실천 사이의 문제에 대한 어떤 암시를 제공해 준다고 볼 수도 있습니다. '의意' 즉 알림, 방향 제시의 지식인의 역할은 '존상', 즉 항상 생각하고 실천하는 민중의 삶을 보자기로 뒤집어씌워 지배하는 새로운 억압자의 발생 과정, 황태자의 발생 과정이어서는 안 된다는 암시로도 해석할 수 있는 것으로 이 '지' 자가 양자 간의 수평적 통일성과 동시성을, 아우름의 논리를 제공해 주고 있습니다. 보편적 민중의 실천과 지식인의 기능을 화엄적으로 통일시켜 한 방향으로 가늠 잡아 잊음과 미침에 거역하여 줄기차게 물고 늘어지는 정진을 계속한다면 모든 것을 깨쳐 알게 된다는 뜻입니다.

萬事者 數之多也

'수지다야數之多也'란 수가 많다, 여러 개다라는 뜻입니다. 그러면 먼저 '수數'란 무엇이겠습니까? 여기에서의 '수'란 온갖 생명, 사물과 사건과 사태의 현상을 나타내고 있습니다. 인간은 이 같은 현상적인 모습을 수로써 나타냅니다. 그리고 수를 통해서 사물을 인식하는 것이 과학적 인식으로 되어 있습니다. 현상을 과학적으로 연구, 관계 법칙을 탐색하여 자연 현상을 인식하고 그것을 활용하는 것이 수학이요, 수학이 자연 과학의 기초를 이루고 있습니다. 그것이 서양에서는 수리 철학數理哲學으로, 중국에서는 역학易學으로 나타났습니다. 동양에서는 특히 동학에서는 인간까지도 포함한 일체 중생, 일체 세계, 일체 우주 자연의 변화하는 현상 전체를 모두 수數라고 표현하고 있는데, 여기엔 의미심장한 뜻이 들어 있습니다. 애당초부터 하나였던 것을 하나로, 살아 활동하는 통일로서 보는 통일적인 사상입니다. 바로 이런 점에서도 동학은 비과학적 신비주의, 추상적 형이상학이 아니며 유사 종교적, 혹세무민적, 망상적 사상이 아닙니다. 그리고 속류 과학적, 속류 유물론적, 자연주의적 형이하학도 아닙니다. 그렇다고 그 둘 사이의 절충이나 요소론을 기초로 한 이러저러한 형식적인 종합도 아닙니다. 동학에서는 과학과 영적인 생명 활동을 하나의 통일적 활동으로서 파악합니다. 따라서 '신神'은 '기氣'와 수평적으로 하나이며 '영靈'은 '화化', 즉 세상 만물의 온갖 활동과 변화, 천변만화하는 운동과 둘이 아닌 하나입니다. '신'과 '영', '기'와 '화', '내유內有, 안에 있음'와 '외유外有, 밖에 있음'가 다 수평적으로 '일여一如', 하나입니다. 결국 해탈이란 이 같은 수, 모든 현상, 모든 구체적인 삶의 전개를 진실대로 여여如如하게 인식하고 실천하는 탁월한 의미에서의 과학적 완성입니다.

'수지다數之多'는 '수', 즉 현상의 이러저러한 분열적 양상이 '다多', 많다는 뜻입니다. 그것은 수가 많다는 뜻이면서 '수'는 '다'라는 뜻입니다. 그리고 이 말은 곧 '다'가 '수'라는 뜻도 됩니다. 이 같은 말이 가능한 것은 가운데 들어 있는 '지之' 자, 갈 '지'자가 상호 포섭적으로 '수'와 '다'를 접속시켜 주면서 동시에 수평적 동일성을 갖게 하는 활동적 계사이기 때문입니다. '수'는 '다'요, '다'는 '수'라는 것은 근원적 생명인 기氣는 하나인데, 도가 · 노장에서 말하는 물화物化, 즉 현상적 전개 과정은 '다'일 수밖에 없다는 것을 말합니다. 기氣가 전개되는 주체적 측면에서 파악한 것이 '수'라면, '다'는 소여所與의 측면, 즉 객관적으로 주어진 변화의 측면에서 파악한 것입니다. 그것은 주체적인 전개와 객관적인 주어짐이 생명 활동의 양 측면이라는 것을 말해 주는 것입니다. '수', 즉 사물의 생성과 변화 과정 전체, 현실에 있어서의 조직적인 활동, 조직적인 노동 과정 전체, 생명의 물질화 과정, 창조적 순환의 육화肉化 과정과 변화 과정 등은, 형성形成을 주로 해서만 '다'를 보는 것도 일면적인 연역 과정이듯이, '다', 즉 소여, 주관적 활동이 아닌 객관적으로 주어짐, 나타난 결과의 비교 · 관찰 · 검증만을 주로 해서 '수'를 일방적으로 보는 일면적인 귀납 과정 역시 모두 일면성을 가진 한 쪼가리의 진리만을 가진 근본적인 오류에 속하는 것입니다. 갈 '지' 자는 바로 그런 뜻에서 수의 다, 기연其然 즉 그렇다이면서도, 수의 다가 아닙니다. 즉 불연不然, 아니다입니다. 수와 다는 수평적인 한 운동의 연속, 확장 활동 현상을 보여 줍니다. 이런 점에서 갈 '지' 자는 민중 생명의 자기 복귀 활동을 중심으로 해서 보는 민중 생명 사상에서 중요한 위치를 차지합니다.

'다'는 우선 많음, 양量, 사물의 물량적 측면을 말하는 것이겠습니다. 그러면서 이것은 다양성, 모두 서로 다름, 따로따로 요소적要所的인 형태로 나타난 분리된 현상을 말합니다. 그리고 그것은 또한 이질적인 개체 현상, 고립된 것처럼 보이는 물질화된 계系, 즉 시스템의 총체를 말합니다. 시스템의 양적 총체, 양적 집합을 말합니다. 또한 그것은 이런 여러 분리된 것들 사이의 현상적인 복잡한 관계, 대조, 차별, 차이, 격리, 틈, 충돌, 대립, 양극화, 갈등, 투쟁, 조화, 상호 침투, 융합, 용해 등의 복잡한 변화 과정 전체를 말합니다. 뿐만 아니라 그것은 천태만상의 개성적 특수성을 뜻하며 입자 운동으로 파악된 사물의 운동 상태, 생명의 종種, 즉 씨의 다양함, 중생의 다양함을 의미합니다.

'만사자 수지다萬事者 數之多'에서의 만사는 이같이 수와 다가 연결된 형성과 소여의 통일 상태로 현상을 이해하는 것, 그리고 그 현상 일체를 주관 · 객관의 통일적 시각으로 파악한 것입니다.

知者 知其道而 受其知也

그러면 '만사지萬事知'의 '지知'는 무엇이겠습니까? 그것은 민중 자신이 이 같은 생명 현상의 이러저러한 '수지다', 즉 현상 일체를 인식하며 그것들을 넘어설 것은 넘어서고 따를 것은 따름으로써 민중 자신을 스스로 참으로 해방하는 그러한 앎입니다. 앎이란 첫째 과학적 인식, 요해, 파악, 이해를 말하며 동시에 깨침, 밝게 알아 버림, 해탈, 한울님 지혜의 드러남, 진실의 드러남, 도의 드러남, 자유의 성취를 뜻합니다. '지'는 과학적 인식이면서 동시에 전지全知와 총지總知를 뜻합니다. 분석 판단이면서 종합 판단입니다. 그것은 무엇을 그저 알게 되는 피동적인 인식만을 뜻하는 것이 아니라 적극적으로 알려고 하는 실천적인 인식과 깨침을 동시에 의미합니다. 그것은 깨쳐 앎이며, 몸으로 아는 앎, 곧 앎을 몸으로 사는 그런 앎입니다. 이 경우에 있어서 '지'는 체인體認, 몸으로 앎, 체현體現, 즉 몸으로 실천함, 민중적 삶의 지혜, 생존적인 지혜, 살아 있는 지혜를 뜻하는 것으로 체인과 체현은 같은 말이 됩니다. 인식과 실천의 차별이 없는 것, 이른바 선방에서 말하는 칠통이 깨어져 버린 걸릴 것 없는 경지입니다. 그리고 개벽입니다. 그리고 어떤 의미에서 부활입니다. 또한 진정한 통일이며 자유입니다.

바로 그렇기 때문에 '지기도이 수기지知其道而 受其知'라 하였습니다. '지기도知其道'의 '도道'는 첫째, 만사 일체 현상의 변화, 움직임, 생성 소멸의 진리 또는 '도'의 '체體' 등을 모두 지시합니다. 둘째, 그것은 독특성과 개성을 지닌 시대와 사회의 특수 조건에 맞게 '그' 진리를 깨쳐 알고 실천함을 말하는데, 그 '기其'가 바로 이 같은 특수성을 지시하고 조건 지우고 있습니다. 그러므로 '지기도'란 온갖 사물의 생성 변화의 복잡한 복합적 현상의 법칙과 진리, 원리 즉 '도'를 특수 조건 속에서 깨쳐 알고 역사 안에서 구체적으로 실천하는 인간의 주동적이고 적극적인 집요한 인식 노력과 실천 노력의 결과를 말합니다. 인식과 해방과 실천과 완성의 주관 능동적인 방향의 표현입니다. 주관 능동적인 내재적 방향의 표현입니다. 그다음에 오는 '이而' 자는 앞서와 똑같이 수평적인 동일성, 동시성을 불연기연의 논리 구조 안에서 활동적으로 이어주는 활동적인 계사로서 인간 인식의 내재성內在性과 초월성을 동시에 통일시켜 주고 있습니다. '수기지受其知'란 앎을 받는다, 진리를 안다는 뜻입니다. 중생이 자기 생명의 본성, 자기 생명의 자아에로 돌아가려는 집념과 집요한 노력의 결과로 생명의 근원이요 주인인 한울로부터 참다운 인식과 해탈, 전지전능을 받는 것, 초월적인 계시가 드러나는 것, 진리가 스스로 개시開示되어 오는 것을 말합니다. 그것은 열림과 같은 뜻이며, 개벽입니다. '지기도'가 사물의 본질, 본성을 현상과 더불어 동시에 인식하는 주관 능동적인 과학적 내재적 방향이라면, '수기지'는 진리를 한울로부터 초월적으로, 계시적으로 받는 열림이나 개벽과 같은 영성적 초월적 방향입니다. 그러므로 그것은 내재적 초월로서의 역사 안에서의 중생 해방, 중생 해탈로의 성취입니다.

선불교에서 '줄탁啐啄'이라고 말할 때의 '줄탁'과 동일한 것입니다. 줄탁이란, 어미 닭이 일정한 온도에서 병아리가 부화할 때까지 알을 품고 있으면 달걀에서 병아리가 생겨 주둥이를 내미는데, 이때 어미 닭이 성장에 도달한, 완성에 도달한 병아리가 뚫고 나올 방향을 향해서 정확한 시간, 정확한 지점에 부리로 똑 때려 쪼아 주는 것, 그래서 병아리가 탄생하는 것, 내외가 동시에 쪼아 하나의 생명이 탄생해 나오는 것을 말합니다. '이而'가 바로 이같은 안과 밖을 동시에 통일적으로 연결시켜 주는 활동적 계사라는 것은 여러 번 말씀드린 바 있습니다. 요컨대 '지기도이 수기지'

는 줄탁과 같은 생명의 신비로운 활동, 내재적 초월의 동시적 성취, 탁류의 역사 안에서의 인간 중생 전체의 해방과 개벽을 말해 줍니다.

다시 말씀드리면 '수受'란 받는다는 '수' 자입니다. 중생이 중생 속에 살아 계신 생명의 주인인 한울로부터, 큰 생명으로부터 전지적인 참다운 앎의 계시를 받는다는 것으로 기독교에서 말하는 계시와 비슷합니다. 그러나 이 생명의 한울은 눈도 코도 입도 없는 '무無'로서 공空, 허虛, 도道, 또는 무극無極과 같은 것으로, 중생의 업력業力이 생각하고 노력하고 집중함으로써만 깨침을 얻는 것이니 이것은 또 불교에서 말하는 것과도 같습니다. 그리고 '수'란 또한 중생이 곧 한울이라는 것을 깨쳐 아는 것을 말합니다. 중생이 이를 잊어버리고 잘못 생각하고 망상함으로써 빗나가 마침내 자기 배반과 자기소외에 빠져 버리고 마는데, 이를 거역하여 자신이 한울임을 깨치는 것입니다. 이것이 '인내천' 사상의 요체요, 중생 부처의 요체이며, 예수 곧 하느님의 요체이고, 도 즉 물화物化의 요체입니다. 그리고 '지知'와 '수受'는 수평적으로 동일하며 동시적인 것이라는 것, 둘은 잠정적으로 둘로 나타나는 것일 뿐, 동시에 이루어지는 하나인 것이라는 점에 거듭 주목하지 않으면 안 되겠습니다. 아울러 어떤 경우 불교에서 보는 것처럼 '지知'만을 중심으로, 자력에 의한 내재적 방향으로만 일면화되는 것도 옳지 않지만, 기독교나 이슬람교의 어떤 경우에서 보는 것처럼 타력 즉 신 중심으로 초월적 방향으로만 생각하는 것도 옳지 않다는 것을 지적하지 않으면 안 되겠습니다. 둘은 곧 하나입니다. 그러나 그것은 생명이 그 자체 '근원적인 것'이면서 구체적이고 생생한 역사적 조건 속에서 살아가는 '생존'이라는 깨달음에 도달할 때에만 파악될 것입니다. 본래 하나였다는 점에서 보면 도달이랄 것도 없지만, 인간의 무명, 어두움, 잊음 때문에, 옮김 때문에 그렇게 된 것을 인위적인 인식 노력과 자각적 실천을 통해 그 통일성을 회복한다는 말입니다. 아울러 여기에서 하나 잊지 말아야 할 것은 우리는 인간의 의식 생활과 과학적 성찰, 그리고 창조적 행위가 중생 속에서의 진보적 활동이긴 하지만, 중생의 여러 의식 활동 중의 한 형태일 뿐이라는 점을 알지 않으면 안 되겠습니다. 인간은 진화하고 진보하지만 중생 속에 살아 계신 큰 생명 큰 한울로 볼 때는 타 중생과 다름없는 생명이요 중생 부처일 뿐 그 진보가 다른 생명과 절대적 차이로는 될 수 없다는 것을 알아야 한다는 것입니다. 오직 상대적 차이가 있을 뿐입니다. 인간이란 종의 한 특수한 생존 형태로서 다른 중생이 인간과 다르게 살고 있듯이 중생과 상호 연결, 상호 작용 속에서 그러나 그 나름으로 독특하게 살고 있는 데 지나지 않습니다. 다만 인간의 의식 활동이 중생 전체의 후천개벽을 인위적으로 인식하고 인위적으로 실천하는 조건이 된다는 점에서 그 특성과 그 중요성이 있긴 하지만, 그것이 다른 종을 지배하고 약탈할 만큼 절대적 차이가 될 수 없다는 것입니다. 인간의 특이함이란 중생계에서의 어떤 한 몫일 뿐 본디 평등한 것입니다.

오히려 인간 생존의 특성이요 제 몫인 인간 의식 활동의 결정적인 진보는 모든 중생과의 전일체성全一體性, 동일성, 통일성에 대한 인식을 토대로 한 협동적 생존의 우주적 확장이 그 큰 정도에 의해서만 비로소 가능할 것입니다.

故 明明其德 念念不忘則

우선 여기에서 나오는 '고故'는 무엇입니까? '고'는 간단하게 말해서 앞 주문인 '지기금지 원위대강至氣今至 願爲大降'이라는 여덟 자 주문의 활동적 내용에로 적극적, 창조적으로 회귀함을 지시합니다. 이 '고'라는 한마디는 수운 사상의 전체, 즉 생명의 원리는 언제나 확장 반복하며 확장 수렴하며 순환 창조한다는, 끝없이 맞물고 돌아가며 끝없이 생성 소멸하고 끝없이 드러나고 폭발하는 살아 생동하는 역동적 구조를 갖고 있다는 것을 함축적으로 암시합니다. 수운의 이 '고'는 앞으로 나아가면서 동시에 되돌아가는 살아 생동하는 구조, 확장하면서 동시에 수렴하는 민중 생명의 자기 복귀 활동 구조의 살아 있는 표현입니다. 따라서 수운에 있어서의 문체文體의 구조는 생명의 가장 직접적이고 정직한 상태인 생식 구조, 생명의 포태 · 성장 · 출산 구조, 또는 개체 발생이 종 전체 발생을 반복하는 구조를 그대로 반복하는 것입니다. 그리고 이러한 생식 구조로 일관돼 있는 수운의 문체, 표현 방법, 언표 방식, 끊임없이 생동하는 생명의 본성에 알맞은 문체의 구성 방법과 생각의 가락, 진술 방식 등은 비록 그것이 유교 등의 개념들과 한자를 빌려 표현되었다는 외면적인 한계는 있으나 우리들이 이제부터 건설해야 할 민중 문화 운동에 있어서의 가장 중요한 말, 매체에 있어서의 말의 혁명, 문체 혁명, 언어 심리 혁명이 결정적으로 준거해야 될 기초와 원리 및 미학적 견해 등에 대해 많은 암시를 던져 줍니다. 물론 민중에게는 쉬운 말, 쉬운 글도 중요합니다만 그보다 먼저 중생 생명을 기초 중심으로 한 민중 주체의 살아 있는 문체 혹은 매체가 먼저 중요한 것입니다. 문체가 생명 구조로, 거듭 죽고 살고 퍼지고 모이며 살아 춤추고 창조하는 생물학적 구조로 변혁되고 일관되지 않는 한 그것은 반생명 구조, 냉동 구조, 억압 구조, 감금 구조, 분단 구조, 충돌 구조, 그리고 보자기로 뒤집어씌우는 포섭 구조, 지도 구조, 계몽 구조, 세뇌 구조 따위를 벗어나지 못할 것입니다. 그러므로 쉬운 말로 전달되는 것도 중요하지만 그것보다 더 선결되어야 할 문제는 이 같은 억압, 감금, 세뇌 구조로 되어 있는 매체 구성을 어떻게 타파하며 어떻게 역이용하며 어떻게 산 리듬 위에 띄우며, 어떻게 부정적으로 흡수 배합하면서 생동하는 생각과 정서를 반복 확장, 확장 반복하는 생식 구조 따위 등 살아 생동하는 신선한 생명 구조로 회복, 변혁시키느냐가 될 것입니다. 이 같은 문체 및 매체 혁명과 더불어 모든 대화 구조, 모든 예술과 학문 · 과학의 연구 방법론 구조, 모든 문화 구조들이 혁파되고 극복되지 않으면 안 될 것입니다.

'명명기덕 염염불망즉明明其德 念念不忘則'이란 말은 '밝고 밝은 그 덕을 생각하고 생각해서 잊지 않으면'이란 뜻으로 우선 간단히 해석될 수 있겠습니다. 그러나 우리는 '명명기덕'이란 말이 갖는 의미의 중층 구조를 놓쳐서는 안 될 것입니다. 여기에서의 '명명기덕'은 우선 '염염불망'의 목적어로 사용된 것으로 볼 수 있습니다. 밝고 밝은 그 덕을 생각하고 생각해서 잊지 않는다는 뜻이기 때문입니다. 그리고 여기서의 '명명기덕'은 '기其'가 붙음으로써 명명덕이 조건 지워지고 있습니다. 유학儒學에 있어서의 명명덕이면서도 전통적인 명명덕이 아닙니다. 주자주의적朱子主義的인 모델과 틀에 고정되어서 석화石化돼 굳어져 버린, 또는 중국 숭배 사상과 연관된 그런 명명덕이 아니라 그 '기其'에 의해 조건 지워진, 각 나라, 각 시대에 살고 있는 사람들의 특수 조건을 통해 본 명명덕, 즉 우리의 경우엔 우리 민족의 구체적인 특수 조건 속에서, 우리 민족의 그것 속에서 주체적으로 인식하고 실천하는 명명덕입니다. 여기에서의 명명덕이 보편적인 생명 활동의 양상이라는 것은 앞서 말씀드린 바 있습니다. 한마디로 우리 민족의 특수 조건 속에서 보편적인 생명의 본성적 활동을 주체적으로 인식하고 실천하는 것을 말합니다. 명명기덕은 또한 '그' 덕을 밝히고 밝힌다는 적극적인 행위로 해석될 수도 있습니다. 밝히고 밝힌다는 명명은 형용사가 아니라 동사로 쓰인 것으로, 이때의 밝힘은 단순한 밝힘이 아니라 근원적으로 철저히 밝힘입니다. 따라서 여기에서의 명명은 「논학문」 해설 속의 다음에 이어지는 말, 즉 '지화지기 지어지성至化至氣 至於至聖'의 '지至' 자, 결정적인 변화, 근원적인 변화를 의미하는 '이를 지', '지극할 지' 자와의 연결 속에서 이해되어야 할 것입니다.

적극적인 인식 행위요 '삶으로서의 앎', '앎으로서의 삶'입니다. 그리고 철저히 과학적인 인식이요 공부이며, 동시에 기도요 수양이며 체인體認입니다. 또한 그것은 중국 등 외래 사상 따위를 그대로 흉내 내는 공부가 아니라 우리 민족과 민중의 사회 역사적 특수 조건 속에서의 보편 진리의 밝힘이요 깨우침입니다. 『동경대전』 「수덕문」 가운데 일반 민중이 동학 공부를 하자마자 "일자무식 나무꾼이 왕희지 뺨치게 글씨를 쓰고 석숭의 재물과 사광의 총명을 부러워하지 않는다"라는 구절은 당시 민중들 속에 중국 문물과 귀족 문화에의 종속을 청산하는 민족 주체, 민중 주체적인 문화 혁명, 정신 혁명, 언어 심리 혁명이 일어났던 실제의 역사적 사건을 그대로 말해 줍니다.

이 같은 수운의 논리 구조, 즉 보편과 특수, 특수와 보편을 분별하면서도 그것을 근원적인 통일성 속에서 파악하는, 즉 불연기연, 반대 일치의 논리 속에서 사물을 인식하고 실천하는 생동하는 수운의 논리 구조는 앞으로 우리들의 새로운 민중 주체의 민족 문화 건설과 예술 건설, 생동하는 새로운 세계 건설에 있어서, 그리고 모든 죽임에 반대하는 저항의 방법을 모색하는 데 있어서 중요하고도 풍부한 암시와 가르침을 줄 것으로 믿습니다. 사상도 역시 하나의 생명 활동입니다. 사상을 일상적 생명 활동과 분리시켜 별개로 보거나 사상만이 생명 활동이라고 주장하는 것 모두가 다 오류입니다. 인간의 정신적 활동, 사상 활동은 물질적 · 육체적 활동, 개인적 · 사회적 활동, 민중 활동, 중생 활동과 더불어 모두 생명 활동인 것입니다.

'염염불망즉念念不忘則'이란 무엇일까요? '생각하고 생각해서 잊지 않으면'이란 이 말은 무슨 뜻일까요? '염염'은 오매불망과 같이 성성하게 환히, 늘 밝게 개어 있는 정신으로 모두를 끝끝내 의심하여 물고 늘어지는 줄기차고 끈덕진 화두 집착이며 무문관 정진無門關精進입니다. 염염을 두 개로 겹쳐 놓은 것은 반복 확장적으로 수행하라는 지시임을 예리하게 명심하지 않으면 안 됩니다. 생각하고 생각함은 선禪의 수행, 개인적 · 집단적인 선의 수행이며 또한 끈질긴 조직 실천입니다. 백척간두에서 이미 인간의 힘을 넘어섬 같은, 초인적인, 무문관 정진 같은 집요한 인식과 실천, 적극적이고 역동적이고 창조적인 인식과 실천입니다. '불망不忘'은 잊지 않음, 잊음을 거역함, 잘못됨을 부정함, 잘못됨에의 저항을 뜻합니다. 그것은 인위적 죽임에 대한 인위적 살림입니다. 그러나 그것은 부정의 부정이라는 소극적인 비판이면서, 저항이요 버림이요 비움이면서 동시에 적극적이고 건설적인 창조적 인식이며 실천 활동으로서의 큰 살림, 곧 활인活人을 의미하는 것입니다. 우리는 소극적인 부정 및 저항과 함께 오히려 그에 앞서서, 오히려 그것까지 내포하면서 보다 더 크고 넓은 적극적이고 창조적인 인식과 실천을 통해서만 진정한 생명의 본성에 합하는 진정한 해방과 해탈을 성취할 수 있다는 데 주목해야 할 것입니다. 최해월崔海月 선생 같은 분들의 40년간에 걸친 포덕 활동, 그 험난한 지하 조직 활동은 이러한 염염불망의 실천이었습니다. 그리고 이와 같은 철저하고 적극적이며 창조적이면서 조직적인 실천으로서만 비로소 지극한 민중의 사회적 성화, 인내천 혁명의 개벽적 성취에 이를 것입니다.

至化至氣 至於至聖

이 말은 생각하고 생각해서 잊지 않으면 '지기至氣'에로 홀연 변모하여 '지극한 성인'의 경지에 이르게 된다는 말입니다. 곧 인간, 민중, 중생의 집단적 · 사회적 성화올시다. 여기 '지화지기'에서의 '지至'는 지극한 단계, 극치의 단계에 이르렀음을 말합니다. 기독교 신학에서의 충만, 선불교에서의 몰록, 홀연에 해당됩니다. 절정, 비등점, 포화 상태, 테야르 드 샤르댕의 이른바 크리티컬 포인트critical point, 또는 오메가 포인트omega point, 또는 질적 비약 등의 말과 비슷한 뜻을 갖고 있습니다. 그러나 똑같지 않다는 점은 분명합니다. 더 광활하면서도 더 일상적, 구체적입니다. 그리고 텅 비운다는 뜻에서의 무화점無化點이기도 합니다. 포화점은 무화점이며 무화점은 곧 지화점至化點입니다. 지극한 단계에 이르러 변화, 즉 메타모르포세스metamorphoses가 일어난다는 것입니다. 지극한 변화 즉 '지화'는 개벽이며 부활입니다.

'지기至氣', 지극한 '기氣'란 근원적 생명, 살아 생동하되 고요한 생명의 산 실체, 산 부처요, 산 한울님이요, 산 도道요, 산 영靈이요, 산 에너지 등으로 표현되어 온 생명의 실체입니다. '지화지기'는 그러므로 민중과 중생 속에 살아 계신 생명이 민중과 중생의 줄기찬 생명운동을 통해서 중생 속에 드러남, 열림, 즉 스스로 생명에 이르름, 생명이 스스로 생명답게 자기 자신의 주체에 돌아감, 자아로의 단순 반복이 아니라 극히 창조적으로 돌아감입니다. 즉 귀향이며 통일의 성취입니다. 그리고 그것은 바로 해방이며 자유이며 해탈이며 개벽입니다. 뭐라고 말해도 좋습니다. 민중 생명의 자아 회복이란 바로 이것을 말합니다. 중생의 집중적인 실천이 극에 이르러 '지기至氣'가 '화化' 속에 드러남, 역사적 활동, 노동과 사회적 변화 속에서 그 변화를 초월하는 결정적이고 비약적 변화가 이루어짐 즉 변모를 말합니다.

'지어지성至於至聖'이란 '지극한 경지에 이르러 지극한 거룩함에 이른다'란 말입니다. 여기에서의 '어於'는 '화化'에 대응하는 말이올시다. '지화지기'의 '화'에 대응하여 '지어지성'의 '어'라는 경지, 또는 장소를 나타내는 어조사가 대응하고 있습니다. '화'가 쉴 새 없이 천변만화하고 구체적 현실적 물질적으로, 공동체적 협동적으로 창조하고 생식하고 생산하는 창조 활동, 노동 활동이며 순환 활동임에 대응하는 역사적 시간의 뜻을 갖는 데 비해서, '어'는 어떤 의미에서는 고정적이고 추상적이며 정신적이고 영적인 단독자적인 해방과 해탈의 어떤 경지를 가리키는 말입니다. 그것은 개인적인 해탈, 부활, 완성 그리고 성화의 느낌을 강하게 주고 있지만 그러나 동시에 그것은 집단적인 영성 공동체, 해방된 자들의 공동체를 연상하도록 가늠하여 말하는 것입니다. 그러나 이때의 '어' 역시 '지至'와 '지至' 사이에서 역동적인 계사 역할을 하고 있기는 마찬가지입니다. 고정적이면서도 역동적인 것의 복합 의미, 생동하는 고요, 활동하는 '무無'의 경지를 뜻합니다, '지화지성'은 요컨대 지극한 거룩함, 거룩한 변모, 해탈, 부활의 완성이면서 동시에 전 사회적이고 전 지구적인, 전 인류, 전 중생, 전 우주적인 생명 공동체의 해탈이며 무궁 확장의 완성이며 한울의 성취이며 후천개벽의 성취입니다. 이처럼 끊임없이 맞물고 돌아가는 변화의 극에서 마침내 사람(人)이 한울(天)이 되는 것, 민중이 중생과 함께 개인적 또는 집단적으로 사회적 성화를 문득 성취하는 것, 한울이 사람 속에 개화 만발하는 것을 가리켜 최수운 선생은 "만년 나무에 천 떨기 꽃이 활짝 피어나는 만세춘萬世春"이라 하였습니다. 영원한 봄의 성취라 하였습니다.

우리는 이제까지 최수운 선생의 인내천 사상이 압축되어 있는 본 주문 '시천주 조화정 영세불망 만사지侍天主造化定 永世不忘萬事知'의 13자를 하나하나 음미해 보았습니다. 우리는 이 13자의 본 주문 속에 참다운 민중적 생명 해방 사상이 훌륭하고도 탁월하게 압축되어 있음을 거듭 발견할 수 있습니다. 그리고 이 같은 수운의 사상 속에서 우리가 앞으로 전개해야 할 민족통일 운동과 민중 해방 운동을 위한 전 세계 인류와 전 중생계의 참다운 평화를 위한 귀중한 진로의 열쇠를 얻어 낼 수 있음을 다시금 확인할 수 있습니다. 팽팽히 맞서 싸우는 두 개의 극단적 물신숭배, 그 공룡들의 지배 아래 끝 간 데 없이 분열되고 부패한 이 세계에서 제3세계 민중 중심의 새로운 세계 문화와, 새로운 세계 문화의 건설 과정에서 우리가 치러 내야 할 가장 중요한 세계관의 변경을 위한 귀중한 토대를 동학사상에서 찾아낼 수 있습니다. 진정한 의미에서의 민중 주체적인 후천개벽적 세계관을 건설하기 위한 민중이 자신을 해방하는 데 있어 부딪치게 되는 온갖 형태의 압제, 약탈, 분단, 세뇌, 공해, 전쟁, 일체의 생명 파괴 등 죽임의 세력에 맞서, 옮김에 맞서 그것을 극복하여 생명을 회복하기 위한, 우리들의 방향과 방법의 바탕 및 그 밑천을 동학사상 속에 압축되어 있는 우리 민중 자신의 생명의 세계관과 협동적 생존의 확장이라는 사상 속에서 찾아낼 수 있다는 말입니다. 그러나 이 같은 사상이 주문과 영부 속에, 『동경대전』 속에만 있는 것은 결코 아닙니다. 동학의 실천 활동 전체 속에, 해월 최시형 선생의 40년에 걸친 지하 조직 활동 속에, 모든 민중의 고난에 찬 삶 속에, 동학 농민 운동과 그 이후 줄기차게 지속되어 온 반외세 민족 해방 운동 속에, 그리고 줄기차고 광범위하게 진행되어 온 민중운동 속에 살아 뛰고 있습니다. 그것은 한마디로 '사람이 한울'이라는 사상일 것입니다. 민중 자신의 '원인내천사상原人乃天思想'일 것입니다. 인간을 천하게 만드는 온갖 옮김과 죽임에 맞서 인간을 무한히 거룩하게 드높이는 인간의 사회적 성화의 실천이 그것입니다. 민중 자신에 의한 인간의 사회적 성화의 실천이라는 원사상原思想의 살아 뛰는 생명 없이는, 민중 심장의 고동 없이는 어떠한 경전도 헛소리입니다. 지렁이만도 못하게 천하게 죽임 당하는 사람의 삶을 한울로 드높이는 민중 주체의 인내천 혁명, 민중 주체의 생명운동, 참삶의 실천 자체가 바로 동학의 최수운 선생의 기본 사상입니다. 바로 그것이 민중 주체의 민족통일 운동의 기본 사상이 되어야 할 것입니다. 인간의 사회적 성화, 민중 주체의 자각적이고 조직적인 인내천 혁명, 그 생명운동의 줄기찬 실천을 통해서 우리 민족과 민중 자신만이 아니라 온 인류와 중생의 해방도 비로소 이루어질 것입니다.

1984년 12월

은적암 기행

은적암 기행

최수운과 남·북접의 관계

남접의 뿌리를 찾아서

1984년 12월 중순경 내가 은적암隱寂庵을 찾게 된 것은 오랜 동안의 소망을 이룬 것이었습니다. 은적암은 수운 최제우 선생께서 경주 근처에서 포덕, 즉 동학의 큰 이치를 선포하고 널리 펴던 중 소위 추로지향鄒魯之鄕이라 하여 영남의 완고한 보수적인 이데올로기 편향과 중세적인 사상적 경직성 등으로 인한 온갖 형태의 박해와 지목을 피해서 1962년 전라도 쪽으로 피신, 남원성 밖 교룡산성蛟龍山城 선국사善國寺에 방을 하나 얻어 그 방에 은적암이라 스스로 당호를 붙이고 그곳에서 8개월 동안 피신 수양하였던 곳으로, 그 때문에 은적암은 동학사에 있어서 중요한 장소가 되고 있습니다. 내가 이 은적암을 오래도록 찾고자 했던 이유는, 오늘날 우리나라 민중 저항운동사 가운데 큰 물줄기를 이루고 있는, 지금까지도 지속되고 있으며 앞으로도 지속돼야 할 동학의 사상사적 흐름에 있어서 아직까지도 해결되지 못한 남 · 북접南北接 사이의 관계, 그 사상적 · 조직적 · 운동적인 상관관계가 밝혀지지 않고 있기 때문이었습니다. 더욱이 동학 농민 운동 당시 남 · 북접 사이의 갈등이 오늘날 사학계에서 더 이상 추적되지 않고 있고, 그 갈등 자체를 오히려 숙명적인, 필연적인 것으로 받아들이고 있으며, 사회경제사적인 동학사 이해에 있어서는 그것을 마치 당연한 것처럼 못 박아 버림으로써 한국사 이해의 기본 관점을 크게 좁히거나, 근본적으로 정치적인 진실한 이해에 선뜻 다가서지 못하는 형편에 있기 때문입니다. 남 · 북접 사이에 대한 통일적인 이해가 부재한다면, 그리고 역동적인 이해, 진실한 이해가 없게 된다면, 동학을 중심으로 한 근대, 또는 그 근대 안에 들어 있는 모든 민중운동사와 더불어 앞으로 전개될 민중운동사에 대한 총체적 이해의 기본 관점은 나타나지 않게 될 것입니다.

사학계에서는 대체로 1860년의 수운 선생의 큰 깨달음과 그분의 포덕 활동에 대해서는 상대적인 평가를 하고 있으나, 동학 농민 운동 당시 남 · 북접 사이의 갈등을 통해 나타난 남접과 해월 선생 간의 관계, 해월 선생의 반폭력 혁명적인 거취를 들어, 더 나아가서는 해월 선생이 당시 봉건 이조의 관변 측에 오히려 더 타협적인 태도를 취하여 동학 농민 운동 전체에 반동적인 역할을 했다는 관점을 계속 고수함으로써 근대 민중운동사 전체를 다만 사회경제사적인 요인의 종합적 · 복합적 폭발로만 이해하는 방향에서 시각을 좁히고 있으며, 탄력성을 잃어버리고 동학 민중 사상 및 운동사 전체, 조직과 관련한 전체의 총체적 시각을 제시하지 못하고 있습니다. 한국의 사학계는 여기에서 한 발도 전진하지 못하고 있는데 이는 대체로 그 사이에 나타난 자료 중심, 기록 중심으로만 역사적 사건을 보아 온 큰 흠에서 기인하고 있는 것이 아닐까 합니다. 동학 농민 운동사가 아직도 그 이해의 첫 시작에 불과한 것이고 진행 중에 있는 것이라고 한다면, 이 중차대한 민중운동의 핵심을 이루고 있는 남 · 북접 사이의 관계에 대한 총체적 이해가 필요하며, 이를 위한 살아 있는 접근이 요청됩니다.

오늘날 사학계가 동학, 특히 남 · 북접 사이의 관계를 보는 시각은, 북접은 수양만 하고 남접은 혁명만 하는, 북접은 개인의 내면적인 수양에 의해서 후천개벽이 스스로 도래하리라는 것을 믿는 신비주의적인 수양 종단修養宗團으로만 밀어붙이고, 남접을 중심으로 하고 전라도 쪽을 중심으로 한 동학 농민 운동은 단지 동학을 용무지지用武之地, 즉 이용할 수 있는 한 발판으로만 생각했고, 그 동기나 그들의 사상적인 움직임, 그들의 조직이나 운동, 활력이나 운동 방법, 전략, 전술들을 사회경제사적인 일반적인 불만으로 환원시켜서 이해하고 있는 것이 현실입니다. 이것은 오늘날 제기되고 있는 민중운동의 여러 가지 요구와도 심각한 관계를 갖고 있습니다. 인간의 정신적인 변혁이나 총체적인 세계 이해, 종교적인 우주 이해, 우주와 인간 사이의 관계, 자연과 인간 사이의 관계, 인간과 인간 사이의 관계라는 기본적인 인식 및 인간의 자기 변혁 등은 사회 변혁을 위한 집단적 행동과 관계가 없을 뿐만 아니라 서로 모순되는 것으로 잘못 파악하게 하는 잘못된 시각, 잘못된 실천 방향 등을 유도하는 데 심각한 영향을 주고 있는 것이 사실이기 때문입니다. 따라서 민중 주체의 민족운동사의 거대한 봉우리요 큰 물줄기인 동학 농민 운동사에 있어서 남·북접 사이의 관계는 오늘날에도 심각한 의미를 갖는 것이며 그것의 상관관계, 역동적 통일적 관계를 이해할 수 있는 관점 및 그 근거의 발견은 과거의 우리 민중운동사와 민중 사상사를 바르게 인식하기 위해서뿐만 아니라 앞으로의 우리 민중운동을 위해서도 관건적인 열쇠가 되는 문제라 아니할 수 없습니다.

남접南接은 주로 전라남북도와 경상남도, 충청남도를 포섭하는 조직의 명칭으로, 북접北接은 경상북도와 충청북도, 강원도, 황해도, 경기도, 함경도, 평안도를 포섭하는 조직의 갈래로 이해되고 있는 것이 일반적 상식입니다. 또한 해월海月 최시형崔時亨 선생과 의암 손병희 선생의 법통을 이어받은 북접의 후신이 천도교로 발전되어 온 것으로 이해되고 있으며, 남접은 수많은 자칭 남접 도주들이 조직의 중심이라 자처하고 나섰으나 대체로 동학 농민 운동이 실패로 돌아간 뒤로는 조직이 전면 와해돼 버림으로써 연원淵源의 뿌리가 지속되지 못한 것으로 이해되고 있습니다. 그렇게 해서 마치 북접과 남접은 서로 따로 발전했을 뿐만 아니라 남접은 수운 단계에서부터 이미 동학사상과는 상관이 없이 자연발생적으로 전통적인 민중 반란을 발전시켜 나간 것으로 이해되고 있는 것이 사실입니다. 만약 수운 선생과 남접이 조직적으로 사상적으로 직접적 연관이 없는 것이라고 한다면, 그리고 그것이

어김없는 사실이라고 한다면 남 · 북접의 통일적인 이해도, 동학 농민 운동사의 총체적이고 역동적인 이해의 기본 관점도 제시하기가 어려울 것입니다. 그러나 과연 그럴까요? 남접으로 불리는 수많은 동학 농민 운동 민중 집단들의 조직과 운동의 정신은 수운의 위대한 인내천 혁명 사상, 후천개벽 사상과 실제로 그다지도 먼 거리에 있었던 것일까요? 한편 북접으로 호칭되는 해월 선생의 수운 사상 포덕과 조직 활동은 과연 동학 농민 운동과 같은 총체적인 민중 혁명운동과 그다지도 거리가 먼 것일까요? 수운 선생이 체포되기 직전, 해월 최시형 선생에게 동학의 법통을 이어 넘기면서 해월 최시형 선생을 구태여 북접 대도주라고 호칭한 이유는 무엇이었을까요?

우리는 동란이 지나간 뒤 억압받는 민중들이 그 스스로 주체적으로 창조해낸 사상과 운동들의 흔적이 말소되어 온 것을 역사적으로 어디에서나 잘 보아 왔습니다. 기록만이 아니라 구전까지, 구전뿐만 아니라 사람과 사람 사이에서의 기억조차, 또는 집안과 집안 사이에서의 족보에서마저도 남의 눈에 띄지 않도록 싸그리 그 자취들을 없애버리는 비극적인 단절을 우리는 보아 왔습니다. 따라서 이런 점들을 고려한다면 우리는 실상에 접근하기 위해 가지가지의 역사적 상상력과 살아 있는 접근 방법 및 이해의 방법을 다각적으로 찾아내지 않으면 안 될 것입니다. 그렇다면 수운 최제우 선생은 하필 그가 그토록 아끼고 신뢰했던 해월 최시형 선생에게 왜 구태여 북접 대도주北接大道主라는 제한된 호칭을 주었던 것일까요? 우리는 여기에서 분명 수운 최제우 선생의 복중의 경륜과 포부 중에 남접이라는 뚜렷한 조직적 활동의 전제가 있었기 때문이라고 일단 가정해 볼 수 있습니다. 1862년, 8개월에 걸친 수운 선생의 피신 시대, 즉 남원 은적암 시대의 의미를 찾아보려 하는 것은 바로 이 같은 남접의 뿌리를 찾아보기 위해서입니다. 남원 은적암 피신 시대의 의미를 찾아내는 것이야말로 동학 농민 운동을 전후한 모든 시기에 있어서의 남접과 북접에 대한 통합적 · 역동적 · 통일적인 이해, 즉 살아 생동하는 총체적 이해의 관점을 마련하는 데 중요한 실마리와 맥을 잡는 것이 될 것입니다.

숨어서 쓴 「칼 노래」

이와 같은 뜻에서 1984년 12월 중순 저는 은적암을 찾기로 하였습니다. 은적암은 남원南原 성 밖 동남 방향, 교룡산성 안에 있는 선국사의 한 방입니다. 기록에 의하면 수운 선생은 경주로부터 남원으로 피신하여 남원성 남문 밖의 한 주막에서 남원 사람 서공서徐公瑞(후일 동학의 골수 신자였습니다)를 만나, 그의 안내로 교룡산성 안에 있는 선국사의 한 방을 빌려 그 방에 좌정한 뒤 스스로 은적암이라 당호를 붙이고 머물렀던 것입니다.

제가 먼저 해야 할 일은 남원성 밖 남문 근처를 찾는 것이었습니다. 이제 모두 다 변해 버려서 성벽은 허물어져 있었고 성벽 자취만 있었습니다. 남문 밖은 이제 저잣거리요, 식당과 가게들이 들어서 있었습니다. 성벽이나 문의 흔적은 전혀 없었습니다. 교룡산성은 남원성 동편에 있는데 그 산세가 교룡蛟龍, 도마뱀 혹은 도롱뇽 같은 모양을 하고 있었습니다. 도마뱀이 비스듬히 꼬리를 틀고 있는 모양이었으며 산성의 위치는 꼬리 옆구리의 비스듬히 구부러진 위치에 있었습니다. 그 같은 산세를 살피면서 산성으로 접근해 가는 동안 제게는 은적암, 숨어 고요히 머문다는 그 같은 당호 속에 수운 선생 자신의 당시의 사정과 형편에 대응하는 어떤 의도가 배어 있다는 생각이 들었습니다. 원래 도마뱀이란 다른 짐승에게 꼬리를 물리면 그 꼬리를 스스로 떼어 버리고 달아난다고 합니다. 그러면 얼마 후 끊어진 부분에서 꼬리가 다시 자라나서 온전한 몸이 된다고 합니다. 이와 같은 도마뱀의 생리, 자기의 생체 조직을 끊어 내 버리고 중심 동체胴體가 피난, 피신하되 그 끊어진 부분에서 다시 새로운 싱싱한 생체 조직이 자라 돌아오는, 기이한 그러면서도 매우 역동적인 자기 포기와 재생성의 이 생리는 자기 파괴와 새로운 생명의 생성, 다른 말로 하면 피난과 새 생명의 생성이라는 역동적인 의미를 느끼게 해 줍니다. 이것은 교룡산성의 산세와 수운 선생의 피신 행동 사이에 어떤 관련이 있다는 말입니다. 대저 사람이 산다는 것은 오직 사람과 사람 사이에서만 사는 것이 아니라 자연과 함께 사는 것이며, 자연 생명의 운동과 함께 사람의 생명도 운동하는 것입니다. 오늘날 서양 합리주의의 온갖 형태의 피상적인 세계 이해, 인간 이해, 인간과 세계와 자연을 전혀 별개의 것으로 보는, 대립적 차원에서 정복-피정복의 관계로 보는, 또는 죽은 물질로 자연을 보는 피상적인 자연 이해, 피상적인 인간 이해에 물들어 있는 우리들에게 있어서 이와 같은 이야기는 어쩌면 허황하고 황당무계한, 미신적 이야기로 들릴 수도 있겠습니다. 그러나 과연 그것이 참으로 미신이며 황당무계한 것인지는 보다 더 깊이 생각하고 검토하고 밝혀 나가야 할 문제인 것입니다. 산천과 초목 군생과 인간의 역사, 즉 지구와 우주 자연의 역사는 끊임없이 서로 얽히면서 영향하면서 변화하는 것입니다. 그렇다면 교룡산성과 수운 선생의 은적암 피신과의 관계는 필연적인 유기성을 가질 것이라고 생각되었습니다.

저는 은적암으로 접근하면서 산성 안에 있는 선국사 입구에서 안개 속으로부터 솟아오르기 시작하는 지리산의 큰 모습을 보았습니다. 아시다시피 지리산은 반도 남쪽의 가장 큰 어머니 산입니다. 경상도, 전라도, 충청도를 다 끌어안으면서 세 도에 산자락을 펼친 거대한 산이며, 그 지역에 서식하는 모든 인간과 초목 군생과 온갖 산수의 어머니 산이라고 볼 수 있습니다. 당시 지리산은 수천 년에 걸쳐 경상도와 전라도 사이가 격절되어 교통이 불편하던 그런 조건 속에서 남원으로부터 운봉雲峰, 함안咸安을 거쳐 진주, 하동 등으로 연결되는 교통로를 가지고 있었습니다. 이것은 무역로일 뿐 아니라 문화의 교통로이기도 하며 전쟁의 진로이기도 하고 정보의 유통로이기도 했습니다. 한마디로 전통 시대에 있어서의 한반도의 실크 로드-비단길이라고 할 만합니다. 그리고 바로 이 길을 통해서 경상도와 전라도의 문물이 교환되었으며 여기에서 남원과 진주와 같은 물산이 풍부한 상업 도시, 교역이 활발한 서민들의 도시, 그리고 주요 관문으로서의 요새적인 도시가 일어났다고 이야기되고 있습니다. 수운 선생이 경주로부터 남원까지 올 적에는 어떤 길로 왔을까 하는 생각도 들었습니다. 광양光陽 길, 즉 백운산白雲山을 끼고 광양으로 돌아서 들어오는 길도 있었겠으나, 저에게는 어쩐지 바로 이 비단길, 함안에서 운봉을 거쳐 남원으로 들어오는 길을 통했으리라는 생각이 들었습니다. 『용담유사龍潭遺詞』 중 「도수사道修詞」와 「권학가勸學歌」에는 청려靑藜, 푸른 명아주 지팡이를 짚고 천리 행장에 나서는 심경을 표현한 것들이 나오는데, 그 같은 표현도 바로 이 길 위에서 이루어졌을 것이라는 생각이 들었습니다. 임술년에 지은 「권학가」에는 명백히 수운 선생이 전라도 은적암에 와서 묵새기면서, 한 해를 넘겼다고 되어 있습니다. 신유년에 지어진 「도수사」 앞부분에는 이런 말이 나옵니다.

광대한 천지에 정처없이 길을 떠나
울울한 이내회포 붙일 곳 바이없어
청려를 벗을 삼아 여창에 몸을 빗겨
전전반측 하다가서 홀연히 생각하니

나도 또한 이세상에 천은이 망극하여
만고없는 무극대도 여몽여각 받아내어
구미용담 좋은 풍경 안빈낙도 하다가서
불과일년 지낸 후에 원처근처 어진 선비
풍운같이 모여드니 낙중우락 아니던가
이내좁은 소견으로 교복교도 하다가서
불과일년 지낸 후에 망창한 이내 걸음
불일 발정 하자하니 각처의 모든 벗은
편언척자 바이없고 세세사정 못미치니
양협한 이내소견 수천리 밖에 앉아

또 권학가 도입부에는 이런 말도 나옵니다.

호호망망 넓은 천지 청려를 벗을 삼아
일신으로 빗겨 서서 격치만물 하여보니
무사한 이내회포 붙일 곳 바이없어
말로 하며 글을 지어 송구영신 하여보세

일단 우리는 여기에서 수운 선생이 도를 깨친 뒤에 포덕布德, 즉 그 도를 널리 펴 전하다가 지목指目과 시새움과 모략과 중상, 수색, 환문 등 박해를 당한 끝에 피신하는 과정을 볼 수 있습니다. 그리고 우리는 『용담유사』 도처에서, 그리고 『동경대전』에서까지도 수운 선생이 추로지향을 자처하는 경상도, 즉 영남의 모화적慕華的 유학 사상에 대한 맹목적 추종, 그리고 그것을 바탕으로 한 고압적이고 권위주의적이며 배타적인, 매우 경직된 유교 이데올로기에 대해 날카로운 반발과 울분에 찬 비판을 하고 있음을 읽게 됩니다. 그것은 피신 여행 과정에서 더욱 울적하고 비창한 음조를 띠면서 표현되고 있습니다. 이와 같은 심경은 남원 은적암에서의 8개월에 걸친 피신 과정에서도 계속됩니다. 즉 남원 은적암에서 지은 「권학가」에는 그것이 다음과 같이 나타나 있습니다.

불고가산 발정하여 방방곡곡 찾아와서
매매사사 살펴보니 허다한 남녀사람
사람마다 낯이 설고 인심풍속 하는 거동
매매사사 눈에 거쳐 타도타관 아닐런가

이와 관련해서 수운 선생의 예민하고 섬세한 심리적 표현들이 도처에 여러 가지 표현으로 나타나고 있습니다. 한마디로 스산하고 쓸쓸한 객지의 떠돌이 느낌, 뿌리 뽑힌 사람이 낯선 땅에 내던져진 고향 상실의 느낌이 아주 짙게 나타나고 있습니다. 이것은 「용담가」에서, 머나먼 방랑길에서 돌아와 자기 고향, 구미 용담龜尾龍潭에 돌아왔을 때의 그 서러운 심경 표현들과 대응된다고 보겠습니다.

나도 또한 출세후로 득죄 부모 아닐런가
가련하다 가련하다 이내가운 가련하다
나도 또한 출세후로 득죄 부모 아닐런가
불효불효 못면하니 적세원울 아닐런가
불우시지 남아로서 허송세월 하였구나
인간만사 행하다가 거연 사십 되었더라
사십평생 이뿐인가 무가내라 할길없다
구미용담 찾아오니 흐르나니 물소리요
높으나니 산이로세 좌우산천 둘러보니
산수는 의구하고 초목은 함정하니

불효한 이내마음 그아니 슬플소냐
오작은 날아들어 조롱을 하는듯고
송백은 울울하여 청절을 지켜내니
불효한 이내마음 비감회심 절로난다
가련하다 가련하다……

이와 같은 스산하고 슬픈 심경, 사십 평생이 되도록 아무것도 한 일이 없고, 가업을 일으킨 일도 없고, 도를 얻지도 못했고, 뜻을 이루지도 못한 채로 굶주림과 홀대와 괄시 속에서 이것저것 하는 일마다 모두 어그러져 되는 일은 하나도 없고 가까운 사람도 없이 이 세상에 내던져진 부러진 막대기와 같이 굴러다니다가 고향에 돌아오는 심경은, 당시 민중들의 일반적인 고향 상실, 뿌리 뽑힘의 사회 심리에 그대로 대응되는 것이라 할 수 있습니다. 그리고 바로 이것이 새로운 깨침, 세상에 대한, 근원적인 생명의 실상과 삶의 실상에 대한, 세계의 실상에 대한 진정한 깨침에 이르는 조건이 되기도 하는 것입니다. 사실 그 이후 수운 선생은 큰 깨침에 이르게 됩니다. 그러나 수운 선생은 이같이 해서 깨친 도를 세상에 널리 펼침에 있어서 또 한 번의 박해를 받게 되었습니다. 자기 친척들과 가족들로부터까지도 손가락질당하고 영남의 전체적인 학문 풍토와 사상의 풍토로부터 질시 내지 멸시를 받게 되었습니다. 더 나아가 관변 측의 지목을 받아 연행, 환문되어 우롱당하고 욕을 먹는 처지에 놓이게 되어, 수운 선생은 어쩔 수 없이 다시금 고향을 떠나게 되었던 것입니다. 그러므로 이 같은 상태에서 온 예리한 슬픔, 모든 것을 다 잃어버린 듯한 허전함, 여로의 수심, 스산한 객지의 설움과 같은 것들이 은적암 시대에 지어진 「칼 노래」 등과 깊은 관계를 가질 것이라는 것은 능히 추측할 수 있습니다. 「칼 노래」는 아시다시피 동학에서 가장 혁명적인 노래올시다.

우주 변혁적이라 할 만큼 온 세상을 근원적으로 변혁하고자 하는 의지가 자신만만하고 호호탕탕한 기운으로 가득 차 있는 혁명적인 가요입니다. 이 가요야말로 동학 농민 운동 당시 동학 민중들의 기개와 의지를 가장 탁월하게 압축 표현할 수 있는 노래였습니다. 이 노래의 힘에 의해 동학 민중들은 끝없이 격발되어 끝없이 우주적 변혁의 지평을 향해 모든 죽음과 난관과 고통을 뚫고 나갔던 것입니다. 수운 선생은 바로 이 「칼 노래」에서 다음과 같이 노래했습니다.

시호시호 이내시호 부재패지 시호로다
만세일지 장부로서 오만년지 시호로다
용천검 드는 칼을 아니쓰고 무엇하리
무수장삼 떨쳐입고 이칼저칼 넌즛 들어
호호망망 넓은 천지 일신으로 비껴서서
칼노래 한 곡조를 시호시호 불러내니
용천검 날랜 칼은 일월을 희롱하고
게으른 무수장삼 우주에 덮여있네
만고명장 어디있나 장부당전 무장사라
좋을시고 좋을시고 이내신명 좋을시고

이와 같이 천군만마를 거느리고 만고 명장이 다 온다 해도 이내 대장부, 즉 도를 깨친 한 사람 앞에 당할 수가 없다는 호호탕탕한 기백을 피력하고 있습니다. 또한 용천검이 세상에서 가장 잘 드는 날카로운 칼, 이것은 도력道力의 칼, 진리의 칼이겠습니다만, 그리고 생명의 칼이겠습니다만, 이 칼로써 넓으나 넓은 천지에 홀로 우뚝 서서 일월과 온 세상을 다, 온 세상에 덮여 있는 온갖 티끌을 다 떨쳐 버리고 우주를 한꺼번에 통섭하겠다는 엄청난 기세를 보여 주고 있습니다. 이러한 결단을 내리는 시기는 오만 년에 한 번밖에 없는 때이니, 모두 스스로를 변혁할 뿐만 아니라 온 세상과 우주를 변혁하는 일에 떨쳐나서라는, 따라나서라는 호소를 담고 있습니다. 수운 선생은 홀로 나무칼을 들고 달 밝은 밤이면 교룡산성의 뒷산, 묘고봉妙高峰에 올라 이 「칼 노래」를 부르며 칼춤을 추었습니다. 이 「칼 노래」와 칼춤은 동학 농민 운동의 전 과정에서 혁명적인 노래 핵심이 되었고, 가장 중요한 전투적 굿판의 핵심적인 춤사위가 되었습니다. 이것은 바로 민중의 혁명적 행동과 그대로 직결된 의식이요, 노래였던 것입니다. 때문에 수운 선생이 체포되어 대구 장대에서 죽음을 당했을 때 수운 선생에게 적용된 좌도난정률左道亂正律의 주문의 내용은 주로 「칼 노래」, 칼춤에 걸려 있었던 것입니다. 즉 좌도난정률의 제목을 보면, "동학 괴수東學魁首 최제우崔濟愚 이사술以邪術 제인질병濟人疾病 이주문以呪文 국가민족기만國家民族欺瞞 이검가국정모반以劍歌國政謀叛 이좌도난정률以左道亂正律 의당처형宜當處刑"이라고 되어 있습니다. 동학의 두목 최제우는 삿된 방술方術로써 사람을 고치고 병을 낫게 한다고 사칭했으며, 주문으로써 국가와 민족을 속였으며, 「칼 노래」로써 국가의 정사를 모반했으니 좌도난정률에 따라 처형함이 마땅하다는 것입니다. 맨 마지막 부분, 즉 「칼 노래」로써 국정을 모반하여 반란을 꾀하였다는 것이 수운을 죽음으로까지 몰아가는 데 결정적인 역할을 한 죄목인데, 그 증거로서 제시된 이 「칼 노래」가 바로 박해를 피해 슬픈 마음으로 울적한 나날을 보내던 은적암 피신 시기에 지어진 것입니다. 「칼 노래」가 은적암에서 지어진 것 등의 일들과 남접의 시작이 어떤 관련을 갖고 있을지를 찾아내는 것이 바로 제 자신이 은적암을 찾게 된 동기였습니다.

은적암은 빽빽한 큰 대나무숲 속에 싸여 있었습니다. 즉 교룡산성 선국사는 대밭에 둘러싸여 있어서 밖의 사람들에게 그 모습을 언뜻 드러내지 않았습니다. 본래 이 산성은 매우 중요한 국방상의 요새지였고 왜구의 침노를 많이 받은 역사적 흔적을 갖고 있어서 남원부南原府에서도 이 산성은 매우 중요한 위치를 차지하고 있었던 것으로 보입니다. 산성 입구에는 산성을 지키고 수리하였던 비장들의 비석들이 줄줄이 세워져 있었습니다. 이 산성은 여러 번 수리되었다고 하는데 그 안에 들어가 앉아 있는 선국사의 절 이름이 착할 선善 자, 나라 국國 자 선국사로 된 것 자체가 국태민안國泰民安과 국가 보위를 기원하는 호국적인 의도에서 창건된 절임을 나타내 줍니다. 이 선국사는 그대로 남아 있으며 불에 탄 흔적은 없는 것으로 보입니다. 다만 은적암이 이 중의 한 방이었다 하는데, 그것이 밀덕암密德庵이라고 부르는 한 암자였는지, 아니면 지금에 와선 암자의 자취가 없으므로 선국사 본 건물의 한 귀퉁이 방이었는지는 잘 알 수 없었습니다. 그러나 여하간 수운 선생이 남원에 이르렀을 때 남문 밖 주막에서 서공서를 우연히 만나 그의 집에서 10여 일간을 유숙하는 가운데 그와 친교를 맺게 되었으며 그의 주선으로 그해 겨울 12월 말경에 교룡산성으로 들어갔다고 하는 점, 이 점으로 미루어 보아 이미 서공서는 그 당시의 유숙 과정에서뿐만 아니라 수운 선생이 교룡산성에 좌정하여 머물기 시작한 이후에도 계속 수운 선생과 깊은 관련을 가졌을 것이 틀림없습니다. 이 관련은 스승과 제자의 관계로 즉 동학의 이치를 깨치는, 그리하여 동학의 신도가 되는 종교적 관계로, 조직적 관계로 발전하였을 것은 추측하기 어렵지 않습니다. 또한 기록과 전해 오는 바에 의하면 이 8개월 동안 경주 쪽에 있는 제자들은 수운 선생이 피신해 있던 위치와 행적을 전혀 알지 못하고 있었던 것으로 되어 있습니다. 하여튼 영남으로부터 박해를 피하여 남원 땅으로 와서 당시의 경직된 지배 이데올로기와 유교 도그마에 대한 날카로운 비판과 울분 및 슬픈 회포를 품은 채 은적암에서 「칼 노래」를 짓고 칼춤을 춘 수운 선생의 행적에서는 선생의 전체적인 사상 맥락 안에 들어 있는 동세개벽動世開闢 즉 후천개벽을 선천적인 동세방략動世方略에 의해 풀어 나가려는 혁명적인 의도의 한 실마리가 충분히 잡힌다 하겠습니다. 역시 그 무렵 은적암에서 지은 「권학가」 안에는 '쇠운衰運이 지극하면 성운盛運이 돌아온다'는 하원갑下元甲 사상, 즉 개벽 사상이 명백히 강조되어 있으며, 똑같은 「권학가」에 서양 세력의 동양 침략에 대한 날카로운 경계와 비판이 있습니다.

하원갑 경신년에 전해오는 세상말이
요망한 서양적이 중국을 침범해서
천주당 높이세워 저소위 하는 도를
천하에 편만하니 가소절창 아닐런가

이것은 『동경대전』 「포덕문」에서 "서양 사람들은 한울님의 뜻을 받들어 부귀를 취하지 않는다 하면서 천하를 쳐서 빼앗는다 西洋之人 以爲天主之意 不取富貴 攻取天下"라고 비난한 것과 같은 내용입니다. 나아가 세상의 현인 군자들을 만나 세상 이치를 밝혀 중생 제도에 뜻을 함께하리라는 의지가 강력하게 나타나 있습니다. 「권학가」에는 "쇠운이 지극하면 성운이 오지마는/현숙한 모든 군자 동귀일체同歸一體하였던가"라는 구절이 있습니다. 동귀일체란 하나의 공동체로 결속되고 조직되는 것을 말합니다. 쇠운이 지극하여 성운이 돌아오는 것은 자연의 필연이요 역사의 대세지만, 그러나 그것을 깨달은 뜻있는 사람들이 그것을 실천적으로, 적극적으로, 능동적으로, 집단적으로 앞당기는 조직적 활동, 즉 한 몸, 하나의 유기체로 모두 다 귀속하는 그와 같은 조직적 활동을 했던 것이냐고 묻는 것입니다. 그래서 "어렵도다 어렵도다 만나기도 어렵도다"라고 말하고 있습니다. 여기에서 수운 선생은 "방방곡곡 찾아들어 흉중에 품은 회포/다른 할 말 바이없고 수문수답서로 묻고 대답하는 중에/당당정리(당당한 세상의 이치) 밝혀내어" 온 세상 저 모든 중생들을, 도탄 중에 빠진 중생들을, 함지에 빠진, 죽음에 빠진 사람들을 전부 건져야 한다고 외칩니다. "함지사지(죽을 자리) 빠진 중생들아 보국안민 어찌할꼬"라고 물으면서, 보국안민을 위한 조직의 중요성과 종교적인 개벽의 필연성을 강조하고 있습니다. 이처럼 민족과 민중을 '죽음'에 빠진 처지에서 '살림', 즉 그들을 활인活人시키는 방도가 후천개벽인데, 그 후천개벽은 그것을 깨달은 사람들을 동귀일체同歸一體, 바로 유기적이고 종교적이며 또한 사회적인 공동체로 조직하여 그것을 실천, 실현함에 의해서만 가능하다는 점을 수운 선생은 명백히 말하고 있습니다. 수운 선생의 이 같은 동귀일체 사상이 바로 교룡산성과 같이 외적의 침입에 맞서 싸웠던 산성에서, 그리고 인간의 가없고 끝없는 윤회 사슬에서 벗어나 대해탈을 이룩하여 중생을 고해에서 제도하려는 불교, 그 절집의 한 방에서, 또한 자기의 꼬리를 떼어 던지고 바로 그 자리에서 새로운 생체 조직을 다시 소생시키는 도마뱀 형상의 교룡산성에서, 풍수상 기이한 특징을 지닌 한 유현幽玄한 지점에서 힘 있게 솟아 나오고 있었다는 점은 우리들의 관심을 끌기에 충분합니다.

경주에 있는 제자들조차도 전혀 소재를 알지 못했던 절연된 상태에서 수운 선생이 새로운 조직을 창출하려고 했던 점은 우리에게 무엇을 시사해 주는 것일까요? 우리는 여기에서 교룡산성

선국사 은적암에 체류했던 수운 선생의 8개월 동안에 걸친 피신 시대의 모든 사색과 활동, 그리고 「칼 노래」, 칼춤의 창제 등이 그 후 동학 농민 운동에서의 남접의 조직 및 활동과 깊이 연관돼 있었을 것이라는 추측을 어렵지 않게 할 수 있습니다. 따라서 나는 선국사의 대밭 속에서 수운 선생이 서성거리며, 울분을 시로 읊조리며, 「칼 노래」를 부르며 칼춤을 추었던 그 골짜기와 산등성이와 대밭들과 그 험준한 돌벼랑 틈에서, 남접은 바로 이곳에서부터 시작되지 않았겠느냐는, 아니, 남접은 바로 이곳에서부터 시작되었다는 굳은 확신을 갖게 되었습니다.

우리는 마호메트가 메카에서 박해를 피해 자기 조직의 꼬리를 끊고 메디나로 도망가는 소위 '헤지라'의 경험을 통해 마호메트교가 메디나 사상으로, 그리고 일종의 전투적이고 혁명적인 메디나 공동체로 발전하여 마침내 그 공동체가 바로 이슬람의 대제국으로 발전하는 과정을 알고 있습니다. 그와 똑같은 것은 아니나 민중 종교의 발전 과정에는 이와 같은 역동적인 전환이 있는 것입니다. 피신과 새로운 변혁에의 의지 사이의 역동적인 관계는 수운의 은적암 시대에도 나타나는 것으로서 피신이 곧 새로운 변혁에의 나아감과 하나로 통일되는 것에 주목해야 합니다. 뿐만 아니라 이 변혁은 피신 이전의 사상을 바탕으로 하되, 피신 이전의 기본 사상을 보다 실천적으로, 보다 더 구체적으로 들어올리면서 또한 동시에 초기 사상의 크기를, 구체적인 변혁 사상을 포함하는 크기로 확대재생산시키고 있음을 잊지 말아야 하며 놓치지 말아야 할 것입니다. 그리고 이런 것들은 『동경대전』과 『용담유사』, 그리고 그의 여러 가지 우음偶吟 및 시편들과 노래들, 행적들 전체와의 유기적 연관 속에서 요모조모로 깊이 살펴보아야 할 것입니다.

그리고 여기서 또 하나 놓쳐서 안 될 것은 영남 쪽의 그의 제자들이 아무도 그의 자취를 몰랐다는 점입니다. 그것은 바로 연결을 끊었다는 것을 뜻합니다. 그 이후 수운 선생이 영남으로 다시 되돌아가는 과정에서 우리가 남접의 시작이라고 생각하는 점들과 북접과의 연결의 흔적이 나타나지 않는 걸 보면, 영남으로 떠나면서 남접 초기 조직과의 연락을 또다시 끊었는가 아닌가 하는 것은 다음과 같은 몇 가지 관점에서 재고해 봐야 할 문제인 것입니다. 첫째, 떠남과 돌아감, 돌아감과 떠남이라는 반복 과정을 갖게 마련인 신생 종교 조직의 미묘한 확대재생산의 관계가 그것이며, 두 번째, 동란이 지나간 뒤에 모든 기록과 인간 사이의 연계의 파괴, 그것을 추측할 수 있는 여러 가지 흔적과 구전의 파괴 및 단절의 영향이 또 하나입니다. 세 번째, 그만큼 당시의 억압과 지목과 탄압이 극심했다는 조건을 짐작케 할 뿐만 아니라 그와 같은 조건에서 살아남는 종교 조직의 확장 방법이 바로 이와 같은 끊고 떠남과 새로 태어남, 그리고 다시 돌아감과 끊음에 의해 여기저기에 일단 새 사상의 씨앗이 떨어지기만 하면 그다음엔 그들 민중의 생활 자체가 가진 고통의 발효력에 힘입어 살아 있는 민중의 해방에 대한 커다란 열망의 활동 속에서 그 씨앗을 트게 하는 동학 특유의 전파 방식이라고도 볼 수 있을 것입니다. 이 같은 관점에서 보다 더 역동적이고 보다 더 섬세하게 이러한 관계를 추측하거나 재구再構해 들어가야 할 것입니다. 그러나 마호메트교에서의 헤지라의 경험처럼 마호메트가 메카로부터 떠나 메디나 공동체, 새로운 변혁적인 전투 공동체를 창설한 후 메카로 다시 돌아오는 공식과 똑같지는 않은 점에, 우리나라의 동학 농민 운동과 민중운동사의 독특한 특징이 숨어 있음을 또한 잊어서는 안 될 것입니다. 뿐만 아니라 여기에 첨가할 중요한 사실은, 우리나라의 동학 농민 운동은 메디나 같은 종교적 전투 공동체가 곧장 이슬람 제국으로 발전하는 단순한 정치 종교적 조직 확산 형태가 아니고 떠남-돌아감, 돌아감-떠남의 끊고 떠나가는 반복 관계 속에 피난과 변혁의 역동적 통일을 압축하고 있다는 점입니다. 동학의 경우에는 기초적인 우주 사상이 역사적인 변혁 사상을 끼고 더욱더 크게 확대되면서 살아 생동하는 구체적인 민중 사상으로 발전하는 것을 보는데, 우리는 그 계기를 은적암에 쓰여진 「권학가」에서 찾아낼 수 있습니다. 예컨대 우리는 해월 선생의 '밥 사상'의 실마리가 수운 선생의 「권학가」에 이미 나타나고 있는 것을 보는 것입니다. 향아설위 사상, 식고食告 사상, 즉 밥을 먹을 때 고백하는 것, 밥을 경건히 먹는 것, 밥을 중요시하는 것, 일상적인 먹거리로서의 밥을 거룩한 제사로까지 승화시킨 것이 해월 최시형 선생의 '밥 사상'입니다. 일상성과 거룩함의 통일적 파악인 밥의 사상이 해월 선생과 동학사상의, 후천개벽적인 민중 사상의 핵심이라고 한다면, 바로 이 사상, 그리고 밥을 먹는 고백이 모든 제사의 으뜸이며, 으뜸가는 도통, 도를 깨치고 한울님에 이르는 핵심적인 수행 방법이며 모든 질병을 퇴치하는 가장 훌륭한 의술 방법, 의통 방법이며 활인 방법이라는, 일상성과 거룩함을 통일적으로 파악하는 해월 사상의 핵심 부분의 실마리가 이미 「권학가」에 나타나고 있는 점을 우리는 유의해서 보지 않을 수 없습니다. 「권학가」에는 이미 다른 곳에서 보이지 않는 다음과 같은 구절이 나오고 있는 것입니다.

> 일일시시 먹는 음식 성경이자 지켜내어
> 한울님을 공경하면 자아시 있던 신병
> 물약자효 아닐런가

즉 매일 먹는 음식을 거룩하게 그리고 공경하는 마음으로 한울님께 바친다면, 즉 자기 안에 모신 한울님께 스스로 지은 밥을 바쳐서 성실한 마음, 공경스러운 마음으로 먹는다면, 어렸을 때 얻은 오랜 불치병, 어떤 사회적인 질병이나 인간의 내면적 질병도 다 약 없이도 나을 수 있다는 뜻입니다. 수운 선생의 이 같은 밥 사상은 민중적인 삶의 사상이며, 그것이 바로 동학의 인내천 사상, 후천개벽 사상인바, 바로 이 같은 사상의 실마리가 은적암 시대에 이미 발견되고 있음을 우리는 보는 것입니다. 그러므로 남원 은적암으로부터 남접이 시작된다는 우리들의 전제는 이와 같은 은적암 시대에 이루어지는 수운 사상의 독특한 변화, 독특한 발전, 한 차원 높아지는 사상의 확대, 심화와 결코 무관하지 않다는 것을 말씀드리고 싶은 것입니다.

남원은 남접 조직의 첫 번째 거점

대체로 동학 농민 운동을 중심해서 남접의 활동 특히 그 조직적 운동을 주찰할 경우 가장 중요하고 가장 강력한 조직적 거점으로 금구金溝 원평院坪의 김덕명金德明 포, 태인太人 무장茂長의 손화중孫華中 포, 그리고 남원南原의 김개남金開南 포, 장흥長興 고흥高興의 이방언李邦彦 포를 들 수 있습니다. 이때 남원 김개남 포와 은적암에서의 남접의 발단이 어떤 관련을 가졌던 것인가를 생각해 보는 것은 매우 중요한 일이 될 것입니다. 여러 가지로 전해 오건대 남원 김개남 포의 위세는 대단한 것이었다고 합니다. 이것은 또한 남원이 물산 풍부한 교역 도시이며 국방상으로 중요한 요새 도시라는 점, 양반과 중인, 기층 생산계급 간에 활발한 변동이 있었던 활기 넘치고 풍성한 도시였다는 점, 새로운 역사적 세력이 성장할 수 있는 물질적 토대가 주어져 있었다는 점과 밀접한 연관을 갖습니다. 바로 이러한 새로운 기운이 발흥하고 있는 남원과 같은 고장의 풍성한 물산, 동서남북으로 뚫린 교통로, 교역과 장시場市의 활발함과 같은 것들은 중세의 봉건적인 신분제 억압과 가렴주구

등 온갖 형태의 질곡으로부터 새로운 민중의 성장을 가능케 하고 민중의 자의식의 개화를 가능케 하는 기초가 된다고 할 것입니다.

여기에서 하나 지적해야 할 것은 김개남 포가 가진 힘의 내용입니다. 김개남 포는 이른바 남접 중심의 동학군 전체 전투력 가운데서도 가장 날카로운 힘을 가진 최정예 부대로 알려져 있습니다. 그리고 가장 맹렬한 공격 집단으로 알려져 있습니다. 여기엔 여러 가지 이유가 있겠으나 첫째는 그만큼 남원이 가진 사회경제적인 강력한 힘이 김개남 포의 활동에 반영돼 있음을 의미하는 것이라 봐야 할 것이고, 또한 낡은 계급적 · 인신적 질곡에 대한 발흥하는 민중 세력의 적대적인 반응이 날카롭고 강력하게 반영되어 있다고 봐야 할 것입니다. 기록에 이미 나와 있다시피 김개남 포는 남원성 점령 이후 운봉을 공략하기 위해 1만 명의 정규부대를 운봉으로 진군시키게 됩니다. 이때에 김개남 포는 1만 명의 전 부대원에게 제복 즉 전투복을 입혔다고 합니다. 당시 동학군 일반은 평상 입는 노동복, 즉 흰옷을 입었는데, 이에 비해 김개남의 동학군은 어떤 형태의 제복인지는 알 수 없으나 전투복을 입었다는 것입니다. 이 같은 전투복을 만들기란 매우 힘드는 일임이 분명했을 터인데, 짧은 시일 내에 1만 명 전원에게 제복을 입힐 수 있었다는 것은 남원이라는 도시와 남원의 동학 조직이 갖는 엄청난 물량 동원의 힘, 즉 물질적 토대의 힘을 반영하는 것이라 보지 않을 수 없습니다. 실제에 있어서 남원의 향토사鄕土史에는 김개남이나 동학에 대한 기록은 전혀 없으며 동학과의 관계에 대한 어떤 추적도 불가능합니다. 더구나 향토사가들은 입을 모아 동학과 남원 간의 관련성을 거부하고 있는데, 이는 역사적으로 여러 가지 의미심장한 역설을 내포하고 있다고 봐서 결코 틀리지 않을 것입니다. 하여튼 그들이 그 관련성을 거부하든 안 하든 운봉 전투가 있었던 것만은 사실이며, 이 전투가 남원으로부터 시작해서 운봉 근교에서 끝나는 것으로 보아 남원과 운봉 전투가 결코 무관하다고 할 수는 없습니다. 전투복 1만 벌이 불과 남원 점령의 짧은 기간에 만들어질 수 있었다는 것은 남원이 갖고 있는 물질적 생산 능력과 기술 수준, 그리고 남원 민중 세력의 조직적 동원 능력을 말해주는 것입니다.

기층 민중과 물상객주, 공인층, 수공업자 등 간의 조직적 관계와 동원 관계를 아울러 생각해 볼 수도 있습니다. 1만 명이 정규전의 형태로 보무당당하게 운봉으로 전진했다면, 정규전 즉 운동전으로 발전했을 때, 그 이전에는 유격전 같은 전술을 사용했던 김개남 포가 제복을 입은 1만 명을 동원하여 운동전으로 전환했다면, 여기엔 물량적 힘에 대한 자신과 정신적 사기 면에서 커다란 자신감이 반영되어 있다고 보아 무방할 것입니다. 뿐만 아니라 전투복을 1만 명이 똑같이 입을 수 있다면 전투복보다 더 먼저 선결되어야 할 군사적 요소, 즉 병기도 상당한 수준을 갖추었을 것이라 짐작키 어렵지 않습니다. 병장기가 이처럼 갖추어졌다면 그것보다 더 중요한 군량 등의 병참 역시 매우 우월한 조건에 있었을 것이라는 것도 충분히 짐작할 수 있습니다. 그러나 이같이 강력하게, 보무당당하게 전진했던 김개남 부대도 운봉영장 지휘하의 민포군民包軍의 유격 전술에 걸려들어 완전 전멸되고 맙니다. 그러나 우리가 여기서 주목하고자 하는 것은 김개남 포의 그 같은 힘, 물량의 힘, 단순한 물량의 힘뿐만 아니라 대세에 대한 자신감이 남원 내의 동학 조직의 깊은 뿌리와 넓은 확장력, 영향력을 반영하는 것이라는 점입니다. 그만큼 위세를 떨쳤기 때문에 양반 세력이 복귀한 후의 보복 역시 철저했을 것이며 또한 바로 그만큼 역사 속에서의 김개남에 대한 기억과, 남원 일원의 전투적인 민중 집단에 대한 기억은 더욱더 철저히 말소되고, 구전 또한 단절되었을 것이라 생각됩니다.

이것은 민중사의 실상에 대한 접근은 언제나 현장의 증거가 '아니다'라고 제시되었을 때는 오히려 '그렇다'라는 쪽으로, 역설적으로 해석되지 않으면 안 된다는 기이한 공식을 발생시키기도 합니다. '아니다-그렇다'라는 수운 선생의 반대 일치反對一致의 논리, 즉 불연기연不然其然, '아니다-그렇다'의 생명 논리적인 공식이 여기에도 일단 적용될 수 있는 가능성이 보입니다.

그뿐 아니라 남원 김개남 포의 그 같은 날카로운 전투력, 맹렬한 혁명열은 김개남 자신의 성격이나 사상적인 특징에서 오는 것이기도 하지만, 그보다 더 중요한 것으로는 그를 둘러싼 소두목들의 취향과 깊은 관련이 있을 것으로 추측됩니다. 대체로 공통적으로 인정되고 있는 바에 의하면 김개남 포의 주요 소두목들의 출신은 대개 화전민, 산포수, 지리산에 은거해 있던 범법자, 떠돌이중, 무격 즉 무당, 특히 무술을 하는 사당패와 광대들, 출신을 알 수 없는 유민들, 도붓장수들, 그리고 땡추들, 이른바 무리를 이루어 자위 조직을 이루고 있는 하급 승려들, 백정, 고리장이 등이 주축을 이뤘다고 합니다. 물론 전체적인 포의 기초가 생산 양인, 즉 농민들이었다는 것은 의심할 여지가 없는 것입니다만. 이와 같은 잡계층들이 역사의 전면에 나서는 것은 동서를 막론하고 신흥 상공 계급, 그들의 생산력이 본격적으로 사회 표면에 떠오르면서도 그것이 봉건적 신분제의 질곡과 부딪쳐 갈등하는 과도적 시기에 해당합니다. 어쨌든 우리는 남원의 동학 조직이 양인 농민을 포함한 민중 세력과 깊은 연결을 가지면서 상인, 공인, 중인, 아전, 행상, 난전꾼, 하급 관리들 속에까지도 깊이 뿌리를 내렸다는 암시를 받습니다. 갑오동학혁명 이후 완전히 섬멸된 것으로 판단됐던 동학군의 상당한 주력이 어디엔가 온존되어 있다가, 이후 3차에 걸친 대 의병 전쟁에서 역시 전투의 주력을 맡고 나섰던 것과도 깊은 연관이 있을 것으로 보입니다. 왜냐하면 제3차 의병 전쟁은 전체 의병 전쟁에서 가장 대중 동원의 양이 컸으며 그 확대 범위가 컸을 뿐만 아니라 그 토벌의 범위도, 그들의 섬멸 작전의 범위도 대규모적이었습니다. 그리고 이들 의병에 대한 일제의 토벌 작전의 전략적 형국은 그대로 동학 농민 운동에 대한 일본-조선 관군 연합군에 의한 전라남북도 일대에 대한 토벌 작전의 전략적인 형국과 하나도 틀림없이 그대로 일치하고 있습니다. 이 경우 동학군이나 의병들이 살아남았을 경우 빠져나갈 수 있는 길은 지리산이라는 거대한 절벽, 그것밖에는 남아 있지 않았던 것입니다. 나머지 해항, 항만, 기타 통행로는 전부 차단되어 버렸습니다. 제3차 의병 전쟁 당시 가장 전투가 집중적으로 전개됐던 지역이 지리산 인근인 것과 관련지어 볼 때 김개남 포와 지리산 사이의 관계, 즉 남접과 지리산의 관계는 밀접한 것이었다고 보지 않을 수 없습니다. 특히 금강산과 지리산에서 두 개의 큰 주류를 이루었다는 이른바 고려 이후 이조 전 시기의 불교 숙청과 탄압에 대응해 온 하급 승려들의 자위 조직, 비밀 조직인 땡추(黨聚) 집단의 지리산에서의 장구한 근거 능력과 일반 민중과 인근 지역에 대한 연대 및 조직적 영향력에 반드시 연결돼 있었을 것이라는 점도 생각할 수 있습니다. 이런 것들은 앞으로 민중운동사, 민중 저항사를 주체적으로 따져 나갈 때 중요하게 착안돼야 할 부분이라고 생각됩니다.

뿐만 아니라 남원 근처에는 수운과 남접과의 사이에 있어서 신유갑申由甲 파라고 불리는 동학 별파別派의 활동에 대한 전설이 떠돌고 있습니다. 신유갑은 수운 선생과 동갑장이였는데, 별파로 치지도외시되어 버렸으나, 이러한 전설도 한번 깊이 추적한다면 남접과 수운 사상, 수운의 은적암 시대와의 관계를 밝히는 데 있어서 어떤 재료를 제공할지도 모른다는 생각이 듭니다.

손화중 포는 동학 농민 운동의 주력

그러나 그보다 더 중요한 것은 남원과 금구, 원평 사이에, 남원과 구례求禮, 곡성谷城 또는 태인, 무장 사이에 과거로부터 내려오는 통혼권通婚圈, 서로 혼례를 치르는 권역이 존재했는가를 따지는 것인데, 이는 이 문제를 해결하는 데 있어서 매우 중요한 열쇠의 역할을 할 수 있을 것 같습니다. 왜냐하면 동학 농민 운동에서의 실질적인 주력은 태인, 무장의 손화중 포, 금구, 원평의 김덕명 포였으며, 거기에 남원의 김개남 포와 장흥의 이방언 포가 합세하는 형국을 이루었던 것입니다. 뿐만 아니라 손화중의 태인, 무장 포와 금구, 원평의 김덕명 포는 자연발생적인 농민 반란과는 달리 장구한 세월에 걸쳐 동학의 교리와 이치를 배우고 수련한, 깊고 넓은 종교적 뿌리를 가진, 단단한 전통적 동학 조직이며 손화중, 김덕명 모두가 다 같이 골수 동학의 대두목들이었다는 점을 잊지 말아야 할 것입니다. 바로 이와 같은 점은 동학 농민 운동에서 주력 부대가 보여 주었던 철저한 도덕적 규율성과 밀접히 연관되어 있습니다. 황토재 전투에서부터 고부, 백산을 거쳐 태인으로, 무장으로, 영광으로, 거기서 다시 장성으로, 거기서 다시 전주로 회랑식 전투를 진행하면서 동학군이 보여 준 철저한 규율성, 즉 어린이와 부녀자는 보호하고 병든 자는 고쳐 주고 굶는 자는 밥 먹이고 양반 서리들은 일단 징치한 뒤에 방면하고, 살생과 약탈을 금하고, 겁탈을 철저히 엄금했던 그와 같은 규율은 단순히 삼정 문란三政紊亂이나 신분제적 질곡, 그리고 오래된 적폐에 맞서 봉기한 무조직적인 전통 시대의 민중 반란과는 전혀 양상을 달리하고 있다는 점에 착안해야 합니다. 상당한 조직적인 근거와 장기간에 걸친 수양과 수련에 의한 종교 조직적 통제력을 전제하지 않고는 이해할 수 없는 측면입니다.

이 같은 동학 주력 부대의 규율에 비해서 김개남 포는 양반을 가차 없이 살육해 버리고 양반 부녀를 겁탈하며 재물을 몰수하여 현지에서 분배해 버리는 비적적인 특징을 보여 주고 있습니다. 우리는 이 같은 특징들을 비교하면서 남접 전체의 전 동학과의 연계와 수운 선생의 은적암 시대와의 관계, 북접과의 관계, 기본 교리와의 관계 등을 살펴보아야 할 것입니다. 그리고 그것이 역사 속에서 갖는 부정적인 면과 긍정적인 면, 양자에 대한 다각적인 평가를 내릴 수 있을 것입니다. 남원과 금구, 원평 사이에, 또는 태인과 무장 사이에, 그리고 보성, 장흥 등과의 사이에 통혼권이 과거부터 존재했는가를 따져 보는 것이 이 문제 해결에 있어서 열쇠가 된다고 이미 말씀을 드렸습니다. 만약 그곳에 통혼권이 존재했었고, 통혼권이 아니라 하더라도 조직적인 교류가 계속되었다는 것이 입증된다면, 남원에서 발생한, 수운의 은적암 시대에서부터 시작된 남접이 남원의 왕성한 민중 세력의 토대 위에 뿌리를 내리면서 점차 그 사상 전파의 흐름이 금구 · 원평, 태인 · 무장의 생산에 종사하는 양인 농민을 중심으로 한 손화중 포나 김덕명 포로 이동해 가는 관계를 밝힐 수 있지 않을까 생각됩니다.

손화중 포가 동학 농민 운동의 주력 부대였다는 것은 앞서 말씀드렸습니다. 그런데 이 손화중 포의 역사, 손화중 포의 조직, 손화중 포의 교양敎養, 접과 포의 관계, 손화중의 인물됨, 손화중을 둘러싼 소두목들의 전반적인 취향 등에 대한 접근이 거의 없음으로 해서 동학 농민 운동은 처음 말씀을 드릴 때에 지적한 것과 같이 거의 사회경제사적인 관점 일변도로 해석되어 왔습니다. 다시 말해 종교와의 연관, 조직과의 연관을 거의 배제해 버린 상태에서 자연발생적인 민란의 확대판 정도로 해석함으로써 제한된 시야밖에 제공하지 못하는 결과가 되어 버렸습니다. 이 점은 뒤에 또 다시 얘기할 수 있을 것입니다. 동학 농민 운동에 대한 여러 가지 추측이나 접근 방법들이 있음에도 불구하고 오늘날 통용되고 있는 동학 농민 운동, 동학 농민 운동사의 시각을 보면 동학 농민 운동 역량 내부 구조 문제를 남접과 북접의 갈등으로 못 박아 버리고 북접은 반동으로, 남접은 영웅적인, 불사조적인 혁명의 민중 주류로 제한시켜 보고 있습니다. 그러므로 우리는 동학 농민 운동을 자연 발생적인 민중 폭동의 확대판으로 보아 버리는 시각, 조직 관계를 배제하고 종교적 · 정치적 의식의 확대와 그 영향력을 배제하여 민중운동을 일면적으로 보아 버리는 시각, 사회 경제적 시각에서만 동학 농민 운동을 보는 제한된 사적 시각이 과연 옳은 것인가 몇 가지 측면에서 검토해 보지 않을 수 없습니다.

개벽과 혁명

갑오년의 남접과 북접의 갈등, 더 나아가 북접의 반동적 역할을 지적하는 가장 단적인 증거로서 제시되고 있는 것이 바로 해월 선생이 전봉준 선생에게 보낸 경고 편지, 즉 '기포起包하지 말라' 하는 편지입니다. 이 편지의 내용은 간단한 것으로서 그 뼈대를 이루는 동학사상적 근거는 네 귀의 말 가운데 들어 있습니다. 그것은 "현기불로玄機不露 물위심급勿爲心急 공성타일功成他日 호작선연好作仙緣"이라는 네 구절입니다. '현기불로'라는 말은 현묘한 기틀이 아직 드러나지 않았으니, '물위심급' 마음을 성급하게 갖지 말라, '공성타일' 훗날 공을 이루어, '호작선연' 신선의 인연을 좋게 맺어 보자는 뜻입니다. 이 네 구절의 말은 해월 선생 자신의 말이 아니라, 탄도유심급嘆道儒心急, 즉 도를 믿는 사람들의 마음이 급함을 탄식한다는 수운 최제우 선생의 통문 중의 일절입니다. 통문, 바로 수운 선생이 '탄도유심급'이라는 통문을 발했던 것은 소위 삼남 민란三南民亂, 진주민란을 포함한 삼남 일대의 저 극심했던 삼정 문란에 항거하여 일어난 민중 봉기, 즉 삼정란三政亂 때 동학 조직들이 이 삼정란에 앞장서거나 난을 주도하는 것을 삼가도록 하기 위해, 또는 동학도가 아닌 일반 봉기 민중이 동학 교문을 앞세우거나 동학 교문을 빙탁하지 못하도록 하기 위해, 그리하여 이런 일들로부터 동학의 조직을 그대로 지키기 위해 발했던 통문입니다. 이 네 구절의 뜻을 직접적인 뜻으로만 해석하여 키워 버릴 경우, 수운의 깊은 사상과 현실적인 동학 조직 운영 사이의 상관관계를 놓쳐 버리고 다만 그러한 피상적 해석 하나만 가지고 동학사상 전체를 재단해 버리는 위험을 범하게 될 수도 있을 것입니다. 여기에서 우리는 '현기불로 물위심급 공성타일 호작선연'의 뜻을 좀 더 깊이 있고 세심하게 가려서 살펴볼 필요가 있습니다. 우리는 이 글귀에서 보다 더 큰 뜻과 긴 호흡과 넓은 경륜이 복재覆在해 있다는 것을 놓쳐서는 안 됩니다. 현기玄機란 현묘한 기틀인데, 현묘한 기틀이란 크게는 우주적인 변화의 기틀이며 작게는 왕조의 변혁이나 사회 전체의 구조적 개혁의 기틀을 뜻하기도 합니다. 그러므로 '현기불로玄機不露'란 넓게 보면 후천개벽의 큰 계기가 될 기틀이 나타나기에는 아직은 시간이 필요하다라는 뜻으로 볼 수 있으나 좁게는 정치적 · 사회적 각도에서 결정적 시기, 이른바 요즘 문자로 한다면 사회 변혁의 결정적 시기가 아직은 드러나지 않았다, 즉 성숙하지 않았다는 뜻이 됩니다. 이른바 주 · 객관적으로 일치되는 변혁의 결정적 행동의 때가 아직 이르지 않았다는 뜻으로 됩니다. 그런데 유의하지 않으면 안 될 것은 동학이 매우 크고 보편적이면서도 작고 구체적인, 일상적인 생활 속에서의 민중적 삶에 관한 가르침이라는 점이며, 우주적이면서도 동시에 역사적 변혁을 지향하는 사상이요 종교라는 점입니다. 동학에서는 결코 정치와 종교가 분리되지 않습니다. 정치와 종교가 애당초부터 분리될 수 없는 하나라는 점은 수운의 『동경대전』 전편에 명백히 드러나 있습니다. 큰 의미에서건 작은 의미에서건 '현기불로'란 말이 결정적 계기의 미성숙으로 해석된다면, 해월 선생의 이 말을 당시의 역사적 현실과 관련지을 때 어떻게 평가해야 할까요? 우리는 당시 동학 농민 운동의 직접적 성공 여부를 판단 기준으로 삼지는 않는다 하더라도 혁명운동 후의 그 엄청난 살육과 탄압, 그 뒤 장구한 기간의 은도隱道, 즉 피신 시대, 지하 시대 등을 충분히 음미하지 않으면 안 될 것입니다. 당시 동학 농민 운동은 관군과 일본군의 연합군 그리고 청나라의 토벌군으로부터 사면四面 공격을 받았으며 지배 체제 측으로부터, 그리고 지역공동체 내부의 양반 계급으로부터도 공격을 받았습니다. 내외로부터 공격을 받은 것입니다. 그러나 이와는 대조적으로 그 뒤 을미 의병 전쟁에서는 양반 상놈을 막론하고 사농공상 전 민중이 일본에 항거하여 대규모 민족운동을 일으켰던 것입니다. 그렇다면 동학 농민 운동은 당시의 상황으로 보아 과연 주관적으로도 객관적으로도 성숙된 결정적인 시기에 일어난 혁명운동이라 할 수 있는가, 안팎이 맞아떨어져 대세에 일치하는 결정적인 시기의 결정적인 혁명 행동이었겠는가. 여러 가지로 생각해 봐야 될 문제점이 있다고 보겠습니다.

이처럼 '현기불로'란 말을 후천개벽의 시기가 아직 성숙하지 않았고, 그것을 위한 동세개벽의 변혁 운동을 위한 주 · 객관적 결정적 시기가 이르지 않았다는 뜻으로 해석할 수 있다면 '물위심급'이란 말은 이러한 시기, 성숙하지 않은 시기에는 마음을 급히 먹지 말라, 즉 주관적으로만 결정적 시기라고 보는 것은 옳지 않다라는 뜻으로 해석할 수 있습니다. 이 말의 깊은 뜻은 개인적으로 단순히 성급하게 행동하지 말라는 뜻이 아니라 객관적으로 모든 대세와 민심이 충분히 성숙하지 않았는데도 먼저 주관적으로 결정적인 집단행동을 서두르는 것은 옳지 않다라는 뜻으로 봐야 할 것 같습니다. 그렇다면 해월 최시형 선생이 전봉준 선생에게 보냈다는 이와 같은 편지 구절은 당시 자기의 시국관, 시국에 대한 판단을 전한 것으로 지난날의 역사적 사건을 다시 음미케 하는 계기를 제공해 준다고 볼 수 있겠습니다. 역사에 있어서 가정은 있을 수 없는 것이지만, 만약 그 후 전 국토에 걸쳐 전 민족적인 의병 전쟁으로 연거푸 일어났던 거대한 민중운동이 수천 년에 걸친 사회제도를 타파하고 사회적 질곡을 혁파하려는 동학의 후천개벽 운동과 통일을 이룩할 수 있었다면 어떻게 되었을까요? 이 점은 한번 생각해 볼 일이올시다.

해월 선생이나 수운 최제우 선생의 그와 같은 입장은 일부 사학계에서 몰아붙이고 있는 것처럼 관변 측에 대해 타협주의로 일관했다는 논리적 근거, 사상적 근거로 제시될 수 있는 것이 아닙니다. 전면적인 반대가 아니라 부분적인, 그리고 방법론적인 차이를 내포한다고 볼 수는 있을지언정, 전면적 반대로 보아서는 안 된다는 것입니다. 우리는 그 증거를 다음 구절에서 찾아낼 수 있습니다. 그것은 '공성타일功成他日'이란 말입니다. 공功이란 매우 큰 뜻으로도 쓰이고 또한 작은 뜻으로도 쓰이나 대체로 동양 세계 특히 유학儒學의 문맥 속에서의 공은 대단히 정치적인 의미를 많이 함축하고 있습니다. 또한 정치란 지금 생각되는 것처럼 부분성을 가진 것이 아니라 인간 백사에 관여하는 조직과 경륜으로서 이해되어 온 것이 동양 세계이고 보면 무엇을 이룬다는 '공'이란 다분히 정치적인 의미를 가집니다. 따라서 '공성타일'이란 말, 즉 다른 날 공을 이룬다는 이 말에서의 그 '공'이란 변혁을 향한 민중의 혁명적인 발동을 완전히 배제하는 것이 아니올시다. 완전히 배제하지 않는다고는 하나 그렇다고 해서 동시에 정치적인 변혁만을 뜻하고 있는 것도 아니올시다. 따라서 여기서 우리는 '혁명'이냐 '개벽'이냐를 대척적 차원에 놓거나 폭력적 동기와 정세적靖世的 동기를 대립적으로 나누어 보는 이분법적 사고에서 벗어나야 합니다. '정세靖世'란 말은 세상을 가라앉히고 모든 세상을 하나로 아우르면서 사람들을 살려 내는, 활인하는 운동의 방향인데, 이를 혁명운동과 대척적 차원에서 놓고 보는 이분법적 사고방식의 단단한 지배에서 벗어나야만 문제의 중심이 이해될 것입니다. 내포와 외연의 명백한 금을 긋지 않은 채 사물을 살아 있는 실상대로 이해하고 인식 · 실천하려는 것이 동양 사상의 한 특징이라고 한다면, '공성타일'이라는 말 속에 들어 있는 어떤 암시된 행동이나 암시된 사태를 반드시 반혁명적인 것으로 일방적으로만 해석해 버려서는 안 될 것입니다.

이것은 양자가 다 포함된 커다란 물결을 의미합니다. 커다란 개벽, 커다란 변혁, 큰 변화 속에서 역사적 · 사회적 모순의 혁파가 내포되고, 그것이 다시 큰 개벽으로 확장하면서 이어지는, 그런 유기적 관계로 봐야 할 것입니다. 어떻든 간에 수운 선생이나 해월 선생이 변혁을 위한 행동을 전혀 배제하지 않았다는 점은 명백합니다. "훗날 반드시 어떠한 행동, 또한 어떠한 변혁을 이루어"라는 말로 해석할 수 있기 때문입니다.

'호작선연好作仙緣', 즉 신선의 인연을 좋게 지어 보자는 말을 음미해 보도록 합시다. 우리는 이때의 신선이란 의미를 동학사상의 전 문맥에서, 동학사상의 특징적인 성격에서 이해하지 않으면 안 됩니다. 그리고 동양에서 사용하는 신선의 인연이란 말의 광활한 내포內包를 선명히 이해하지 않으면 '호작선연'의 전체 뜻을 파악하기가 어려울 것입니다. 대체로 신선이란 '천天', 즉 하늘과는 구별되어 쓰입니다. 또 '인人', 즉 사람과도 구별되어 쓰입니다. 신선 세계란 서양인이 이해하는 것같이 땅과 구별되는 하늘이거나 사람과 구별되는 천상天上의 어떤 황홀한 세계, 초자연적 세계와는 다릅니다. 동양 세계에서의 신선이란 지상에 있으면서도 초지상적이며 자연 속에 살면서도 초자연적인 살아 있는 사람입니다. 천년만년 장수를 누리고, 살아 있는 사람의 형상을 띠면서도 초자연적 능력과 혜안을 갖고 있으며 무병장수하는 생명의 원형에 가까운 모습으로 묘사돼 왔습니다. 따라서 '호작선연'이란 현실의 질곡을 넘어서되 천상 세계는 아닌 지상 천국과 같은, 요즘 말로 한다면 포괄적인 의미로서의 혁명적인 인간관계, 모든 사회 질곡을 넘어선 훌륭한 이상적인 사회에 있어서의 사람과 사람 사이의 관계, 즉 이상적인 사회를 말하는 것입니다. 그것은 현실을 혁파하되 현실을 넘어선 것입니다. 동학이 목표로 하는 지상에서의 천상과 같은 신선의 해방된 세계, 해방된 사회, 인간의 해방이 이루어지는 사회를 좋게 만들어 보자는 뜻입니다. 이때 '호작好作'의 호好 자는 '순조롭게'라는 뜻도 있습니다. 동시에 '함께', '합심하여', '공동으로', '서로 좋아서', '유기적으로 연대해서', '일치해서'라는 뜻도 될 것입니다. 따라서 타일他日, 어떤 큰 변혁적인 활동을 통해 공을 이룸으로써 이상적인 사회를 같이 합심하여 만들어 보자는 뜻으로 해석할 수 있습니다.

하여튼 앞서의 글귀가 이 같은 뜻을 갖는 것이 사실이라면 삼정란에 대한 수운 최제우 선생의 우려, 그것이 단발의 반항으로 끝나든, 폭동의 접종으로 끝나든, 아니면 참혹한 진압으로 끝나든, 그 이후의 민생의 극심한 혼란, 그 뒤에 올 끊임없는 보복의 악순환에 대한 우려, 그래서 아직은 시기상조라 보았던 수운 선생의 판단과 갑오년의 일에 대한 해월 선생의 우려는 일치하는 것이라 보지 않을 수 없습니다. 이 같은 우려나 경각을 간단하게 반동적 입장으로 몰아 버릴 수가 있을까 하는 것은 깊이 생각해 보고 면밀히 재검토해야 마땅합니다. 중요한 것은 특히 동양 문화의 전통 속에서 볼 때 세상의 변혁을 무엇으로 보느냐 하는 문제입니다. 과연 왕조의 변혁 또는 당시 전봉준 선생의 지도부가 공개적으로 내걸었던 근왕 변혁勤王變革과 같은 한계 지어진 것으로써 민중의 새 세상에 대한 염원이 하나로 완전히 수렴, 귀일될 수 있었을 것인지도 검토해 보아야 할 것입니다. 지금 사학계에서는 동학 농민 운동 지도부의 노선에 대해 지나치게 과대평가하거나 또는 과소평가하고 있는데, 우리는 이 같은 평가에 앞서 동학 농민 운동의 근거를 이루고 있는 동학을 중심으로 한 민중 전체의 새 세상에 대한 소망의 내용이 무엇이었는지를 살펴보아야 합니다. 당시 동학을 중심으로 한 민중의 소망은 일상적 현실이면서도 매우 큰 역사적 시간에 있어서의 변혁 요구였으며, 역사사회적 모순에 대한 구조적 혁파를 뜻하면서도 동시에 문명사적인 변혁, 전 인간 하나하나의 근원적 해방을 지향하는, 사회관계에 있어서의 제도적 혁파와 세계사적 시간, 이른바 카이로스kairos의 '충만'을 다 포함하는 그런 살아 생동하는 큰 소망이었으며, 그러므로 이 점을 바로 이해하지 못한다면 동학 농민 운동과 같은 문제들을 판단해 나가는 기본 시점을 마련할 수 없게 됩니다. 이러한 소망을 이룩하기 위한 민중적 행동과 관련하여 수운 선생이나 해월 선생이 우려했던 바는 바로 그 구절 앞에 있는 '풍운대수 수기기국風雲大手 隨其器局'이라는 말 속에 표현되어 있습니다. '풍운대수'란 세상을 변혁시키는 큰 행동의 집행을 말합니다. 즉 큰 행동을, 세상을 변혁하는 큰 행동을 실천하는 능력이란 '수기기국', 그것을 실현하려는 역량 자신의 '기국器局', 기량과 국량, 그 크기, 깊이, 넓이에 달려 있다라는 이야기입니다. 즉 주관적으로도 아직 풍운을 일으킬 만한 선에까지 와 있지 못하다는 뜻이올시다. 삼정란에 있어서는 더 말할 것 없거니와 갑오년 동학 농민 운동에 있어서도 과연 그만 한 풍운을 크게 일으켜 그것을 거머쥐고 마무리할 만한, 성취시킬 만한 기량과 국량이 조직적으로 전 민중 안에 성숙되어 있었다고 보는가 하는 조직적 관점에서 이 문제를 깊이 있게 봐야 합니다. 전 집단의 정신적 능력의 고양과 전 민중의 조직화의 성취라는 관점에서 국량과 기량을 보아야 합니다. 과연 풍운을 일으킬 만한, 그래서 변혁을 참으로 성취시킬 만한 정도로까지 기국이 성장해 있었던가, 확대돼 있었던가, 심화돼 있었던가를 따져 보지 않는다면 이 문제에 대한 진실한 해답을 얻기는 힘듭니다. 집단적 정신력의 고양과 그것과 관련된 전 민중의 조직화된 성취 정도, 그 상호 유기성의 정도의 관점에서 동학 농민 운동을 보지 않고서 수운 선생과 해월 선생의 삼정란이나 갑오년 일에 관한 태도를 간단히 판단해 버린다면 이는 진실과는 다르게 그들을 일면적으로 해석하여 못 박아 버리는 매우 위험한 사적史的 재단裁斷에 빠지게 될 것입니다.

바로 그러한 오류는 그렇게 재단을 내리는 분들이 갖고 있는 사관에 연유한 것이며 그 사관의 결함은 외래적 사관의 부적합성이나 자체 한계 등과 분명히 관련이 있습니다. 따라서 동학 농민 운동에 대한 역사적 판단은 가장 민중적인 민중 자신의 잠재적 세계관을 민중 종교 사상으로 민중 변혁 사상으로 자각적 형태로 확대 고양시켰던 동학의 세계관, 그 거대한 우주적 변혁의 세계관에 입각한 역사관, 그리고 그 역사관에 입각한 시대적 경륜을 기초로 하여 이해하지 않고서는 쉽사리 내려지기 어렵다고 보는 것이 나의 생각입니다. 앞으로 이 문제는 저항사 이해와 사상사 이해에 있어서, 특히 민중 사상사와 민중 저항사 이해에 있어서 열쇠가 되는 중차대한 문제로 될 것입니다.

남 · 북접 지도부 내의 제 경향

뿐만 아니라 동학 농민 운동은 사람과 사람 사이의 관계, 민중 내부의 조직적 연관 관계, 거기에서 일어나는 정치적인 제반 갈등 관계에서 남접과 북접의 관계를 섬세하게 이해하지 않으면 이 문제에 대한 일면적인 판단이나 해석은 또 한 번 오류를 범할 수 있습니다. 수많은 민중들의 대규모의 움직임에 있어서, 광활한 집단 활동에 있어서, 중요한 것은 그 민중들의 정치의식, 즉 정신적 지향과 그 정신적 지향의 사회적 · 실천적 연장인 조직 활동에 있는 것입니다. 그리고 그것을 집약하고 있는 인물들이 소두목小頭目들이라고 봐야 합니다. 앞으로 이러한 소두목들의 활동을 그들의 정신적 지향과 민중들의 사회적 · 경제적 불만의 폭발과의 역동적 관계 속에서 파악하는 시각이 반드시 마련되어야 합니다. 조직적 관점에서 볼 때 소두목들의 지향志向을 집약하는 것이 북접과 남접의 지도부들입니다. 우선 북접 지도부와 남접 지도부를 보면 커다란 경향상의 차이가 있음을 인정할 수밖에 없는데 이것은 이미 이제까지 여러모로 지적돼 왔던 것입니다. 그러나 이 차이를 지나치게 과대하게 확대시키는 것도 오류이며 과소평가하는 것은 더욱더 큰 오류일 것입니다. 반드시 그 경향에 있어서 차이가 있습니다. 그러나 그 기본에 있어서는 정신적 지향의 통일적 바탕이 명백히 있었음을 결코 잊어서는 안 될 것입니다.

우선 북접 지도부를 살펴보면 수양주의적인 경향을 대표하는 사람들이 있는데, 김연국金演局, 손천민孫天民과 같은 사람들이 그 사람들입니다. 지금의 내 말은 어디까지나 방편상의 특징적인 경향에 의한 구분, 그리고 어떤 사건과 관련하여 그들이 취한 태도에 의한 경향적 분류일 뿐입니다. 수양주의적인 김연국, 손천민과 같은 사람들과는 대조적으로 권력 지향적인 경향을 보여 준 서병학徐丙學, 서인주徐人周 같은 사람도 있습니다. 이들은 복합상소伏閤上疏 당시 운동을 교조신원敎祖伸寃으로 제한하고자 하는 해월이나 김연국, 손천민 등의 의사에 반하여 복합상소의 계기를 바로 쿠데타, 왕조 시대의 정변으로 변모시키려고 했던 사람들이었습니다. 이 정변이 민중 혁명과는 성격이 전혀 다르다는 것은 이미 상식입니다. 따라서 그들의 정치의식은 다분히 권력 지향적이었으며 전통 시대에 있어서의 정변 지향적인, 양반 정치적 지향성을 갖고 있었다고 봐야 합니다. 그들은 정치권력의 장악에 의해서, 그리고 현실 정치의 개혁에 의해서 동학의 개벽 사상을 실현시키려 했으며, 자신들이 그 주체가 돼야 한다고 믿고 있었습니다. 이 중간에 손병희의 위치가 있는 것 같습니다.

해월 선생은 실제에 있어 이 지도부의 3파전에 의해 다분히 마음고생을 겪었던 것 같은 느낌을 받습니다. 그 한 예로 들 수 있는 것이 복합상소 이후 갑오년의 일에 이르는 전 시기에 걸쳐, 그리고 관변 측과 교환된 서신이나 발표된 선언문, 그리고 교도들에게 돌려진 경통敬通 등이 모두 한자로 되어 있으며, 그 한자도 매우 유식한 선비들의 단련된 글솜씨들로 되어 있다는 점입니다. 그리고 그 견해 또한 다분히 유학적이며 공맹류孔孟類의 시국관이나 정치관에 입각해 있습니다. 그리고 민중관 역시 백성관, 즉 백성으로서의 민중관에 입각해 있습니다. 해월은 아시다시피 일자무식 까막눈이었습니다. 그렇다면 일자무식 까막눈인 해월 최시형 선생의 의사가 근본적으로는 그와 일치한다 하더라도 그 의사가 문장으로 만들어져 문서화되는 과정에서 그의 뜻에 큰 변화가 일어났을 수 있다는 것을 어렵지 않게 추측할 수 있습니다. 이것은 해월 최시형 선생의 기본적인 민중 사상 토대와 연관 지어서 볼 때 어떤 관계가 있는 것인지 섬세하게 가려 보아야 할 것입니다. 해월 선생의 행장 중 여러 군데 나타난 것을 보면 북접 지도부에서 중요한 위치를 차지했던 손천민, 김연국, 손병희, 서병학, 서병인 등은 대개가 중인 또는 서얼 출신 또는 잔반殘班이되 지식인, 독서인, 즉 글자를 아는 사람들이었고 유학을 공부한 사람들이었습니다. 즉 요즘 말로 하면 '먹물'입니다. 이들은 해월 선생의 동학사상, 특히 민중적인 후천개벽 사상이 가지고 있는 대중성, 민중성, 소박성, 일상성 그리고 그 안에 들어 있는 거룩함을 잘 이해하지 못한 것으로 보입니다. 따라서 의식儀式을 더욱 번거롭게 하고 그 소박한 사상에 심장적구尋章摘句, 즉 여러 가지 문자를 둘러씌워서 장식하고, 불교 · 유교 · 도교 또는 기독교 등에서까지 온갖 형태의 의식 절차들을 끌어다가 장식해서 동학을 체제화, 종단화, 의식종교화시키려 했던 것으로 보입니다. 그러한 경향들에 대해서 해월 선생은 매우 못마땅하게 생각했습니다. 동학의 후천개벽 사상은, 수운 사상은 결코 그렇게 이것저것 더덕더덕 장식을 붙인 의식 절차를 필요로 하지 않으며 그것과 반대되는 것이라는 점을 몇 번이고 지적했던 것 같습니다.

그러나 북접 지도부 사람들은 동학이 대중을 끌어들이고 우매한 대중에게 카리스마적인 지도력을 행사하기 위해서는 신통력을 갖고 신비주의적 외피를 입지 않으면 안 된다고 믿었던 것 같습니다. 선천적인 한계를 벗어나지 못한 사람들이었다고 볼 수 있습니다. 해월 선생은 이에 대해 결정적으로 전면적 반대를 하지는 않았습니다. 그저 묵묵히 그들이 하자는 대로 따라갔다고 합니다. 그래서 해월 선생은 춘풍샌님이라는 별명까지 얻었다고 합니다. 누가 이렇게 하자고 하면 "그것도 좋지" 누가 이러자 하면 "그래 봐" 했다는 것인데, 그러나 한마디 못을 박은 부분이 역력히 보입니다. 바로 의식 절차를 자꾸만 번거롭게 만드는 경향에 대해서 "내가 지금은 너희들을 따른다만 훗날 너희들이 나를 다시 따를 것이다"라고 말한 것이 그것입니다. '해 봐라, 그것은 동학의 근본정신에 어긋나는 것이다. 그것은 민중의 개벽 사상을, 민중을 배신하는 것이다. 자기 배신의 소외 과정이다'라고 하여 동학의 체제화에 대해 경고했던 것입니다. 바로 이와 같은 해월 선생과 북접 지도부 내에 있었던 각 경향 간의 차이성을 밑에 깔고 이해한다면 갑오년 남 · 북접 간에 있었던 갈등이나 경향상의 차이를 단순히 해월 사상 전체를 폄하하고 해월의 행적과 노력을 값없는 것으로 끌어내리는 근거로서 사용해서는 안 될 것입니다. 북접에서 일어났던 남접 성토론, 남접 토벌론을 꺾고 제2차 기포에서 북접이 의암 손병희를 중심으로 하여 남접과 합세한 것은 손병희 나름의 독특한 경향이 작용했다고 볼 수 있는 증거이기도 합니다만, 이 점은 해월과의 관계에서 또한 앞으로 보다 면밀히 고찰돼야 할 것으로 생각합니다. 해월과 의암 손병희 선생 사이의 법통의 전수 관계도 이것과 연관 지어서 보아야 합니다.

두 번째로 남접 지도부 내의 경향들, 성격들에 대해서도 생각해 보아야 할 것입니다. 남접 지도부에서 가장 크게 차이를 보이는 경향들이 있다면 세 사람일 것입니다. 하나는 전봉준 선생, 하나는 손화중, 다른 한 사람은 김개남일 것입니다. 김개남의 과격주의나 배타적인 자존 또는 권력 지향성은 이미 알려진 사실이며 급진적인 혁명열 역시 이미 알려진 사실입니다. 그리고 극히 독자적인 행동을 고집하고 마지막까지 그것을 버리지 않았던 것을 우리는 익히 알고 있습니다. 그와 반대로 손화중의 온건론, 그리고 대승적인 시국관, 혁명관, 또는 운동관 같은 것도 알려져 있는 사실입니다. 종교적인 지향과 혁명적인 지향을 결코 분리시키지 않았던 손화중에 비할 때 김개남의 경우는 종교적 지향은 거의 보이지 않고 혁명적 지향, 대중정치적 차원에서의 급진적 · 폭발적인 혁명적 지향이 두드러져 보입니다. 이 사이에 전봉준 선생의 중도적 경향이 있었던 것 같습니다. 그러나 이렇게 보는 것 역시 다만 편법일 뿐이라는 것을 먼저 조건으로 전제하지 않으면 안 될 것입니다. 왜냐하면 전봉준 선생은 그 자신의 개인적 인품, 그 인품의 크기에 따른 지도력과 영도력으로써 운동을 끌어간 것이지, 조직적인 뿌리, 즉 소두목들의 조직적 · 정신적 지향이나 경향의 집약으로서의 자기의 경향을 보여 주고 있는 것이 아니기 때문입니다.

이미 알려진 바와 같이 동학 농민 운동 중 남접 지도부 가운데서 가장 주력을 이루는 것은 손화중 포라는 점은 이미 말씀드렸습니다. 그리고 그들의 규율과 그들의 종교적 수양의 정도와 민중 속에서의 지지도, 그리고 영향력과 그들의 자발적인 동원에 관해서는 이미 알고 있는 바입니다. 전봉준 선생은 실제 조사에 의해서도 그 자신의 뿌리가 없는 사람입니다. 또한 조사된 바에 의하면 전봉준 선생은 손화중의 문중을 빈번히 드나들었다고 합니다. 따라서 전봉준 선생 자신은 동학의 종단적宗團的 · 포접제적包接制的 조직의 뿌리를 가지고 갑오년에 임한 것이 아니고, 그 개인적인 인물의 크기, 인물 됨됨이에 따라 손화중 등에 의하여 영도자로서 앞세워지고 추대되었던 것이 틀림없습니다. 김개남은 약간 예외로 치고, 전봉준 선생과 같은 불세출의 큰 기틀, 개인적인 훌륭한 품성을 영도자로서 앞세우고 추켜세운 바로 그 점은 민중운동에 있어서 지도자의 영도력의 중요성이라는 상식적 전제 이외에는 앞으로의 역사적인 접근 방법, 동학사에 대한 진정한 인식의 관점, 즉 민중사관이나 민중적 세계관으로부터 보는 접근 방법에서는 그리 중요한 것이 되지 않습니다. 중요한 것은 무수한 민중들의 정신적 지향과 조직적 경향, 그리고 세계를 이해하며 세계를 변혁하려는 그들의 소망을 이룩하기 위한 현실적인 활동입니다. 따라서 그것을 집약하고 있는 것이 소두목들이며 그 소두목들의 성격을 큰 선에서나마 표시해 주는 것이 대두목이겠는데, 이 경우 동학혁명군의 주체와 주력이 손화중 포에 있었다는 점은 우리가 알고 있는 바입니다. 전봉준 선생은 손화중 포의 조직적 성격과 손화중 포의 정신적 지향, 손화중 포의 집단적 포부와 민중적 사상과 같은 것에 대한 기초적 이해, 보다 더 본질적인 이해, 본질적인 검토 위에서 이해돼야 할 것이지, 전봉준 개인에 대한 지나친 확대로 나머지 문제를 가려 버리는 것은 옳지 않은 방법이요, 비과학적 방법인 것으로 보입니다.

손화중과 손화중 포는 그렇다면 남접 지도부에서 어떤 위치에 있는 것일까요? 한마디로 남접의 핵심은 손화중 포에 있었다고 보아야 합니다. 손화중의 태인 · 무장 포는 단순히 지역적인 하나의 포를 넘어서 인근의 전라남북도 일대에 엄청난 영향을 가진 큰 봉새와 같은 조직이었음에 틀림없습니다. 그것은 오지영吳知泳의 『동학사東學史』에 나오는 것처럼 미륵불의 배꼽 밑에서 천비문서天秘文書, 비결秘訣을 파내는 사건과 관련된 인근 민중들의 격동 중 손화중 밑의 소두목들이 보여 준 행동과 그들의 거취 등에서도 명백히 보입니다. 기록에 의하면 소화중은 몇 년 간격으로 여러 포의 접주를 전전한 것으로 되어 있습니다. 이 포의 접주였다가 그다음에는 저 포의 접주이기도 하였습니다. 그렇다면 이것은 손화중이 떠돌이 접주, 즉 근거가 없는, 다만 인물만 출중한 접주로서 볼 수밖에 없는 근거가 되는 것일까요? 전혀 그렇지 않습니다. 오히려 그 반대입니다.

동학이 포접제 원리를 기초로 한 매우 유기적이고 세포론적인 조직 활동을 벌였다는 것은 이미 널리 알려진 사실입니다. 『동학사』나 해월 행장을 보면 당시 동학의 조직자들은 지목과 탄압을 받아 붕괴되는 지역 조직, 위태롭고 취약한 조직, 그리고 사람이 갇히고 흩어져 버린 조직들을 수선하기 위해 많은 노력을 기울인 것을 볼 수 있습니다. 그리고 동학 조직의 특징 중의 하나는 연비제聯臂制, 즉 알음알음, 친척, 가족, 특히나 통혼권에 의한 사돈간의 관계를 통해 이루어지는데, 위험이 닥칠 때는 바로 이런 연비를 끊어 버리며 그와 연비된 사람을 다른 곳으로 이사시키거나 피신시켜 버립니다. 동시에 갇혀 있는 사람에 대해서는 뇌물을 쓰든 포졸이나 옥졸들과의 교분을 터서 빼내든 어떤 방법으로든 그를 빨리 석방시키기 위해서 백방으로 노력하는 일이 허다했다는 기록이 도처에 보입니다. 구명을 위한 빈번한 모금 지시의 사발통문들과 주초어육酒草魚肉을 금함으로써 저축된 돈을 석방 자금으로 사용한 숱한 사례들이 그것입니다. 이것은 우리 민중의 일반적인 인정이기도 하지만 동시에 보안을 위한 긴급 조치로서 동학이 우리 민중의 일반적인 생활 태도와 세계에 대한 태도 또는 사람과 사람 간의 관계에 대한 태도, 또는 공동체적인 생활 태도 속에 들어 있는 기초적인 삶의 세계관, 산 사람들의 세계관, 생명의 세계관을 종교로 또는 사상으로 조직적인 공동체 삶으로 고양시켰다는 것을 의미합니다. 어떻게든 갇혀 있는 사람을 빼낼 뿐만 아니라 그와 관련되어 있는 연비를 끊어 버리고 일단 피신시키는 이런 조직 활동은 고금동서에서 찾아보기 힘든 매우 탄력 있고 유기적이며 기동력 있는, 그리고 살아 생동하는 민중적 조직 운영의 빛나는 사례라 할 것입니다.

이런 관점에서 볼 때 손화중 포에 얽혀 있는 소두목들의 여러 일화나 활동들은 손화중 포가 포包를 통해서 조직적으로 민중 속에 매우 광범위하게, 그리고 깊게 뿌리를 내리고 있었을 뿐 아니라 그 오랜 조직 운영의 경험과 더불어 접接을 통한 자체 교양의 긴 역사를 가지고 있었다는 것을 쉽게 알도록 해 줍니다. 따라서 이와 같은 어려운 조건, 지목이 심하고, 잡혀가는 사람이 많고, 여기저기에서 탈이 나는 포나 접들이 많고 했을 때 유능한 조직자, 유능한 접주는 자기의 포를 바꾸면서 또는 접 활동을 유동시키면서 이리저리 옮겨 다닐 수 있는 것입니다. 바로 그것은 오히려 동학 교단 조직의 적극적인 탄력성, 그 운영에 있어서의 우월성을 증명하는 것입니다. 그렇게 본다면 손화중은 매우 유능한 조직자였다는 추측이 가능합니다. 그 같은 손화중이 대도주로까지 호칭되고, 전라도 일대에서 매우 큰 인물로 평가되었던 것은, 그가 떠돌이 접주였기 때문에 돌아다닌 것이 아니라 오히려 이 포와 저 포의 차이를 두지 않고 전 지역의 포와 접들의 조직자로서 치밀하고 여유 있는 유능한 조직자로서 영향력을 크게 행사했다는 것을 반영한 것이라고 봐야 합니다. 뿐만 아니라 지금까지도 손화중의 자손들은 여기저기 많이 살아 있는데, 그것은 동란과 대학살이 지나간 뒤라는 점을 감안할 때 매우 문중이 컸다는 증거로 될 것입니다. 그렇게 문중이 컸다면 그를 토호 비슷한 큰 양인良人 농민으로 보아도 결코 무리가 아닐 것입니다. 손화중 손자들은 지금도 입을 모아 말합니다. 자기네 할아버지가 '동학 농민 운동을 실제로 주도했다', '주동자다'라고 주장합니다. 그리고 태인 · 무장과 그 인근의 전라도 지역에서 지금까지도 전해 오는 여러 구전에 의하면 당시의 손화중은 세상의 주인이 될 것이라는 평판이 나돌 정도로 인품과 그 영향력과 명성이 대단했다고 합니다. 그것은 상당한 정도의 넓은 토지와 그로부터 거두어들이는 상당한 양의 곡식을 전제로 하지 않으면, 즉 커다란 규모의 살림을 토대로 하지 않으면 이루어지기 힘들다는 것을 또한 말해 줍니다. 실제로 손화중은 한꺼번에 비단 꽃주머니 8개를 허리에 차고 다녔다고 합니다. 비단 꽃주머니란 다름 아니라 자기가 거느리고 있는, 자기가 살 붙이는 여인들의 정표올시다. 단, 한꺼번에 비단 꽃주머니를 8개씩 차고 다녔다는 것은 과시욕 때문에 그런 것이 아니라 그 당시의 풍속에 따라 그랬던 것이라 합니다. 여인을 여러 사람 거느릴 수 있는 그 당시의 풍속으로 보아 여덟 사람이나 거느릴 수 있다면 대단한 장자풍長者風의 인물이었을 것이라는 점을 미루어 짐작할 수 있습니다. 인촌 김성수金性洙의 부친은 인촌의 매씨 누이를 손화중에게 주었다고 합니다. 무엇을 보고 주었을까요? 그것은 손화중의 명성 때문이요, 손화중이 세상을 차지하리라는 전라도 일대의 우레와 같은 소문 때문이기도 했지만, 그러나 현실적으로 손화중의 어느 정도의 재산이나, 큰 토호와 같은, 장자와 같은 물질적 토대를 전제하지 않고는 쉽게 이해하기 힘든 일이올시다. 손화중 자손들의 구전에 의하면, 손화중 문중에는 무수한 사람, 온갖 형태의 직업, 각양각색의 사람들이 부지기수로 드나들었다고 합니다. 태인 · 무장과 손화중의 영향권 안에 있었던 김덕명 포의 금구 · 원평 지역은 아시다시피 기름진 옥토로 전라도 중에서도 이름난 곡창 지대이며 물산이 풍부한 지역입니다. 동학 농민운동의 주력이 떠돌이 유민 집단이 아니라 생산에 종사하는 양인 농민이라는 정설을 인정하는 경우 손화중 포야말로 남접의 핵심이며 동학 농민 운동의 주력 부대였던 것이 틀림없습니다.

그리고 이 손화중 포에 의해 전봉준 선생은 추대되어 영도자로서 나서게 되었던 것으로 생각됩니다. 여기에서 손화중 포의 성격의 일단, 즉 스스로는 나서지 않고 혁명 영도자를 앞에 세워 자기는 조직적 배경으로만 남아 있는 손화중의 장자풍 성향을 볼 수 있으며 그의 넓은 도량과 국량을 짐작할 수 있습니다. 그리고 이러한 넓은 국량은 개인적인 것이라기보다 그를 둘러싼 소두목들과 소두목들에 의해 집약되는 전라도 민중의 정신적 지향 내지는 조직적인 경향과 직결된다고 보아야만 합니다.

그리고 우리는 여기에서 손화중 포가 북접의 해월 선생이 제시했던 일상화된 수양과 생업에의 부지런함과 경건하고 넉넉하게 이웃을 공경하는 여러 형태의 훌륭한 민중적 덕성이나 부녀자를 공경하는 데서 볼 수 있는 것과 같은 새로운 민중 사상에 의한 깊은 훈련을 쌓고 있었다고 보아야 하며, 이것을 이해할 때에만 갑오년 당시 동학군이 보여 주었던 그와 같은 규율성의 출처를 알 수 있을 것입니다.

이에 비해 김개남 포는 가는 데마다 파죽지세로 점령하고 무시무시한 혁명적 열기로 사방을 제패했으며 지리산을 넘어 하동, 진주, 기타 경상남도 해안 일대까지 진출하는 등 대단한 위세를 보였습니다. 이것은 남접의 시작을 은적암부터라고 볼 때 남원에서 시작된 남접이 남원의 민중적 조건과 당시 물산이 풍부했던 물질적 조건과 어우러져 위세를 떨치며 조직을 확대해 갔다는 것을 의미하기도 할 것입니다. 남원 포는 남원으로부터 시작된 남접 조직이 구례 · 곡성으로, 보성 · 장흥으로, 다음에 금구 · 원평으로, 태인 · 무장으로 퍼져 나가는 확산 과정에 있어서의 맨 첫째가는 중요한 거점 조직이었을 것이 틀림없습니다. 그렇다면 남원 포는 초기의 시련을 매우 엄혹하게 받을 수밖에 없는 입장에 놓이게 되었을 것입니다. 남원 포가 만약 수운 선생의 은적암 피신 시대와 연결된 남접 조직의 시작이라 한다면 김개남 포의 성격은 더욱더 선명히 이해되는 바 있습니다. 처음 시작된 조직은, 특히 혁명적인 지하 민중 조직들은 반드시 냉혹한 탄압과 시련을 거듭거듭 겪지 않으면 안 되었던 것을 우리는 역사에서 보아 왔습니다. 그리고 이것을 방증할 만한 여러 가지 증거들, 자료들을 남원 여러 군데에서 얻을 수 있었습니다. 이런 탄압을 가정한다면, 남원 포의 성격이 매우 날카롭고 저항적이고 급진적이며 원한에 가득 찬, 어쩌면 복수심에 불타는 그러한 민중과 소두목 들에 의해 형성되었을 수 있다는 상정을 해 볼 수 있습니다. 또한 남원 포는 지리산이 가진 독특한 성격과 밀접히 연관됩니다. 지리산은 사회로부터 핍박받은 자, 사회에 불만을 품은 자, 범법자들의 은신처였는데, 남원 포가 보여 준 급진적 혁명열, 숙청, 복수열, 가는 데마다 양반들을 가차 없이 죽여 버리고, 양반 부녀자를 겁탈하고, 재산을 약탈해서 분배해 버리는 급진적 행동에는 이 같은 지리산의 성격이 반드시 반영되었을 것이라고 보는 것입니다.

그리고 이것은 손화중 포와 매우 대조적인 양상을 드러냅니다. 이와 같은 남접 지도부 내의 상이한 경향에 대응하는 북접 지도부 내의 상이한 경향들을 대비해 볼 때 우리는 여기에서 중요한 사실, 즉 해월 선생과 손화중 포의 성격의 접근점을 발견하게 됩니다. 해월 선생의 포덕 사상이나 그 행적을 보면 손화중 포가 운동 과정에서 보인, 혁명 과정에서 보인 질서와 규율에 밀접히 일치되어 있는 것을 보게 됩니다. 장구한 기간에 걸친 다수 대중들의 조직적인 수양의 축적을 전제하지 않고는, 상호 의존하고 상호 공경하며 상부상조하는 사인여천事人如天 사상이나 인내천人乃天 사상에 의한 수양과 수련을 전제하지 않고는 손화중 포의 그 규율의 출처를 이해할 수 없는 것인데, 우리는 이것이 해월 사상과 그대로 연결돼 있는 것으로 보아야 합니다. 손화중이 보은 취회聚會, 삼례 집회 또는 북접 중심의 모임이나 활동들에 계속 참가하여 연결을 가졌던 것은 사실입니다. 그러나 이 점을 강조하는 것이 중요한 것은 아닙니다. 그것은 당연한 것입니다. 우리는 앞에서 수운 선생의 은적암 시대의 특징, 즉 기왕 성취된 조직과는 연결을 끊어 버리고 다른 곳으로 훌쩍 떠나 버리는 '끊고 돌아감'을 말씀드린 바 있습니다. 이것은 문제점을 안고 있는 것이기도 하지만, 우리로 하여금 여러 가지를 생각하게 하는 면이 있습니다. 후천개벽은 수만 년의 필연적인 우주의 대세요 역사의 대세이므로, 그 씨앗, 그 사상의 씨앗, 그 확신의 씨앗만 떨어지면 민중이 그 자신 안에 잠재적으로 무자각적으로 가지고 있는 어마어마한 갈증과 희망과 소망에 따라, 그리고 선천적인 제약에 따른 그 생활의 고통의 크기에 따라, 그리고 그 질곡의 크기에 따라 그 씨앗은 점점 더 커다란 소망으로, 새로운 세계에 대한 신앙으로, 행동적 열정으로, 자기 자신을 구원하는 힘으로, 생명의 물줄기로 변화될 수 있는 것인데, 손화중 포의 집단적 성격은 이 같은 민중적인 포덕 사상과 관련시켜서 이해하는 것이 옳을 것입니다. 손화중 포가 동학 농민 운동 당시 보여 준 행동의 규율성과 여러 가지 기풍은 해월 선생의 포덕 사상 및 전 행적과 깊은 일치를 보여 주고 있는바, 이는 두 사람이 다 같이 정통적인 수운 사상, 동학사상의 독특한 민중적인 포교 사상에 토대를 두었기 때문이라고 보아 무방할 것입니다.

그러므로 우리는 남접, 북접을 둘로 보는 것이 아니라 하나로 보되, 시국관, 시국적 경륜 또는 전략 내지 전술의 차원에서, 방법의 선택에서 그 차이성을 드러낸 것으로 이해해야 할 것입니다. 특히 남접 지도부에서의 손화중의 입장과 위치는 제2차 기포起包에서 해월 선생을 움직여 북접의 기포를 결정하는 데 적극적인 역할을 했는데, 이는 제1차 기포에서 손화중의 신중론과 더불어 하나의 사상, 하나의 지향의 두 측면을 뜻하는 것으로 이해됩니다. 오지영의 『동학사』에 의하면, 손화중은 본디부터가 남 · 북접 사이에 간격이 없는 사람이었고 또한 손화중 영향 밑에 있던 금구 김방서金邦瑞, 옥구 장경화張景化, 부안 김낙철金洛喆 등과 더불어 손화중에게 직접 교양을 받고 입도한 오지영이 손화중의 지시에 따라 남 · 북접 화해에 나서게 되는 사정이 그것을 증명합니다. 바로 이러한 것들이야말로 민중 자신들의 사상, 그 세계관은 반드시 안돈한 생활과 피난만을 원한다거나 반대로 반드시 변혁과 혁명만을 원한다거나 하는 일면적인 것이 아니라 마치 음과 양이 태극 속에서 아우러지듯, 큰 삶 속에 피난도 변혁도 하나의 소망으로 아우러지는 그러한 것임을 알게 됩니다. 피난과 변혁, 변혁과 피난은 민중 자신의 살아 생동하는 노동과 대지의 운동 자체에 일치되어 있으며 살아 생동하는 삶 그 자체의 법칙을 기초로 한다는 것, 피난도 변혁도 하나의 통일적인 생명의 활동 속에서 보는 커다랗고 대승적인, 끊임없이 물결치는, 화엄적인 크기의 역사의식, 그 속에서의 역동적인 시국관의 잠재적 틀들, 잠재적인 싹들을 자기 안에 그대로 집약한 것이 바로 민중적 세계관이라고 봐야 합니다.

소두목 중심의 조직 운동과 집강소

그리고 이러한 민중들의 잠재적 세계관, 생명의 세계관, 삶의 세계관의 싹이 동학 소두목들의 정신적인 교양과 조직적인 지향 활동 속에서 또한 통일, 집약된다고 보아야 합니다. 이런 민중의 삶의 세계관이 가장 잘 집약되었던 것이 남접에서는 손화중 포였는데, 이 같은 민중적 세계관은 손화중 포가 동학 농민 운동에서 정치 행동의 주류를 이루었던 그 성격과 그대로 일치했다고 볼 수 있는 것입니다.

우리는 백산이나 영광, 공주에서의 여러 선언문이나 격문 등에서 나타난 바와 같이 전봉준 선생 개인의 이름으로 발표된 것은 거의 찾아볼 수 없습니다. 있다 하더라도 그것은 작은 부분이며 대체로 전봉준, 손화중, 김개남 3인의 연서連署나 아니면 백산대도소白山大都所란 이름으로 발표되는 등 집단 지도 체제의 틀을 보여 주었음에 유의해야 합니다. 즉 조직이 기초로서, 가장 주류를 이루는 조직을 기초로 하여 동학 농민 운동은 이루어졌다고 봐야 합니다. 그리고 이 같은 조직 활동 중에서도 가장 중요한 것은 특히 손화중 포 안의 소두목들의 활동이라고 해야 할 것입니다. 이들을 중심으로 해서 동학사를 새로 이해하려는 안목과 시점이 열리지 않는 한 동학 농민 운동의 비밀은 잘 잡히지 않을 것입니다.

민중들의 잠재적인 생명의 세계관과 협동적 삶의 추구, 공동체적 삶의 추구가 이 같은 소두목들의 새로운 정신적 변혁과 변혁을 위한 수양, 조직 활동 등 유기적인 생활 공동체적 · 종교 공동체적 활동과 하나로 일치하면서 동학 농민 운동은 발전했던 것입니다. 즉 민중들의 두레와 같은 공동체적 · 협동적 생활의 새로운 추구가 소두목들의 정신 변혁적인, 후천개벽적인 종교적 조직 활동과 하나로 일치하면서 정치적인 대세의 변화를 타게 된 것입니다.

그리고 우리는 여기서 또한 공개적이고 합법적인 민중의 정치조직이며 정치 형식인 집강소執講所에 대해 주목할 필요가 있습니다. 서정을 혁파하는 데 있어서도 서정을 관장할 줄 아는 또는 문자를 아는 아전 서리배들을 쓸 수밖에 없었기 때문에 아전 서리배들을 입도시키고 그들의 기능에 의해서 집강소를 운영할 수밖에 없었다는 집강소에 대한 사학계 일부의 구조 파악은 일면적인 것이며 다시 날카로운 검토를 받지 않으면 안 됩니다. 우리는 오히려 집강소가 나타날 수 있는 근거에 주목해야 할 것입니다. 우리는 민중의 정신적 변혁의 지향, 세계 변혁의 지향이라는 정치적 지향과 조직적 지향, 그리고 그 밑에 깔려 있는 오랜 민중적 두레 공동체의 체험이 민중의 잠재적인 생명의 세계관의 표출인 동학사상과 창조적으로 통일됨으로써 이루어진 민중 정치적인 생명체, 활동체를 바로 집강소라고 보아야 할 것입니다.

공동 노동의 가락 장단이 마을 굿의 가락과 장단으로 고양되듯이, 두레 공동체의 구조가 마을 굿판의 구조로 상승합니다. 마찬가지로 농민의 오랜 농업 공동체적 세계관이 동학사상으로 상승 수렴되었듯이, 두레 공동체와 마을 굿의 기능과 구조가 바탕이 되어 동학의 포접제 조직이 확대 강화되어 상설 기구화한 것이 집강소라고 보아야 할 것입니다. 마을 굿은 본디 의례, 기원, 풀이, 씻김 등 외에도 분배, 의논, 공사公事 즉 재판의 기능을 가졌던 것으로 알려져 있습니다. 생산, 수확, 분배와 마을의 크고 작은 일들을 의논하여 결정하며 마을 공동체의 위험한 적대적 요소를 재판하여 추방하고 액과 살을 쫓아내며 풍년과 건강을 기원하고 즐겁게 춤과 노래로 삶과 생산 의욕을 높임으로써, 인간과 인간, 인간과 자연, 인간과 한울, 인간과 여러 귀신 사이의 온갖 척진 것을 풀고 제거하고 쫓고 깨끗이 하여 다시금 일치하고 화해하는 기능과 그 기능에 합당한 구조를 가졌습니다. 그리고 이것은 근원적으로 두레 공동체의 기능과 구조에 바탕을 두고 있습니다.

집강소는 바로 이 같은 두레와 굿의 기능 및 구조와 동학의 포접 조직의 기능 및 구조가 정치 · 경제적으로 고양된 통일의 산물이라고 보아야 합니다. 민중 혁명의 정치 형식인 집강소의 조직자는 민중 간부로서의 소두목들이었음에 틀림없습니다. 온갖 형태의 봉건적 질곡과 가렴주구, 일본 등 외세의 경제적 침탈에 대처한 서정 혁파의 사례 등은 바로 두레와 굿의 기본 정신 즉 민중적 세계관과 가치관을, 그리고 소두목들의 순결한 혁명 정신과 혁명적 정열을 그대로 반영하고 있으며 동학사상의 기본 노선을 순수하게 반영하고 있습니다.

그것은 민중의 삶의 공동체, 생산 공동체, 문화 공동체의 체험과 전통을 바탕으로 조직화된 민중 자신의 혁명적 정치 공동체의 전범이라고 생각해도 결코 무리가 아닐 것입니다. 아전 서리배들이 잡다하게 끼어들어 농간을 부리기 시작한 것은 후기 현상으로서 동학 농민 운동의 일시적 승리에 따른 사회 분위기의 변화, 삼불입三不入(富不入, 班不入, 士不入 ; 부자, 양반, 선비는 동학에 들어올 수 없다) 원칙의 퇴화와 더불어 처리해야 할 사항의 복잡다단함에 따른 일정한 굴절, 변질 현상이지 원초적인 실태가 아니라는 점을 명백히 해야 합니다.

다른 한편, 집강소가 동학 이념과 하등 인연 없이 당대 민중적 삶의 사회 · 경제 · 정치적인 현실 사항에 대한 현실적 처리 기능만을 수행했다는 견해도 올바른 것이라 할 수 없습니다. 왜냐하면 그것은 동학 포접 조직의 확대 강화된 형태인 점이 분명하고 척결 방향이 명백히 동학 이념에 토대를 두고 있었기 때문입니다. 남접이 집강소의 활동 강화를 통해서 교도의 숫자를 배가하고 있는 점도 또 하나의 그 증거이겠습니다. 민중의 오랜 농업 공동체적 삶과 그 삶의 기본 가치관에 뿌리를 깊이 내리고 그 세계관을 들어 올려 동학의 무극대도 · 후천개벽의 사상에 수렴시키며, 그 실천적 · 혁명적 정치 집행 형식을 민중적 삶의 공동체 구조를 바탕으로 동학 본래의 포접 조직을 확대 · 강화한 점에서 집강소의 정치적 우월성이 나타난다 하겠습니다.

궁궁弓弓과 조직적 생명운동

이것을 거꾸로 뒤집어, 이와 같은 관점으로 집강소를 볼 때에만 동학군의 규율과 손화중 포의 그 넓고 깊은 조직적 뿌리, 그리고 손화중 포를 근거로 해서 이루어졌던 갑오년의 운동을 바로 이해하게 될 것입니다. 은적암으로부터 시작된 남접의 중심이었던 손화중 포의 사상적 흐름과 조직적 지향은 북접의 해월 최시형 선생의 40년에 걸친 활동 경향 및 조직 형식과 전혀 일치하고 있는데, 바로 이런 것을 토대로 하여 전 민중의 연합 전선을 호소했던 공주에서의 탄력 있는 정치적 전개가 나오는 것이며, 바로 이를 근거로 해서 제1차, 제2차, 제3차에 이르는 의병이 동학의 민중적 조직 기반 위에서 가능했다고 볼 수 있습니다. 그리고 이 같은 이해에 기초함으로써만 그 이후의 무수한 민중 항쟁, 민중운동과 모든 민중 사상의 흐름에 닿아 있는 동학의 연면한 민중사의 주류로서의 빛나는 흐름이 증명될 수 있는 것이며, 이런 기초 관점 위에서 볼 때에만 민중 사관에서의 동학사의 참된 이해가 가능할 것입니다.

조직은 정신적 지향을 전제로 합니다. 변혁적인, 근원적인, 전 우주적인, 전 문명사적인 변혁과 자기 개인과 자기 사회의 운명의 전면적 변혁을 요구하는 민중적인 생명운동이 종교적으로 고양되어 표현되었던 것이 동학이며 이 같은 동학의 지향이 그 필요에 따라 조직을 만들어 냈던 것이 접과 포의 동학 조직이었습니다. 살아 있는 민중 자신의 오래고 오랜 잠재적인 생명의 사상을, 삶의 사상을 명시적으로 자각적으로 들어 올린 동학의 그 정신이 없었다면 거듭되는 탄압을 뚫고 넘어 살아남았던, 그리고 살아 있는 정신에 의해 끊임없이 살아 움직였던 동학의 그 불사조와 같은 조직의 생명력은 이해할 수 없으며, 그러한 살아 있는 조직 활동의 활발한 전개를 전제하지 않는다면 동학 농민 운동의 실상도 그 이후의 동학 농민 운동이 가진 전 한국 민중운동사에서의 거대한 주류로서의 흐름도 결코 이해할 수 없을 것입니다.

은적암 시대로부터 남접의 발생까지 연결되는 피신 시대의 여러 가지 수운 선생의 사상, 특히 「칼 노래」를 중심으로 한 사상들이 은적암에서 시작되었다고 할 경우, 수운 선생은 그렇다면 남접이 결과적으로 보여 준 동세개벽, 즉 무장을 하고 현실의 구조적 모순을 직접적으로 격파하는 것만을 남접의 시작, 즉 은적암 피신 시대에 있어서의 수운 사상의 핵심으로 하고 있었던 것일까요? 이것은 남접의 수수께끼와 관련됩니다만, 동세개벽은 수운 사상 전체의 틀 속에서 중요한 측면이기는 하지만 한 부분을 이루고 있을 뿐이라는 것을 이해하지 않으면 안 됩니다. 동세와 정세는 양 측면이기는 하나 대칭되는 측면이 아니라 상호 순환하는 극極입니다. 그 전체를 아우르는 태극 속에서 보아야 합니다. 동세 쪽에 기운다 하더라도 정세적인 것의 계기가 있어야 하며 정세로 기운다 하더라도 동세적인 계기가 있어야 하는 태극, 커다란 통일 속에서의 음과 양의 파악, 동과 정의 통일적 · 유기적 파악 속에서 보아야 합니다. 동학은 현실 역사 속에서의 사회적 제도의 혁파와 질곡 타파라는 적극적인 혁명과 더불어 그보다 더 크게 전 사회적인 인간과 인간 사이, 나아가 인간과 자연 사이의 관계를 화해와 친교로 유기화, 조직화하는 것이며 따라서 동학의 조직은 전쟁이나 제도 타파만을 위한 전투적 조직이 전혀 아니었다는 점에 우리는 언제나 유념해야 합니다. 그것은 자기 자신을 변화시키며 세상의 모든 사람들과 화해로운 세상을 만들려는 화해의 조직이었으며 화해의 공동체였습니다. 따라서 이것이 먼저이며 이것이 기초입니다. 이것이 현실적인 질곡에 부딪쳤을 때, 즉 공동체 자신이 가진 화해로운 세상에의 지향, 생명의 본디 성품에 알맞은 화해로운 인간의 삶을 원하는 민중의 지향이 억압에 부딪쳤을 때, 질곡에 빠져 있을 때 비로소 저항운동을 일으키게 되는 것입니다. 바로 이와 같은 수동성을 가진 저항, 참다 참다 못해 어쩔 수 없이 일어서는 저항, 규율 있게 나아가되 반드시 생산하고 생업에 종사하는, 대지와 뿌리가 맞붙어 있는 그와 같은 총체적인 삶의 저항입니다. 삶을 제일의 기초로 하여 억압받고 죽어 가는 민중과 중생의 생명을 되살리기 위해서 어쩔 수 없이 불가피하게 선택할 수밖에 없었던 것이 수운의 후천개벽 사상 안에서의 동세개벽입니다.

바로 이렇게 이해할 때에만 손화중 포를 중심으로 한 동학 농민 운동이 보여 준 규율과 의젓함, 당당함을 이해할 수 있습니다. 이웃을 끊임없이 공경하며 생명에 대해, 세상 만물에 대해 외경심을 갖는 진정한 후천개벽 사상의 전개를 이해할 수 있습니다. 뿐만 아니라 이렇게 이해할 때에만 동학 농민 운동 전체가 바로 인식될 것입니다. 남 · 북접이 그 과정상에서의 갈등에도 불구하고 근본적으로 수운 사상과 해월 사상에 함께 기초해 있음을 이해하게 될 것입니다. 특히 손화중 포, 김덕명 포에서 나타난 사상의 흐름이 해월 사상과 조금도 다르지 않은 인내천人乃天, 사인여천事人如天 사상임을 이해할 수 있을 것이며, 이 사상의 큰 틀 속에서 중생을 해방하고 민중 생명을 살리고자 했던 동학의 실체와 동학 농민 운동의 실체, 그리고 나아가 전 민중운동사의 실체를 올바로 보게 될 것입니다.

은적암이 놓여 있는 교룡산성의 모습, 해월 최시형 선생이 숨어 있던 앵산동의 모습, 계룡산의 모습은 모두 피난과 변혁을 동시에 통일시키고 있는 상像을 보여 줍니다. 이것은 궁궁을을弓弓乙乙, 즉 활 궁弓 자 두 개가 겹친 태극 모양의 돌고 도는 모습입니다. 풍수에서는 장풍국藏風局이라고도 하고 회룡고조回龍顧祖라고도 하는데, 용이 몸을 비틀어 활 궁 자 모양으로 돌아가되 돌아가는 꼬리가 그 용의 머리를 다시 되돌아보는 그러한 형국입니다. 피난과 새로운 변혁을 동시에 통일하고 압축하는, 바로 그러한 태극의 형국을 하고 있는바, 그것이 바로 수운 사상을 나타내는 상징입니다. 수운 선생의 영부, 즉 부적의 모습은 궁궁 모양으로, 태극 모양으로 되어 있습니다. 바로 이것은 민중들이 찾는 진정한 새 세상을 상징합니다. 죽임 당하지 않고 편안히 살 수 있는, 사람답게 자유롭게 자연에 따라 살 수 있는 안정된 생활과 또 그럼에도 불구하고 온갖 장애와 질곡을 부수면서 끊임없는 변화를 추구하는 삶, 끊임없이 살아 움직이는, 역동하는 삶의 실체를 상징합니다. 이렇게 볼 때 수운 선생의 동학사상, 해월 선생의 동학사상, 손화중 포를 중심으로 한 남접 중심의 동학 농민 운동의 모든 지향도 결국은 민중의 장구하고 심오한 생명의 사상으로부터 나온 것 이외에 아무것도 아니라는 것을 이해하게 됩니다. 이렇게 민중 그 자신의 잠재적 세계관으로부터 민중 자신의 처지와 삶을 봄으로써만 은적암의 비밀은 밝혀질 것이고, 은적암의 비밀을, 남접의 수수께끼를 밝혀냄으로써만 민중사, 민중운동사의 비밀이 우리 앞에 열릴 것입니다.

동학은 살아 생동하는 본디 생명의 거대한 요구에 따라, 모든 중생이 한 생명이라는 생명 사상의 요구에 따라 그것을 자르고 죽이는 온갖 형태의 죽임에 맞서 모든 생명을 살리고자 일어난 조직적 생명운동입니다. 사람과 사람은 물론이고 모든 풀, 벌레, 공기, 흙, 물, 바람, 해와 달과 별들과 우주까지도, 태어난 사람과 태어나지 않은 사람, 죽어 가는 사람과 앞으로 태어날 사람 등 모든 중생이 하나로 움직이고 있다는 기본적인 인식 속에서 모든 생명이 협동하면서, 상부상조하면서, 순환하며 생산적으로 환귀본처還歸本處하되 창조적으로 돌아가게 되어 있다는 민중 자신의 기본적인 세계관이 자각적으로 표현된 것, 그것이 바로 동학의 후천개벽, 인내천 사상입니다. 생명의 사상에 따라 전 인류와 전 중생계를 하나의 영적인 육체로, 해방된 육체로, 해탈의 공동체로, 자유로운 육체로, 서로 자유롭고 해방되며, 서로가 서로를 해방시키는 화엄적인 거대한 통일적 육체로 보는 것이 동학의 후천개벽 사상입니다. 즉 백, 천, 억만의 창생, 즉 중생 · 민중의 동귀일체同歸一體하는 유기적 조직입니다. 바로 그 동귀일체에서 영적인 변혁이, 해탈이 일어나는 것, 바로 그것이 후천개벽이요, 세상의 변혁입니다. 한 개인도, 전 인간도, 전 중생계도, 생명계 전체가 생명 자신의 본원에 자각적 · 창조적으로 귀의하는 것이 후천개벽의 성취입니다. 이것이 동학과 민중의 기본적 세계관이요, 생명 공동체적 · 협동적 삶의 지향입니다.

바로 이것이 동학의 기본 사상이기 때문에 그것은 동학에서 조직 활동과 정신적 수양으로 나타날 수밖에 없었습니다. 통일과 해방, 정신적 수양, 정신적 지향에 따른 끊임없는 유기적 조직 활동, 살아 있는 조직 활동을 토대로 해서 동학과 동학 농민 운동을 보지 않는 한 동학은 보이지 않을 것입니다. 끊임없이 거대한 민중의 육체를 만들어 나가며, 그 육체를 확대하여 심화하며 지적으로 변화시키며, 영적으로 쇄신시키고 해탈케 하는 보편적 생존의 통일 활동인 민중 전체의 세계관, 민중의 생명의 세계관을 동학관東學觀의 기초로 할 때에만 동학이 가진 앞으로의 민족통일 운동, 민중 주체의 민족통일 운동에의 비전으로서 이 가능성을 찾아낼 수 있을 것입니다. 그리고 제3세계에 있어서의 민중적인 새로운 문화 창조를 위한 비전과 전 지구와 인류가 하나의 해방된 육체로서 통일되는 그러한 미래에 대한 비전을 찾아낼 수 있을 것입니다. 그 비전을 찾아낼 때에만 우리는 민족통일의 실천적 · 조직적 행동을 매일매일, 일상적인 시간시간, 순간순간 속에서, 이러저러한 인간관계 속에서 자그마하게, 크게, 여기저기서, 주체적으로 전개해 나갈 수 있을 것입니다. 씨앗 하나가 떨어지면, 씨앗 자신이 갖고 있는 삶의 조건에 따라 장애를 만나면 장애와의 접촉에서 생긴 조건에 따라 생명의 지향을 키워 나가는 것이 동학 특유의 조직 활동, 포교 활동이었는데, 우리는 이 동학적 실천의 모범에 따라 우리의 민족통일 운동을 매일매일 실천해 나가는 방향을 잡을 수 있을 것입니다. 그것은 바로 인류의 영원한 삶의 요구, 즉 보편적 생존의 통일, 바로 이것의 실천 외에 아무것도 아닙니다. 이것을 실천할 때에 해월 최시형 선생의 강시降詩와 같이 사해의 형제들이 모두 다 한 몸이 될 것입니다. 바로 이렇게 사해의 형제들이 다 한 몸이 되기 위해서는 매일매일 일상적인 생활 가운데서 생명의 밥을 중심으로 제사하고, 매일 세끼 제사를 드리며, 나누어 먹고, 이웃을 공경하며, 풀벌레와 친교하며, 생산적인 활동 속에서 조직적 육체를 확대해 나가지 않으면 안 됩니다. 수 세기, 수십 세기에 걸쳐서라도 끊임없이 그 육체를 확대하고 장애에 저항하여 그것을 극복하며 끝없이 죽고 태어나며 한없이 파동하는, 바로 이것이 후천개벽의 핵심적 사상입니다. 이것이 또한 우리 민족의 통일 운동의 방향이라고 나는 생각합니다.

1984년 12월

구릿골에서

구릿골에서

강증산 사상의
창조적 재해석

현대 문명의 위기

죽음의 먹구름이 온 세계를 뒤덮고 있습니다. 수많은 재래식 무기뿐만이 아니라 핵병기, 생물학 무기, 화학 무기, 레이저 광선, 무장 우주선이 온 지구상의 생명 전체를 위협하고 있습니다. 인류를 비롯한 전 생명계는 언제 닥칠지 모르는 비명횡사의 가능성에 떨고 있습니다. 현재 전 인류는 삶과 죽음 사이의 선택이 아니라 급속한 죽음이냐 완만한 죽음이냐의 선택을 강요받고 있습니다. 대다수 인류에게는 실로 두 가지 길밖에 남아 있지 않은 듯합니다. 억압과 착취 속에서, 구조적인 모순 속에서 일하고, 굶주리고, 병들어 천천히 죽어 가느냐, 아니면 증오와 갈등과 좌절, 원한, 증오, 온갖 형태의 생명력의 소모 속에서 서로 팽팽히 맞서다가 어느 날 불시에 죽느냐, 또는 가스, 중금속, 일산화탄소, 유황, 수은을 먹고, 마시고, 숨 쉬다가 죽느냐, 집단 학살, 폭동, 혁명, 전쟁판에서 죽느냐, 산업재해와 식량 위기와 화학비료 남용에 따른 토지 생산력의 감퇴, 농촌과 도시, 선진국과 후진국의 문화적 격차, 교역 불균형, 자원 고갈, 노동 소외, 매스미디어를 통한 대중조작과 기만의 만연, 물신숭배, 소비 숭배, 속도 숭배, 폭력 숭배, 약물중독, 온갖 형태의 정신질환, 군비경쟁과 대량살상용 무기의 끝없는 개발과 정치적 탄압과 고문, 새로운 제국주의와 패권주의의 등장, 신식민주의의 새로운 만연, 사회제국주의 등 온갖 형태의 것들이 모두 다 생명 대신에 죽음이 우리의 삶의 질서로 들어서고 있음을 웅변으로 증언하고 있습니다. 온갖 형태의 뿌리 뽑힌 민중적 삶, 인간성의 상실, 개성 말살, 가학 · 피학 증세의 전 인간 생활에서의 보편화, 인간 및 범생명의 끊임없는 물질화, 테러와 복수의 악순환, 온갖 형태의 집단적 정신분열, 빈부의 격차에서부터 생태계의 파괴에 이르기까지, 사회적인 질환에서부터 인간 내부의 분열에 이르기까지, 또한 조수의 변동, 대기의 변동, 천체의 변동, 지구 축의 변동, 사막과 밀림의 위치 변경, 홍수, 한발, 북반구와 남반구의 기후의 급격한 뒤집힘, 동서 양대 세력의 갈등, 남북 불균형의 심화 · 갈등 등에 이르기까지 온갖 지구를 둘러싸고 있는, 우주에서 일어나고 있는 현상의 내부를 꿰뚫어 흐르고 있는 것은 한마디로 생명의 파괴, 바로 그것입니다.

일본의 출판사 이와나미 서점[岩波書店]은 그들의 특별 기획으로 현대 문명의 위기 시리즈를 계속 내고 있는바, 이처럼 출판의 방향을 새롭게 정하고 있는 이유로 이 출판사는 다음과 같은 점들을 지적하고 있습니다.

인류 역사상 격동과 혼미라는 말을 필요로 하지 않은 시기는 일찍이 없었다고 해야겠지만, 오늘날 지구 사회의 현실은 그 어느 때보다도 심각한 격동과 혼미의 와중에 있다는 것을 우리는 동감하고 있다. 특히 선진 공업국들과 그 사회가 직면하고 있는 여러 문제들은 종래의 가치관과 질서에 의해서는 이제 타개될 수 없다는 사실을 분명히 보여 준다. 그럼에도 불구하고 이에 대신할 수 있는 가치 체계의 창출과 질서의 주장을 우리는 하지 않은 채 심각한 폐쇄감에 사로잡혀 있으며, 현상 개혁에 대해 적극성을 갖지 못할 뿐만 아니라 때로는 개혁 자체를 거부하려는 심리에 휩싸여 있다. 사람들의 관심이 오히려 자기 주변에만 집중하는 경향을 나타내고 과거의 영광과 가치를 강조하고 있는 것은 우리 시대의 이러한 병든 심리를 여실히 나타내 주는 현상이다. 즉, 근원적 일체성 위에서 전환 시대의 양상은 갖가지 영역에서 위기로 나타나고 그러한 위기는 동시대의 절박한 과제로 우리의 눈앞에 다가와 있다. 이것이야말로 현재 위기의 특질이라 할 수 있을 것이다. 즉, 1) 미 · 소 초강대국에 의한 핵군비의 확산을 중심으로 한 세계의 군사와 경향은 각 지역에서 비참한 민중 살상을 되풀이하면서 핵 전쟁에 의한 지구의 멸망을 예감치 않을 수 없게 하고 있다. 2) 선진국 경제의 장기간에 걸친 문화, 세계 금융공황에 대한 위구심, 남북 간 격차의 확대, 개발도상국 내의 빈곤과 기아 등 지구 사회의 모순은 점점 더 심각해지고 또한 다원화되고 확산되면서 동시에 복잡하게 서로 뒤얽혀, 그 개선과 개혁을 어디서부터 시작해야 할지 곤란케 하고 있다. 3) 오늘날에도 여러 지역이 전제정치하에 놓여 있고, 민중에 의한 정치를 요구하는 투쟁이 계속되는 한편 대중 참여의 민주제도마저 형해화되어 그 재생의 길에 대한 의문이 제기되고 있다. 개발과 독재와 관리 강화의 중첩적 결합을 분리시켜 민중을 위한 근대화 과정을 어떻게 구조화시킬 수 있느냐가 추구되고 있는 동시에 선진국 내 교육 문제의 혼미에서 단적으로 나타나고 있는 바와 같이 일제기 근대화 과정에서 적극적으로 추구되어 왔던 문명의 제 가치가 근저로부터 재조명돼야 할 때가 됐다. 4) 과학 및 기술의 개발은 놀랄 만큼 진보하고 그 파급 효과에 의해 산업혁명 당시를 훨씬 능가하는 크나큰 변혁의 시대로 진입하고 있다는 사실을 우리는 예감하고 있지만, 이러한 연구의 진전과 기술 개발에서 인간에 의한 통어와 제어가 어디까지 유보시킬 수 있는가를 아무도 확신을 갖고 말할 수 없게 되었다. 5) 끝으로 가장 중대한 위기는 우리들이 거대한 전환의 시대에 살고 있다는 사실을 잘 알면서도 현상의 파탄이 어떤 형태로 종국을 맞이할 것인가 또는 현상과 대체될 전환이 어떠한 형태로 전개되어 나갈 것인가 하는 문제에 관한 예견력을 거의 갖고 있지 못하다는 데 있다. 미래에 대한 이러한 예견력의 쇠약은 사람들을 이성에 대한 불신으로 유도하여 사람들로부터 현상 타개의 의욕을 빼앗아 가고 있다. 매년 1억 이상의 인구가 개발도상국에서 증가하고 있다는 점, 지구 사회는 머지않아 거대한 인구 문제의 폭발에 직면하게 되리라는 점을 또한 우리는 확실히 추정하고 있다. 생태계의 변화와 환경 파괴는 나날이 진척되어서 15년이나 20년 후에는 50만 종에서 200만 종의 생물이 멸종되리라는 예측이 나오고 있다. 절대적 빈곤층은 더욱더 확대되어 21세기 초에는 8억5000만 명에 달할 위험이 있으며, 개발도상국 인구의 5분의 3이 안전한 물, 즉 오염되지 않은 물을 얻지 못한 채, 그 때문에 매년 2500만 명이나 생명을 잃고 있다는 것, 아프리카에서 매년 500만 명의 어린이가 굶어 죽고, 500만 명 정도의 어린이가 기아와 영양실조에 의해서 쇠약해지고 있다는 사실 등이 지적되고 있다. 세계 군사비는 1983년 현재 8000억 달러에 달하고, 5만 발의 핵폭탄이 지구상에 존재하고 있으며, 하루에도 10여 개에서 20여 개의 핵무기가 제조되고 있는 것으로 보고되고 있다. 전면 핵전쟁이 일어나게 되면 5억에서 15억의 인구가 즉시 사망하고 지구는 몇 개월 후에 영하 45도의 핵겨울 속에 떨어진다라고 과학자들은 추정하고 있다.

위의 글에서 보는 것처럼 이 같은 위기 속에 놓여 있으면서도 서구의 사상계와 지성계는 미래에 대한 예견력의 결핍, 신선하고 광활한 상상력의 고갈과 부재 속에서 방향을 찾지 못한 채, 새로운 세계관을 찾지 못한 채, 정신적 공황 상태에서 진통을 겪고 있습니다. 서구와 더불어 온 세계의 사상계는 중구난방으로 떠들어 대면서도 이와 같은 엄청난 파국 앞에서 전전긍긍하며 길을 찾지 못하고 있습니다. 혹자는 동양 사상에서 그 출구를 찾자고 외치고 있고, 혹자는 이미 자기들이 파괴해 버린 남미 대륙의 과거의 전통, 과거의 전승들의 발굴 속에서 찾으려고 하고 있으며, 또는 아프리카의 원시적 생명력에서 구하려고도 합니다. 하지만 이런 모든 노력에도 불구하고 모두가 다 확고한 예견력과 우주적 규모의 과학적이고 예술적이고 정치적인 상상력을 작동시키지 못한 채 새 세계관의 제시라는 해답을 내놓지 못하고 있습니다. 만약 이러한 상상력과 예견력이 주어진다면, 그것의 기폭起爆과 촉매에 의하여 지금과 같은 높은 과학기술 수준과 학문적인 방법론 등은 일거에 새로운 출구를 찾아 새 차원의 문명 건설에로 진출할 수 있을 것입니다.

그럼에도 불구하고 어떤 것도 제시되고 있지 않은 것이 오늘의 실정입니다. 과거에는 전혀 걱정조차 하지 않았던 일들, 분홍빛 낙관 속에서 아무렇지도 않을 것이라고 배를 둥당거렸던 일들이 오늘 우리 눈앞의 위태로운 현실로 나타나고 있는 데에 서양 학자들은 크게 당황하고 있는 것 같습니다. 북반구와 남반구 기후의 극심한 변동, 조수의 크나큰 변동, 대기의 오염, 천체 변동 등 전에 없던 엄청난 사태 앞에서 이젠 서양 학자들도 두 손을 들고 모두 다 하나같이 큰일 났다고 떠들어 대고 있습니다. 지구 양극을 연결하는 축대가 그 각도를 크게 변동시킨다는 것은 과거에는 상상도 못했던, 또는 미신적인 예언이라고 치지도외시해 버렸던 것인데, 그것이 현실로 나타나고 있는 데 대해 서양 학자들은 크게 말하기조차 꺼려하고 있는 실정입니다. 그러나 이 지구 축의 변동에 관한 이야기는 이미 1890년대 하반기에 충남 연산의 김일부金一夫 선생과 1910년대 초에 강증산姜甑山 선생이 명명백백하게 공언하여 제시한 후천개벽의 기본 사태입니다. 지구 양극을 연결한 축대의 변동과 조수의 변동, 대기의 격변, 극심한 남반구 북반구의 기후의 뒤집힘, 생태계의 파괴 등은 이미 김일부 선생과 강증산 선생이 후천개벽적 파탄의 직접적 사태로서 공공연히 지적한 바 있습니다.

오늘날 민중 주체의 입장에서 개인과 사회를 변혁하고 지구적 · 우주적 규모에서 삶을 총체적으로 개조하는 것이 참된 민중운동의 기본 내용이 되고 있음에 비추어 우리는 전 세계가 요구하고 전 민중과 전 중생계가 호소하고 있으며, 전 세계 사상계가 찾고 있는 총체적 변혁의 상상력에 대한 요구, 예견력, 즉 비전을 강증산으로부터 어떻게 이끌어 낼 것이며, 강증산 사상의 새로운 해석에 의하여 그 상상력을 어떻게 들어 올릴 것인가 한번 생각해 봐야 할 때를 맞고 있습니다.

제가 구릿골에 간 것은 바로 이와 같은 상상력, 예견력, 비전과 관련하여 증산 사상의 새로운 가능성을 생각해 보고자 함에서였습니다. 전 민중, 전 인류의 절박한 위기, 전 지구적 위기, 우주 변동의 위기에 대한 인식, 그리고 이 위기에 대한 예견력과 그 활로에 대한 날카롭고 우람한 우주 정치적 · 우주 과학적 상상력의 제시가 바로 강증산 사상의 뼈대를 이루고 있음에 비추어 강증산 선생의 사상이 절박한 위기 속에서 활로를 찾고 있는 세계 인류와 우리 민중에게, 그리고 제3세계의 민중에게 적절한 해답의 실마리, 해답의 씨앗을 던져 줄 것으로 믿고 있었기 때문입니다.

민중 개벽에 있어서의 동세개벽과 정세개벽

구릿골은 전라북도 금구군金溝郡 금산면金山面, 즉 과거의 수류면水流面에 있습니다. 모악산母岳山 금산사金山寺 쪽으로 들어가는 초입에 금평못이 있는데 이 거대한 금평못에서 오른쪽으로 길을 잡아 모악산 쪽으로 돌아 들어가다가 다시 길을 갈라 왼편 금평못 가운데로 돌출하고 있는 앞산을 끼고 또 한 번 돌아 들어가면 금평못 바로 뒤의 가장자리에, 개울물 골짜기를 낀 구릿골이라는 자그마한 마을이 있습니다. 구릿골 근처에는 물이 많습니다. 구릿골 근처에 물이 많은 것은 결코 강증산 선생의 사상과 무관하지 않다는 것을 말씀드리겠습니다. 구릿골 근처에 물이 많은 것은 풍수상으로 모악산이 음산陰山이라는 점과 관련이 있습니다. 또한 그 근처의 지명에 쇠 금金 자가 붙어 있는 곳이 많은 것과도 연관이 있습니다. 금구金溝, 김제金堤, 금산金山, 금평金坪 등……. 그런데 실제로 이 근처의 개울이나 시내에서는 옛날부터 지금까지 계속 다량의 사금砂金이 쏟아져 나오고 있습니다. 일제 때에는 이곳이 전국적으로 유명한 사금막이었고 사금광이었습니다. 동양의 오행에서 말하는 '물은 금을 낳고, 금은 물을 낳는다'는 '금생수金生水'의 이야기가 여기처럼 맞아떨어지는 곳은 별로 보기 힘듭니다.

물이 금을 낳는다는 것을 또한 강증산 선생의 사상의 핵심적 특징과 연결해서 생각해 보면 물은 강증산 사상의 핵심인, 근원적인 생명의 본성을 상징하는 것이고, 금 즉 쇠는 아마도 현대 물질문명을 상징하는 것이 되겠습니다. 그런데 강증산 선생은 민중과 중생이 자기의 고향인 본디 생명을 찾아 돌아가는 '원시반본原始返本'을 사상의 출발로 하고 있습니다. 과거 원시에 있어서의 화해로웠던 생명의 고른 상태로, 문명 이전의 상태로, 문명 단계를 거쳐서 창조적으로 환원하는, 새롭게 순환하는 그런 질서를 '원시반본'이라는 말로 표현했습니다. 그와 같은 원시의 공동체적인 생명의 상태로, 본디 생명의 성품으로 돌아가는 그러한 물의 운동과, 그 과정에서 산출된 금, 즉 현대와 같은 물질문명의 이기가 서로 배척함이 없이 서로 상생한다는 것은 매우 뜻 깊은 의미를 지니고 있는 것 같습니다. 강증산 선생은 실제에 있어서 오늘날 유행하고 있는 것과 같은 과학과 물질문명은 본디 하늘에서 내려온 좋은 것이므로 결코 배척할 것이 아니라, 중생이 후천개벽과 천지공사天地公事를 통해서 본디 생명의 성품을 찾아 근원에로 되돌아감에 있어서 수레, 즉 운반자의 역할을 할 것이므로 잘 활용해야 할 좋은 이기利器라고까지 말씀했습니다. 그러나 동시에 양가적兩價的인 반대 비평도 가하고 있습니다. 즉 물질문명을 통어하고 제어할 수 있는 정신이 결핍되어 있어, 특히 서양인들의 기본 철학과 세계관이 아집과 독선과 오만으로 가득 차 있고 물질주의·물신숭배에 빠져 자본주의, 식민주의, 제국주의 등으로 치달음으로써, 그리하여 온갖 폭력을 인간과 생명에게 가함으로써 세계를 파멸의 길로 몰아넣고 있다고 개탄했습니다. 바로 그런 점에서 물과 금이 가득 차 있는 골짜기인 구릿골은 강증산 사상에 있어 매우 의미심장한 상징적인 뜻을 가진다 하겠습니다.

금평못이 있는 위치는 금구, 원평 지역으로 동학 김덕명 포의 본 바닥입니다. 이 근처는 이름난 옥토로서 물산이 풍부하고 인심이 도타운 곳으로 유명하며, 동학이 깊이 그리고 넓게 뿌리내린 곳이기도 합니다. 바로 이러한 곳에, 금산과 수류水流의 땅, 물 많고 금 많은 이 고장에 구릿골이 있습니다. 그런데 바로 이 구릿골에서 강증산 선생은 동학 재건의 깃발을 들었습니다. 그때는 동학 농민 운동이 완전히 실패하여 50만에 가까운 민중이 살육당하고 그보다 더 많은 수의 사람들이 집을 잃고, 방화와 약탈과 겁탈과 부상으로 갈기갈기 찢기고 뿌리 뽑힌 채 절망 속에서 송장 더미 더미 사이를 짐승처럼 헤매던 때였습니다. 일제와 청나라, 러시아와 영국, 미국, 프랑스 등 열강의 침략과 각축에 의해 동양 세계와 이 나라가 온통 갈기갈기 찢기는 엄청난 비극의 때이기도 하였습니다. 전 제3세계의 식민지화가 완성되는 때, 제국주의의 격랑이 높은 때였습니다. 나라의 주권을 빼앗기고 온 민중이 억압과 착취 아래 짓밟히며 신음하고 있던 절망의 때, 이때에 강증산 선생은 동학 재건의 깃발을 들었던 것입니다. 강증산 선생은 스무살 무렵에 이미 동학당에 들어가 활동했습니다. 갑오혁명이 실패한 뒤 그는 시체가 가득 널린 폐허의 강산을 여러 해에 걸쳐 편력했습니다. 그때에 그는 구천에 사무치는 울부짖음과 살을 가르고 뼈를 깎는 민중의 고통의 실상을 보았으며 민중 생명이 보편화된 죽임 속에서 얼마나 비참하게 부서지고 있는가를 똑똑히 보았고, 얼마나 절실하게 생명의 회복을 바라고 있는가를 또한 사무치게 실감했습니다. 따라서 강증산 선생은 자기의 목표를 동학의 동세개벽動世開闢 이후의 민생의 재건과 그들의 활인, 즉 죽임으로부터의 민중 생명의 살림에 두게 되었던 것입니다.

곧 남접 중심의 손화중, 김개남, 전봉준 등이 추구한 동세개벽, 즉 무장 혁명에 의한 구조 개편이나 구조 혁파를 목표로 하는 것이 아니라 정세개벽靖世開闢, 즉 민중의 마음과 사회생활을 안돈시키고 모든 사람을 아우러지게 하며, 서로가 협동하는 민생, 민중의 일상적인 생존의 확보와 회복을 중심으로 근원적인 후천개벽을 이룩하려는 정세개벽의 길을 걷게 됩니다. 강증산 선생은 이미 자기의 편력 과정에서 온갖 사상들, 기독교를 포함한 불교, 유교, 도교 그리고 새로이 밀려드는 과학기술과 온갖 외래적인 것들의 경험에 접한 바 있습니다. 풍수와 역 사상易思想까지 접하게 되며 정역正易으로 유명한 김일부 선생을 연산連山에서 만나게 됩니다. 김일부 선생은 주周나라의 역易 이후 근본적인 수정을 거치지 않았던 역 사상을 크게 변혁하여 후천개벽 시대의 역학으로, 이른바 정역正易으로 근본적 수정을 가했던 희귀한 사상가입니다. 김일부 선생에 따르면 인간의 역사와 지구 및 우주 생명체는 이제 그 생명이 시작된 이래 최대의 변혁기, 즉 후천개벽의 시대에 들어서는 파천황의 대전환점에 있다는 것입니다. 그리고 그것은 기본적으로는 지구의 양극 사이의 축대가 지금까지와 같은 선천 시대의 각도에서부터 상당한 정도로 틀어짐으로써 조수가 변동되고 대기와 기후가 급변하며, 지각이 변동하고 온갖 형태의 생태계가 크게 바뀌는 필연적인 자연自然 후천개벽임을 역설했습니다. 강증산 선생이 말씀의 도처에서 김일부 선생의 정역적인 후천개벽 사상을 깔고 있는 것으로 보아 선생이 정역의 자연적 후천개벽 사상으로부터 크게 영향을 받았다는 점은 쉽게 짐작할 수 있습니다.

그러나 강증산 선생은 이와 같은 자연 후천개벽 사상만으로는 인간의 생명을 능동적으로, 생명의 자각적인 살림의 방향으로 회복시키기가 어렵다고 판단하고 민중을 중심으로 한, 민중이 주체가 되는 인위적이고 적극적이며 능동적인 후천개벽의 전개를 생각한 것 같습니다. 강증산 선생은 밑바닥 민중이 한울님다운 거룩한 존재로 성화되는 실천적 개벽 운동을 통하지 않으면 후천개벽은 현실적으로 탁월하게 이루어지지 못한다는 점을 깨닫고 먼저 스스로 크게 깨치기 위하여 모악산 대원사大願寺에 들어가 좌정을 하게 됩니다. 제자들의 말에 의하면 이때 강증산 선생은 삼종마三種魔를 뿌리치는 깨침을 얻었다고 하나 이는 신도들의 불교적인 해석일 것이고, 강증산 선생이 이때 깨친 것은 틀림없이 그 자신이 바로 온 육도六道와 색계色界, 욕계慾界, 무색계無色界의 삼계를 주재하는 대권을 가진 옥황상제요, 미륵불이라는 것, 즉 보잘것없는 민초에 불과한 그 자신, 외세와 봉건 양반에게 짓밟히고 수천 년 수만 년 쌓이고 쌓인 원기寃氣와 상극相克에 물들어 찢길 대로 찢긴 한낱 중생인 그 자신, 갑오년 이후 풀벌레만도 못하게 죽임 당하고 강탈당하는 조선 민족인 그 자신이 한울이요, 그 자신이 우주 자체라는 것, 끝없이 변화 생동하는 우주 생명, 근원적인 생명 자체라는 자각이었을 것입니다. 이것은 전 중생계와 하나인 자기 생명의 본디 성품의 발견 이외에 아무것도 아닐 것입니다.

강증산 선생은 이때 그 자신과 마찬가지로 모든 밑바닥 민중이 전 중생과 더불어 함께 생명의 근원인 한울님이요, 옥황상제라는 바로 그 깨달음을 얻은 것입니다. 그가 먼저 그것을 깨달았으므로 그 자신부터 스스로 옥황상제로 살고자 하였으며 이 방법을 통해 민중을 깨우치고자 하였습니다. 모든 밑바닥 민중도 자기 자신의 삶의 한복판에서 매일매일의 삶을 중심으로 하여 후천개벽 운동을 실천함으로써 자기 자신이 옥황상제라는 깨달음에 도달할 수 있으며, 이 깨달음을 통해 인위적인 후천개벽을 이룰 수 있으리라 굳게 믿고 하산합니다. 강증산 선생은 모악산 금산사의 미륵이 바로 자기 자신이라 하였습니다. 바로 자기는 옥황상제일 뿐만 아니라 금산사에 하생한 미륵이라고 말했으며, "나를 보고자 하면 금산사 미륵을 보아라"라고도 말하였습니다. 자신을 하생한 미륵이라고 말한 강증산 선생, 백제 이후 고통받은 민중의 새 세상—기다림의 표징인 미륵을 자신과 일치시킴으로써 민중 모두의 성품 속에 있는 미륵을 들어 올리고 사람 사람 사이의 사회적 관계 속에서 미륵을 현신現身시키려 했던 그의 사상의 전개를 보다 더 깊이 알기 위해서는 금산사 미륵의 역사와 강증산 사상의 관계를 더듬어 보는 것이 불가피해지는 것 같습니다.

미륵 신앙과 증산 사상

금산사가 있는 모악산은 소위 남조선의 삼남 일대에 만연되어 있는 미륵 사상의 본거지로서 과거뿐만 아니라 지금까지도 미륵 신앙의 중심지로 인정되고 있습니다. 미륵 사상은 중앙아시아, 한국, 중국 그리고 일본에 널리 퍼져 있는 민중적인 대변혁 사상입니다. 후세불後世佛로서의 미륵이 도솔천에서부터 하생한다는 사상은 이미 석가에 의해서 예언된 바 있으나 그것은 도탄에 빠진 민중들의 구원에의 열망과 연결되어 용화회상龍花會相이 열리어 지상 선경地上仙境이 지어진다는 개벽 사상으로 되었습니다. 그것은 서양의 메시아사상이나 천년왕국 사상과도 어느 정도 공통점을 가진 민중적인 변혁 사상으로 발전합니다.

특히 우리나라의 경우에는 남한 일대, 특히 전라도, 충청도 일대에서 민간신앙으로 크게 자리 잡고 오래도록 유지되어 온 사상입니다. 전라도, 충청도 일대뿐만이 아니라 전국적으로 퍼져서 함경도나 강원도, 황해도의 도처에까지도 그 같은 신앙이 있었습니다. 그러나 집중적으로는 전라도, 충청도 일대가 그 본거지라고 할 수 있고 이 본거지 중에도 본거지가 모악산이며, 어떤 측면에서는 계룡산까지도 모악산 중심의 미륵 사상의 파급권, 영향권 안에 포함된다고 할 수 있습니다.

그러나 민중적인 개벽 사상, 민중적인 변혁 사상에 있어서 모악산과 계룡산은 일면에서는 일치하고 있지만 다른 한편에서는 큰 차이가 있습니다. 모악산은 주로 미륵 사상을 중심으로 우주 개벽 사상으로 전개된 데 비해서 계룡산은 다분히 『정감록鄭鑑錄』에 의한 정씨鄭氏의 새로운 왕조의 시작, 역성혁명을 말하고 있습니다. 모악산 미륵 신앙은 왕조 변혁을 넘어선 파천황의 전 역사적, 전 우주적인 변혁을 요구하고 있다는 점에서 계룡산이 피난과 변혁을 함께 압축하는 민중의 소망을 담고 있으면서도 왕조 변혁의 다분히 정치적 지향을 표현하고 있는 데 비해 민중의 보다 더 크고 깊은 소망에 뿌리를 내리고 있다는 차이를 보여 준다 하겠습니다. 그러나 이 역시 역사적으로는 상호 전위轉位의 관계를 갖고 있습니다. 여러 풍수 도참설이 남한 전역에 퍼져 있습니다만, 그러한 풍수 도참의 일설에 의하면 모악산은 전 지구적 후천개벽의 모산母山, 즉 어미산이라고 하는데 모악산이 모산, 어미산, 음산인 데 비해 순창 회문산回汶山은 양산陽山, 즉 아비산으로 대비되고 있습니다. 그러므로 모악산에 순창 회문산의 기운이 들어감으로써 무극대도無極大道가 이루어지고 무극 천지의 후천개벽이 실현된다고 합니다. 순창 회문산은 양산임에도 태극 형국으로서 음산으로 무극 형국인 모악산으로 수렴되어 들어감으로써 활동하는 태극을 품에 안은 고요한 무극 천지를 이루게 된다는 것입니다. 역易의 삼극 사상, 곧 황극皇極 · 태극 · 무극 사상에 의하면 금산사는 황극이라고 합니다. 무극이 일체의 움직임까지도 다 포함하는 큰 고요, 큰 고요로서의 우주 생명의 본성이라고 한다면, 태극은 음양의 끝없는 활발한 움직임으로서의 우주 생명의 본성을 의미하며, 황극은 큰 고요로서의 생명의 본성인 무극과 활발한 움직임으로서의 통일적 생명의 본성인 태극이 현실 세계, 현실 우주, 현실 역사에 눈에 보이는 형태로 실현, 성취되는 것을 말합니다. 따라서 금산사는 순창 회문산의 태극과 모악산의 무극이 하나로 현실 세계 속에 통일적인 모습을 눈에 보이게 드러낸 황극의 형국이라는 것입니다. 바로 이러한 황극이 금산사 미륵이라고 합니다. 이것은 민중 불교적인 미륵 사상과 민중적인 역 사상이 결합된 결과이기도 하고 도교나 선교仙教 사상과 민중 불교적 미륵 사상이 접합되어 나타난 결과라고도 보입니다.

선천 시대의 온갖 고통과 질타를 타파하고 후천의 새로운 신선경神仙境을 열어 놓는다는 금산사 미륵은, 민중들의 개벽적 상상력, 우주 개벽적 상상력, 후천개벽적 상상력에 맥을 대고 있음이 분명합니다.

강증산이 나는 도솔천에서 내려온 미륵불이고 나의 모습을 보려거든 금산사 미륵을 보아라라고 말한 것은, 바로 이 같은 풍수, 도참, 역, 민중불교, 도교, 선교 등이 한데 어우러져 있는 민중들의 개벽에 대한 열망, 변혁에의 기다림이라는 그 크고 메마른 섶에 불을 질러 마음속에 잠자고 있는 광활한 우주적 상상력을 일깨워 마음의 죽임으로부터 크고 넓은 마음을 살아 뛰뛰게 하고자 함이었을 것입니다.

금산사 미륵을 둘러싼 이와 같은 미륵 신앙, 미륵불 하생에 의한 현세의 변혁의 믿음은 그 바탕에 우주적 규모의 전 생명계적 대변혁의 비전을 깔고 있습니다. 그런데 이러한 변혁이 역사적 혁명 또는 왕조 변동 등과 전혀 결부되지 않느냐 하면 그렇지는 않습니다. 금산사는 백제 때 진표 율사에 의해 창건된 이래 백제가 망한 뒤 복신, 도침, 흑치상지 등이 수십 년에 걸쳐 백제 복국復國을 위해 무장 항쟁을 벌였던 이른바 다물多勿 운동의 한 거점이었습니다. 또한 그 이후 무장 항쟁이 진압된 뒤에도 백제 유민들의 한을 풀어 줄, 새로운 백제 출현의 소망을 실현시켜 줄, 즉 왕조 변혁, 왕조 변동을 실현시켜 줄 소망의 표적과 신앙의 대상이 되어 왔습니다. 후백제의 견훤이 백제를 복국시키고 백제에 의한 삼국 통일을 이룩하고자 기원했으며, 사치 방탕한 신라의 쇠사슬에 묶여 신음하는 온 중생을 해방코자 했던 서원의 절(願刹)이기도 하였습니다. 견훤은 이 절에서 스스로가 이 세상에 하생한 미륵이라고 자처했습니다. 그는 미륵 사상에 의해서 백제 유민들의 복국의 열정을 수렴코자 하였습니다. 그리고 통일신라의 질곡 밑에 있었던 여러 병탄된 부족들과 병탄된 나라들의 모든 지역 민중들, 노예로 끌려가 중노동으로 고통 받는 밑바닥의 모든 민중들, 백제와 고구려 유민들의 한을 풀어 주고 그 소망을 수렴하는 표적으로서 금산사 미륵을 앞세웠던 것입니다.

그러나 강증산은 한 번도 선천적인 동세개벽에서와 같은 왕조 변혁에 의한 중생 해방이나 민중 구원을 주장한 적은 없습니다. 바로 이 점에서 강증산 사상은 모악산 금산사의 우주적, 전 생명사적, 전 인류사적인 후천개벽의 큰 테두리와 일치하되 백제 복국 운동이나 왕조 변혁, 사회역사적인 구조 혁파를 위한 직접적인 무장 투쟁 등과는 그 방법적인 차이를 확실히 보여 줍니다.

이것은 강증산 사상의 독특한 면목이긴 합니다만, 시대적 배경, 역사적인 특징과 당시의 민심의 흐름, 국제 정세의 변동에 대응해서 심도 있게 이해하지 않으면 안 될 국면입니다. 분명히 수운 최제우 선생에 있어서는 제한된 차원에서나마 동세개벽의 싹과 지향이 있었습니다. 그러나 그러한 지향의 적극적 확대로서의 동학 농민 운동이 처참하게 좌절된 뒤 피폐한 민생에 대해, 그리고 전 인류사적인 파국과 대전환에 대답하는 데 있어서 강증산은 남조선의 역사적 의미, 백제의 아픈 한과 온 민중의 해방과 변혁에의 열렬한 소망 및 동학의 맥락을 분명히 타되 수운 선생의 동학을 부분적으로 비판하는 자세를 취했던 점을 우리는 잘 보지 않으면 안 됩니다. 그는 후천개벽을 강력히 주장한 사람이지만 선천적인 방편에 의한 후천개벽의 조기 달성, 시대 경륜으로 좁혀진 동학사상에 의한, 그리고 무장투쟁에 의한 순수히 자력적自力的인 혁명 성취에 대해서는 비판적 태도를 취했습니다. 그렇다고 하여 후천개벽이 이미 이루어지도록 모두 다 마련이 되어 있어서 사람이 꼼짝하지 않고도 자연히 성취되는 타력적他力的 개벽 방향을 제시한 것도 전혀 아닙니다.

그의 후천개벽관은 오히려 철저히 인간의 행위와 인간의 실천 중심의 후천개벽입니다. 다만 천존天尊, 지존地尊이 아닌 인존人尊이 이 시대의 특징이라 할 때, 그 인존의 뜻은 서양식 인간중심주의가 아니라 창공과 대지와 귀신이 다 함께 공생하는 큰 본디 생명, 곧 한울님이 사람 안에 살아 계신다는 뜻이며 이런 점에서 강증산의 후천개벽은 자력적이면서 동시에 타력적이며, 내재적이면서 또한 초월적인 변혁인 것입니다. 그 방법 및 개벽의 폭과 크기가 선천 시대의 왕조 변혁과 같은 동세개벽 즉 무장 반란이나 폭력혁명과 같은 방법에 의지하지 않는 것, 백련교白蓮敎나 두타교頭陀敎, 그리고 태평천국이나 동학 농민 운동에서와 같이 선천적 방편에 의해 후천개벽을 달성하려는 그런 방향에서의 정치 · 군사적인 개벽 실천이 아니라는 것입니다.

이 점이 현실적인 사회구조적 모순과 질곡으로 인한 민중의 고통으로부터 볼 때 강증산 사상의 명백한 한계가 될 것입니다. 왜냐하면 당시는 지금이나 마찬가지로 선천과 후천 사이의 개벽의 과도기였던 것이며 이러한 개벽의 과도기에는 선천과 후천, 동세와 정세의 방략이 서로 엇섞일 수밖에 없는 것이 현실적인 민중 해방 운동이기 때문입니다. 당시 민중의 전체적 생존 조건은 일제에 대한 전면적 투쟁 이외엔 어떤 살림의 길도 없었으며 의병에서 독립군 투쟁으로 가열화되고 확대되는 형편에 있었습니다. 그러나 강증산 선생은 무장투쟁의 길을 버리고 우주적인 차원, 중생계적인 차원, 전 인류적 차원, 그리고 밑바닥의 민중적 차원에서 민중의 구체적인 매일매일의 생산 노동과 생존 문제 해결을 통해서 확장적으로 약간의 사회적 관계, 중생의 생태적 관계, 정신의 우주적 관계 등을 변혁시키려는 개벽 실천의 방향을 제시하고 있습니다.

따라서 강증산 선생의 후천개벽은 역사적 정치 개벽이 아니라 인류 역사의 탁류 정화와 사회구조적 모순 제거를 다 포괄하는 우주적, 전 생명사生命史적 정치 개벽인 것입니다. 물론 우주 정치적 개벽이라 하더라도 역사적 정치성의 투영이라고 볼 수도 있습니다. 그러나 동양에서의 정치라는 것이 본디 하늘의 뜻을 받아 그 뜻이 가진 법칙에 따라 인위적으로 세상을 조절해 가는 행위를 말하는 것과 마찬가지로, 전 우주적인 후천개벽의 정치적 실천의 경우에 있어서도 우주적인 생명운동의 법칙에 따라 그것을 인위적으로, 적극적 · 능동적으로 실천하는 그러한 의미에서의 포괄적 정치성이라고 불러야 하겠습니다.

수운과 증산의 후천개벽관

한마디로 말해 수운 선생과 남접 손화중 중심의 동학 농민 운동은 인위적 · 적극적인 후천개벽을 역사사회적인 구조 모순의 타파 곧 선천 시대적 정치 한계 안에서의 혁파, 또는 전통적인 민중 반란의 조직적 확대 방법에 의한 혁파를 통해 실현시키려 했던 데 비해, 강증산 선생의 후천개벽의 실천은 하나하나의 이름 없는 민중들의 그날그날의 먹고, 살고, 입고, 고통 받고, 병들고, 죽고, 두려움과 굶주림과 죽임으로부터 벗어나고자 몸부림치는 구체적인 삶, 민중 생존을 중심으로 하여 그것을 해결하기 위해 노력하는 매일매일의 자조自助 자활自活의 작은 공동체 건설과 협동 생활의 조직 과정에서 실천되고 성취되는 그러한 민중적 개벽 실천이었습니다. 정치 구조의 혁파를 위한 급진적인 투쟁을 먼저 전제하지 않고 그날그날의 고달픈 민중 생존의 협동적 해결을 중심으로 개혁을 실천해 나가는 그러한 방향인 것입니다. 바로 이 점이 강증산 사상의 한계이자 동시에 가치이기도 합니다. 일제에 의해 국권을 빼앗기고 온갖 잔학한 억압 · 학살과 토지조사사업 등에 의한 토지 수탈로 민중 생존의 활로가 원천적으로 봉쇄된 상황에서 불가피한 전면 투쟁을 선택하지 않고 천지공사에 의한 근원적 개벽과 그날그날의 민생을 말하는 것이 그 한계인데, 동시에 이 점은 그의 사상이 당대의 시대 경륜 대신 거대한 문명사적 전환, 전지구사와 우주사 · 생명사적인 전환을 밑바닥 민중의 매일의 삶과 일과 밥과 굿을 통해 진행시킨다는, 민중적 삶 가운데에 거대한 우주적 상상력을 열어 놓았다는 영속적 가치를 가지기도 하는 것입니다. 증산은 동학 전체를 자기 자신의 사상 체계 안에서 완결 · 일관되는 것으로 보지 않고, 혁명적 동세개벽은 수운에게서, 그리고 자신은 삶의 운동을 통한 정세개벽이라는 방략으로 동세개벽 뒤의 황폐 속에서 근기가 약해진 민중의 삶을 보補하고 나아가 동세개벽의 근본 동기까지 포괄하는 동·정, 음·양의 화엄적 총체를 완성하는 하나의 '틀'을 제시하려 한 것 같습니다.

그래서 강증산 선생은 스스로를 수운 선생의 사상적 후계자요 후천개벽의 실천적 계승자라고 말했던 것입니다. 선천의 태胎에서 완전히 빠져나오지 못한 수운 동학을 후천의 방략에 의한 후천의 실현으로, 후천의 방략에 의한 후천개벽 운동으로 발전시킨다는 것이 그의 주장입니다.

구릿골의 그 방, 광제국廣濟局이라는 팻말이 붙은 자그마한 방에는, 물론 후대 신도들에 의해 이루어진 것이겠지만 가운데에는 단군 성조의 위패가, 좌편에는 수운 대선생의 위패가, 그리고 오른편에는 증산 대선생의 위패가 모셔져 있어 동세東世와 정세靖世의 전 동학적인 통일, 총동학적인 통일이라는 증산 사상의 총체성의 면모를 보여 주고 있는 것도 이것과 관련해서 이해해야 할 사항입니다. 단군으로 표상되는 민족적 통일성을 중심으로 음과 양, 동세와 정세의 역동적인 정합을 표시하는 것인데, 이것은 통일성이라는 큰 바탕 위에서 동세와 정세는 대척적 관계에 있으나 동시에 그 바탕 위에서 동세에는 정세의 계기가, 정세에는 동세의 계기가 각각 필연으로 주어져 있다는 것을 표시하기도 합니다. 그렇다면 증산의 정세개벽은 단순히 소박한 피난 사상, 신비 사상, 도생주의가 아니라, 민생의 안돈을 중심으로 하되 그 안에 보다 근원적인 대변혁의 실천적 행동이 꿈틀대며 약동하고 있는 양가적인 것이라 하겠습니다. 증산 사상의 이러한 총동학적, 전 동학적인 방향은 미륵 하생 사상과 결합되고 남조선 사상과 결합되어 마침내는 전 우주적 대전변이 이 한반도, 한국 민족, 한국 민족 중에서도 이름 없는 수많은 고통 받는 민중, 노동하는 민중의 한복판에서 이루어진다는 광활한 민중 사상을 강력하게 제시하고 있는 것입니다.

그러나 한계와 가치라는 양가적 내용을 가진 이 같은 민중적 개벽 사상은 동학사상을 보다 넓고 깊게 확대·심화하고 일상적인 민중의 삶을 중심 가치로 강조하며 엄청난 우주적 상상력과 현대 문명의 미래에 대한 예견력, 그 극복의 비전을 제시하고는 있으나 그것은 현대적인 세계 상황 안에서 보다 구체적으로, 보다 과학적으로, 보다 더 민중적으로 재이해, 재인식되며 새로운 민중운동의 요구에 대응하여 크게 자체 보완되는 방향에서만 현실적인 적합성과 활력을 얻게 될 것입니다.

위기 극복의 비전을 증산 사상에서 어떻게 읽어 낼 것인가

이와 같이 동세개벽에 실패한 동학 농민 운동 뒤의 폐허 속에서, 전 세계의 정세가 격동하고 온갖 형태의 생명 파괴가 절정에 이르며 제국주의의 격랑이 전 지구를 휩쓸고 우주 정복의 나팔소리가 울리기 시작하고 대기와 조류가 변동되고 제3세계의 전면적인 식민지화에 의해 자원이 무차별 약탈되고 생태계가 파괴되고 천체의 이변이 나타나기 시작하는 전 지구적·우주적 대변동을 앞에 두고 강증산 선생은 이에 대처하는 방략으로서 민심을 고르게 하고 안돈시킴으로써 오히려 더 적극적으로 세상을 개벽한다는 정세개벽을 제시하기에 이른 것입니다.

그리고 그는 오랜 세월의 편력과 김일부 선생과의 만남, 동학의 참가 경험과 그 뒤 피폐된 민생의 체험, 그리고 유·불·선 삼교에 대한 섭렵과 기독교 및 새로운 과학 문물에 접한 경험 등을 모두 다 큰 하나로 아울러 새로운 창조적 통일로 비약시키게 됩니다. 모든 경험들을 아우르되 총체적으로 아울러 대원사에서의 큰 깨침에 의해 창조적, 비약적으로 통합해 버리게 됩니다. 여러 종교의 혼합, 즉 제교혼합주의諸敎混合主義, syncretism가 아니라 큰 깨침에 의한 창조적 · 비약적 통일에 의해서 그 자신의 정세개벽의 길, 이른바 천지공사의 길을 열게 되는 것입니다. 공사公事란 재판을 말합니다. 천지공사란 선천개벽 이후 상원갑上元甲 시대의 지구와 인간을 포함한 온 우주 천체의 뒤틀린 상극과 혼란의 질서를 재판하고 뜯어고쳐 모든 도수度數를 새로이 정하고 조정함으로써 상생의 천지로 개조하여 후천 하원갑下元甲 시대의 궁극적인 '우주 질서의 편온'을 인간의 집단적 각성과 정치 · 과학적 노력으로 실현한다는 것입니다.

증산 선생은 우주적 천지공사와 더불어 천지공사 과정에서 우리의 민족문제, 우리의 민중 문제는 해결될 것이라고 말씀했습니다. 이것을 뒤집어 말하면, 우리의 민족통일 문제, 우리의 민족해방 문제의 해결 과정이 바로 천지공사의 현실적 집행 과정의 시작이라고 할 수 있습니다. 전 우주적인 차원까지 함축하는 방향으로 민족문제와 민중 문제를 해결하는 그러한 개벽이 실천되지 않는 한, 민중의 문제도 민족의 문제도 진정한 의미에서는 해결될 수 없다고 주장하고 실천한 점에 그의 민족을 넘어서는 보편적 민족주의가 있으며 우주적 차원에서의 개벽적 민중주의가 있는 것입니다.

큰 깨침을 얻은 후, 강증산 선생은 자기의 본댁에서 제1차적으로 의식儀式을 통해 천지공사를 집행한 뒤, 금구군 금산면(수류면) 원평 장터에서 과거에 안면이 있던 구릿골의 김형렬金亨烈을 만납니다. 김형렬과의 만남이 사실상의 그의 첫 포덕 활동이 되는 것입니다. 그는 구릿골 김형렬의 집, 보잘것없는 김형렬의 집의 귀퉁이 방, 금정못 쪽으로 난 골짜구니가 내다보이는 귀퉁이 방에 머물면서 그 귀퉁이 방에서 만국의 모든 병든 중생을 다 치유하겠다는 최수운의 이른바 광제창생廣濟蒼生의 뜻으로, 그리고 만국 약국이란 뜻으로 '광제국'이라는 자그마한 팻말을 붙이고 거기에 앉아 만국 민중, 육도 중생六道衆生, 삼계三界에 가득 찬 온 생명의 병든 상처를 치료하는 우주적인 대치료 행각, 대천지공사의 장도에 오릅니다.

한 티끌 안에 우주 삼라만상이 다 살아 있고, 한 사람의 삶 속에 처음도 끝도 없고 무변광대한 온 우주 중생의 역사와 생존이 다 모여 뛰뛰고 있음을 인정한다면 두 평 남짓한 작은 귀퉁이 방안에서 온 지구와 온 우주와 삼계 육도 전 생명계의 선천적인 질병을 모조리 치료하여 새 생명으로 부활시킨다는 증산 선생의 의통醫統 행위가 바로 화엄의 진리를 가장 민중적으로 가장 실천적으로 그리고 가장 혁명적으로 현실 속에 구체화시키고 있음을 우리는 곧 알아차릴 수 있습니다. 또한 온 우주 생명이 서로 연결되어 있으며 하나의 기氣로써 통해 있음을 믿는다면, 구릿골 광제국 작은 방에서 의통으로 진행되는 천지공사가 결코 우주 공간과 지구상의 모든 생명체에 전혀 현실적 관계가 없는 황당무계한 미신이 아니라 직접적인 기의 유통 속에서 생명 상태의 변경을 가져온다는 점을 우리는 알아차릴 수 있습니다. 다만 과학의 미숙으로 그것이 검증되지 않고 있을 뿐이라는 것도 알 수 있을 것입니다.

강증산 선생은 먼저 이 구릿골에서 예수교의 성경 또는 교리 책, 유교의 여러 가지 수신 책과 공맹의 책들, 『천수경千手經』과 같은 불가서佛家書, 선술仙術, 도교의 여러 가지 술서들과, 공명첩과 채무 · 채권에 관한 각서 따위 등 선천 시대의 생활과 의식 양면에서 민중을 질곡으로 이끈 온갖 형태의 왜곡된 선천 사상과 선천의 풍습 및 제도들의 상징을 모두 다 불 지르기에 이릅니다. 모든 종교와 모든 과학과 기술과 역사적 경험으로부터 후천적인 진액, 그 원액만을 뽑아 창조적으로, 비약적으로 통합하되 그 원액이 아닌 모든 장식적인 껍질들, 왜곡된 체제들, 거추장스러운 수식들, 소외된 자기 배신의 모든 허구들을 불살라 버립니다. 본디 생명의 진액이 아니고 민중적 삶의 소망이나 생명의 본디 바탕에서 멀리 떠나간 모든 종교적인 허구들, 이념적인 기만들, 제도적인 모순들, 역사적인 비리와 한계들을 상징물을 통해 모두 다 불 지르고 철폐하고 거부해 버립니다. 그는 완전히 새롭게 태어난 새 생명으로서, 새롭게 태어난 사상 생명으로서, 이 지구 상에서 이 우주에서 전혀 새로운 생명운동을 전개하기 시작합니다.

구릿골에는 물이 많습니다. 어디를 봐도 물이며 그 물에서는 사금이 많이 납니다. 이 생명의 물이 문명을 탄생시키는 금 또는 쇠와 상호 모순하지 않고 상생합니다. 바람직한 후천개벽의 새 세상을 위해 문명의 이기와 과학기술의 높은 발전이 민중과 중생으로 하여금 본디 바탕 생명에로 창조적으로 되돌아가게 하는 운반자요 수레의 역할을 하게 하는 것, 모든 민중과 중생이 바람직한 후천 세상에서 상생의 원리에 따라 화해롭게 정세개벽적으로 안돈하게 하는 것, 안돈하면서 근본적으로 크게 변혁하는 것, 그런 신비로운 장소로 구릿골의 모습은 제게 비쳐 왔습니다.

구릿골의 물골짜기는 비록 좁고 작으나 노자의 현빈玄牝, 즉 암컷 사상과 그대로 일치한다고 생각됩니다. 생명의 근원의 상징인 물로부터 나온 금과 쇠는 현대 물질문명의 이기와 과학기술을 상징합니다. 강증산 선생은 이 과학기술의 모든 장점들을 운반자로 하여, 수레로 하여, 생명은 중생과 민중이 소망하는 바 본디 생명, 바탕 생명의 세계로 창조적으로 회귀하여 원시반본할 수 있다고 말씀했습니다. 생명의 상징인 물과 현대 과학 문명의 상징인 금과 쇠가 상생하는 창조적인 원시반본의 새 세계의 열림이 이 골짜기로부터 시작되어 온 세상으로 퍼져 나아간다는 그런 상징적인 의미를 구릿골은 갖고 있다고 저는 생각했습니다.

과연 그 모퉁이 방에서 금평못의 뒤편을 바라보면 금평못에 가득 찬 그 물 너머에 한도 끝도 없이 펼쳐진 금구 원평의 옥토, 무연한 벌판이 보입니다. 만약 이것이 민중이 일하고, 먹고, 살고, 아이들을 낳고, 이웃과 함께 살아가는 이 세상이라고 한다면 그 세상을 향하여 후천개벽의 새 생명의 물줄기가 이 골짜기로부터 온 세상으로 퍼져 나아가고 있는 것이 아닌가 생각되었습니다. 그것도 정세개벽의 방향으로 세상을 안돈하면서 조용히, 어디서부터인지도 모르게 흘러나가 모든 병과 온갖 죽임으로부터, 질곡으로부터 민생을, 생명을 구원하고 치료하는, 활인의 기적을 일으키는 그러한 형국으로 구릿골은 비쳤습니다.

정음 정양의 세계

구릿골의 물 골짜기는 비록 작기는 하지만 노자의 현빈, 즉 암컷 사상과 그대로 일치합니다. 노자에 의하면 골짜기, 자궁, 어두운 곳, 그늘진 곳, 축축한 곳, 습기 진 곳이 생명의 고향이요 시작입니다. 강증산 선생은 후천개벽을 음개벽陰開闢이라고 불렀고, 선천개벽, 선천 시대를 양陽이 제패하는 세상이라고 불렀습니다. 양이 제패하는 세상에서는 음과 양의 관계는 갈등 관계, 상극 관계입니다. 그러나 음이 지배하는 세상은 음과 양이 아우러지는 세상, 즉 정음 정양正陰正陽, 음과 양이 고르게 되는 세상을 말합니다. 이때에 음이 지배한다 함은 음양의 작은 대립 속에서의 음이 아니라 음과 양이 상생 관계에 있을 때의 그 태극의 순환 관계를 음의 관계라고 부르는 것입니다. 또한 마찬가지로 음과 양이 서로 상극하는 것, 곧 양이 지배하고 있는 형국도 또한 음과 양의 대척적 차원에 있어서의 양의 지배가 아니라 음과 양의 갈등, 파쟁 국면으로서의 태극 순환의 형국을 말하는 것입니다.

후천개벽을 음개벽이라 부르고, 후천개벽에선 음이 주장이 되어 조화, 통일, 상생, 화해가 바탕이 되고 주장이 된다는 것이 강증산 선생의 핵심 사상입니다. 따라서 남성과 여성 사이의 관계를 볼 때 선천 시대가 남자에 의해서 여자가 수천 년 동안 억눌려 온 시대라고 한다면, 후천개벽의 세계는 암컷 즉 모권의 새로운 회복이 이루어지는 시대이기도 합니다. 그러나 이 경우의 모권은 역사적 형태로서의 여성 지배를 말하는 것이 아니라 여성과 남성의 뛰어난 차원에 있어서의 평등, 동등을 이루는 음 세상을 말하는 것이겠습니다. 이 경우에 음 세상, 암컷 세상이란 상생이 주장이 되고, 상생이 바탕이 되고, 상생이 핵심이 되는 고른 음양 관계를 말하는 것이지, 가부장제 대신 즉자적即自的인 원시적 모권제母權制의 형태가 부활하는 것을 뜻하지는 않습니다. 그러나 이와 같은 암컷 세상, 뛰어난 의미에서의 음 세상이 회복되기 위해서는, 정음 정양이 정세개벽의 형태로 이루어지기 위해서는, 그 과정에서 과도적으로 여성의 들어 올림, 여성적인 것에 의한 남성적인 여러 가치들의 극복, 남성적인 것에 대한 여성적인 것의 지배적 위치의 복귀가 불가피하다는 여러 암시를 강증산 선생은 보여 주고 있습니다. 바로 이것은 뒷날 고수부高首婦에게 법통을 전수하는 데서 단적으로 나타나기도 합니다.

구릿골은 위에서 본 것처럼 강증산 사상에 있어서 매우 중요한 위치를 차지합니다. 그리고 이 골짜기로부터 흘러 나가는 후천개벽의 물줄기는 의통제세醫統濟世, 즉 치유와 민중적 삶의 회복의 형태로 흘러 나갑니다. 강증산 선생은 후천개벽을 다른 말로 의통제세라고 불렀습니다. 의통 활인, 사람의 병을 고치는 의술, 인술에 의해서 세상을 구하고 사람을 살리고 생명을 회복시키는 바로 이것이 진정한 후천개벽의 방편, 방법이라고 했습니다. 사회

질병설과 연관 지어 볼 때, 이것은 단순히 한 사람 한 사람의 질병만이 아니라 온 사회, 온 세계의 문명사적 질병, 제도적 삶의 질병, 곧 '죽임'의 유행으로부터 그 질병을 내쫓는 생명의 '살림'이라는 변혁 방법이겠습니다.

총칼에 의한 제도 혁파의 방법은 선천 시대의 것으로서 그것은 또 하나의 악순환을 불러오는 끝없는 되풀이에 불과하다고 보는 것입니다. 유연하고 넉넉하며 모든 목숨 가진 것을 살리는 것이, 딱딱하고 억세고 가차 없이 목숨을 끊어 버리는 것보다 언제나 위에 있다는 노자의 이른바 "부드러움이 굳셈을 능히 이긴다柔能制剛"는 사상을 생각하면 이해하기 쉽겠습니다. 따라서 강증산 선생의 사상을 혁명 사상과는 정반대되는 반동적인 개량주의나 온정주의 또는 유사 종교나 혹세무민적인 의식 마비의 아편 종교 등으로 보는 편벽된 견해는 옳지 않습니다. 다만 강증산 선생의 후천개벽 사상이 결코 동세개벽의 역사사회적 구조 모순에 대한 정치혁명 내지는 민중 봉기와 같은 적극적 혁파 방법이 아닌 것은 틀림없고 이것이 하나의 한계임은 분명합니다. 하지만 동시에 유사 종교적, 아편 종교적인, 혹은 체제 지향적인 타협주의나 개량주의 따위와는 관계가 없는 것이며 그야말로 파천황破天荒의 개벽적인 사상으로서 오늘의 인류에게, 더욱이 매일매일의 민중의 삶 속에 엄청난 우주 변혁적 상상력을 열어 주는 열쇠로서 그 가치를 오히려 평가해야 될 것입니다.

암컷의 시작, 개벽의 시작, 암컷의 골짜기, 물과 쇠의 조화와 상승의 골짜기, 의통제세와 정음 정양과 음개벽의 시작인 골짜기, 정세개벽의 골짜기, 삶을 안돈시킴과 동시에 근본적으로 변혁하려는 새로운 우주 개벽의 시작인 이 골짜기에서 선생은 천지공사天地公事를 집행합니다. 부적을 사르고 주문을 외우며 민중 종교적인 의식, 굿을 통해서 천지공사를 집행합니다. 민중을 주체로 민중적 의식인 굿을 통해 천지 공사를 집행합니다. 온 우주, 온 생명을 근본적으로 변혁하는 주체가 인간이요, 인간 중에도 맨 밑바닥의 허름하고, 이름 없고, 괄시당하고, 짓밟히고, 굶주리고, 쫓기고, 끝끝내 일만 하며 혹사당하고 빼앗기고 병들고 죽임 당하는 민중, 바로 그 민중을 주재자로 하여 민중적 의식인 굿에 농악 장단을 곁들여 파천황의 우주 정치적 대개조 사업을 집행했다는 것, 이 점에 강증산 사상의 강력한 중심점이 있음을 잊지 말아야 합니다. 천지공사는 인도공사人道公事와 신명공사神明公事 등을 포함합니다. 곧 모든 사회의 상호 불신, 증오, 탐욕, 독점, 억압, 수탈, 오만, 기만 등을 모두 심판하여 해소시키고 민중 자신의 개인적 수양과 집단의 공동체적 협동 생활의 실천으로 인간의 길을 개벽의 길로 열어 나가는 활동이 있는가 하면, 모든 신명神明들, 원한에 사로잡혔거나 불만이 있거나 증오에 가득 찼거나 굶주림에 한이 맺혔거나 역사 속에서 자기 뜻을 이루지 못하고 죽임 당한 모든 혁명가들, 반항자들, 봉기 민중들의 신명, 그 원귀寃鬼, 미신迷神들에 대한 해원解寃과 그들의 정당한 역사적 가치를 찾아 주고 누명을 벗기며 제 이름을 옳게 찾아 주는 심판, 즉 신명공사가 이루어집니다. 이것은 현실적으로는 잘못된 역사, 가리어진 역사를 바로잡고 있는 그대로 드러내는 작업이라고 하겠습니다. 인간만이 아니라 전 우주, 산 사람만이 아니라 죽은 귀신들, 삼계 육도에 살아 있는 것, 살아 있다고 생각되는 것, 죽었어도 존재한다고 생각되는 일체의 상상력이 허용하는 온갖 것들에 대한 심판, 대개조 공사가 천지공사입니다. 바로 이 천지공사는 바로 이제까지의 선천 시대의 병든 삼계 육도의 온갖 상극을 치료하는 우주적 의통, 우주적 대수술로 표현될 수 있겠습니다. 이와 같은 공사를 구릿골 그 작은 모퉁이 방, 광제국이라는 팻말이 지금도 붙어 있는 그 자그마한 방에서 강증산 선생은 집행하기 시작했던 것입니다. 이미 말씀드린 바와 같이 우주적인 대수술, 천지의 대개조, 인간의 영혼과 육체, 개인과 사회, 주관과 객관, 하늘과 땅, 삶과 죽음, 시간과 공간, 현상계와 신령계, 영생과 무궁, 과거와 미래, 전진과 후퇴, 태양계와 은하계, 의식과 물질, 존재와 당위 등 온갖 적대적 구분과 온갖 이원론적 차별로 가득 차 있었던 병든 선천 시대의 우주 질서를 전부 뜯어고치고 새로운 도수를 정하며, 새로운 날줄 씨줄을 정하고, 새로운 축대, 새로운 핵심, 새로운 주체, 새로운 집행자들을 정하는 어마어마한 대공사를 바로 이 두 칸 미만의 자그마한 방에서 집행합니다. 주문을 외우고 부적을 태우고, 그것을 물에 타서 뿌리며 혹은 마시며, 무당과 같은 굿을 하며 농악 장단에 맞춰 춤을 추면서 밑바닥 민중이 주체가 되는 천지굿, 우주 개편의 큰 굿을 통해서 천지공사를 집행합니다. 여기서 우리는 인간이 우주 가운데서 가장 적극적으로 그 우주 질서를 개조할 수 있는 능력을 가졌다는 점을 읽을 수 있습니다. 그리고 바로 그와 같은 능력을 가진 인간이 참으로 그 능력을 가졌음을 깨닫기만 한다면, 그래서 그것을 실천하기만 한다면 이미 자기 자신에 의해서 새로 지어진 후천 세상의 틀, 즉 도수를 현실적으로 실현할 수 있다고 강증산 선생은 말씀합니다. 인간이 먼저 일을 마친 뒤에 하늘이 그것을 이루는(謀事在人成事在天), 옛말 같은 관계로 후천개벽이 이루어지는 것이 아니라, 하늘의 힘, 즉 영계의 질서가 이미 다 고쳐져 가고 있으니 인간이 그것을 어떻게 현실적으로 깨닫고 실천하느냐만 남아 있다는 역전된 관계로 후천개벽은 집행되고 실현된다고 강증산 선생은 의미 있게 말씀하고 있습니다. 자연 변화의 필연에 대응하는 인간의 주체적 실천을 말하는 것이겠습니다. 인간의 과학적인 미숙과 과학적 인식의 착오, 그리고 그것을 사회적으로 조직 실천하고 문화적으로 개화시키는 데 있어서의 방법의 미숙 때문에 후천개벽이 현실적으로 이루어지지 않을 뿐이지, 변전하는 우주의 행정 속에서는 휘황찬란한 후천개벽이 이미 진행되고 있다는 것입니다. 그 같은 조짐은 근자에 와서 나타나고 있는 기후와 대기의 변동, 지구 축대가 변동되고 있다는 서양 학자들의 발언들에서, 그리고 방대한 밀림이 순식간에 사막으로 변해 버리는 현상, 대기의 오염, 토지의 부식, 강 수위의 변동, 강 물줄기의 변동 등과 천체 변동, 북반부와 남반부의 급격한 뒤집힘, 시베리아 동토대의 어마어마하게 쌓인 수만 년 얼음이 녹기 시작하는 것 등에서, 그리고 절기의 이상한 뒤틀림 등에서 드러나고 있어 전 우주적 차원에서의 큰 변화가 진행되고 있음을 감지하게 합니다. 바로 이것을 올바르게 과학적으로, 참으로 뛰어난 의미에 있어서 과학적으로 인식하고 그것을 과학적으로, 조직적으로 실천할 수만 있다면 머지않은 날 후천개벽은 눈에 보이는 모습으로 나타날 것입니다.

강증산의 우주 정치적 상상력

우리는 강증산 선생의 이른바 하늘의 개조 작업은 이미 끝났으니 이제 인간이 그것을 실천하기만 하면 된다라는 말에서 무한한 우주과학적 우주 정치적 상상력의 번뜩임을 보게 됩니다. 강증산 선생이 그의 후천개벽을, 먹을 것 못 먹고, 입을 것 못 입고, 헐벗고 잘 곳 없는 민중의 그날그날의 먹는 일, 그날그날의 질병, 그날그날의 온갖 인간적인 괴로움, 즉 민중적 삶의 문제의 해결을 중심으로 후천개벽을 실현해 나갔다는 점을 거듭 강조하고 싶습니다. 분명히 하나의 기적을 일으키는 데에는, 초인적인 능력을 발휘하는 데에는 엄청난 생명력의 소모가 동반됨에도 불구하고 강증산 선생은 한 이름 없는 민중의 배고픔, 어려움, 고통, 온갖 형태의 복잡한 사건들을 해결해 주기 위해 기적을 일으킵니다. 김형렬의 아내가 산후 복통을 일으켰을 때 그를 치료하기 위해서 강증산 선생이 행한 일, 또는 김형렬의 집이 가난해서 반찬거리가 없었을 때 싱싱한 채소를 얻을 수 없는 메마른 남새밭에 기적을 베풀어 채소가 잘 자라도록 함으로써 반찬거리를 얻을 수 있게 한 것 등은 좋은 예들입니다. 그리고 이런 이야기도 전해 내려오고 있습니다. 9월의 농가가 보리갈이로 모두들 분주할 때 강증산 선생이 한숨을 쉬면서 "이렇게 고생을 해도 얻을 것이 별로 없으니 슬프지 아니하냐"고 말했습니다. 김형렬이 이를 듣고 보리농사를 그만두었더니 그 이듬해 봄에 이르러 날씨가 순조로워서 보리가 크게 풍년이 들 징조를 보이자 모든 이웃 사람들이 김형렬을 조소하면서 강증산이 김형렬의 농사를 망쳤다고 비난하였습니다. 이를 듣고 강증산이 말하기를, 이 일은 천지공사, 신명공사에서 결정된 것, 즉 귀신들의 여러 가지 재판들에 의해서 결정된 것이니, 아직 여물 때가 되지 않았는데 어떻게 풍작이라고 말하겠느냐 하더니, 그 뒤 큰비로 인해서 보리 이삭이 다 말라서 수확이 아주 없게 되었다고 합니다.

선생은 전체 우주의 천변만화하는 운동 질서와 그대로 하나로 통해 있는 중에서 민생을 돌보고 그들에게 농사에 도움이 되도록 비를 내리고 먹을 것을 얻게 해 주었습니다. 그 과정을 살펴보면 선생은 하늘과 바람과 흙과 물과 채소와 사람과 천지 귀신, 즉 우주 생명과 더불어 전일체적 유기적으로 한 몸으로, 한 생명의 흐름으로 연결되어 있었습니다. 선생의 사상에 있어서 기본이 되는 것은 이 같은 인간과 천지 생명의 유기적인 전일체성이라 할 수 있습니다.

선생은 늘 이녁을 천지 농사꾼이라 불렀는데 이것은 농사라는 것이 바로 온 우주 운동과 동식물, 흙, 물, 해, 달, 풀과 사람들 사이에 기氣, 생명이 하나로 연결되고 협동해서 이루어지기 때문에 그런 말을 한 것이며, 농사일하는 민중이 깨닫기만 하면 곧 그가 한울님이요 옥황상제로서 기적 아니라 기적 할아버지도 쉽게 일으킬 수 있다는 것, 아니 농사지어 쌀을 거두어 밥을 먹는 매일의 삶이 곧 기적이라는 뜻에서 그런 말을 한 것입니다.

선생만이 아니라 만약 우리 역시 어떤 계기를 통해 현재와 같은 물질주의 일변도의 문명을 넘어서서 인간과 천지 생명 사이에 유기적인 본래의 전일체성을 깨닫고 재현하며 회복할 수만 있다면, 우리 또한 참으로 선한 희망, 선한 뜻에 따라 먹이가 있어야 할 사람에게 먹이를 주기 위해 쌀농사 보리농사의 풍년을 빌며 일을 하면 풍성한 수확을 거둘 수 있고, 채소가 풍성히 자라기를 빌며 노력하면 채소가 더 풍성히 자랄 수 있게 하는 기적을 이룰 수 있다는 것을 느끼게 됩니다. 어느 누구도 우주 생명의 유기적인 전일체성에서 벗어나고 있지 않은바, 다만 우리가 삶 속에서 의식적으로 현실적으로 그 전일체성을 자각적으로 체현할 수 있느냐 없느냐 하는 차이가 있을 뿐 그것을 체현할 수만 있다면 누구도 선생과 같은 기적을 행할 수 있을 것이요, 이미 그때 그것은 기적이 아닐 것입니다. 그것은 평범한 일상일 것입니다.

흙이나 공기, 날씨와 물, 바람, 햇빛, 구름과 귀신 또는 동식물 전체 과거와 미래, 모든 생명 또는 신명들과 전일체적으로 통일되어 산다면 우리 역시 놀라운 일을 일으킬 수 있을 것입니다. 앞으로의 과학은 바로 이러한 전일체성의 현실적 객관화에 그 목표를 두어야 합니다. 강증산이 가는 곳은 언제나 반드시 밝고 푸른 기운이 통해 있어서 구름이 가리지 못하고 그가 있는 방 지붕 위에는 눈이 쌓이지 못하며, 여름이면 바람이 불어서 길에 이슬을 떨어뜨리고 겨울엔 진 길을 얼어붙게 하여서 마른 짚신으로 걸어

다니게 되고 장마가 질 때나 길에 물이 흘러서 시내를 이룰 때에도 그것을 나무 잎새들이 가리고 물방울들이 피해 가서 신발이 항상 깨끗했다고 합니다. 또한 나들이할 때는 구름 기둥이 옆을 싸고 바람을 부르거나 돌려보내기도 하며 떡이 익도록도 하고 설익도록도 하는 기적을 행했다고 합니다. 또한 농작물에 병충해가 심했을 때는 우레와 번개를 불러일으켜 병충해가 그치게 함으로써 농사가 풍년이 들게 했으며, 구릿골 가난한 농부의 남새밭에 진딧물과 여러 가지 병충이 들끓어서 먹을 반찬이 없을 때는 비를 내려서 깨끗하게 소생시켰으며, 여럿이 술을 마시다가 술이 떨어졌을 때는 술통에 물을 넣어서 다시 퍼냈을 때 모두 술로 변하게 하는 등, 수많은 기적을 선생은 해냈습니다. 이런 경우에 모든 물질들과 유기적 생명체들, 그 속에 살아 움직이는 기氣, 풀과 공기와 날씨와 물, 바람, 벌레, 동식물 전체뿐만 아니라 과거와 미래, 모든 생명, 신명 등은 강증산과 하나로, 한 생명으로 통일되어 있었습니다. 이러한 통일적 생명을 사는 삶에 있어서 기적은 이미 기적이 아닌 것이며 본디 생명의 자연스러운 활동일 뿐일 것입니다. 강증산 선생은 그러한 통일성을 깨닫지 못하고 있는 측근의 사람들에게 그것을 깨닫도록 드러내 보이는 방편으로서 기적을 행했던 것으로도 보입니다.

이것은 천지 생명의 유기적 상호 연관과 우주적 전일체성이란 관점에서 볼 때 선禪 사상이나 화엄 사상과 그 근본에서 조금도 다름없는 일치를 보여 주고 있다고 하겠습니다. 또한 더 나아가 많은 병든 사람을 고친 예수의 치유 및 그 밖의 여러 기적들과 그 근본에 있어서 동일 맥락에 있음을 알 수 있습니다. 이런 것들은 모두 생명의 전 우주적, 전 시간적인 통일성과 또한 초시간적인 통일성을 나타내 주는 것으로 그것이 현실적으로 생활 속에서 나타날 수 있음을 보여 주는 것이며 주관적 객관성 실현의 중요한 사례로서 보아야 할 것입니다. 주관적 객관성이란 인간, 즉 민중의 삶 속에서의 본디 생명의 성품을 회복하고자 하는, 온갖 장애와 죽임을 넘어서 본디 생명의 바탕 성품을 회복하고자 하는, 전우주적 · 전일체적 삶의 자유로움을 회복하고자 하는 주관 능동적인 소망이 참으로 줄기차고 적극적인 인간의 과학적 · 조직적 실천에 의해 점차 현실화되는 객관성, 또는 성취돼야 할 객관성, 앞으로 현실화될 가능성 속에 있는 객관성을 말합니다. 따라서 눈에 보이고 검증 가능한 객관성만도 아니고, 주관적인 몽상, 미망, 환상만도 아니며, 환상적이리만큼 주관적인 인간의 소망이 줄기찬 과학적 · 조직적 노력에 의해 객관적으로 검증 가능한 현실로서 서서히 나타나는 그러한 객관성인데, 바로 그렇게 현실적으로 객관화되는 인간의 자유를 두고 후천개벽이라 부르는 것입니다.

강증산 선생은 이와 같이 민생을 중심으로 하여, 또는 치유를 중심으로 하여, 일상적인 현실 생활을 중심으로 한 기적의 집행을 통하여 그 같은 주관적 객관성을 보여 주었음을 잘 보아야 할 것입니다. 민중 개벽으로서의 생명운동은 이와 같이 그 유기적 전일체성이 산산이 부서진 조건에서 유기적 전일체성과 통일성을 소망하고 주관적으로, 조직적으로 그것을 성취하고자 하는 노력을 게을리하지 않을 때 현실화될 수 있습니다.

강증산 선생은 스스로를 옥황상제라고 일컫고 삼계의 대권을 다 통섭하고 주재한다고 했습니다. 그는 자기 한 몸에 전 우주의 무궁무진한 생명의 운동을 통일적으로 통섭하고 그 통일성을 스스로 실현하면서 그것을 주재하며 그 주재자로서 개벽하고 전 중생을 해방시킨다고 말했습니다. 그런데 이때의 한 인간, 초능력적인 한 인간 안에 집약된 우주적 신비의 육화는 하나의 현실이면서 동시에 신비인 이중성을 갖습니다. 증산의 행적과 그의 말 속에서 우리가 찾아내야 할 것은 민중적 삶의 자기 회복에서 핵심이 되는 중심적 전체로서의 활동하는 자유입니다. 활동하는 자유를 핵으로 하는 중심적 전체의 수렴적인 통일 능력, 즉 주재 능력이며 그 주재 능력과 끊임없는 해방 기능 사이의 역학적 관계입니다.

천대받는 민중이 한울님

전 우주 생명은 통일적으로 연관되어 있고 연쇄적으로 운동하며 그 운동은 인간에 의해서 주재된다는 것, 또는 인간과 같이 적극적인 창조 능력을 가진 중생에 의해서 주재된다는 것, 만약 그것을 깨우쳐 알고 체현하며 과학적으로 실천하기만 한다면 주재하는 일이 가능하다는 것을 우리는 알지 않으면 안 됩니다. 그리고 여기 민중운동과 민중적 개벽 운동에 있어서 그 핵심을 이루는 것이 중심적 전체로서의 활동하는 자유라는 것을 알지 않으면 안 될 것입니다. 그렇다면 온 천지의 주재자, 개벽의 주재자, 천지공사의 주재자, 신명공사의 통섭자, 그리고 인도공사의 집행자로서의 강증산이 스스로 미륵이요, 스스로 옥황상제요, 스스로 한울님이라고 말했을 때 그는 또 하나의 선천 종교先天宗敎를 되풀이하려 했던 것일까요? 아니면 이미 동학에서 시작된 인내천 사상, 즉 밑바닥 사람이 밑바닥에서 천대받는 모든 사람이 바로 한울님이요, 주재자라는 것을 그대로 실현하려 했던 것일까요? 이 점은 강증산 사상에서 매우 중요한 의미를 가집니다.

이미 말씀드렸다시피 선생의 후천개벽 사상은 그날그날의 일상적인 민중의 생존, 그리고 모든 질곡과 병고로부터의 해방 등 민생을 기본 핵심으로 하고 있습니다. 농사짓는 일, 채소 가꾸는 일, 밥 먹는 일, 옷 입는 일, 병 고치는 일, 편안하게 길거리를 가는 일, 술을 마시는 일, 개장국을 먹는 일을 중심으로 하여 후천개벽을 진행하는 것입니다. 흉년이 들었을 때는 날씨를 변화시켜 풍년으로 되돌리게 하고, 가뭄이 들면 비를, 장마가 지면 해를 나오게 하여 곡식을 풍성케 합니다. 심지어 뇌물을 먹고 어쩔 수 없는 궁지에 빠져 구원을 호소하는 사람에게까지도 그는 이러저러한 기적적인 과정을 거쳐서 그가 그 굴레로부터 놓여나리라는 약속까지 하고 있습니다. 그리고 길거리에서 만난 앉은뱅이에게, 허리 구부러진 사람이나 불치병에 걸린 사람들에게 치유의 기적을 행합니다. 산후의 복통을 멈추게 하고, 부인병을 낫게 하며, 온갖 형태의 자질구레한, 그러나 민중 자신에게는 더없이 고통스러운 질병을 치유케 하는 여러 기적을 통해 선생은 민생이 후천개벽의 기본이라는 것, 즉 민중이 먹을 것을 먹고 입을 것을 입으며 질병의 고통으로부터 놓여나서 정신이 신선과 같이 해방되는, 그런 민중 생존의 고양된 충족이 후천개벽의 가장 현실적인 진행임을 보여줍니다.

거의 황당무계한 것처럼 보이는 강증산의 기적 행위나 초자연적인 능력의 행사는 모두 이름 없는 민중의 밥 한 그릇의 문제로, 그리고 가려워 견딜 수 없는 부스럼증을 치료하는 직접적이고 구체적인 민중적 삶의 문제로 집중될 뿐만 아니라 오로지 그것을 핵심으로 해서만이 이루어지고 있음을 유의하면 증산 사상의 요체는 쉽게 이해될 것입니다. 예컨대 강증산 선생은 그 당시 사회의 밑바닥 민중의 대표 중의 대표 격인 고수부, 천대받는 상민 여자였을 뿐만 아니라 보쌈을 해서 업어 가도 관계치 않았던 과부였던 고수부란 여자에게 당신의 배 위에 올라타고 칼을 들고 천지대권을 내놓으라고 협박하게 했으며 선생 자신은 고수부에게 빌면서 "예, 다 드리겠습니다" 하고 대권을 바치는 굿을 집행하였습니다. 선생은 이를 천지굿이라고 하였고 천지개벽굿, 선천과 후천이 뒤집어지는 큰 굿이라 하였으며, 삼계 대권이 이곳에서 저곳으로 넘어가는 엄청난 전환의 굿이라 하였습니다. 그는 이 굿을 수많은 남성 측근 신자들 앞에서 진행하였습니다. 그는 이어서 마당에 덕석을 깔고 온갖 유학, 불교, 기독교, 도교의 책과 술서術書들, 그리고 기타 모든 채권, 채무 계산서 따위들을 찢어 발겨 놓고 고수부로 하여금 그 위를 밟고, 뛰뛰고 춤추게 하며, 칼춤을 추게 한 뒤, 법통을 그녀에게 넘기면서 네가 중생 개벽의 일등 대장이라고 하였습니다.

또한 그 굿을 하는 데 있어서는 '걸궁굿, 초라니패, 남사당, 여사당, 삼대치'와 같은 말들을 늘어놓아 언뜻 들어서는 도대체 주문답지도 않은 주문을 외우게 하면서, "이런 주문을 외우되 외우다가 웃으면 죽는다"라고 말하였습니다. 걸궁굿, 초라니패, 남사당, 여사당, 삼대치란 당시 사회로 보면 민중들 가운데서도 가장 밑바닥 민중이었습니다. 버림받은 민중이요, 뿌리 뽑힌 민중이요, 정신이 반쯤은 나가 버린 것 같은 인륜 상실자로 취급되었습니다. 이들을 죽 열거하면서 이를 주문으로 외우게 한 것에서도 우리는 선생의 강력한 민중 주체 사상을 엿볼 수 있습니다. 선생은 평소 자기를 광대요 무당이라고 했으며 밑바닥 민중, 광대, 무당이 개벽의 주체라는 점을 분명히 하였습니다. 그는 괄시받는 여자가 후천개벽의 주체임을 분명히 얘기했으며 또한 농투성이, 떠돌이 거지, 온갖 구박받고 천대받고 고통 중에 있는 모든 사람들이 후천개벽의 주체임을 분명히 못 박아 말하였습니다.

그러므로 선생이 바로 자기 자신을 옥황상제라고 말한 것은 그와 같은 처지의 밑바닥 민중 모두가 다 옥황상제요, 후천개벽과 천지공사 즉 우주 대개편, 대개조의 집행자요 주재자란 뜻이며, 그들이 다만 그것을 깨쳐 스스로 체현하기만 한다면 하늘에서 이미 끝나 가고 있는 천지공사, 대개조 공사는 사람들에 의해서 눈에 보이는 형태로 나타나게 된다는 것을 뜻하는 것이었습니다.

되풀이하지만, 선생의 후천개벽은 그 주체가 분명히 밑바닥 민중이며, 그 개벽의 주재자 역시 옥황상제, 미륵, 한울님, 부처님으로서의 수많은 농투성이를 포함한 걸궁굿, 초라니패, 남사당, 여사당, 삼대치와 같은 밑바닥 민중이라는 것이 강증산 사상의 핵심적 특징임을 우리는 보게 되는 것입니다.

선생이 기적을 베푼 것이나 그의 행적에 있어서의 신비의 문제는 앞서 지적한 바와 같이 민중 중심, 민중 주체의 후천개벽에 있어서 우주적 상상력의 차원, 우주과학적, 우주 정치적 상상력의 차원을 기초로 하여 이해되어야 할 것이며, 전 우주적인 대개편이 이제 인간의 적극적이고 능동적인 역할에 의하여 구체적 현실적으로 집행돼야 한다는 그런 현대 세계의 화급한 요구에 대응하는 광할한 상상력, 예견력, 비전의 차원에서 이해되어야 할 것입니다.

근원적으로 세계를 변혁시키고자 하는 민중의 꿈은 언제나 있어 왔습니다. 일반 지식인이나 과학자, 과학으로 무장한 혁명 활동가, 정치 활동가들의 변혁 활동이 구체적인 반면 역사 안에서 내재적 측면에서 한정 지워지는 데 반하여, 민중들의 변혁에 대한 소망은 구체적이면서도 근원적이고 시원적이면서 전면적이고 총체적인 변혁을 요구하는 것을 특징으로 합니다. 즉, 내재적 변혁과 초월적 해방운동의 동시 요청입니다. 따라서 민중들의 변혁에 대한 소망은 두 가지 즉, 직접적으로는 밥에 대한 일상적 소망, 밥과 같은 일상적 생존에 필요한 것에 대한 소망과 더불어 그것을 중심으로 한 거의 꿈과 같은 전면적 해방에 대한 몽상적 차원의 소망으로 이루어져 있습니다. 고로 민중 주체의 후천적 대변혁 사상이란 밥과 같은 민중 생존에 가장 일상적인 것을 핵심으로 하고 그것을 중심으로 하되 지식인이나 정치 활동가나 과학자들이 시대와 역사의 구조적 제약 안에서 현실적으로 하나하나를 점진적으로 변화시켜 나가는 것과는 달리 전면적 변혁의 꿈을 실현시키고자 하는 것입니다. 그러기에 그것은 일상적인 것을 거룩한 것의 위치로까지 끌어올립니다.

즉, 밥 한 그릇을 통해서 전면적 변혁의 꿈으로 확장해 갑니다. 그것은 밥 한 그릇에 얽힌 민중 자신의 처지를 무한대의 거룩함으로까지 승화시키는 허름한 일상성의 거룩한 성화이며 밑바닥 인간의 사회적 성화, 인간을 집단적으로 거룩하게 함입니다. 강증산의 기적이나 강증산의 행적에 들어 있는 상징적 의미, 신비로운 의미는 이 같은 문맥에서 다시금 재해석되지 않으면 안 됩니다.

전 우주적 차원의 대전환에 대한 민중들의 거의 몽상과 같은 소망, 그러나 기본적 생존을 중심으로 하되 일상적 삶 자체의 무한한 성화와 무궁한 확장에 대한 인식, 무한한 거룩함으로써 자기의 일상적 현실을 확대시키는 주관 능동적인 희망이 만약 어떤 형태로든, 종교운동으로든 조직적 민중운동으로든 협동적 공동체 운동의 확장을 통해서든 성실하게 실천되고 집요하게 추구된다면 그것은 객관적 현실로 나타날 수 있다는 것이 주관적 객관성인데, 강증산 선생의 후천개벽 사상이나 기적을 행하는 행적은 이 같은 주관적 객관성의 역동적인 차원에서 재해석되어야만 올바로 이해될 수 있을 것입니다. 오늘날과 같이 전 지구적 차원, 전 우주적 차원으로 인간의 현실 감각이 확대되어 있는 판 안에서는 이 같은 높은 차원에서의 과학적인 틀로 재해석해야만 강증산 선생의 우주적 대개조에 대한 말씀이나 기적 행위는 그 의미나 가치가 똑바로 해명될 수 있을 것입니다.

새로운 세계관의 요구

현대에 있어서는 과학과 기술의 발전 정도, 그리고 인간의 감각의 크기와 넓이 및 깊이가 불과 수십 년 전과 도저히 비교가 안 될 정도의 확장과 심화를 이룩하고 있습니다. 불과 얼마 전까지만 해도 환상이나 몽상 또는 허황된 미신적 망상에 지나지 않는다고 옆으로 제껴 버렸던 텔레파시와 같은 현상에 대한 주도면밀한 과학적 연구와 실험이, 미국이나 유럽, 소련과 같은 과학 제일주의, 검증 제일주의를 앞세우는 나라의 학문 풍토에서까지 이미 연구실 단계를 넘어서는 큰 성숙을 보여 주고 있습니다. 중국과 같은 경우에 있어서도 에너지에 대한 연구가 핵에너지에 대한 연구 단계로부터 인간의 정신 에너지의 연구까지 진전되고 있는 것을 주목할 필요가 있습니다. 인간 정신의 집단적 에너지화, 인간의 염력念力, 즉 불교에서 칠식七識 또는 팔식八識이라고 부르는 기이한 초자연적인 정신 에너지로 평가되는 염력을 대규모적인 현실적 창조 · 생산의 동력으로 전환시키는 연구가 성숙한 실험의 단계로까지 진전되고 있는 것을 우리는 결코 잊지 말아야 합니다.

인간의 감각의 넓이는 이미 화성이나 금성 등 태양계의 넓이로까지 나아가 있으며, 미구에는 가속적으로 태양계 바깥의 은하계로까지 실질적인 감각의 확장이 이루어질 것으로 내다보입니다. 뿐만 아니라 역사에 대한 이해에 있어서도 수십만 년, 수백만 년 단위의 고고학적인 주찰과 평가들이 탄소의 활용 등에 의해 밝혀지고 있는 형편이며, 미래에 대한 예견은 여러 가지 형태의 컴퓨터들의 조작과 그 컴퓨터들의 질적인 대량 역할, 용도의 새로운 변화에 따라 엄청난 단계로 진행될 가능성을 보여 줍니다. 생명공학의 경우에 있어서도 유전자의 문제는 아직까지도 서양철학과 과학의 기초가 되고 있는 서양적 세계관의 제한 때문에

DNA나 RNA 단계를 넘어가지 못하고 있으나, 만약에 동양의 제 사상이 내포하고 있는 그 무궁하고 심원한 사상적 깊이 및 넓이 위에 과학이 그 토대를 두게 된다면 그것은 보다 더 깊고 아득한 아주 먼 미래와 먼 과거까지를 연결시키는 생명의 줄기찬 흐름의 비밀을, 그리고 그것의 창조의 복합의 비밀을 밝혀낼 수 있을 것으로도 전망됩니다.

이처럼 과학과 기술의 발전에 비해 인간의 세계관적 기초가 너무 좁고 얕고 허약한 점에서 오늘날의 전 문명의 문제, 전 생명의 문제가 제기되고 있는 것이라면 바로 이러한 차원에서 강증산의 상상력이나 기적의 체험, 기적의 제시 또는 천지공사와 같은 일견 허황하게 보이는 우주 대계大計, 인간에 의한 우주적 정치 조정에 대한 이야기들은 결코 미신이나 유사 종교 따위 허황한 이야기로 돌려 버릴 성질의 것이 아니라, 오히려 새롭게 조성되고 있는 전 우주적, 전 생명사적 공간대空間帶, 시간대時間帶의 문제들에 대응하여 새로운 과학적 지향을 위한, 인간의 새로운 상상력 차원, 세계관 차원, 철학적 차원, 그리고 인간의 인위적 · 조직적 · 실천적 차원을 위한 훌륭한 응답의 한 실마리로서 재평가하기 시작해야 할 것이며 우리 나름의 재해석과 재조명을 통해서 그것의 재창조, 그것의 비판적 재활성화의 길로 이끌어 가는 것이 옳을 것으로 생각됩니다.

강증산 선생은 역사에 대해서나 문명에 대해서 또는 인간의 심력心力이나 모든 육체 활동, 사회 활동에 대해서 언제나 유기적인 생명 활동의 통일성을 기초적이고 원초적인 것으로 인정하되 그 위에서 일어나는 양가적인 교호 관계와 얼크러지는 착종錯綜과 복잡화를 놓치지 아니하였습니다. 바로 이 점에서 그는 엄밀한 의미, 뛰어난 차원에 있어서 우주적 · 근원적인 일원성에 입각한 과학적 이원론이나 다양성을 인정하고 있다고 보아야 합니다.

강증산 선생은 인간이 가진 선과 악에 대해서도 양가적인 평가를 할 뿐만 아니라 인간의 미래의 가능성에 대해서도 양가적인 평가를 내립니다. 그러나 대칭적 · 정태적 양가론이 아니라 역동적 · 생산적 양가론입니다. 그것은 계속 변화 발전하는 생명의 실상에 합치하는 것으로, 이것은 일견 수운 선생의 '불연기연'의 논리 구조에 대응합니다. 즉 '아니다—그렇다'의 반대 일치의 생명 논리에 대응합니다. 그는 민중에 대해서도 양반에 대해서도 역시 양가적인 평가를 사양하지 않습니다. 더욱이 서양 과학 문명에 대한 양가적 평가는 매우 준엄합니다. 선생의 역동적인 양가적 평가는 그의 논리와 사고의 기본 특징을 이루고 있습니다.

그는 심지어 신명들, 즉 천지신명들의 여러 활동까지도 양가적이며 어떤 경우엔 옥황상제라고 부르는 그 자신, 절대 주재자로서의 옥황상제 자신도 양가적이라는 점을 거침없이 이야기합니다. 즉 "나는 한없이 선하고 한없이 악하다. 내가 악하려면 한없이 악하고 선하려면 한없이 선하다"라고 말함으로써 천지 주재자라 할지라도 완전한 최고선, 선악을 넘어서는 최고선이 아니라 선과 악을 함께 가지고 있다고 봄으로써 살아 생동하는 인간과 생명체들을 양가적인 것으로 보는 생명론적인 입장을 밑에 깔고 있습니다. 바로 그런 점에서 강증산 선생의 역사관이나 우주관, 생명관은 역동주의, 다이너미즘 위에 놓여 있다고 말할 수 있습니다. 우리나라를 중심으로 한 강증산 선생의 시국관 역시 다분히 역동적입니다. 어떠한 힘이 세를 타고 등장할 경우 그 힘은 또한 어떤 다른 계기를 만날 때 다르게 변화할 운명을 가진 것으로 평가했던 점으로 보아 한 사물 속에는 그 사물의 지향의 반대가 내포돼 있다는 변증법적 사고 구조 및 양가적 판단 구조를 선생의 시국관에서 볼 수 있습니다.

이와 같은 것들은 선생이 단순히 허황한 몽상적 신비주의에서 우주론적인 상상력을 발동시킨 것이 전혀 아니고 뛰어난 의미에서 과학적이고 엄밀한 의미에서 역사적인 맥락과 연결을 가진 채 광활한 우주적 상상력으로 확대시킨 데서 얻어진 것입니다. 이렇게 볼 적에 그의 우주적 상상력은 과학적인 기초, 현실적인 기초에 밀착하되 자각적이고 의식적으로 우주적 차원으로 진행시킨 것으로 평가할 수 있습니다. 이런 점으로 볼 때, 오늘 전 인류 특히 제3세계 민중과 우리 민족, 민중이 안고 있는 문제들, 곧 사회구조적 모순의 극복과 인간 정신 및 문화의 질병 치유, 그리고 지구와 우주 대기권의 파멸적 위기 해결을 한 문제로 묶어서 통일적으로 대답을 줄 수 있는 비전의 실마리가 증산 사상에 있다는 바로 그곳에서 우리는 증산 사상의 적극적 가치를 새로이 발견하고 인정해야 하겠습니다. 이 점은 보다 더 섬세하게 파고들어가 검토되어야 할 것입니다.

동양과 서양의 창조적 통일

이미 알려진 바와 같이 동학적 후천개벽 사상이 서세동점西勢東漸 시대에 있어 서양의 생명 파괴적인 전 세계 강점에 대한 저항적 입장, 대척적 입장에서 동세개벽 쪽으로 진행해 나간 것에 비하여 강증산 선생은 정세개벽, 음개벽, 정음 정양, 해원 보은解冤報恩, 대전협동大全協同과 같은 상생적인 입장, 고르게 아우르는 입장에서 동양과 서양의 사상과 문물들을 창조적으로 통일할 것을 누누이 강조합니다. 동서를 창조적으로 통일한 곳에서의 새로운 동학, 후동학後東學의 열림을 이야기하고 있을 뿐 서양에 대한 일방적 매도나 일방적 숭배의 표현을 전혀 보이지 않으며 동양에 대해서도 일방적 숭배 또는 일방적 태도를 하고 있지 않습니다. 그러나 서양에 대해서도 동양에 대해서도 전통 시대로부터 현재에 이르기까지, 그리고 미래에 대한 예견에 있어서까지도 양가적이고 역동적인 평가를 내리면서 잘잘못을 가리고 있습니다. 이 점에 우리는 유의를 해야만 합니다.

동양과 서양의 창조적 통일을 통해서 천지개벽, 천지공사가 이루어진다고 주장함에 있어 특히 주목할 만한 것은 리마두利瑪竇에 대한 평가입니다. 즉 마테오 리치에 대한 그의 높은 평가올시다. 16세기 마테오 리치의 중국 상륙, 그리고 그에 의한 천주교와 과학기술의 전파는 제국주의 단계 이전에 있어서 동양과 서양을 새로운 후천개벽의 창조적 통일로 이끌 수 있었다는 점을 강조해 표현한 부분입니다. 여기에서 우리는 여러 가지를 추출해 낼 수 있겠습니다. 마테오 리치의 중국 도래는 마치 보리 달마의 중국 도래에 비견할 만한 동양 세계에 대한 거대한 충격의 시작으로서 중국을 중심으로 한 동양 세계는 이 두 개의 충격을 충분히 흡수하지 못한 것으로 보입니다. 이 점은 보다 더 전문적인 연구가 있어야 할 것입니다마는, 보리 달마의 중국 전래 이후 중국 선종의 개화는 차라리 한국에 있어서의 선종의 개화보다는 오히려 중국의 전체 사상계에서 차지하는 위치가 매우 낮습니다. 한국과 비교할 수 없을 정도입니다. 또한 마찬가지로 리마두, 즉 마테오 리치의 과학 사상의 전파와 천주교의 전래가 가져온 영향은 그보다 더 말할 수 없이 낮습니다.

그런가 하면 우리나라에 대한 마테오 리치의 천주교 전파와 과학 사상의 전파는 우리 민족의 전체적인 진보의 출구를 열어줄 정도로 높은 압력, 높은 벡터, 강렬한 벡터를 가지고 진행되었던 것으로 보입니다. 즉 실학의 대두와 천주교의 확산이 그것입니다. 이것은 우리 역사와의 관계에서 볼 때 매우 중요한 의미를 가집니다. 선종이 우리나라에 들어온 뒤 다른 모든 사상들을 제치고 민중 속에 둥지를 틀고 그 맥을 지금까지도 줄기차게 유지해 오고 있는 데 비하여, 중국의 선종은 전 중국적 규모로 보아 비교가 되지 않을 정도이며 일본은 더 말할 것도 없습니다. 천주교와 과학 사상의 실학에 대한 영향 등도 마찬가지로 말할 수 있겠습니다.

이러한 것을 염두에 두고 동양과 서양의 창조적 통일이라는 강증산 선생의 사상을 음미해 볼 필요가 있습니다. 서양의 과학 문명에 대한 선생의 평가를 보면, 과학 문명의 이기는 하늘에서부터 내려온 것이므로 선한 것이고 좋은 것이니 우리는 받아들여야 할 것이라고 보는 것과 더불어, 과학 문명을 제어하고 통어해야 할 그들의 세계관과 철학과 종교들이 일면적으로, 표피적으로, 외면적으로 세계를 인식할 뿐만 아니라 오만에 가득 차 있고 폭력의 길로 나아가 세계를 혼란과 상극으로 몰아넣고 있다고 날카롭게 비판함으로써 양가적 시각을 견지하고 있습니다.

선생은 이 같은 양가적 평가 위에서 동양과 서양을 창조적으로 통일, 서양 문명과 동양의 깊고 넓은 우주관, 변혁적 세계관 등을 창조적으로 종합하면서 우리가 살고 있는 이 땅, 즉 우리나라에서 전 우주사적, 전 지구사적, 전 세계사적인 중요한 전환을 가져올 새로운 개벽의 길이 열리게 될 것이라고 예시하였습니다. 불행으로 점철된 역사, 외세의 침입으로 점철된 역사, 봉건적 탄압과 가렴주구로 점철된 역사를 가진 민중의 피비린내 나는 죽음과 고통의 역사를 가진, 한의 역사를 가진 남한, '남조선' 땅에서 우주와 전 중생계의 해방을 현실적으로 가기可起시킬 거대한 사상, 거대한 운동이 나타날 것이라 말씀했습니다. 고통 받는 남은 조선 사람, 이것 믿고 저것 믿고 하는 그런 사람들을 다 빼고 남은 사람들, 괄시받고 소외되고 뿌리 뽑히고 저주받으며 수탈당하는 남은 조선 사람, 절대 다수의 한국 민중 속으로부터 온다는 남조선 사상이 바로 그것입니다.

이와 같은 전통적인 민중 사상은 강증산에 와서 자각적인 상태로 고양되면서 종교적인 교의나 확신으로까지 발전합니다. 바로 이러한 남조선 사상을 통해서 선생은 과거의 단순하고 소박한 불교적 테두리 안에서의 미륵 사상 또는 상제上帝 사상, 도교적 테두리 안에서의 신선 사상 등의 벽을 깨뜨려 버리고, 나아가 모든 고등 종교, 체제 종교, 체제화된 이념들의 높은 벽을 허물어뜨려 버리고 그 안에 응어리져 있는 민중의 잠재적인 소망으로서의 민중 자신의 생명의 세계관을 들어 올리면서 그것을 중심으로 동서양의 모든 진액津液 사상과 과학기술, 역사적 · 정신적 경험들을 창조적으로 통일하였습니다. 그 자신 크게 깨친 바 있는 전 민중적인 잠재적 소망과 생명의 세계관의 기초 위에서 모든 사상과 과학기술의 진액, 즉 엑기스, 그 핵심을 창조적 · 비약적으로 통일한 것입니다.

선생의 남조선 뱃노래가 바로 그것을 전적으로 표현하고 있습니다. 세계 대운과 우주의 날카로운 정세의 예봉이, 전 지구의 생명의 응축점이, 전 중생계의 생명운동의 비약적 비등점, 지화점至化點이, 지극한 경지에 이르러 환골탈태의 질적 변화가 일어나는 그러한 지화점이 이제 남조선을 향해서 배 저어 들어온다는 뜻입니다. 약탈, 학살, 침략과 더불어 그와 같은 생명의 힘이 남조선으로 몰려들기 시작한다는 뜻이올시다. 남조선의 후천개벽을 향해서 남조선의 남은 조선 민중들이 힘차게 배 저어 가는 과정이 침략에 시달리고 전란에 시달리는 과정과 병행해서 온다는, 또 하나의 역동적인 양가적 판단을 내리고 있습니다.

남조선 사상

이야기의 발전을 보면 적극적으로는 인도공사와 신명공사

를 포함하는 천지공사, 우주를 대개조할 수 있는 종교적 · 정치적 조직인 통일신단統一神團과 전 인류의 조화정부造化政府가 남조선에 세워진다는 것이 선생의 말씀입니다. 통일신단과 통일 조화정부, 즉 전 우주, 삼계三界, 육도 중생六道衆生을 다 망라하는 모든 지방신과 삼계 신명들의 통일신단이 남조선에 세워지며, 통일신단과 동시에 모든 민족들의 지도적 조직들이 민주적인 형태로 연합된 조화정부가 남조선에 설립되어 통일신단과 더불어 전 지구적인 문제, 전 우주의 대개조, 대개변의 천지공사를 행한다고 말씀하고 있습니다. 이것이 바로 남조선 뱃노래의 실질 내용입니다.

남조선의 고통 받는 밑바닥 민중들을 중심으로 수많은 수난이 점철된 이 한반도 남쪽, 어둠의 땅에, 지금은 분단되어 있는 이 땅에, 강대국 · 패권 열강들에 의해 갈기갈기 찢겨 반동강이 나 동족끼리 서로 수백만을 찢어 가른 엄청난 비극의 땅에, 그리고 또다시 강대국 패권들이 겹쳐 들어와 얽히고설키는 속에서 앞날의 암운을 예견할 수밖에 없는 그와 같은 불안한 이 땅에, 역사적 사회적으로 제한된 한 특수한 이 한국 땅에 전 인류의 새로운 개조와 후천개벽을 집행하는 조화정부가 들어설 것이며, 그리고 전 우주의 영계와 육계, 물질계와 의식계, 주관계와 객관계, 온갖 차별과 분별지를 다 넘어서는 후천개벽, 천지공사를 집행하여 천지의 도수를 새로이 조정하고 그것을 실천하는 통일신단이 남조선에서 실현된다는 것입니다.

우리의 현실적이고 구체적인 개념 속에 좁혀서 얘기한다면, 그것은 민족을 넘어서는 보편적 민족주의가 될 것이며 민족적 특수 조건과 민중의 잠재적 세계관에 토대를 둔, 그러나 우주적 현실에 대응하는 혁명적 보편주의가 될 것입니다. 민족을 넘어서는 우주적 민족주의요, 민족의 특수한 조건에 토대를 두며 그 민족 중에서도 밑바닥의 노동하는 민중의 오랜 잠재적 세계관에 토대를 두고 전 우주적 현실을 대개조 변혁할 혁명적 보편주의가 되는 것입니다. 다시 한 번 묻건대 남조선에 조화정부가 설립되고 남조선에 통일신단이 창설되며, 남조선에 의한 후천개벽과 천지공사의 집행이라는 어마어마한 파천황의 우주 개벽이 이루어진다는 이 사상은 무엇을 기본 목표로 하는 것이며 구체적인 민중 생활과 어떻게 연결되는 것일까요? 이 사상이 목표로 하는 바는 반드시 갈기갈기 찢어지고 파괴되고 있는 전 민중, 전 중생계, 전 생태계의 삶이 오랜 인류 소망의 핵심인 보편적 생존의 통일을 이룩하는 데로 귀결될 것이라고 생각합니다.

우리의 경우 보편적 생존의 통일은 민족통일과 하나가 되어, 민중적 삶의 일상적인 보편적 생존의 통일은 민족통일에로, 민족통일은 전 인류와의 영육의 삶을 모두 아우르는 보편적 생존의 통일에로 일치돼 나아가는 역동적이고 생동하는 사상과 실천으로 귀결될 것입니다. 이것은 또한 전 우주에 대한 인간의 과학 정치적 조정, 전 우주 질서에 대한 능동적인 대개조로 귀결될 것입니다. 증산 선생의 우주적 상상력과 같은 그런 파천황의 광활한, 상상력에 의해서 추동된 과학적 발전들을 예상할 때에 능히 상상해 볼 수 있는 것입니다. 그것은 우주 생명의 본디 성품의 이러저러한 법칙적 활동에 가장 핍진하게 일치하는 탁월한 차원에서의 과학적 인식에 토대를 둔, 과학의 새로운 발전에 기초를 둔, 그러한 인간의 정치적인 우주 대개조가 될 것입니다.

어떠한 이념, 어떠한 과학도 학문도 위대하고 광활한 상상력의 뒷받침을 받지 않으면 그것은 낮고 제한된 차원의 시대적 경륜으로 몰락하고 맙니다. 현실적이고 일상적인 민족통일 운동에 전 우주적인 정치적 대개조라는 위대한 꿈을 뼈대로 한 후천개벽 사상을 동원할 때, 그 엄청난 상상력은 민족통일이라는 현실의 초미한 전 민중적 과제에 어마어마한 여유와 탄력, 그리고 신축자재한 온갖 방략의 계발을 가능하게 해줄 것입니다.

앞서도 말씀드렸습니다만 전 우주의 정치적 조정과 대개조에 있어서 강증산 선생은 스스로가 삼계 대권을 다 가지고 그것을 집행하고 있다고 말씀했습니다. 그가 그 같은 대권을 갖고 있다는 것은 그와 똑같은 밑바닥 민중, 남은 조선 사람, 즉 뿌리 뽑힌 민중, 노동하는 민중이 똑같이 그 대권을 갖고 있다는 것을 뜻합니다. 남조선에 삼계 대권을 가진 조화정부가 들어선다, 통일신단이 들어선다는 것을 민중 차원에서 이해한다면, 밑바닥 민중 자신이 조화정부나 통일신단과 같은 전 우주의 정치적 조정을 가능하게 하는 삼계 대권의 주재권을 집단적으로 갖는다는 것입니다. 우주적 대개조가 이루어지는 세계, 그 세계는 밑바닥 민중이 그 자신의 본디 성품 곧 참다운 자아를 회복하는 세계입니다. 처음도 끝도 없고 무변광대한, 끊임없이 자유롭고 끊임없이 창조적인, 끊임없이 순환하며 끊임없이 통일하는 그런 생명의 본성을 회복하는 것입니다.

민중이 민중의 주체로서의 삶, 참삶, 참생명을 회복하는 것입니다. 중심적 전체로서의 활동하는 자유 바로 그것을 생활 속에서 일상적으로 회복하는 것입니다. 바로 이것이 한울이기 때문에 민중은 바로 한울님, 옥황상제, 그리고 부처님이 됩니다. 즉 인내천, 사람이 한울이라는 뜻은 이것을 두고 하는 말입니다. 그리고 이 같은 대변혁은 제3세계 민중과의 연대 운동을 타고 제3세계 민중에게로, 전 인류에게로, 전 중생계에로 확장되어 나갈 것입니다.

그러면 무수한 제국주의 신식민주의 침략자들이 총칼을 들고 들어와 민중을 유린하고, 온갖 수탈과 갖은 더러운 기만과 퇴폐적인 소비문화와 양심의 타락, 섹스, 물신숭배, 폭력 숭배, 속도 숭배, 파괴 숭배, 생명 파괴의 더러운 물결이 범람하고 있을 때, 이 남조선 노래가 불리어진 이유는 무엇이겠습니까? 이러한 이중성, 이러한 양가적인 역사의 진행은 지금도 계속되고 있는데, 그 단적인 예가 민족 분단의 참담한 현실 속에서 민족통일에 대한 열정이 날이 갈수록 더 세차게 타오르고 있는 점입니다. 민족 분단은 우리 민족이 결코 원하지 않았습니다. 열강 패권들, 제국주의 강대국들에 의해 갈기갈기 찢긴 것입니다. 바로 이러한 분단의 비참 속에서 동족상잔의 참혹한 기억의 폐허 위에서 남북은 끊임없이 증오를 강요당하는 가운데 동족에 대한 적대와 서로가 서로를 죽이는 상호 말살적인 감정의 훈련 과정으로 자기 일생을 마치고 있습니다. 그러나 강증산 선생에 따르면 이러한 어두운 현실 속에서 후천개벽과 대민족통일의 환한 앞날을 점칠 수 있다고 합니다. 바로 이러한 어둠의 때야말로 보다 더 커다란 빛이, 더욱더 커다란 해방과 거대한 보편적 생존의 통일에 이르는 민중 주체의 민족통일이 후천개벽의 차원으로 이루어진다고 합니다.

해월 최시형 선생에게 남접의 남계천南啓天이 물은 적이 있습니다. "맨날 후천개벽 후천개벽 하고 떠드는데 그놈의 후천개벽은 도대체 어느 날에 되는 겁니까?" 그때 남계천에게 해월 선생은 다음과 같이 말씀했습니다. "모든 산이 푸르러지고 모든 길에 비단이 깔릴 때, 그리고 만국의 병마가 다 이 땅에 들어왔다가 다 이 땅에서 물러갈 때, 그때가 후천개벽의 때"라고 하였습니다. 저 자신이 이해하기로는 모든 산이 푸르러진다 함은 황폐한 벌건 산에 나무가 들어차서 식물계의 생태가 회복되며 생명이 회복되는 것입니다. 식물 생명의 회복은 동물 생명의 회복을 동반합니다. 푸른 산은 동물의 서식처이며 먹이의 근거이기 때문입니다. 또한 식물과 동물의 서식, 그 생명의 회복은 산천의 물과 흙과 풀들을 기름지게 합니다. 그렇게 해서 무기물 유기물을 막론하고 인간 이외의 모든 자연 생태계가 생명을 회복하는 그러한 때입니다. 온갖 죽임과 파괴와 약탈과 공해로부터 자기 생명을 풍성히 회복하는 그러한 역사적 시점입니다. 모든 길에 비단이 깔릴 때란 무엇이겠습니까? 길이란 어느 시대에 있어서나 마찬가지로 공로公路입니다. 길은 거지도 다닐 수 있고 임금도 다닐 수 있습니다. 부자도 다닐 수 있고 가난뱅이도 다니는 것이 길입니다. 도둑도 경찰도 한 길로 다닙니다. 그 모든 천하고 귀한 사람, 가난하고 부한 사람, 여자와 남자, 어린이와 늙은이가 다 같이 다니는 그 길이 어떤 사람에게는 마치 천자, 임금이 지나갈 때처럼 비단이 깔리고 어떤 사람에겐 흙만 깔려 있는 것이 아니라, 지나다니는 모든 사람에게 언제나 비단이 깔리는 그런 때를 말합니다. 즉 모든 사람이 비단을 깔고 길을 다니는 상태에 이름으로써 임금이나 천자와 같이, 하느님과 같이 높이 공경을 받을 때, 인권이 절대적 차원에서 존중되며 한울님과 같이 성화聖化될 때 즉 거룩하게 될 때, 개인적 성화만이 아니라 사회적으로 성화될 때를 가리킵니다. 바로 그 때, 모든 민중 생명이 한울님처럼 존경받는 그때가 후천개벽의 역사적 시점이라는 것입니다. 민중적 성화, 인간의 사회적인 성화는 다시 민족의 성화와 일치됩니다. 세계 열강의 군대들이 다 이 나라에 들어왔다가 쑥밭을 만든 뒤에 남길 만한 교훈과 과학기술과 온갖 경륜과 문화의 좋고 나쁜 것들을 다 남기고, 뼈아픈 상처를 남기고, 더러운 퇴폐를 남기고, 쓰레기를 남기고, 오물과 파괴를 남기고 드디어 다 철수했을 때, 그때가 바로 이 민족 안에서의 전민중적인 후천개벽이 이루어지는 때라고 합니다.

똑같은 얘기를 강증산 선생도 하고 있습니다. 우리나라의 경우는 오선위기五仙圍碁, 다섯 신선이 바둑을 두는 형국이라고 했습니다. 네 신선이 두 사람씩 편을 짜고 내기 바둑을 두는데 한 신선은 바둑판 주인으로서 옆에서 구경하며 개평만 뜯어먹고 있다가 편을 짠 네 신선이 한참 바둑을 두다 바둑돌도 바둑판도 바둑 주인의 땅에 그대로 놓아두고 다 돌아갈 때 나머지 주인 되는 한 신선은 바둑돌과 바둑판을 다 거두어들이며, 그들이 두고 간 모든 수, 바둑 수를 다 거두어들이는 형국, 이것이 이 나라의 개벽의 명운命運이라고 했습니다. 이것은 오늘날 우리가 놓여 있는 국제정치적 형편과 민중운동의 형편에 비추어 볼 때 깊고 넓은 의미를 지니고 있다고 하겠습니다.

화엄적 후천개벽

바로 이와 같은 조건, 이와 같은 안팎의 조건 속에서 노동하는 민중, 고통 받는 민중, 밑바닥의 뿌리 뽑힌 민중이 자기 자신을 옥황상제라고 깨닫기 시작하는 때가 바로 후천개벽과 천지공사의 시작이라는 말씀을 드린 바 있는데, 이 천지공사의 시작은 인도공사, 세운공사世運公事, 신명공사 들을 수반합니다. 그런데 이 천지공사는 먼저 정음 정양으로 이루어집니다. 즉 음양을 고르게 하는 것입니다. 정음 정양은 우리 민족으로 볼 때 남과 북이 고르게 서로 통일되어야 하는 것을 의미할 뿐만 아니라 권력과 민중이, 있는 자와 없는 자, 강약, 빈부, 귀천, 남녀노소가 다 고르게 되고 지역과 지역 사이의 이러저러한 모든 차별들이 다 고르게 아우러지며 상생하는 것을 뜻합니다.

이런 정음 정양은 구체적으로 해원 상생에 의해 이루어집니다. 즉 구시대에 쌓였던 모든 적폐와 원한들, 상극과 처진 것, 울분 그리고 동태 복수적 악순환 관계들이 다 청산되어 서로 참으로 화해하는 데에 이르러야 합니다. 그러나 이 경우에 있어서 가장 중요한 것은 이런 해원과 상생이 무조건적으로 이루어지는 것이 아니라 역사에 의한 원신冤神의 복권을 반드시 전제로 하여 이루어진다는 것입니다. 과거의 역사 속에서 큰 뜻을 품고 중생 제도를 하려다가 맞아 죽은 사람들, 감옥에 갇혀 죽은 사람들, 칼 맞아 죽은 사람들, 능지처참당한 사람들, 귀양 당해서 울분 속에서 죽은 사람들, 그리고 그들과 함께 행동했다가 맞아 죽은 사람들의 원한, 엉켜 있고 응어리진 한을 현실 역사 속에서 밝혀 복권시켜야 하는 것이 전제입니다. 그리고 모든 인간과 인간 사이의 원한은 사회적 관계의 조정, 사회적인 구조의 변혁에 의해서 해결되어야 합니다. 그러나 그때의 해원과 상생의 방법은 정세적靖世的 방법이어야 하는 것이며 상생적 방법이어야 합니다. 남녀는 동권을 이루어야 하며, 탁월한 의미에서 평등을 이루어야 하고, 빈부는 탁월한 의미에서 평등을 이루어야 하며, 귀천과 높낮이는 탁월한 차원에서 고르게 되어야 하고, 강자와 약자의 과거적인 차별은 탁월한 차원에서 소멸되어야 합니다.

이제까지 선천 시대에 있어서는 강한 것, 돈 많은 것, 권력 높은 것, 잘난 것, 용감한 것, 명예스러운 것, 혹독한 것, 찬란하게 빛나는 것, 남 위에 우뚝 높이 서는 것, 이름난 것, 이러한 남성적인 가치가 지배적이었던 데 비해, 그때에는 억눌려 있던 것, 우둔한 것, 못난 것, 어두운 것, 병든 것, 가난한 것, 힘없는 것, 연약한 것, 부드러운 것, 무규정적인 것, 끝없이 움직이는 것, 끝없이 일하는 것들이 중요한 가치로, 즉 여성적인 부드러움이 중요한 가치로 등장하는 것입니다.

바로 이 같은 전환은 어떤 것 대신 다른 어떤 것이 패권으로 다시 지배하는 것이 아니라 그와 같은 전환 자체가 강약, 빈부, 귀천, 남녀 등의 차별 그 자체를 소멸시키는 것입니다. 정음 정양의 고른 음개벽의 차원입니다. 바로 이러한 것을 전 지구적으로 해결하지 못한다면 어느 한 제한된 차원에서의 해결만으로는 결코 그것이 완전히 성취될 수 없다는 것이 강증산 선생의 생각이기도 합니다. 따라서 한 지역에 있어서의 내포적 해결을 위해 모든 선천 시대의 방법을 극렬하게 동원하는 방법은 결코 후천개벽의 도래를 앞당기기 못한다는 점에 강증산 사상의 중요한 역점이 있습니다.

따라서 조화정부, 전 세계적인 연대된 통일 정부에 의해서 전 지구적인 차원에서 고르게 정음 정양과 해원 상생이 이루어져야 하며 어느 한 지역적 단위에서의 내포적 해결로는 완성되지 못한다는 것입니다. 그렇기 때문에 먼저 말씀드린 바와 같이 민족을 넘어서는 우주적 민족주의와 우리의 민족통일과 전 인류의 보편적 생존의 통일의 문제는 하나의 문제로서 일치되어야 할 것입니다. 전 인류의 보편적 생존의 통일을 위한 전진은 우리의 민족통일을 더욱 가속화시킬 것이며, 민족통일의 가속은 전 인류의 보편적 생존의 통일을 가속시킬 것입니다. 이것은 실천적으로 그 주체가 절대다수의 민중이므로 이 민중으로부터 보편적 생존의 통일 운동, 일상적인 매일매일의 자기들의 생존과 사회생활 속에서의 보편적인 생존의 통일 운동, 즉 찢어진 삶의 통합, 분열된 생존의 통일을 위한 온갖 노력이 다양하게 전개될 때 우리의 민족통일 운동은 일상적 생활 속에서 실천될 것이며 날로 확대돼 나가게 될 것입니다. 학은 학대로, 구렁이는 구렁이대로, 뱁새는 뱁새대로, 황새는 황새대로 제 나름 각각 개성 있게, 자기의 구체적인 조건 속에서 중심적 전체로서의 활동하는 자유를 자기 안에 생동시키고, 본디 생명의 본바탕을 회복하는 보편적 생존의 통일을 이룩해 나간다면, 그리고 이 활동이 점차 전 사회적으로 확대되어 나간다면 우리의 민족통일 운동은 일상적 과정 속에서 진행되어 나갈 것입니다. 밥을 중심으로 하여 보편적 생존의 통일을 민중 스스로 일상적으로 진행하는 가운데서 민족통일이라는 당면한 목표와 후천개벽의 거대한 꿈은 실현될 것입니다. 그리고 처음에는 제한된 범위, 낮은 차원에서라도 끊임없이 음양을 고르고 모든 차별을 없애며 모든 사람, 모든 이웃과 모든 동식물 생명계를 자기와 똑같이 한울님으로, 고귀한 생명으로 존중하고 공경하며, 남녀 동등, 빈부 동등, 귀천 동등, 강약 동등의 협동적 삶을 실천하며 모든 원한과 차별을 풀어 버리고 고르게 사는 해원 상생의 삶을 확대해 나가는 과정이 인위적 노력 곧 조직적 운동으로서 조화정부를 이룩하는 것으로 되며, 우주 운동의 필연적 행정行程에서 이미 틀과 도수가 짜인 천지공사를 인간의 차원에서 인위적으로 실천, 현실화시키는 길의 핵심적인 방향이 될 것입니다.

조화정부는 통일신단의 기초 위에 서는 것이며, 통일신단은 또한 조화정부의 역사적 · 현실적 · 인간적인 생명 활동의 토대 위에 서는 것입니다. 둘은 상호 관계 위에 서 있습니다. 이것은 이원론적인 차원에서 보는 서양 종교, 기독교의 소위 유엔관이나 바티칸의 유엔관 따위의 이원론적인 구조와는 전혀 다릅니다. 영계와 현실계, 인간계와 영계, 신명계와 모든 중생계는 하나의 큰 생명 안에 다 수평적으로 동등하되 인간이 그 자각적이고 적극적인 능력에 따라 제 한몫으로서 조화정부를 조직적으로 주도하며 통일신단을 조직적으로 구성, 가기시킨다고 합니다. 이렇게 해서 옥황상제인 강증산이 그 스스로, 즉 자연 필연성에 따라 통일신단과 조화정부를 마련했다고 하며, 그래서 이미 천지공사를 자기의 차원에서, 즉 필연의 차원에서 진행시켰다고 합니다. 남은 것은 자기와 똑같은 민중이 자기와 똑같은 한울님, 주재자로서의 옥황상제로 환골탈태, 개벽을 가기, 변혁시키는 것이라고 합니다. 모든 민중이 강증산과 똑같은 옥황상제로 자기를 자각하여 모든 동식물과 전 우주 중생과 하나의 통일적인 유기적 관계 속에서 활동하는 생명으로 스스로를 인식하고 자기 본디 생명의 성품을 회복함으로써 스스로를 죽임으로부터 살릴 때, 그때 민중들은 강증산이 먼저 와서 역사적으로 일으킨 천지공사의 길을 따라 그 공사를 집행하고 정음 정양으로 후천개벽을 이루며 해원 상생으로 고른 세상을 실현시키고 조화정부와 통일신단에 의해서 전 우주 육도 중생과 전 인류, 모든 민족들과 민중 개개인, 지구의 온갖 중생과 생태계들을 고루 새로운 질서 속으로 통합하여 한울님답게 대개조 사업을 주재하게 된다는 그런 이야기올시다. 그리고 이때의 조화정부는 민주적이며 고른 수평적인 구조로 이루어지는 것입니다.

통일신단에 있어서도 신들의 배분을 보면 그들의 위치가 골고루 자기의 적성에 알맞게 배치되어 있습니다. 예컨대 조선 명부冥府는 누구, 중국 명부는 누구, 일본 명부는 누구 이렇게 정해지듯이 조화정부도 각 주신主神, 그 각 부분의 담당들이 골고루 임명되는 형태를 취하고 있습니다. 이것은 지금처럼 유엔이 몇 개의 강대국에 의해서 좌지우지 농단되는 것과는 전혀 다른 것이 될 것입니다. 비록 단초적이고 소략한 것이지만, 이와 같은 통일신단의 영성적인 광대함과 그 상상의 자유로움의 힘을 빌려 조화정부의 구상을 보다 더 날카로운 정치적 상상력으로 발전시킨다면 매우 훌륭한 현실 역사적 결과에 도달할 수 있을 것으로 보입니다.

이러한 조화정부는 곧 인간과 인간, 민족과 민족, 집단과 집단, 계급과 계급, 남자와 여자, 부자와 가난한 자, 강자와 약자 사이의 선천 시대의 인간적인 온갖 상극과 차별만을 정치적으로 척결하는 것이 아니라, 조수의 변동과 생태계의 오염, 약탈되고 소모되는 자원과 자연 에너지의 방대한 엔트로피의 저편에 눈부신 질적 비약을 성취시키고, 멸종해 가는 생명계의 종들의 창조적인 회복과 더욱더 풍성한 부활, 그리고 전 우주 대기의 정화, 각 혜성과 각 천체계 사이의 관계 조정 등을 과학적으로 해결해 나가는 우주적 대변화를 가져오게 될 것입니다. 조화정부는 한 민족의 분단의 문제나 민족과 민족 사이의 차별, 약탈, 침략과 같은 구조적 모순을 문제 삼을 뿐만 아니라 지구 전체의 생태계, 지구 공동체, 생명 공동체를 재건하고 나아가 전 우주적인 생명 공동체의 건설을 현실적으로 집행해 나가는 그러한 정부가 될 것입니다.

강증산 선생의 단계에서는 이같이 제한된 차원, 제한된 조건 속에서, 그리고 시대적 한계 안에서 신비적으로, 종교적 표현으로 그 사상을 드러낼 수밖에 없었고, 상상적 차원의 암시나 제안들로 표현될 수밖에 없었지만, 우리는 이 같은 암시와 제안을 새로운 형태의 현실적이고 과학적이며 우주적인 상상력으로, 정치적 상상력으로 다시 바꾸어 재해석, 재활용해야 할 것입니다.

그러나 잊지 말아야 할 것은 이와 같은 웅대한 구상과 거대한 사상이 정세개벽에 의해 실현된다는 점입니다. 모든 것을 고르게 하는 목적은 모든 것을 고르게 하는 방법에 의해서만 합법화된다는 강증산의 사상입니다. 아무리 세상을 고르게 하는 목적을 제시했다 하더라도 그것을 이루는 방법이 한계 지어진 선천 시대의 좁은 울안에서 조급하게 선택된 방편이거나 근본 목적을 배반하는 방법이어서는 안 된다는 것입니다. 목적을 배반하는 방법은 목적 그 자체를 반대 방향으로 되돌려 놓는다는 역사의 자기소외, 자기 배신의 끝없는 악순환을 우리는 고금동서의 역사 속에서 뼈저리게 보아 왔으며 우리 시대에도 무수히 체험해 왔습니다. 따라서 목적은 반드시 그 목적에 합당한 방법으로써만 실천되어야 하는 것이며, 목적을 배반하지 않는 방법에 의해서만 목적은 목적 자신을 배반하지 않게 되는 것입니다.

그러나 이 같은 점이 또한 증산 사상의 한계이기도 합니다. 지금은 개벽의 과도기이기 때문에 그렇습니다. 이런 과도기적 시기에는 동세와 정세의 화엄적 총괄이 요구됩니다. 사실 증산이 스스로 수운의 후계자를 자처하는 것이나 구릿골 광제국 방에 수운과 증산의 위패가 나란히 단군 좌우에 수평을 이루고 있는 것 등은 바로 이 같은 요청에 대한 응답일 것입니다. 수운 선생의 동세개벽이 정세적 방략을 조건으로 하듯이, 증산 선생의 정세개벽도 동세적 방략을 조건으로 해서만 그 시대적 의의를 얻을 수 있게 됩니다. 다만 후자의 경우, 정세적인 큰 음陰에 토대를 두고 음에 의해 이끌려지며 조절되고 큰 음을 목표로 하는 음적陰的인 양陽, 또는 정세적인 동세 방략이어야만 한다는 것이 그 조건입니다.

밥, 민중적 삶을 지렛대로 하는 개벽

그리고 이러한 방법으로 실현되는 민중 주체의 후천개벽의 전 과정은 밥을 중심으로 하여 진행된다는 것에 강증산 사상의 또 하나의 집약점이 있습니다. 노동하는 민중의 장단인 농악과 풍물을 치면서 그 장단에 맞춰서, 노동하는 민중의 의식인 굿, 두레굿, 마당굿과 같은 굿에 의해서 소지燒紙를 하고 주문을 외우며 밥을 가운데 놓고 여럿이서 비나리로 축성하며, 춤을 추고 노래하며(영가무도詠歌舞蹈), 일해서 쌀을 거두고 쌀로 밥을 지은 사람에게 밥을 되돌려 놓으며 밥을 서로 나누어 먹는 굿을 핵심적인 절차로 하여, 민중 주체에 의한 지금 여기에 있어서의 천지공사와 남조선 뱃노래는 진행된다는 것입니다. 그리고 이와 같은 밥, 그 밥을 계속해서 자기에게 되돌리는 것이 유아론적으로 나 자신만을 위하는 것이 아니라는 점을 마지막 가르침으로서 남기고 간 것이 강증산 선생의 그 비참한 최후입니다. 강증산 선생은 마흔에 못 미친 서른아홉의 나이에 이 세상을 하직합니다.

그는 불과 구 년에 못 미치는 공적 생활을 한 뒤 세상을 떠났습니다. 후천개벽, 천지공사를 통해서 천지의 틀을 다 짜 놓았으니 이제 인간의 실천만이 남았다고 말하고 세상을 떠났습니다. 그 실천은 남조선, 남은 조선 사람, 즉 밑바닥 민중을 주체로 한 조화정부, 즉 전 인류적인 세계 개조의 통일 정부와 전 삼계三界, 전 우주의 영성과 신명계神明界까지 다 해결해야 할 통일신단에 의해 집행된다고 강증산 선생은 말씀하셨습니다. 그리고 그와 같은 진행은 밑바닥 민중의 밥을 중심으로 하는 굿, 노동과 직결되어 있는 굿, 그리고 민생의 중심이 되는 밥을 먹는 것, 남을 치료해 주는 것, 남에게 도움을 주는 것, 남에게 착한 일을 하는 것 등과 같은 자질구레한 일을 통해서 이루어지며 그것이 큰 것을 깨치는 것으로 나아가게 된다고 하였습니다. 작은 것을 통해서, 함께 밥을 나누어 먹는 구체적인 생활을 통해서, 병을 고치는 생활을 통해서, 건강하게 사는 생활을 통해서, 건강하게 해 주는 일을 통해서 매일매일의 노동과 놀이를 통해서 함께 어우러지는 가운데서 후천개벽의 민중적인 집행이 이루어지며, 민중들에 의한 자기 본디 성품의 회복을 가능케 하는 조화정부의 성립이 가기된다는 것이었습니다.

민중 생존 운동의 확장 발전에 의하여 인내천 혁명, 민중이 한울님으로 사회적으로 성화되는 것, 거룩하게 되는 것이 바로 후천개벽입니다. 그리고 후천개벽을 정치적으로, 인위적으로, 전 인류적으로, 전 우주적으로 집행하는 것이 천지공사이며 이 천지공사는 조화정부에 의해서 집행된다는 것이 강증산 선생의 비전이었습니다. 그리고 선생은 공업 노동이든 농업 노동이든 자유노동이든 혹은 정신노동이든 육체노동이든 간에 민중의 온갖 노동과 그 노동의 결과인 밥을 민중 자신에게 되돌리는 일상적인 민중 생존을 생명의 핵심 행위로 하여 그 밥을 중심으로 한 굿을 통해서 그 밥의 우주적이고 전 생명사적인 의미를 깨치는 것, 그리고 그 의미와 가치를 드높이고 확대함으로써 민중이 스스로 개벽되는 것, 한울님이 되는 것을 가장 중요한 자기 사상 실천의 중심점으로 하였습니다.

선생은 자기 자신이 먹는 밥일 뿐만 아니라 민중이 서로 나누어 먹는 밥이 되게 하기 위해, 민중에게 밥을 먹이기 위해, 스스로 자기희생의 모습을 보여 주었으며, 모든 민중의 병을 치료해 주기 위해서 남의 상처의 고름을 빨아 자기가 오히려 병을 옮겨 받는 자기희생의 모범을 보여 주었습니다. 생명의 가장 숭고한 지점이요 표현인 자기희생의 모범을 보여 주고, 수많은 이웃들, 민중을 위한 자기희생의 모범을 마지막 순간에 보여 주고 선생은 떠나갔습니다. 이제까지의 그의 일생, 그의 공생활公生活은 마지막으로 민중의 밥을 중심으로 한 굿에 집중되었고, 그 굿은 다시 그의 숭고한 자기희생의 실천을 통해 다시금 민중에게 새롭고 신선한 의미로 확대되었습니다.

그리고 그 역동적인 확대 재생의 지점에서 그는 떠나갔습니다. 현실 역사적인 후천개벽의 날은 멀고 아직도 다가오지 않았으며 중생은 고통이 심하니, 그 스스로 민중의 밥이 되어 민중의 모든 고름, 모든 창병, 모든 성병, 모든 옴, 풍, 부스럼, 연주창, 두통, 복통, 학질, 천식 등 온갖 고통을 다 한 몸에 스스로 짊어지고 가노라고 그는 말하였습니다. 그는 근 한 달 가까이, 쌀 한 톨 입에 넣지 않고, 가끔 한두 모금 소주를 마셔 목을 적시며 온갖 병을 다 앓으면서 피골이 상접하여 이 세상의 쓰레기같이 썩어 가면서 구릿골의 그 골짜기에서, 그 좁은 방 속에서 이 세상을 하직하고 떠나갑니다.

이것은 예수의 희생 제의 의미와도 일치하는 것으로 보입니다. 바로 이와 같은 광대굿, 남의 치유와 배부름과 해방을 위해 스스로의 구속과 스스로의 굶주림과 스스로의 질병과 스스로의 죽음을 걸머지는 이와 같은 광대굿, 바로 이것이 천지공사의 가장 중요한 매듭이라고 볼 수 있습니다. 이와 같은 광대굿을 통해서 그는 자기 사상의 마지막 매듭인 밥굿, 민중 주체의 살림굿을 다시 한 번 무한대한 가능성의 세계로 확장해 보여 주었습니다. 민중이 무한대하게 숭고한 인간 성화의 가능성의 세계로 몸과 마음을 뒤집을 수 있는 가능성, 밑바닥 민중이 무한대하게 장엄하고 숭고하고 성스럽게 자기 인격을 꽃피울 수 있는 세계로 들어갈 수 있다는 가능성의 자취를 남기면서 자기 몸을 태우고, 강증산 선생은 갔습니다.

한 천대받는 밑바닥 민중이, 자기 자신까지도 자기모멸 속에 빠진 더럽고 왜소하고 꾀죄죄해진 영혼을 가진 한 인간이, 사회적으로뿐만이 아니라 영적으로도 썩어서 무너져 버린 인간이 스스로 한울님과 같이 변모하여 성화되는, 거룩하게 되어 가는 계기는 자주 있습니다. 바로 강증산이 보여 준 것 같은 희생, 예수가 보여 준 것 같은 희생, 지장보살이나 유마힐維摩詰과 같은 보살들이 보여 준 자기희생의 숭고한 투신을 통해서 쓰레기 같은 밑바닥 인간의 엄청난 성화가 이루어지는 것을 우리는 봅니다.

바로 이 점에서 우리는 또 한 번 심각한 전율에 부딪칩니다. 강증산 선생은 배추꼬리 하나, 감기 몸살 고쳐 주는 것 하나, 용머리 주막에서 전주 술도가가 관권을 끼고 양조업을 독점하지 못하도록 김 주보의 마누라에게 가난한 변두리 술장수들과 더불어 시위를 하도록 독려하는 등 생계 문제를 해결해 나가는 자그마한, 그렇지만 구체적이고 일상적인 민중 생존 문제에 대한 집중 과정에서 그것을 통한 전 세계 인류 · 전 역사 · 전 우주 중생계의 대개조의 천지공사, 후천개벽의 집행에로 확장하며, 그것을 다시 우리의 민족적인 조건 속에 집약하는 과정에서 어마어마한 우주적 상상력, 앞으로 도래할 새로운 시대에 있어서의 의미심장한 우주과학적 · 우주 정치적 상상력과 동서 문명을 다 아우를 수 있는 초점으로서의 남조선 사상을 제시하면서, 이것을 다시 밥을 중심으로 한 밑바닥 민중의 굿으로 압축하여 이 압축을 광대굿에 의하여 밑바닥 민중의 결정적인 자기 개벽, 곧 옥황상제, 미륵 부처, 한울님으로 드높여지는 인간의 사회적 성화라는 무한대한 가능성의 자취를 남기는 그런 인생을 살다 갑니다.

그러나 그런 것들보다도 더 큰 가능성에로 자기를 던지는 것은 마지막 유언에 의해서입니다. 그는 이제 이 땅을 하직하고 서천西天으로 간다고 했습니다. 서천은 강증산에 의하면 서양입니다. 서양으로 간다는 것은 서양에 가서 서양 문명을 조정하겠다는 것입니다. 앞으로 이루어질 후천개벽의 땅, 동토東土, 세계의 동녘에 먼저 와서 그것이 이루어질 기틀을 일단 씨 뿌려 놓고, 그다음 현재 왕성하게 넘쳐 퍼지는 것, 무엇인가 잘되기도 하고 무엇인가 잘못되기도 하는 서양 문명 신의 세계로 가서 그들의 잘못을 조정하고, 그들의 잘된 것을 모두 휘몰아 다시 동녘으로 돌아와 그것이 현실적으로 집행되도록 하는 그러한 우주 운동, 그러한 개벽 실천의 뜻을 강증산 선생은 유언으로 남겼습니다.

우리는 유언을 단순히 신비적 언표로 받아들일 것이 아니라 한 인간이 현대 문명의 진행과 같은 장대한 필연적 대세에 대해 우주대宇宙帶의 실천적 감성과 오성을 가지고 인위적으로, 실천적으로, 적극적으로 이에 대응하고 있는 것으로 보아야 마땅합니다. 왜냐하면 오늘의 세계 대세는 과연 동아시아와 전 제3세계에 떨어진 새로운 문명의 씨앗이 서양의 이러저러한 결핍과 아우성에 대응하여 그럼에도 그들이 만들어 낸 기술적 성과, 과학적 성과의 운반자로서의, 수레로서의 역할을 잘 살려 그 힘을 타면서 새로운 후천 문명의 개화와 결실을 향해 나아갈 조짐을 농후하게 보이고 있기 때문입니다.

이 같은 강증산 선생의 말씀을 우리는 그 신비성까지도 다 포함한 더 거대하고 더 호흡이 긴 우주과학적 상상력, 우주 정치적 상상력, 전 우주 중생계로까지 한없이 확대할 수 있으며 동시에 그것을 민중의 밥과 삶의 운동으로 한없이 축약할 수 있는, 축약과 확대가 자유자재한 그러한 새 시대의 민중적 상상력으로 현실적인 해석을 해 나가는 것이 필요한 것이며 바로 그것은 강증산 선생 자신도 바라던 바인 것입니다. 이미 말씀드린 바와 같이 제한된 시대의 한계, 여러 가지 조건의 특수한 제한들 속에서 그가 신비적 언표, 종교적 언표로밖에 표현할 수 없었던 그 어마어마한 상상력, 그럼에도 세계 현실에 대한 철저히 민중적인 대답을 내놓았던 사실을 우리는 이제 실천적으로, 현실적으로 현명하게, 그리고 대담성을 가지고 접수하여 객관화시키는 것이 중요한 일입니다. 즉 주관적 단계에 머물러 있는 꿈과 희망과 상상력과 예견력, 그리고 그 예견의 내용을, 우주 생명계에서 실질적으로 진행되고 있는 객관적 현실에 대한 과학적 인식의 정도에 알맞게, 그러나 그 정도를 넘어설 때는 상상력의 힘을 빌려서까지도 이제 현실적으로 그것들을 객관화시켜야 할 때가 되었습니다. 바로 이것이 이른바 주관적 객관성으로서의, 또는 역동적 양가성으로서의, 양가구조로서의 강증산 사상의 현실적 이해의 방향인 것입니다.

바로 이런 방향에서 그의 재림再臨설도 이해해야 합니다. 서천행과 재림은 떠남과 돌아옴의 공식으로도 환원될 수 있습니다. 그러나 단순히 한 개인 성자聖者의 후퇴 · 복귀의 역동 구조가 아니라 전 문명의 쇠퇴와 이행이며, 중심부가 아닌 주변부에 떨어져 있던 새 문명의 씨앗이, 그 자신의 주체적 씨앗이 중심부로부터 그리고 전 지구를 뒤덮은 온갖 것으로부터 영양을 흡수하여 새로운 비약적인 창조적 문명의 단계로 싹 틔우고 꽃피워 나가는 그와 같은 떠남과 돌아옴의 역동적 공식으로 이해해야 합니다.

그가 서양으로 가서 문명사의 방향을 가늠 잡고, 동방과 제3세계를 향하여, 남조선의 뿌리 뽑힌 사람들 전체, 제3세계 전체를 향하여 돌아오는 것이 서천행입니다. 그리고 재림설은, 그리하여 거기에서 그것들을 다 흡수하며 후천개벽의 진정한 개화가 이루어지는 것, 조화정부가 이루어지며 민중이 그 주재자로서 자기 생명의 주권을 회복하는 것, 즉 자기 삶을 스스로 살리는 것, 살림살이가 제대로 이루어지는 것, 이것이 바로 강증산의 재림입니다. 다시 돌아옴입니다. 이것은 생명의 떠남과 돌아옴의 반복 확장, 확장 반복으로서, 이미 돌아올 때는 다른 차원에서 돌아오기 때문에 이 공식에도 일반적으로 일치할 것입니다.

그러나 여기에서 주의할 것은 강증산 자신이 똑같이 돌아온다고는 하지 않았다는 것입니다. 그것은 옥황상제가 돌아오는 것입니다. 즉 생명의 본디 바탕을 깨달은 한울로서의 민중이 돌아온다는 것입니다. 그 민중은 한 사람이 아닙니다. 강증산의 경우에서 보았듯이 어떤 카리스마적인 메시아, 지도자의 모양으로 오시는 것이 아니라 그가 바로 옥황상제라고 불렀던 밑바닥의 무수한 민중 특히 여자들과 병신들, 광대들, 농투성이들, 공순이들, 공돌이들, 그들 모두 속에서 참생명의 활동이 활동 속에서, 노동 속에서, 운동 속에서 재림할 것입니다. 그들 모두가 밥을 중심으로 한 굿을 통해서 후천개벽 · 천지공사를 집행한 결과 사회적 성화를 이루어, 거룩하게 되어, 인내천을 성취하여 사람이 한울님이 되어, 한 울타리 공동체를 이루어, 한울로서 거룩하게 될 때 그들이 바로 새로 돌아온 옥황상제, 즉 주재자로서의 강증산일 것입니다.

역사적 변혁과 우주 개벽의 주체는 민중이며 민중의 삶입니다. 민중의 주체는 삶이올시다. 생명이올시다. 민중이 개벽을 통해 창조적으로 회복 · 복귀하는 것은 자기 자아, 집단적 자아, 집단적 주체로서의 참생명, 중심적 전체로서의 활동하는 무無 또는 자유입니다. 민중과 중생은 혁명과 개벽을 통해 항상 자기 삶의 근원으로 돌아가고자 합니다. 그리고 그 근원은 우리가 돌아가야 할 생명의 본디 성품이며 그것은 항용 물, 암컷, 골짜기 등으로 상징됩니다.

우리가 물의 성품, 부드러움, 골짜기의 성품, 암컷의 음습함,

그 어두움, 만물을 태생시키는 그 어두움과 포근함, 생명의 그 원초적인 고요를 언제나 자기 마음속에 지니도록 하지 않는다면 우리 자신은 개벽될 수 없을 것이며 남도 개벽할 수가 없을 것입니다. 그러한 물의 성품이 우리의 일상적인 마음의 토대가 되고 생활하는 민중의 일상적 지혜가 될 때에만 물로부터 쇠, 즉 문명의 쇳소리와 과학기술의 모든 것이 근본 생명과 상생하고 화해하며 통일적으로 발전해 나가게 될 것입니다. 과학적 · 기술적인 산업사회의 건강한 생산적 노력들, 특히 산업 노동자와 과학자, 기술자들의 모든 노동과 노력 일체는 원초적인 생명의 세계관과 아우러져 들어와야 하는 것으로, 물을 잃어버리고 쇠만을 택하는, 쇠의 부정적인 면을 쇠 그 자체로서 이기려고 하는 피상적이고 단편적이고 순환적인 태도로써는 결코 쇠 그 자체가 가진 살생력, 사람을 죽이는 살인기로서의 기능, 생명을 파괴하는 그 힘을 제어할 수 없을 것입니다. 생명을 살리고 생명을 자기 본고향으로 창조적으로 되돌아가게 하는 근거가 되는 힘은 다름 아닌 생명 그 자체입니다.

물로서 상징되고, 암컷으로 비유되고, 골짜기로서 언표되는 생명의 그 화해롭고 탕평한, 차별 없고 분별없고 일원적이며, 끊임없이 창조적으로 순환하는 생명의 본디 성품 그것일 것입니다. 바로 그것이 제가 그날, 1984년 12월 중순, 비는 내리지 않으나 무척 흐렸던 그날, 금평못의 잿빛 물이 울적하게 번뜩이고 있던 그날, 구릿골 그 작은 집, 김형렬 씨의 구가, 9년 동안에 걸친 강증산 선생의 전 공생활의 첫 장소요 마지막 장소였던, 천지공사를 집행했던 그 방, 일관하여 자기의 거점이 되었던 그 모퉁이의 작은 방, 두 평 정도밖에 안 되는 그 작은 방 앞에서 생각하고 느낀 것이었습니다. 아직도 이해할 수 없는 강증산 선생의 부적 글씨가 붙어 있는 그 방, 광제국이라는 팻말 밑에 쓰인 흐릿한, 이제는 낡아 퇴색한 그림글씨, 새와 비슷하게 생긴 그 그림글씨의 부적을 보면서 계속 이상한 울적함에 휩싸이며 생각했던 구릿골의 총체적인 의미였습니다.

구릿골은 대답하고 있었습니다. 과학적 전개력, 기술적인 성취력은 최고도에 달해 있으나 그것이 참으로 생명을 살리고 생태계를 회복시키며 우주 질서를 대개조하여 모든 생명이 화해롭게 살 수 있는 진정한 친교의 우주 공간으로 대전환할 수 있게 되기를 갈구하는 오늘의 과학 문명에 대해 구릿골은 대답하고 있었습니다. 지금과 같은 생명 파괴의 절망적인 지옥의 아가리에서 빠져나올 수 있게 되기를 바라는, 부활의 새 지평을 향해 과학이 자기를 활용할 수 있게 되기를 바라는, 위대한 우주적 상상력의 살아 생동하는 자극과 기폭과 촉매를 바라고 있는 온 세계 사상계의 요구에 대해서, 온 민중의, 온 인류와 전 중생계의 울부짖음과 요청에 대해서 구릿골은 조용히 대답하고 있었습니다.

이 대답을 우리는 현실화시켜야 합니다. 이 대답 속에 들어 있는 주관성은 단순 주관성이 아니라 객관화될 현실을 줄기찬 집단적 실천에 의해 도래시켜야 할 능동적인 주관성입니다. 따라서 강증산 선생의 사상은 우리 자신에 의해서, 젊은 지식인이나 활동하는 민중들에 의해서 현실적으로 연구되고 조직적 민중운동의 현실적인 명제로서 실천되어야 할 것입니다. 바로 그때 그것은 결코 황당무계한 것이 아니라 가장 보편적인, 그러면서도 가장 일상적이고 구체적인 민중 생활의 변혁으로, 민중운동의 성취로, 눈에 보이는 하루하루의 기적과 같은 사건으로 우리 자신 앞에 나타나게 될 것입니다.

1984년 12월

남조선 뱃노래

남조선 뱃노래

강증산의 '남' 사상 음미

위기의 시대

오늘날을 위기의 시대라고 말하는 사람들이 많습니다. 과연 위기일 법합니다. 전 세계는 온갖 형태의 공해와 전쟁 위험과 핵폭발의 위협 앞에 전전긍긍하고 있으며, 우리 민족은 분단된 조건 위에 구한말 이후의 역사가 새롭게 반복되는 듯 사강 패권四强覇權의 각축이 새로운 형태로 얼크러져 돌아가고 있습니다. 경제적인 온갖 형태의 난기류가 전 세계와 이 나라를 지배하고 있으며 인간 정신의 황폐화와 희망의 상실 속에서 새로운 세계관의 창조적인 제시가 보이지 않는 가운데 온갖 형태의 구호들이, 사상적 구호들이 중구난방으로 판을 치는, 이른바 말세 겁운末世劫運의 때를 방불케 하고 있습니다. 그러나 위기란 그 자체로서 가름길입니다. 즉 죽을 판이 될 수도 있고 살 판이 될 수도 있는 가름길이 바로 위기의 본질입니다. 따라서 세계와 민족이 위기 앞에 부딪쳤다면, 세계도 민족도 죽을 수도 있고 살 수도 있는 죽을 판과 살 판의 기로, 가름길에 놓여 있다고 하겠습니다.

아시다시피 엄청난 군비경쟁, 핵무기 경쟁, 공해와 자원 고갈이 전 인류를 위협하고 있으며, 천체와 조수의 변동, 남북극을 연결하는 지구 축의 각도 변경 등 현대과학이 그 원인을 찾아내지 못하고 있는 온갖 형태의 파천황의 변화들이 나타나고 있습니다. 그러나 이것은 또한 전 세계가 새로운 부활의 길로, 창조적 부활의 길로 들어서는 거대한 전 지구사적인 전환점을 맞이하고 있다는 이야기도 됩니다. 이러한 큰 운수가 세계에 도래함에 대해 심령주의적인 허황한 예언을 남발하고 있는 사람들도 있습니다. 그러나 올바른 이성으로 본다고 하더라도 이러한 위기는 인간과 민족들의 집단적인 실천에 의해 죽을 판을 살 판으로 되돌려 놓을 수 있는 전환점이기도 함에 틀림없습니다. 우리 민족이 남북으로 분단되어 위기가 고조되고 있는 것, 미국 · 소련 · 중국 · 일본의 사강 패권이 한반도에서 새로운 형태의 각축과 경쟁을 벌여 얼크러지는 등 온갖 형태의 위기적 증상들을 보여 주고 있는 데 대해서도 이러한 것들이 우리 민족의 거대한 도약을 지어 내는 찬란한 전환점을 가져올 것이라 보는 사람들도 있습니다. 이 중에는 앞으로 15년 내에, 또는 앞으로 몇 년 안에 민족통일이 된다든가 옛 고구려의 대운을 다시 회복하여 요동까지 합친 만주 땅을 우리나라가 되찾아서 중국을 우리가 지배하고 전 세계의 최강국이 된다든가 하는 일견 민족 신비주의나 국수주의적인 발언들, 또 일견 허황하기 짝이 없는 우주 규모의 예언들이 남발되고 있는 형편입니다. 그러나 그러한 황당무계한 이야기가 아니라 할지라도 이 같은 동일한 위기가 우리의 실천에 따라서는 민족 부활과 민족통일의 새로운 전기로 전환될 수 있는 가능성은 확실히 무르익고 있다 하겠습니다.

거꾸로 흘러갈 문명

동양과 서양의 문명의 교환交驩과 상호 관계를 볼 때 지난 수세기는 서세동점의 시대였지만, 이제 그 문명 운동의 벡터vector, 문명 운동의 유출 방향은 오히려 동양으로부터 서양 쪽으로, 제3세계로부터 북쪽의 선진 공업사회 지역으로 거꾸로 흐르기 시작하는, 인류사 전체에 있어서의 거대한 전환 시대에 들어가고 있는 느낌만은 확실한 것입니다. 바로 이와 같이 서양의 물질문명과 과학기술이 군함, 대포를 앞세우고 침략적인, 참혹한, 학살적이고 약탈적인 형태로, 그리고 야만적인 형태로 제3세계와 동양 세계를 유린하면서 들어오되 그 유린과 침략의 물결 속에 문명의 생명력의 큰 흐름이 제3세계와 동양 세계 특히 한반도를 향해 흘러오고 있습니다. 그리하여 이 한반도와 제3세계의 민족 및 민중들이 갖고 있는 진정한 의미에 있어서의 세계 개벽의 새로운 신선한 씨앗이 명시적으로, 눈에 보이는 형태로 드러나게 성장하고 과학기술과 온갖 물질문명의 성과들을 되거두어들여 그것을 반대 방향으로, 새 문명 건설의 흐름으로 전환시키는 추세가 오늘날 세계 변화의 중요한 한 특징인데, 바로 이러한 전환을 가리켜 강증산 선생은 '남조선 뱃노래'라고 표현한 바 있습니다. 온 세계사의 획기적인 변동, 최고 절정의 형태로 압축 진행되고 있는 세계사의 엄청난 변동, 서세동점의 시대로부터 점차 동아시아를 비롯한 제3세계가 중심으로 되어 가는 새로운 문명의 태동이라는 세계사의 거대한 전환을 강증산 선생은 '남조선 뱃노래'라는 말로 압축 표현했습니다.

우리 민족의 진정한 해방과 민중 주체에 의한 민족통일의 성취는 단순히 우리 민중과 우리 민족의 해방과 통일만을 의미하는 것이 아니라 전 제3세계의 해방과 통일을 의미하고, 전 인류와 전 중생계의 해방과 통일이라는 파천황의 대전환을 의미한다고 말할 수 있겠습니다.

남조선 뱃노래는 소위 남조선 사상을 말합니다. 남조선에서 후천개벽이 이루어진다는 뜻입니다. 이 남조선의 '남'은 어떤 뜻을 가지는 것인가부터 우선 생각해 볼 필요가 있겠습니다. 일찍이 수운 최제우 선생은 우주 생명이 상원갑의 선천개벽기를 다 지내어 이제 바야흐로 하원갑의 후천개벽기로 넘어오며 무극대도無極大道가 드러나 전 세계 인류가 오만 년 후천개벽의 시기로 들어가고 있다고 지적하고, 그러한 개벽이 맨 먼저 한반도로부터 시작된다고 분명히 말씀한 바 있습니다. 쇠운이 지극하면 성운이 온다는 우주 운동의 필연적인 변화를 말씀하면서 앞으로 올 개벽적 변화에서 아국 운수가 먼저 하게 될 것이라고 하였습니다. 우리나라에서 그 운수가 먼저 시작된다고 했습니다. 먼저냐 나중이냐가 중요한 것이 아니라 어디에서 그 세계사적 시간이 탁월한 차원의 수위水位, 충만의 물높이에 이르느냐, 현저히 성취되어 드러나느냐, 뚜렷한 현실로서 객관화되느냐 하는 문제가 중요한 것이겠습니다.

'남' 사상의 연원

남조선 사상은 그 본디 연원을 알 수 없으나 매우 오래전부터 한반도의 민중 속에 전설로서, 소망으로서, 혹은 도참으로서 떠돌아다니며 미만되어 온 민중 사상의 핵심입니다. 특히 그것은 계룡산과 관련을 맺으면서 발전해 왔습니다. 계룡산이 새로운 왕조의 도읍지로서, 태평 선경太平仙境의 개활지開活地로서, 전 민중의 소망의 땅, 지복至福의 땅으로 이야기되어 온 것은 널리 알려져 있는 바와 같습니다. 이 계룡산은 민중적 입장에서 소박하게 볼 때는 새로운 왕조, 새로운 천년왕국, 새로운 미륵 세상, 새로운 용화 세상의 출현을 뜻하는 지상 선경의 의미를 갖고 있습니다. 하지만 보다 더 깊은 뜻에서 보면 그것은 인간과 자연의 관계를 새롭게 보는 것입니다. 생명의 우주적 규모의 운동과 인간 역사에 있어서의 여러 가지 구조적 변혁을 하나의 거대한 통일적 생명운동 속에 아울러서 보고 그러한 운동 속에서의 가장 소망스러운 결절점, 전환점, 개벽점을 태극으로 보는, 동양에서도 가장 민중적이고 역동적인 개혁 사상과 일치해 있는 것입니다. 계룡산의 구조는 삼태극三太極의 형국으로서 회룡고조, 즉 활 모양으로 몸을 구부린 용의 꼬리가 다시 그 용의 머리를 쳐다보는 형국으로 되어 있습니다. 이것은 태극의 형상입니다. 이 태극의 지형을 갖고 있는 산천에서 후천개벽의 새로운 지상 선경이 열린다는 것이 민중 신앙, 민중적인 개벽 신앙의 골자입니다.

계룡산은 여기에 대응하는 산세를 가짐으로써 민중 속에서 전설적인 산으로 신비화되어 왔습니다. 그러나 이것은 산세나 지세와 같은 지리적인 것으로부터 시작하여 점점 더 그 의미를 더해 가면서 심화되기 시작했습니다. 사람들의 사회적 관계에서의 중요한 혁명적 전환점으로 심화되어 갔습니다.

1800년대 이후 서양 제국주의 침략과 중세 봉건 왕조의 가렴주구와 질곡이 화농하여 절정에 이르렀을 때 사람들은 계룡산이나 십승지十勝地와 같은 피난지를 찾아 헤맸습니다. 산간벽지에서 궁궁, 즉 활 '궁弓' 자를 두 개 엎어 놓은 것 같은, 산도 들도 아닌 비산비야非山非野의 피난지를 찾아 헤맸던 것입니다. 즉 궁궁촌弓弓村을 찾아 헤매는 사람들이 부지기수였다는 얘기를 수운 선생은 『용담유사』 가운데에서 노래하고 있습니다. 그러나 이와 같은 궁궁촌은 곧 십승지나 계룡산과 같은 산세, 지세, 수세에 있는 것이 아니라 사람의 마음과 사람의 생명 활동 그 자체에 있다는 것이 수운 선생의 사상의 핵심입니다. 수운 선생의 영부, 소위 활인부活人符, 즉 사람을 살리는 부적의 모양이 활 궁 자 두 개를 겹쳐 놓은 궁궁 모양 즉 태극 모양으로 된 것은, 계룡산과 같은 장소, 즉 눈에 보이는 삶의 지점, 죽임으로부터 살아나는 단순한 지리적인 피난지에 바탕을 둔 것만이 아닙니다. 무죄지지無罪之地, 즉 죄가 없는 땅, 사람의 본마음에 그 바탕을 둔 것, 바로 사람 생명의 본디 성품, 처음도 끝도 없이 무궁무궁하게 살아 뛰뛰는 생명의 본바탕이 궁궁이요 태극이라는 뜻입니다.

수운 선생은 이처럼 궁궁촌이나 계룡산과 같은 태극 산세가 나타내는 물리적이고 직접적인 피난 사상, 왕조 변혁 사상 또는 새 세상에 대한 즉자적이고 외면적인 희망을 사람과 사회 한복판에 있는 인간 생명의 유기적 주체인 영靈의 활동 그 자체의 본디 성품으로 되돌려 놓았습니다. 따라서 우리가 남조선 사상, 남조선 개벽 사상, 남조선 뱃노래를 이해하는 각도도 마찬가지로 우리들 자신의 마음과 우리들 삶 전체의 본디 성품의 각도에서 이해해야 합니다. 남쪽이다 북쪽이다, 산이다 들이다, 또는 어떤 살아남는 지점이다 하는 따위의 소박한 피난 사상에서 이해한다는 것은 시대착오적이라 할 것입니다.

그러나 이 경우에 있어서도 사람의 영적 생활 및 사회생활과 문화생활은 생태계와 산천, 지구 전체와 우주 전체의 변동과 무관하지 않으며 그 안에서 활동하는 우주 생명의 운동과 결코 무관하지 않은 채 유기적으로 연결되어 있다는 점에서 풍수는 결코 인간의 정신적 및 사회적 활동 그 자체로부터 이탈되어 있거나 전혀 이질적인 것이 아님을 명심할 필요가 있겠습니다. 따라서 지리地理건 수리水理건 간에 모두가 인간의 활동과 하나로 아우러져 큰 생명의 운동 속에 하나로 통일되어 있다는 관점에서 남조선 뱃노래와 남조선 사상의 핵심인 태극과 궁궁의 의미를 이해할 필요가 있는 것입니다. 즉 인간의, 또는 민중의 정신적 · 사회적 · 역사적인 활동과 더불어 산천의 변화까지도 포함하는 전 우주적인 인간 활동의 큰 구비구비 속에서 태극과 궁궁의 위치와 그 의미를 재이해해야 한다 이런 말입니다. 지리와 수리, 산세와 지세, 전 지구적인 지각 변동의 문제, 대기의 문제, 조수潮水 변화의 문제와 더불어 인간 사회의 구조 문제, 인간 심성의 문제, 도덕적인 문제까지도 다 포함하는 총체적인 사람의 삶 안에서 태극과 궁궁의 의미를, 남조선의 남의 의미를 밝혀야 할 것입니다. 이렇게 볼 때 남조선의 남녘 '남南' 자는 단순히 지리적으로 남쪽에 있다는 것을 뜻하는 것만이 아니라 총체적인 사람 생활에 있어서의 근본적으로 회복해야 할 본디 성품, 본디 바탕으로서의 태극궁궁을 나타내는 것입니다.

남쪽의 의미

그렇다고 해서 지리적으로 남쪽의 뜻을 갖지 않는 것이냐 하면 그렇지는 않습니다. 남조선의 '남'은 분명히 지리적으로도 남쪽을 의미하고 있습니다. 이것은 한반도 전체의 경제적 규모로 볼 때 가장 물산이 풍부한 지역이고 동시에 인심이 도타운 지역임에도 불구하고, 그리고 문화적인 축적과 전승이 어마어마한 정도에 달하고 있음에도 불구하고 역사적 시련이 그 어느 지역보다도 가혹했다는 점을 들지 않을 수 없습니다. 특히 충청도, 전라남북도와 경상남도 일대는 과거 백제의 고토로서 백제 유민들이 벌였던 질기고 끊임없는 복구 운동, 즉 다물 운동, 독립운동과 깊은 연관을 갖고 있으며 지금까지도 백제 유민들의 한은 이 지역의 예술적 잔영 속에 그대로 살아 흐르고 있습니다. 바로 이와 같은 망국한이 쌓여 있는 곳이 '남'입니다. 그리고 이 '남'은 이후 고려를 거쳐 이조에 이르기까지 계속해서 많은 물산의 산출지이자 착취 장소였으며 정치적 탄압과 역사적인 멸시를 끊임없이 받아 왔던 지역입니다. 뿐만 아니라 이것에 저항하여 반란, 폭동, 민란이 꼬리를 물었던 지역이며, 드디어 동학 농민 운동의 진원지가 된 큰 역사적 의의를 지닌 땅입니다.

따라서 이 남쪽 민중들의 한과 소망이, 그리고 모든 고난을 다 이기고 온갖 질곡과 고통으로부터 해방되는 지상천국에 대한 꿈이 남조선 사상에 집약되어 전설처럼 이어져 내려오게 된 것은 당연한 일이라 하겠습니다. 전 한반도의 민중들이 겪고 있는 고난이 집약적으로 경험되는 곳이 이곳이며, 전 반도를 먹이는 곡식과 물산들의 거의 절대량이 이곳으로부터 나온다는 점 등에서 볼 때 '남'은 한 지역의 상징일 뿐만 아니라 사실적으로도 이 반도 전체의 생명력의 중요한 근거입니다. 넓은 국토의 보편적인 생존의 비밀이 집약적으로 나타나고 있는 지점이 '남'입니다. 이처럼 물산이 풍부하면서도 멸시와 탄압과 억압 등 끝없는 역사적 고난을 받아 왔기 때문에 '남'은 수많은 반란과 민중 폭동과 혁명을 분출시켰으며, 그 까닭에 '남'은 전 세계 개벽과 전 인류의 구원을 가져올 어마어마한 사상의 탄생지가 될 것이라는 민중 종교 사상들을 만들어 내게 되었습니다.

남쪽의 의미는 이와 같이 지리적인 남쪽, 풍부한 생산력을 갖고 있으면서도 역사적 고난이 축적된 그런 남쪽을 뜻하기도 하지만, 남조선의 이 '남'은 불교에서 이야기하는 세계와 삶의 가장 밝은 곳, 부처가 임하는 땅, 부처가 이루어지는 땅으로서의 표상도 갖고 있습니다. 모든 존재의 고통이 쇠사슬로부터 벗어나는 땅, 해탈의 땅, 해방의 땅의 표상을 가지고 있습니다. 또한 밝음, 즉 몽골족 전체와 우리 민족에 일관되어 있는 소망의 대상으로서의 이 밝음이 변형되어 여러 가지 민족 신화를 창조하고 있는 것을 우리는 알고 있습니다. 이와 같은 밝음이 남조선의 '남'의 의미와 표상적으로 직결되어 있음은 말할 것도 없습니다. 그러나 이 경우의 밝음은 단순히 기계적 조명의 밝음, 전기 불빛의 밝음만이 아니라 온도의 따뜻함을 동시에 요청하고 있는 신화소神話素, 즉 전설 내용을 가집니다. 즉 따뜻하고 밝은 땅, 삶을 밝음으로 자유롭게 하고 따뜻함으로 서로 모여 살게 하는 땅, 즉 해방과 통일의 땅을 상징하고 있습니다.

이것은 생명운동의 수렴력과 확산력, 확산력과 수렴력의 동시 요청을 뜻하기도 합니다. 이것은 중심적 전체로서의 활동하는 자유의 소박한 상징인 것으로 보입니다. 바로 이와 같은 따뜻하고 밝음, 통일과 해방, 수렴과 확산, 중심적 전체로서의 활동하는 자유, 텅 비움과 새로운 신선한 생기로 가득 참을 남조선의 '남'은 상징합니다. 통일함으로써 해방하고 창조하는 생명 활동의 상징으로서 남조선의 '남'은 하나의 독특하면서도 보편성을 지닌 표상을 가지는 것입니다.

분명히 이 '남'은 오늘날의 세계적 남북 대결 구조 안에서 볼 때 착취당하고, 짓밟히고, 멸시당하고, 약탈당해 온 제3세계 즉 민중의 실체를 의미하기도 합니다. 세계의 남쪽, 즉 제3세계가 남의 또 하나의 뜻입니다. 분명한 것이지만, 세계사의 방향은 이제 거대한 전환점을 지나면서 이미 서양 중심의 낡은 문명은 쇠퇴를 거듭하고 있는 반면 제3세계를 중심으로 한 문명의 새 기틀이 이루어지고 새 기운이 태동하고 있습니다. 이것은 본래의 생명운동이 중심부로부터 주변부로 확산하되 그다음 생명의 보다 더 창조적인 폭발이 주변부에서부터 일어나 중심부에로 거꾸로 확산된다는 생명 현상과 그대로 일치합니다. 중심부의 문명이 이미 썩어 가기 시작했을 때 그 썩어 가는 문명의 독소까지도 해제시키는 참된 구원의 사상, 참된 구원의 세계관과 문명은 중심부로부터 피해받은 가장자리, 즉 주변부로부터 다시 거꾸로 폭발해 오는 것이 역사 현상이며 생명 현상입니다.

이런 뜻에서 남조선 개벽 사상은 바로 제3세계, 즉 세계의 남쪽이라는 제3세계 민중의 새로운 창조적 운동과 그대로 일치한다고 볼 수 있습니다. 강증산 선생은 남조선 사상을 말하면서 남조선이란 '남은 조선 사람'을 뜻한다고도 했습니다. 동서양의 모든 고등 종교, 기성 종교 교파에게 다 빼앗기고 나머지 된 쓸모없는, 괄시받는 조선 사람 즉 문자 그대로 밑바닥 민중을 남조선이라고 불렀습니다. 즉 나머지 된 조선 사람, 남은 조선 사람을 말합니다. 바로 이러한 사람들 속에 참으로 신선한 생명의 활동이 있는 것이며, 그러한 것들이 자각적으로, 고양된 형태로 진행되는 것, 바로 이것이 남조선 사상이라는 이야기입니다. 이와 같이 뿌리 뽑히고, 저주받고, 어디에도 낄 수 없고, 어디에서도 안주할 곳을 찾지 못하는 흐르는 인간을 말합니다. 지금 전 세계 민중의 일반적인 형편으로서의 뿌리 뽑힌 상태, 이 속에서 흐르고 있는 절대다수의 민중, 이 민중 속에서 자각적으로, 고양된 차원에서 생명운동이 진행됨으로써 개벽이 가기되는 것을 남조선 사상이라 부르는 것입니다. 민중 속에서 적극적이고 조직적으로 후천개벽이 진행되어 전 세계가 전환, 변혁되는 것을 남조선 사상이라고 부릅니다. 따라서 이 경우에 있어서의 남은 바로 민중을 의미합니다.

우리 민족의 최대의 소망, 열망은 민족통일입니다. 외세에 의한, 지배층에 의한 것이 아닌 민중 자신에 의한, 민중 자신의 생존 그 자체에 의한, 민중 자신의 생존 운동 그것에 의한 민족통일이 우리 민족의 참된 통일입니다. 그리고 그 같은 민족통일은 매일매일의 보편적 생존의 통일 운동입니다. 온갖 형태의 죽임과 찢김과 빼앗김으로부터 자기 삶을 되찾고, 그것을 더 풍부히 회복시키는 그러한 매일매일의 보편적인 생존의 통일 · 통합 운동이 바로 민중 주체의 민족통일 운동인 것입니다. 이러한 통일에 의해서만 우리의 민족통일 운동은 세계 인류의 통일 운동으로 확장되는 것이며, 세계 인류의 통일 운동은 우리 민족의 보편적인 생존의 통일이라는 민중 주체의 운동 속에서 압축 진행되어 가는 것입니다. 즉 민중 주체의 자기 생명을 창조적으로 회복하고 충족시키기 위한 운동, 이러한 운동에 의한 민족통일의 현실적인 실천, 바로 이것이 후천개벽의 현실적인 집행이요 실현인 것입니다. 이와 같은 내용이 바로 남조선 사상, 남조선 뱃노래의 기본 내용이올시다.

문명의 중심 이동

그러면 남조선 뱃노래에 있어서 배란 무엇일까요? 강증산 선생은 서양의 문명신文明神들이 남조선 뱃노래를 부르며 그 문명의 이기, 즉 과학과 기술과 온갖 형태의 편리한 물질문명을 거느리고 남조선으로 배 타고 들어온다고 하였습니다. 그 물표物票가, 화물표貨物票가 넘어 들어오는 과정을 그렇게 표현하였습니다. 그리하여 머지않은 날 그 모든 것을 수렴하여 다시금 전 지구에 변혁을 가져다줄 새로운 사상의 싹이, 문명의 기틀이 이 반도에서 태어난다는 것을 남조선 뱃노래로써 표현했던 것입니다. 그것은 문명과 역사와 우주 생명의 중심이 이동되는 것을 보여 줍니다. 한반도로 볼 때에는 전 지구적인 문명과 인류사 전체의 모든 것을 수렴하는 과정이며 전 인류의 생명 활동이 반도로 집약돼 들어오는 과정입니다. 인류사와 문명사의 모든 문제들이 남조선, 즉 남은 조선 사람, 즉 한국 민중 속으로, 제3세계로, 제3세계 민중에게로, 그들의 일상적인 삶의 한복판으로 끊임없이 몰려들어 옴으로써 문명의 중심이 이동되는 것을 보여 주는 것입니다. 전 지구와 전 우주적인 생명의 활동이 가장 천대받는 사람, 가장 천대받고 고난 받는 한국의 민중, 밑바닥 민중의 마음속으로, 영의 사회적 활동 속으로 수렴돼 들어오는 과정입니다.

이것은 거꾸로 이야기하면 가장 천대받는 한국 민중의 마음과 생활과 생명이 제 속에 온 우주의 본디 생명과 더불어 문명이건 문화건 사람의 생각이건 총포건 과학이건 간에 전 인류사, 전 문명사, 전 지구의 온갖 것을 다 수렴하며 나아가 그것을 쇄신하고 그것을 창조적으로 활동시키게 된다는 뜻입니다. 이것은 시천주侍天主 사상 즉 사람이 자기 안에 큰 우주를 모셨다는 시천주 사상에 대응합니다. 그것은 또한 인간과 우주의 자연적 통일이면서 동시에 인위적 · 역사적인 수렴 과정이기도 합니다. 그러므로 그것은 사람이 자신 안에 그 큰 우주 생명을 활동 속에 모시고 있음을 사무치게 깨쳐 알도록 수양한다는 점에서 인도공사이면서, 동시에 큰 문명의 신명神明들, 온 우주의 신명들이 짓밟힌 한국 민중의 정신 속에 변혁을 일으키면서 이동해 들어오는 신명공사에 해당하는 것입니다.

수운의 시천侍天은 인도공사이면서 신명공사입니다. 전 세계 문명 신들은 배를 타고 한반도에 이동해 들어와 한국 민중의 정신과 생활의 한복판에서 활동하며, 그것은 다시 인내천 혁명에 의해서 즉 신명공사에 의해서 다시 새로운 것으로 재창조됩니다. 통일신단의 단서라고나 할 한국 민중의 통일 정신 속에서 삼계 육도의 전 신명계가 한 우주적 생명으로 통일되고 살아 활동함으로써, 온 문명이 다 살아 활동함으로써, 시천주侍天主가 이루어짐으로써 그것은 새로운 것으로 탄생되어 다시 온 세계로 확장되기 시작하는 것입니다.

그것은 민중이 자기 자신의 삶의 확장을 통해서, 공동체적 활동, 조직적 활동, 문화 창조 활동, 또는 개인적 활동 일체를 통해서 이 사회를 생명 공동체의 새로운 모습으로 바꾸는 화엄적華嚴的 조직 운동에 의해 이루어집니다. 한국 민중의 마음속에 우주 생명을 모시는 시천주 사상의 씨앗이 떨어진다면, 자기 자신이 바로 한울님이요 옥황상제이며 부처라는, 우주 생명 그 자체라는, 문명사 자체라는, 그리고 전 우주 중생이 자기 안에 다 살아 있다는, 전 문명과 과학기술이 다 들어와서 활동한다는, 우주가 바로 자기 자신이라는 그와 같은 생각의 씨앗만 떨어진다면, 그것은 자기 자신의 고난의 조건, 주어져 있는 이 나라 역사의 민중적인 조건과 고통의 발효력에 따라 엄청난 것으로 재창조되어 확장되기 시작할 것입니다. 씨만 한번 떨어지면 어디에서고 민중들은 스스로 한울님으로 성화되는 집단적 · 사회적 생명 공동체의 창설 운동을 실천하게 될 것입니다.

이것이 무극대도의 드러남이요 후천개벽의 시작이며 수운

선생의 시천주 사상입니다. 그런데 이것은 언제나 밥, 한 그릇의 밥을 중심으로 이루어집니다. 자기의 창조적 활동의 가치를 자기에게 되돌리며 다시금 그것을 창조적 활동으로 확대재생산시키는 활동을 통해서 생명 활동은 한 민족 사회에서 온 세계 인류에게로, 전 중생계에로, 온 우주 전체에로 무궁무궁하게 확대돼 나갑니다. 이 과정에서 우선 사회적으로 무엇이든 가로막고, 척지어 있는, 부패하고 타락한, 잘못되어 있고 뒤틀려 있는 온갖 제도와 관계와 이념과 도수들을 활동하는 본디 생명의 요구와 도수에 맞게 뜯어고치는 사회적 변혁 곧 인도공사가, 동시에 세운공사가 진행됩니다. 그러므로 그것은 양천주養天主, 즉 자기 안에 모신 한울님을 사회적 · 집단적 · 세계적 · 중생계적 · 우주적으로 확대시키는 해월 선생의 향아설위 사상을 중심으로 지어지는 이른바 양천주 운동이라고 할 수 있습니다.

이것이 다 남조선 뱃노래의 내용입니다. 민중의 자각적인 생명운동의 주체적인, 사회적인 실천이 남조선 뱃노래입니다. 노를 젓는다, 배를 젓는다라는 것은 현실적으로 일어나고 있는 문명의 이동을 말합니다. 전 세계 문명과 전 인류 생존의 핵심 돌출부가 모두 이 한반도로, 제3세계 민중에게로, 밑바닥의 버림받은 민중의 영적인 핵심 내부에로, 세계관의 밑바닥에로, 사회생활의 한복판으로 수렴되어 들어오는 것을 말합니다. 그리하여 시천주에서부터 하나의 우주적인 총체성을 얻은 과학기술과 문명과 역사적인 전 체험들이 다시 쇄신되고 변혁되어 전 세계로 확장되어 펴져 나가는 과정을 민중 자신이 자각적 · 집단적 운동을 통해 주체적으로 집행 실천하는 것을 노를 젓는다, 배를 저어 나아간다는 말로 나타냈습니다. 이것이 인간의 사회적 관계에서 후천개벽에 대한 온갖 선천적 장애를 극복해 나아가는 인도공사요 세운공사입니다. 이것은 불교에서 말하는 고통의 바다를 건너는 것, 그리하여 피안에 도달하는 것, 즉 바라밀波羅蜜에 대응하는 것입니다. '죽임'의 바다를 넘어서는 '살림'입니다. 인간과 우주의 자연적 통일과 인간과 인간의 사회적 통일을 무궁하게 확장하는 것입니다. 전 역사적 · 전 사회적 · 전 우주적인 인간 생명의 확장을 현실적으로 실천하는 데 있어서 방해가 되는 온갖 현실 사회의 죽임의 제도, 구조적 모순, 증오, 폭력의 악순환, 신분제적인 차이, 남녀의 성차별, 종족 멸시, 종족우월주의, 무슨 주의 하는 온갖 형태의 죽임의 이데올로기 따위 등과 집단적으로 정면 대결함으로써 이것을 넘어서는 혁명적 실천을 뜻하는 것입니다. 이러한 혁명적 실천을 통해서 천지의 모든 도수를 현실적으로 뜯어고치는 실제 집행을 하는 것이며 이러한 사회적 실천을 통해서 통일신단이 이루어지고 조화정부가 조직되며 지상 선경이 눈에 보이는 형태로 나타나게 됩니다. 신명계神明界와 현상계現象界, 인간의 사회활동과 정신운동은 서로 나선 기제螺旋機制 속에 상호 추동되고 격발되기 때문입니다. 죽임의 바다, 고통의 바다를 뚫고 건너가 개벽의 피안에, 해탈의 피안에, 통일과 해방의 피안에 도달하는 바라밀다의 실천과 똑같은 것입니다.

바로 이것이 인도공사, 세운공사, 신명공사를 다 포괄 통일하는 천지공사 즉 체천주體天主, 한울님을 민중 자신이 현실적으로 스스로 살고 실천하고 행동하는 것이며 그것이 또한 남조선 뱃노래올시다. 남조선 개벽 사상, 남조선 뱃노래는 수운 선생의 시천侍天 사상, 해월 선생의 양천養天 사상, 증산 선생의 체천體天 사상을 타고 우주적으로 퍼져 나가는 민중 혁명의 노래입니다. 남조선 뱃노래는 삼변성도三變成道로서, 곧 세 번 변하면서 이루어지는 진리로서 수운, 해월, 증산의 시천, 양천, 체천을 통해 세 번 변하면서 그 성취의 길로 나아갑니다. 남조선 사상을 문명의 이동과 수렴과 확장, 그것의 창조적 폭발로 볼 때 이 같은 사상이 현실 역사 안에서, 사회 안에서 구체적으로 집행, 실천되는 것은 자기의 일상적인 생존, 보편적 생존의 통일 운동을 통해서, 밥 즉 민중적 삶을 중심으로 해서 이루어집니다. 그리고 그것은 반드시 현실 사회에서 여러 가지 죽임의 장치와 정면으로 부딪치게 됩니다. 바로 이 장애를 뚫고 생명 회복과 개벽을 실천해 나가는 실천의 원칙이 바로 십무천입니다. 일체의 생명 파괴와 죽임을 넘어서는 살림, 삶의 회복, 바로 이것이 후천개벽의, 남조선 뱃노래의 기본 내용인데, 그것의 실천적 강령이 바로 십무천에 압축되어 있습니다.

그리고 이 십무천의 강령을 개인적 및 사회적인 차원에서 혁명적으로 수행코자 한 것이 곧 동학 농민 운동과 증산 그룹의 활동이었습니다. 하나는 동세개벽의 형태로, 다른 하나는 정세개벽의 형태로 십무천의 실행을 통해 체천 사업을 실천했던 것입니다.

체천이 곧 천지공사요 천지공사가 바로 체천입니다. 민중의 움직임은 한울 생명의 움직임이므로 민중의 동세적 혁명이 곧 우주 변혁인 것입니다. 또한 공사는 재판, 심판, 숙청이므로 그것이 아무리 정세적으로 집행된다 하더라도 사회와 역사, 인간 정신과 우주 질서의 본디 바탕을 거스르는 소외되고 왜곡된 경향을 제거하고 타파하는 파사현정破邪顯正의 활인검이 되는 법입니다. 더욱이 십무천, 체천의 전략 강령이라고 할 삼전, 즉 도전道戰, 재전財戰, 언전言戰은 다만 시대 경륜을 한 시기에 제한하여 성취시키는 데에만 그치는 것이 아니라 광활한 우주적 범위, 영속적인 역사적 맥락 속에서 그 효력을 나타내야 할 강령입니다.

그러므로 정치는 최고선을 목표로 하는 도덕과 결합하고, 경제는 생명의 사회적 · 생태계적 유기성과 결합하며, 언어는 영성적 · 정신심리적 본성 회복과 결합되어서 정치 도덕적 전투(道戰), 사회경제적 전투(財戰), 언어 심리적 전투(言戰)로 확대 해석되어야 할 것입니다. 요컨대 십무천도 삼전도 인도공사, 세운공사, 신명공사와 일치 종합되어야만 비로소 사회구조 모순과 인간 정신과 우주 질서를 해결하고 개조하는 천지공사 후천개벽의 방략일 수 있게 될 것입니다. 정세와 동세가 통일하되 천지공사라는 큰 정서, 큰 음 속에서 다양하면서 통일된 화엄적 총괄을 이루어야 할 것입니다. 우리는 수운 사상과 증산 사상의 전통을 실천적으로 계승함에 있어 동학 농민 운동과 3·1민족해방운동의 동세적 활동과 증산 및 용화교, 보천교 등의 정세적 활동의 전통을 화엄적 총괄 속에서 통일하는 새로운 방략을 찾아야 하며 새롭고 넉넉한 활동 방법을 창출해 내야 합니다.

그날그날의 민중적 삶의 운동 속에서 우주적 대변혁을 현실적으로 집행하려 한 것이 동학의 기본 정신이라고 볼 때, 세 가지 전투에 있어서도 우리가 지향해야 할 정치는 구조 모순의 혁파 과정 속에서 우주 질서의 대개조를 집행하는 도덕 정치여야 하며, 우리가 건설해야 할 경제는 인간과 인간 사이, 인간 사회와 생태계 사이의 생명의 유기적인 교호 관계 속에서의 생산력과 생산 관계의 문제로 인식하고 그 문제의 총괄적 해결 속에서 민중과 중생의 생명 에너지의 고양된 충족을 실현시키는 생명 경제여야 하며, 우리가 창조적으로 회복해야 할 언어는 유통되는 현실 언어를 민중적 세계관, 민중적 가치관에 따라 정화하는 과정에서 해방된 영성의 충만과 분열되고 소외되고 세뇌당하여 중심을 잃은 정신에 활동하는 자유로서의 중심적 전체를 회복시켜 주는 살아 있는 언어여야 할 것입니다. 삼전의 전투 방법은 삼전의 지향하는 바 목표로부터 흘러나오는 것이므로 그 목표로부터 그 방법을 능동적으로 이끌어 내어 슬기롭게 실천해야 할 것입니다. 이것이 가능할 때 우리가 실천하는 민중 주체의 민족통일 운동 속에서 정세개벽과 동세개벽은 거대한 음陰의 상생 질서 안에서 새롭게 통합될 것이며, 민중의 생존 운동을 통한 민족통일 운동 속에서 천지공사,

후천개벽은 현실적으로 진행될 것입니다. 그리고 수운, 해월, 증산의 삼변성도의 비밀이 우리의 활동 속에서 환히 드러날 것입니다.

십무천 강령

십무천은 우선 한울을 속이지 말라는 것입니다. 한울은 사람이요, 중생이요, 민중이요, 생명입니다. 이러한 한울을 속이지 말라, 한울을 업신여기지 말라, 한울을 다치지 말라, 한울을 어지럽히지 말라, 한울을 죽이지 말라, 한울을 더럽히지 말라, 한울을 굶기지 말라, 한울을 부수지 말라, 한울을 싫어하지 말라, 한울을 굴복시키지 말라, 이것이 바로 십무천입니다.

한울을 속이지 말라는 것은 민중을, 생명을 기만하지 말라는 것입니다. 기만, 세뇌는 죽임의 힘이므로 이것을 부정해야 합니다. 개인적 속임수는 물론, 사회적인 기만, 자기 자신에 대한 기만 등 모든 거짓을 버리라는 것입니다. 생명의 근원적 활동에 대한 왜곡된 지식을 과학의 이름 밑에 강변, 강요하는 교육이나 자연 및 사회의 진실과는 거리가 먼 거짓된 이념을 선전하는 매스컴의 기만 활동, 다국적기업과 그 하청업체들의 상품 판매와 초과이윤 수탈을 위한 판매 촉진 선전이나, 사회주의 파시즘의 낡아 빠진 당 이념의 세뇌 · 선전 · 선동, 그리고 종교의 위선적이고 엉터리없는 천당 타령 따위를 모두 그만두어야 한다는 것입니다.

한울을 업신여기지 말라는 것은 민중을 깔보지 말라는 것입니다. 오만, 어린이 멸시, 노인 멸시, 여성 멸시, 불구자 멸시, 타생명체 멸시, 계급 멸시, 종족 멸시, 민족 멸시 또는 민족우월주의, 종족우월주의, 계급우월주의, 인간우월주의, 선민주의와 일체의 엘리트 의식 등은 생명의 실상에 어그러지므로 이것을 극복해야 한다는 것입니다.

한울을 다치지 말라. 정신적이건 육체적이건 개인이건 사회건 어떤 사람 어떤 민족도 다른 사람 다른 민족을 결코 다치게 할 수 없다, 따라서 일체의 상해 행위, 즉 폭력은 거부되어야 한다, 권력에 의한 폭력이든, 무장 혁명 집단에 의한 반대 폭력이든, 물리적 폭력이든 심리적 폭력이든, 군사력에 의한 폭력, 과학기술에 의한 폭력, 언론 등에 의한 문화적 폭력, 교육 · 예술 · 출판 · 표현 등에 의한 일체의 정신적 폭력은 종식되어야 하며, 어린이를 때리지 말아야 하며, 여자를 두들기지 말아야 하며, 고문하지 말아야 하며, 사람과 모든 생명체에 대한 어떤 형태의 폭력도 없어져야 한다는 뜻입니다.

한울을 어지럽히지 말라, 한울을 교란하지 말라는 것은, 온갖 형태의 비진리로써, 거짓과 속임수로써 인간의 원래 생명의 본디 바탕을 흐리고 그것을 어지럽히며 인간의 이성을 교란시키며 인간의 참다운 생명 활동을, 진정한 삶을 흐트러뜨리는 일체의 신식민주의적 · 전제주의적인 억압, 반생명적인 사상, 문화 · 예술 활동과 유혹, 환각제, 마약, 알코올 등 갖은 형태의 인간 및 사회 분열 책동으로 인간 정신과 인간관계를 교란 분열시키는 일체의 악마적 경향 등을 거부하라는 말입니다.

무요천毋夭天, 한울을 죽이지 말라. 개인 살해나 집단 살육, 학살, 자연 생명의 무차별 남획, 도살, 온 생태계와 먹이사슬의 파괴 등 모든 형태의 죽임은 생명 파괴요, 반생명적인 것이므로, 이를 거부하고 극복하라는 뜻입니다. 특히 그 생명의 주어져 있는 연한을 짧게 하는 것, 일찍 죽임, 요천夭天, 자기의 주어진 목숨을 다 살지 못하고 일찍 죽게 하는 전쟁, 학살, 사형, 남획, 도살 등등은 모두 반대되어야 한다는 것입니다.

무오천毋汚天, 한울을 더럽히지 말라. 도덕적인 퇴폐, 인신매

매, 육체에 대한 상거래, 도덕적인 훼손, 정신적인 더럽힘, 퇴폐 속으로 수많은 사람을 몰아넣는 일체의 선전 활동, 영화 · 연극 · 문학 · 미술 · 음악 · 무용 등 표현에 의한 포르노와 매스컴, 매스미디어에 의한 인간 정신의 타락, 그리고 대기 · 수질오염, 생태계의 전면적인 공해 등을 근원적으로 정화하라는 말입니다.

무뇌천毋餒天, 한울을 굶기지 말라. 착취하지 말라, 수탈하지 말라, 각자에게 주어져 있는 자기 몫, 자기 밥을 빼앗지 말라, 생산자에게 생산의 결과를 되돌리라, 중간에서 가로채지 말라, 착취와 수탈 · 약탈 · 독점 · 저임금 · 저곡가 · 빈부 격차 · 무역 불균형 등 온갖 형태의 제국주의적 · 신식민주의적 · 자본주의적인 사회 경제적 구조 모순을 청소하라는 뜻입니다.

무괴천毋壞天, 한울을 부수지 말라. 문자 그대로 생명을 파괴하지 말라, 어떤 과학의 힘으로든, 의술의 미명하에서든, 정의의 이름 밑에서든, 전쟁으로든, 핵으로든, 온갖 형태의 화생방 무기 · 세균 무기 · 독극물 · 화공 약품 · 공해 식품 · 폐기물 · 매연 · 가스 · 중금속으로든 생명을 파괴하지 말라, 전쟁과 생명 살상과 공해를 퇴치할 뿐 아니라 인간들의 공동체와 민족 공동체, 그리고 자연 생명계의 집단적 서식을 파괴 · 분열시키거나 가족 · 연인 · 친구 · 마을 · 민족들의 단합, 그리고 인간과 인간 · 생명과 생명 사이의 근원적으로 전일체적인 기氣의 연속성을 파괴하지 말 것이며 그 파괴에 반대하라는 이야기입니다.

무염천毋厭天, 한울을 싫어하지 말라. 증오를 버리라는 말입니다. 혐오와 증오, 인간과 인간 사이의 격절은 생명에 반대되는 것입니다. 바로 이와 같은 증오 · 멸시 · 하시下視, 서로 다른 생명체인 것처럼 착각하고 사람이나 생명 · 중생을 증오하고 싫어하는 것, 불신하는 것은 생명에 반대되는 것이니 이와 같은 정신 자세를 극복하라는 말입니다. 어떠한 생명체도 사랑의 대상입니다.

서로 싸우는 것들끼리도 사실은 서로 사랑합니다. 반대 · 적대 · 혐오 · 증오는 생명 살해의 심리적 기초입니다. 그리고 왜곡된 생명 현상입니다. 따라서 증오를 버리고 모든 생명 가진 것에 대한 사랑과 자비로 일관하라는 것입니다.

한울을 굴복시키지 말라. 어떤 생명도 존엄하고 거룩한 것이므로, 인간뿐만 아니라 동식물 · 모든 유기물 등 일체의 우주 생명은 다 거룩한 것이므로, 그것을 발밑에 짓밟지 말라, 패배시키지 말라, 굴복시켜서 노예로 삼지 말라는 것입니다. 인간이든 동물이든, 식물이든 무기물이든, 고대적 노예든 중세적 농노든 또는 사노私奴든 근대의 프롤레타리아든, 오늘날 제3세계의 뿌리 뽑힌 밑바닥 민중이든 유색 인종이든, 억압과 감금, 노예적 쇠사슬에 얽매이게 하는 일체 형태의 노예제도를 정면 반대하라는 뜻입니다.

이것은 바로 오늘날 공해와 전쟁과 온갖 구조적 모순과 일체 세뇌의 거짓말과 고문, 약탈, 수탈, 착취, 멸시와 민족 간의 전쟁 또는 계급들 간의 투쟁 사이에 끼어들어서 온갖 형태의 죽임 밑에서 파괴되고 부패되고 있는 생명의 죽음으로부터 생명 그 자체를 살리기 위한 생명 그 자체의 명령인 것입니다.

십무천의 어김없는 현실적인 실천, 개인적 · 사회적인 조직적 실천이 바로 해원, 보은, 상생, 조화, 대전협동이라는 천지공사의 5대 강령의 체천 집행體天執行인 것입니다. 전 중생계적, 전 우주적 변혁과 개벽은 인간에 의해 자각적이고 조직적이고 인위적으로 집행될 수밖에 없는 것이며, 그런 까닭에 현대는 천존 · 지존 시대를 지나 인존 시대인 것입니다. 그러나 이때의 인존 사상이 서양식 인간중심주의가 아니라는 점은 명백히 알아 두어야 할 사항입니다.

바로 이와 같은 것이 실천적으로 집행되어 나타나야 하는 것이 이제 우리의 경우엔 민중 주체의 민족통일 운동입니다. 민족통일의 주체가 민중이라고 할 때 그 민중 주체는 삶이 주체라는 뜻입니다. 민중이 주체라 함은 민중의 삶이 주체이며 삶이 민중의 주체라는 뜻입니다. 즉 생명이 민중의 주체입니다. 계속 생명을 파괴하고 억압하는 죽임의 세력을 꺾고 그 자신을 창조적으로 회복시키는 생산적인 노동 활동, 생명 활동, 바로 그것이 주체입니다.

바로 이것은 우주 생명의 힘찬 운동이 민족통일의 주체라는 뜻이며 민중 해방과 민주화운동의 주체라는 뜻입니다. 즉 인내천人乃天입니다. 즉 사람이 한울이다라는 것은 한울이 사람 속에서 활동한다는 것입니다. 그것이 곧 생명입니다. 생명이 사람의 주체이며, 생산적이고 자유로운 삶이 민중의 주체입니다. 따라서 한울이 사람이 되어, 민중이 되어, 개인 속에서, 집단 속에서 통일이 이루어질 때, 그리하여 민족의 통일이 이루어질 때 그것이 해탈이요 해방이며, 그것이 바로 인간의 사회적 성화, 민중의 집단적인 거룩함이 성취되는 순간입니다. 인간의 사회적 성화가 이루어지는 것입니다. 거룩한 집단으로서 넓혀진, 드높여진 민중은 이미 거룩한 해방 공동체 곧 한울나라인 것입니다.

따라서 생명의 원시반본, 생명의 원초 상태에로 창조적으로 되돌아가는 것, 적극적 실천적으로 되돌아가는 것, 그러한 되돌아가는 창조적 회귀를 세상 안에서 성취하는 것, 거룩한 공동체를 이룩하는 것, 그것이 바로 참된 해방이요 참된 통일이며 이것이 진정한 후천개벽인데, 바로 이러한 후천개벽이 우리 민족에서, 삶이 주체로 되는 민중 주체의 민족통일 운동에서 이루어질 것이라는 이야기올시다.

이 같은 이야기가 생명 사상으로서 우리에게 나타나는 남조선 뱃노래의 실상입니다. 지금 여기 살아 있는 민중의 그날그날의 밥을 중심으로 한, 밥의 향배를 중심으로 한 삶의 회복 운동을 통해서 민족통일이 이루어진다는, 인류 통일과 전 인류 중생의 해탈이 이루어진다는, 후천개벽이 이루어진다는 실천적인 명제가 남조선 뱃노래의 뜻입니다.

일상적인 것 안에 거룩함이 들어 있습니다. 이제까지의 선천 시대의 모든 역사 속에서 짓밟히고 멸시당하고 빼앗겼던 바로 그 밥, 노동, 생산, 민중의 삶, 이것이 가장 거룩한 것입니다. 거룩한 것이 따로 있는 것이 아니라 바로 일상적인 것이 가장 거룩한 것이며 가장 거룩한 것은 가장 일상적인 것입니다. 바로 민중의 일상적인 밥을 중심으로 한 삶의 활동이 가장 거룩한 것입니다. 그것은 노동 활동의 결과인 빼앗긴 밥을 되찾아 한울님인 자기 자신에게 바치는 제사 활동입니다. 즉 식사적 제사이며 제사적 식사야말로, 즉 노동 성과의 공정 분배에 의한 노동의 확대재생산 과정이야말로 참다운 민중적 삶입니다. 이 같은 삶이 곧 가장 거룩한 제사요 가장 위대한 식사, 즉 굿입니다.

민중은 매일 세 번의 제사를 지냅니다. 따라서 일 년 열두 달 내내 매일 세 번씩 제사를 지냅니다. 그 몸이 살 뿐만 아니라 그 영이 살아 활동하는 생명의 제사를 민중은 끝없이 드립니다. 따라서 민중의 매일매일의 생활, 밥을 먹는 생활, 일을 하는 생활은 바로 최고로 거룩한 굿이며, 이 굿을 통해서 찢어진 인간의 삶을 통합하고, 갈라진 민족을 통일하는 통일굿을 스스로 집행하는 것입니다. 그러나 이것이 자각적으로, 그 참뜻을 사무치게 깨달아 아는 가운데 이루어질 때에만 참된 통일굿으로서의 삶의 운동이 전개될 것입니다. 민중운동은 바로 이와 같이 자각적으로 진행되는 굿이며 거룩한 제사입니다. 그리고 그것은 통일굿으로서 생명을 본디 상태대로 창조적으로 회복하게 되는 후천개벽 그 자체이게 됩니다.

이것이 남조선 뱃노래의 뜻입니다. 시천, 양천, 체천의 반복 확장이 민족통일 운동의 형태로 진행되는 것, 민중 주체, 삶이 주체로 되는 원시반본 운동, 개벽 운동이 남조선 뱃노래의 뜻입니다.

그리고 남조선 뱃노래는 물 위에서 진행됩니다. 물 위란 무엇일까요? 물은 생명의 근원입니다. 물 위에서 이루어지고, 물을 향하여 이루어지고, 물로부터 이루어지는 뱃노래, 노 젓는 행위, 배를 저어서 죽임의 바다를 건너가는 도피안到彼岸, 즉 바라밀다의 해탈 행위, 해방 운동을 뜻하는 것입니다.

생명의 근원적 활동 위에서 이루어지며 생명의 근원으로 향하는 활동입니다. 민족통일과 후천개벽과 제3세계 해방과 신명공사, 인도공사, 천지공사, 그리고 문명의 대변동은, 곧 서세동점이 아닌 제3세계와 우리 민족 밑바닥 민중을 주체로 한 새로운 세상의 건설은 바로 생명의 끝없는 활동, 즉 자연적으로 활동하는 생명의 물 위에서 인위적 · 자각적 · 조직적으로, 그 물의 본성에 가장 일치하게 이루어진다는 점에 우리는 착안해야 합니다. 생명의 끝없는 물결 속에서, 그 위에서, 생명의 근원적인 힘에 의지해서, 그 위에 떠서, 그것의 미는 힘에 의지해서, 그 생명의 바다 위에서 민중의 생명운동이 자각적 · 조직적으로 진행될 때 그 민중운동은 참다운 토대와 힘과 방향을 얻게 될 것입니다. 그러한 민중운동이야말로 민족통일을 성취시킬 수 있으며 우리를 죽을 판에서 살 판으로 전환시키게 될 것입니다.

이것이 또한 남조선 뱃노래의 뜻입니다. 민중 주체에 의한 민족통일, 그리고 제3세계를 중심으로 한 전 세계의 후천개벽과 전 인류의 재건, 전 우주의 새로운 대개조, 즉 천지공사의 실천이 남조선 뱃노래의 뜻입니다. 그리고 그 개벽이 죽임의 세력과 대결하여 매일매일의 민중의 삶을, 참삶을 민중 스스로 회복하고자 하는 실천적인 운동을 통해서 이루어진다는 것이 남조선 뱃노래입니다. 배는 바로 이러한 민중운동의 조직이며, 노래, 뱃노래는 이 운동과 더불어 태어나는 민중의 새로운 문화입니다. 나는 수운, 해월, 김일부, 강증산뿐 아니라 모든 화엄 사상가들과 민중적인 화엄 사상가들과 모든 민중적인 노장사상가들과 모든 제3세계의 새로운 해방 사상가의 사상들과, 민중운동의 핵심적인 의미를 남조선 뱃노래라는 말로써 압축, 상징, 표현하고자 합니다. 남조선 뱃노래는 "지금 여기 우리가 살고 있는 복잡하고 광활한 세계 안에 있어서 가장 탁월한 의미에서의 현실적"인 민족통일 운동의 문화인 것입니다.

앵산 기행

앵산 기행

최해월의 밥 사상의 재검토

앵산鶯山은 경기도 이천군利川郡, 현재 설성면雪城面 수산水山1리, 과거에 앵산동이라고 불렸던 자그마한 마을의 조그마한 밭 가운데 있는 봉우리입니다. 이 앵산은 동학사상에 있어서뿐만 아니라, 우리 민족 사상 특히 민중 해방 사상, 그리고 후천개벽 사상에서 획기적이며 결정적인 의미를 가진 지점입니다. 이 앵산동에서 해월 최시형 선생은 서기 1897년 4월 5일 밤 그 유명한 향아설위向我設位 말씀을 하셨습니다. 즉 제사를 지낼 때 위패와 밥그릇을 벽 쪽에 갖다 놓았던, 이제까지 고금동서의 일관된 제사 양식인 향벽설위向壁設位를 바꾸어 향아설위, 즉 제사 지내는 상제, 나, 살아 있는 사람 앞에 위패를 갖다 놓고, 밥그릇을 살아 있는 사람 앞에 되돌려 놓은 엄청난 제사의 혁명, 혁명적 제사를 지냈던 것입니다. 따라서 앵산동은 동학사상뿐만 아니라 후천개벽을 실천하는 전 민중 해방 운동에 있어서 중요한 결정적 전환점의 의미를 사상사적으로 가지고 있다 하겠습니다.

우리가 앵산동을 찾은 것은 1985년 1월 30일이었습니다. 대월면 도리리, 군량리 또는 모가리, 봇뜰, 중말 성곡리와 서고리 등을 거쳐서, 또 인근의 성갈리, 단월리 등을 다시 지나 노승산과 마곡산 사이의 송곡 근처에서 넓은 벌판을 바라보게 되었을 때는 해가 천심天心에서 기울기 시작하는 오후였습니다. 들판 저 너머 조그만 야산 밑에 위치한 20여 호 안팎의 자그마한 마을이 바로 이천군 설성면 수산1리, 즉 앵산동이었습니다. 그 마을 앞에는 넓은 논이 펼쳐져 있었고 그 들과 마을을 잇는 곳에 자그마한 둥근 흙봉우리가 하나 불쑥 솟아 있었는데 이것이 바로 앵산, 또는 앵봉이었습니다. 앵산동 전체의 인상은 비산비야非山非野, 넓은 이천, 여주 벌판의 마을답지 않게, 숨은 마을의 모습을 드러내 보이고 있었습니다. 해월 선생이 피신해 계시던 1897년경에는 다섯 채의 집만이 있었고 그 다섯 채도 지금과 같이 앞마을과 뒷마을로 나뉘어져 있었다고 합니다. 앞마을과 뒷마을은 서로 보이지 않게 되어 있으며, 뒷마을 쪽에서는 송곡 솔숲으로부터 넓은 벌판을 질러 오는 사람이 환히 보이는, 그러한 위치에 있었습니다. 앞마을에서는 툭 터져 있는 송곡 쪽의 넓은 벌판이 훤히 내다보였고 뒷마을 바로 뒤쪽에는 그 너머 빨월마을과 빨월마을을 지나 고공, 단공, 기골로 나가게 되는 오리나무 고개가 있었습니다. 피신하기 좋은 위치였습니다. 바깥으로부터 오는 사람들을 관찰하기가 좋은 위치, 그리고 또한 뒷고개를 통해서 피신하기 좋은 숨은 마을의 전형적인 모습이었습니다.

이것은 해월 최시형 선생이 체포되었던 원성군 호저면 송골마을의 모습, 해월 선생이 체포되던 집터의 위치와, 뒷산과 그 집 앞으로 나 있는 마을, 들길 등의 위치와도 흡사합니다. 이와 같은 위치는 전해 오는 바에 의하면 해월 선생이 40년 동안의 끊임없는 피신 생활에서 항상 세심하게 고수하였던 피신 지점의 위치의 특징이었던 것 같습니다.

앵산동에는 물이 많습니다. 앵산동 바로 뒷산, 자그마한 둔덕과 비슷한 조그마한 언덕 산에는 마르지 않는 오랜 샘물이 있었고 그 샘물로부터는 그 큰 논벌에 물을 댈 만큼 한 끊임없는 물길이 열려 있어 언제나 논은 흥건했습니다. 물과 앵산동이 어떤 관계가 있을 것인가 하는 생각도 들었습니다. 앵산은 마을 뒷산이 벌판 쪽으로 흘러내리다가 맥이 스며들면서 갑자기 논 가운데서 불쑥 솟은 형국입니다. 산에서 들로 흘러내린 산자락이 들 속에 완전히 스며들어 버리지 않고 물속에서 다시 솟는 것은 풍수상으로 특이한 형국이라 하겠습니다. 이 흙봉우리는 높이 10m 정도, 넓이는 200평 정도로 마치 왕릉이나 큰 분묘를 연상시키는 모양입니다. 나는 이 앵봉의 생김새에서 이상한 느낌을 받았는데, 첫째는 그 생김새가 무덤과 같은 느낌이 드는 점이고, 둘째는 야산에서 흘러내린 산자락이 벌판으로 스며들었다가 갑자기 불쑥 솟은 형국이라는 점이었습니다. 그 형세에서 앞마을과 뒷마을 사이에 보이는 피신과 관련된 지형, 이것과 앵산의 관계는 무엇일까? 마을 앞으로 돌출한 앵산과의 관계는 무엇일까 하는 유사 풍수적인 호기심을 느꼈습니다.

그러나 그 무엇보다 더 나에게 기이했던 것은 그 자그마한 흙봉우리에, 자그마한 동산 정도의 흙봉우리에, 이 여주 이천과 같이 표고가 낮은 지대에 놓여 있는 그 흙봉우리에 어떻게 하여 고산지대나 산간지대의 특이한 기후에서나 볼 수 있는 수많은 수종樹種들이 밀생해 있는가 하는 점이었습니다. 대체로 알아볼 수 있는 것들은 동백나무(노랑동백), 자작나무, 물푸레나무, 갈참나무, 벚나무, 참나무와 소나무, 싸리나무, 옻나무, 엄나무, 세고사리, 깨금나무, 아카시아에 갈포배기, 노가리나무에 진달래, 개암나무 등이었습니다. 분포 위치가 다양한, 그리고 특수한 지역에 한정돼 있는 그러한 나무들이 섞여 밀생해 있다는 점이 이상한 느낌을 주었습니다. 마을 사람들에 의하면, 마을 뒤편에 놓여 있는 자그마한 야산들이 마을을 끼고 한 번 돌면서 그 산자락이 벌판 속으로 스며들었다가 다시 불쑥 솟은 봉우리의 모습이 꾀꼬리의 머리, 즉 앵두鶯頭 같다 하여 앵산이라 이름 지었다 하는데, 혹시 이 꾀꼬리 머리에서 향아설위 제사를 지낸 것은 아닐까 하는 생각이 머리를 스쳤습니다.

앵산, 즉 앵봉의 봉우리가 무덤과 같이 생겼다는 말씀을 드렸습니다만, 마을 사람들에게 들은 바로는 그곳이 명당자리라 하여 봉우리에 무덤을 썼던 사람도 있었다는데, 이 마을과 앵산의 상관관계를 보면 이곳은 피난지의 지형인데도 앵산의 당돌한 돌출로 보아 향아설위 제사를 혹시나 이 봉우리에서 행하지 않았나 하는 생각이 들었습니다. 해월 선생은 그날 밤 다음과 같은 말씀을 하셨습니다. "물론 부모의 귀신이 자손에게 전하여 왔으며, 선생님의 귀신이 제자들에게 내려왔을 것으로 믿는 것은 이치에 합당하다. 그러면 내 부모를 위하거나 선생님을 위하여 제사를 지낼 때 그 위패를 반드시 그 제사를 지내는 나를 향해서 놓는 것이 가한 일이 아니냐. 아무리 생각해 보아도, 또 누가 생각한다 하더라도, 죽은 뒤에 귀신이 살아 있다는 것을 믿는다면, 그 귀신은 훗날 사람의 마음과 정신을 버리고 어디에 의지하고 어디에서 배회하겠는가? 그러므로 제사 지내는 나, 즉 상제 앞으로 위패나 메밥 그릇을 돌려 갖다 놓는 것은, 바로 직접적으로 한울님과 사람이 하나라는 이치를 표시하는 것이며 천지 만물이 내 몸에 갖추어져 있는 그 이치를 밝히는 것이다." 또한 해월 선생은 그 이튿날 의암 손병희 선생과 향아설위 이치에 관한 이야기를 하는 가운데, "내가 어젯밤에 앞으로 오만 년을 바꾸지 못할 법을 새로 만들었다"고 말씀했습니다.

향아설위의 이치는 오만 년을 바꿀 수 없는 중대한 후천개벽의 전환점을 의미하는데, 바로 이것을 만약 앵산 봉우리 위에서 지냈다고 한다면 앵산은 바로 천지 만물이 다 내 한 몸에 갖추어져 있는 이치와 깊은 관계가 있을 것입니다. 표고가 낮아서 물이 항상 흥건히 고여 있는 광활한 여주 이천의 그 나직한 벌판에 높은 고산지대에서나 볼 수 있는, 남쪽에서나 볼 수 있는 자작나무, 동백나무, 벚나무와 같은 것들이 밀생해 있다는 것, 조그마한 봉우리 안에 온갖 식물이 한꺼번에 다 갖추어져 있다는 것이 바로 그것 아닌지? 여러 종류의 나무들이 함께 모여 있다는 점만이 아니라 산과 들판 사이에 연이어진 가장자리에서 불쑥 솟아오른 흙덩어리는 무엇을 말해 주는 것인지? 대체로 피난지 십승지十勝地의 풍수의 특징은 비산비야, 산도 아니요 들도 아니되 산과 들이 맞붙은 가장자리 지점에 무덤과 같은 모양을 하고 있습니다. 실제로 명당이라 하여 무덤을 썼었다는 점, 혹은 능과 같은 모양의 앵봉이 불쑥 솟구친 것은 풍수상으로 결코 우연한 일이 아니라는 점, 또한 앞으로는 멀리 벌판 쪽으로부터 건너오는 바깥 사람을 볼 수 있고 뒤로는 오리나무 고개를 거쳐서 빨월마을로 쉽게 피신할 수 있는 지형과 앵산 같은 당돌한 풍수상의 돌출 사이에 어떤 의미가 있을 법하다는 점이 깊은 인상을 주었습니다. 이와 같은 지점에서 향아설위 법설과 같은, 오만 년 동안 바꿀 수 없는 엄청난 혁명적인 법을 새로 지었다면, 이 앵산동의 의미는 매우 기이한 것으로 나에게는 와 닿았습니다. 만약 그날 밤 앵봉에서 향아설위에 대한 말씀을 하시고, 그 자리에서 제사를 지냈다고 한다면, 그것은 그 당시 세상 형편과 관계가 있을 것으로 생각되었습니다.

해월 선생이 앵산동으로 들어가신 것은 1897년 1월~2월경입니다만, 그때는 동학 농민 운동이 실패하여 수십만 민중이 죽었고, 그보다 훨씬 많은 사람들이 부상하고, 체포되고, 참혹한 지경에 빠져들었으며, 청일전쟁 등 열강의 각축 속에 반도가 크게 휘말려 들었을 때입니다. 그 당시 지목指目이 다시 크게 일어날 것을 염려해서 해월 선생은 여러 가지 직책들을 수행하는 두령임첩頭領任帖을 중지하고, 모든 신도들에게 사발통문을 발하여, "이제부터는 오직 농사로만 업을 삼고 천명을 기다리라. 그대들이 철저히 실행해야 할 바는 오직 자기 성품을 닦는 일이니 영고화복榮枯禍福과 같은 세상 풍파를 가슴속에 두지 말라" 하셨습니다.

이것은 혁명 실패 이후 동학 재건까지의 과도기에 있어서, 활동의 중심을 민중의 생존과 직결된 생업, 생산노동, 밥 먹는 일과 수양에 두어 역사적인 파란에서 거리를 취하라는 것인데, 이것은 반드시 앵산의 그 비산비야의 피난지 지형과 어떤 관계가 있을 것입니다. 그럼에도 불구하고 피난지로서의 비산비야, 들과 산이 서로 만나는 가장자리에 불쑥 솟은 앵산의 그 도발적이고 당돌한 진출은 향아설위 사상과 또 어떤 관계가 있는 것인지? 첫째, 민중은 어떠한 풍파와 시련에 짓밟히더라도 먹고 사는 삶을 위한 생업, 즉 밥을 자기 삶의 기본으로 하며, 둘째, 세勢 불리할 때 피난하는 것, 역부족할 때 피난하는 것은 당연한 것이며, 셋째, 그럼에도 새로운 변혁에로 나아가는 웅대한 꿈을 결코 잊지 않을 뿐만 아니라, 그러한 변혁을 정신적으로 수행하고, 그것의 사회적 확대를 또다시 준비하는 특징을 가지는 것이라 할 때, 이 앵산동과 해월 선생의 향아설위 사상은 앵산동의 모양이나 위치와 함께 민중적인 후천개벽 사상의 큰 특징을 드러내 보인다 할 것입니다. 이것은 계룡산이 십승지에서 나타나는 풍수의 특징으로서의 피난과, 새로운 변혁의 의지를 하나로 통일, 압축하고 있는 그러한 산세라는 것과 깊은 관계를 갖는 것 같습니다. 계룡산은 삼태극三太極의 궁궁형弓弓形으로 되어 있는데, 앵산도 역시 꾀꼬리 머리로부터 빙 돌아서 산의 흐름이 빨월이라는 꼬리 위치로 궁弓, 즉 활 궁 자 모양으로 휘익 하니 돌아가 있었습니다. 이것은 어떤 의미를 가지는 것일까요? 이 역시 피난과 변혁의 의지를 한꺼번에 함축하고 있으며, 삶, 생, 생존, 생명이라는 기본 가치관에 대한 지향을 밑바탕에 깔고 있는, 민중 사상과 관련이 있는 것은 아닐까요? 고난에 찬 역사 속을 살아온 우리 민중의 독특한 사상, 나는 일자무식, 까막눈, 최보따리 해월 선생 속에서 그 산 모습을 발견합니다. 특히 피난과 변혁의 의미를 하나로 아우르는 앵산에서의 그분 행적 속에서 발견합니다. 해월 사상 전체는 향아설위 한 말씀에 집약되어 있고, 향아설위 한 말씀 속에 들어 있는 밥을 중심으로 후천개벽을 보는 사상은, 제3세계를 중심으로 한 민중 전체의 개벽적인 변혁을 통한 전 지구사와 전 우주사의 변혁에 지렛대, 지렛목, 초점인 것입니다. 따라서 밥 위치의 변화, 밥그릇 위치의 변화, 밥의 의미, 그것을 자기 앞에 갖다 놓는 전 역사적인 변혁 바로 이것이 앵산동의 의미라고 하겠습니다.

나는 일행들과 더불어 가지고 간 북어와 막걸리로 향아설위 법식에 따라, 우리들 자신 앞에 술을 놓고, 음복하고, 그러고 나서 해거름의 마을을 떠났습니다. 벌판을 지나 송곡 솔밭에 와서 뒤돌아본 앵산 위에 지는 해는 마치 장구한, 수천 년의 민중의 한이 어린 후천개벽의 꿈이 지펴 내리는 듯한 환각에 빠뜨리는 것 같았습니다.

민중적 삶의 운동의 스승인 해월 선생, 고금동서 어디를 둘러봐도 찾아보기 힘든 민중 그 자신인 해월, 일자무식 까막눈, 40년을 하루도 쉴 틈 없이 도망 다니며, 위대한 후천개벽의 종교적 조직을 지어 낸 위대한 조직자인 해월 선생, 그분의 모든 말씀과 행적, 그리고 그분의 말할 수 없이 너그럽고 인자한 덕성과, 그 비상하고 집요한 조직 활동의 참된 뜻을 오늘 우리는 어떻게 이어받아야 할 것인지? 다만 선생의 활동 모범을 다소곳이, 철저히 따를 뿐만 아니라, 선생의 향아설위 사상에 대한 철저한 이해와 그것의 실천에 있는 것이라고 생각되었습니다. 이천군 금산면 주록거리 뒤편 원적산圓寂山 천덕봉天德峯에 있는 선생의 묘소, 좌청룡 우백호 선명하고, 멀리 여주강과 여주벌이 환히 터져 보이는 명당 혈처에 자리 잡고 있는 선생의 묘소. 그곳은 참 좋은 음택이었습니다. 그러나 제가 그날, 앵산 위에 지는 기이한 해거름과 마지막 햇빛을 보면서 생각한 것은, 선생은 바로 그 명당 혈처에, 거인 명물이 나기를 바라는 그와 같은 명소에 계신 것이 아니라, 지금도 피난과 변혁을 동시에 요구하며 끊임없이, 매일매일의 생존, 밥을 위해서 싸우는, 밥을 자기 앞으로 되돌려 놓으려고 활동하는 모든 민중의 마음에 살아 계신다는 것, 앵산에서 1895년 음력 4월 5일 수운 선생 제사 때 '향아설위' 발표, 그 이튿날 새벽에 금강산 당취 두목 '빈삼彬杉' 화상 등 아홉 사람이 스물여덟 살의 동학당 여성 '이(蝨, 본명 이수인李水仁)'를 회주로 한 '화엄 개벽을 위한 수왕회水王會'

모임 이후 '새마을운동' 때까지 70년 동안 전국의 여성, 아기들, 못난 이들의 자조 · 자립 운동을(한국판 공산주의 운동까지) 펼쳐 온 것을 잊을 수 없습니다. 지금도 산골짜기와 밤의 뒷골목들을 쫓겨 다니며 온 인류에게 그 위대한 밥을 먹이기 위해, 그 일상적이면서도 거룩한 밥을 먹이기 위해 괴나리봇짐을 지고 끊임없이 끊임없이 도망 다니고 있다는 그런 생각이었습니다. 그분은 지금도 몇 사람 안 되는 바닥 민중들을 촉수 낮은 흐릿한 전등 밑에 모아 놓고 밥과 일, 한울과 생명의 이치를 나직한 음성으로 말씀하고 있을 듯한 느낌이 들었습니다. 그 틈틈에도 스스로 일을 하며 일해 얻은 밥을 이웃과 기꺼이 나누며 진리에 따라 살고 계신다고 생각되었습니다. 그리고 그러한 순간순간, 그러한 날과 날, 그 밤과 밤들이 바로 개벽의 실천이며, 바로 그 실천에 의해서 개벽은 진행되고 이루어지고 있다는 생각도 들었습니다. 수많은 오늘의 해월들에 의한 해월 사상의 창조적인 확장과 창조적인 발전 바로 그것이, 피난과 변혁, 비산비야의 물과의 관계, 활 궁 자를 가진 지형의 숨어 있는 피난지에서 꾀꼬리 머리와 같은 봄을 향한 대담한 돌출이 이루어졌던 그 앵산 흙봉우리 위에, 밥의 사상, 우주적인 생명의 대변혁 사상을 설파한 향아설위의 기본 의미가 되는 것이라고 생각했습니다. 전 역사적인 변혁일 뿐만 아니라 전 중생계적인 변혁을 밥을 위한 매일매일의 민중적 노력 안에 압축 진행해야 한다는 것, 바로 그것이 앵산의 그 기이하게도 밀생했던 수많은 나무들의 의미라고 생각했습니다.

아아! '모심'이란 무엇입니까? '안으로 신령이 있고 밖으로 기화가 있다(內有神靈 外有氣化)'는 현대 자유의 진화론 사상인 '창조적 진화론' 그 자체이고, 그다음 '모심'의 세 번째 규범인 '한 세상 사람이 모두 다 각자 각자 서로 헤어질 수 없음을 저마다 제 나름 나름으로 깨달아 실천한다(各知不移)'는 바로 대방광불화엄경의 맹자孟子식의 표현 '이불이移不移' 그것이 아니었습니까! 거기에 천부경의 '묘연妙衍'의 진리가 마고할미의 '팔여사율八呂四律'이라는 '신시神市'의 이른바 '획기적 재분배'라는 '호혜 · 교환'의 참다운 경제 원리가 있습니다! 이것이 곧 '살림'으로서의 '모심' 아닙니까! 참다운 '깨침' 아닙니까! 예수의 '하늘 섬김' 그것 아닙니까!

1985년 1월

민중문학의
형식 문제

민중문학의 형식 문제*

*** 편집자의 말** 이 글은 자유실천문인협의회 주최로 1985년 3월 6일 명동성당 내 사도회관에서 열린 제3차 '민족문학의 밤'에서 강연한 것을 풀어 옮긴 것이다.

자고로 글 쓰는 사람들은 워낙 따지기 좋아하고 큰소리하기 좋아하고 조그만 내용의 이야기를 하는데도 진한 문자를 겁 없이 쓰기를 좋아하는 그런 버릇이 있습니다. 예전에 어떤 큰소리 좋아하고 문자 쓰기 좋아하는 글쟁이가 있었는데, 이 사람이 죽은 뒤에 그 자손들이 남녘의 남향받이 땅에 그 유택을 고이 모셨다고 합니다. 그런데 그 후 성묘 때 가 보니까 남쪽으로 향했던 비석이 북쪽을 향하여 돌아앉아 있는 게 아니겠습니까? 그래서 바로잡아 놓았는데 그다음 성묘 때 가 봐도 역시 북쪽을 향하여 돌아앉아 있길래 무당을 불러다가 푸닥거리를 한 끝에 그 영혼을 불러내서 물었다고 합니다. "아니, 남쪽으로 따뜻한 곳을 향하여 무덤을 정해 드렸는데 가만히 계시지 않고 왜 자꾸 북쪽으로 돌아앉으시우. 그러다가 국가보안법에라도 걸리면 어떡하시겠수"라고 말입니다. 그랬더니 그 죽은 화상이 가라사대, "이놈아, 너 지금 시대가 어떤 시댄 줄 알고 그러느냐. 지금이 바로 분단 시대요, 이 시대야말로 문학자가 민중 주체의 민족통일 문학을 해야 될 시대가 아니냐. 그런데 내가 살아서 분단 문학만 했으니 죽어서라도 통일 문학을 하려고 이북의 현실을 살피고 있는 중이다"라고 하더란 얘깁니다.

이게 어떻게 해서 나온 얘기냐 하면, 어떤 친구가 하도 술 먹고 입만 열면 '민중', '민족', '역사', '생산력', '생산관계' 하고 읊어 싸니까 듣기 싫어서 해 줬다는 얘긴데, 저도 오늘 그런 놀림거리가 될 짓을 하게 될 것 같습니다. 모두들 입만 벌리면 민중이고 민족이고 떠들어 대니 저 또한 그중의 한 사람으로 놀림거리가 되어 버리겠지만 그 말들이 요즘 상용되는 말이니 어쩔 수 없습니다. 오늘의 주제는 '민중문학의 형식 문제'라고 주어졌습니다. 시간 관계상 길게 이야기드릴 수는 없고 함축해서 말씀드려야만 될 듯하니까 다소 비약이 있더라도 그냥 경청해 주시면 고맙겠습니다.

삶이 민중문학의 주체이다

민중문학이라는 것은 민중의 삶의 문학입니다. 민중문학은 민중 자신의 문학 행위를 말하는 것이올시다. 그것은 민중이 주체가 되는 문학 행위입니다. 민중문학에 있어서 민중이 주체라는 이 말은 바로 민중의 삶이 그 주체라는 뜻입니다. 즉 민중이 주체로 되는 삶이면서 민중의 삶이 주체가 되는 문학 행위입니다. 이 말은 동어반복 같습니다만 그렇지 않고, 내용 측면에서 볼 때 양자 사이의 유기적 관계 속에서의 주체와 삶의 관계를 규정 지어 보려는 의도에서 드리는 말씀입니다. 정리한다면 민중이 주체로 되는 민중의 삶이 스스로 주체적으로 그렇게 행하는 삶의 문학 행위가 민중문학이라는 뜻입니다. 따라서 삶이 곧 민중문학의 주체입니다.

삶이란 자연적 '죽음'에 맞서 있는 것이 아니라, 인위적인 '죽임'에 맞서 있습니다. 생명의 본디 성품에 따르는 민중의 삶은 자연적 죽음을 이미 초월하고 있기 때문입니다. 민중의 삶은 생명의 본디 성품에 따라 인위적인 여러 가지 '죽임'으로부터 스스로를 인위적으로 '살림'입니다.

민중문학이란 민중 스스로 스스로를 살리는 '삶'을 말합니다. 그 살림에는 규모가 있습니다. 참된 살림에는 살아 있는 규모, 즉 '산 틀'이 있는 법이올시다. 산 틀은 그것이 산 것이기 때문에 이미 그 스스로 산 삶이며 적극적인 살림 행위일 것입니다.

민중문학의 형식 문제는 바로 산 틀, 산 규모, 즉 살림살이의 문제입니다. 살림살이라는 것은 '살림 사는 것을 제 자신의 삶으로 하는 그러한 삶'을 말합니다. 살림은 민중 누구나가 다 사는 것이올시다. 그중에는 살림살이를 잘하는 사람도 있고 서투른 사람도 있을 것입니다. 소위 현장 민중도 살림을 살고 소위 작가도 살림을 삽니다(지금부터 말씀드리는 '살림'은 '죽임으로부터의 살림'을 뜻하는 것이올시다). 그러나 누가 더 살림을 잘하는지는 '삶', '죽임', 그리고 '살림'의 역동적인 운동 원리 위에서 그 판가름이 난다고 생각됩니다. 때로 작가가 더 나을 수도 있고 현장 민중이 더 나을 수도 있겠습니다. 바로 이 점이 민중문학의 형식 문제의 핵심입니다. 작가가 곧 민중으로 될 수 있는 것은 바로 이 '살림'이라는 민중문학의 큰 원리 안에서 획득된다고 볼 수 있습니다. 작가가 참으로 민중의 참된 삶-살림 사는 것을 제 삶으로 성실히 그리고 충실히 이행할 때 그는 곧 민중인 것입니다. 그러나 현실의 사태가 그렇지 못하기 때문에 오늘 여기 민중문학의 형식 문제가 제출된 것입니다.

그러면 민중의 '삶', '죽임', '살림'이라는 것은 무엇이겠습니까. 민중의 삶이란 생명의 본디 성품, 즉 본성에 따라 삶입니다. 자유롭고 통일적이며 창조적이고 순환적인 삶이면서 공동체적인, 그리고 처음도 끝도 없는 무변광대한 우주적인 생명의 경험 전체를 말합니다. 민중이 삶의 본디 성품을 확고히 자각하는 것은 그러나 현실적인 죽임의 경험을 통해서입니다. 현실적인 죽임의 경험을 통해서 삶의 본성을 뼈저리게 깨닫고, 죽임과의 적극적인 접촉 관계를 통해서 참삶을 자각적이고 창조적으로 성취하는 것이 민중의 삶의 운동이라 하겠습니다. 따라서 민중적 가치관, 민중적 세계관의 핵심을 '삶'이라 불러도 무방할 것 같습니다.

이와 같이 말씀드린 민중의 삶에는 중심적 전체가 있습니다. 중심적 전체라는 것은 삶의 모든 개별적인 가치들을 통일하고 수렴하는 가치의 핵심을 말합니다. 민중적 삶의 중심적 전체는 한마디로 말씀드리면 활동하는 '무無'라고 부를 수 있겠습니다. 즉 활동하는 '자유'올시다. 끊임없이 창조적으로 활동하는 텅 빈 무, 텅 비어 있음으로써 오히려 신선하고 근원적인 창조적 생명을 뛰뛰게 하는 그러한 자유가 바로 민중적 삶의 중심적 전체-곧 민중적 삶을 통일하고 해방시키며 그 본디 성품을 끊임없이 성취시키는 '최고선'입니다. 이 활동하는 자유가 바로 민중의 주체인 삶인 바, 아까 민중문학의 주체가 민중의 삶이라는 다분히 규정적인 개념을 끌어냈을 때의 그 삶과 같은 개념이올시다. 바로 이 활동하는 자유가 민중의 주체인 참삶, 참생명인 것입니다. 그리고 바로 이것이 민중의 자아, 즉 민중의 '나', 즉 민중의 주체입니다. 곧 이것은 실천되어야 할 자아요, 스스로 실현해야 할 자아이며, 스스로 실천해 나아가는 그 주체로서의 나, 즉 자아올시다. 이 '나', 즉 이 자아가 바로 자유로운 삶입니다. 죽임 당한 삶, 억압당한 삶, 남의 재물이 되어 있는 삶, 노예가 된 삶, 노예적인 어둠의 굴레를 벗어나지 못하는 생계 노동 속에서 허덕이는 삶, 분단당한 삶, 감금당한 삶, 본디 삶의 성품으로부터 다른 곳으로 옮겨져 버린 삶, 즉 소외된 삶, 그리고 기만당한 삶에는 나 즉 주체가 없습니다. 그것은 '남의 삶'이올시다. 그렇게 감금당하고 억압당하고 분단된 삶은 남들의 삶이지 자기의 삶이 아니올시다. 오로지 자유로운 사람만이 자아의 중심을 자기 안에서 끊임없이 활동시키며, 자아의 중심 즉 생명의 본디 성품인 바로 그 활동하는 자유를 자신 속에 끊임없이 활동시킴으로써만 자유로울 수 있을 것입니다. 민중적 삶의 핵심에는 반드시 모든 민중의 부분적 삶을 통일하여 중심적 전체로서 활동하는 자유가 살아 있습니다. 이 활동을 우리는 민중의 참다운 삶이라 부릅니다.

그렇다면 이것의 배척적 차원에 있는 '죽임'이란 무엇이겠습니까. 자연적 죽음이 아닌 인위적인 죽임, 인간에 의한 인간과 생명의 파괴-'죽임'이란 무엇이겠습니까. 죽임이란 민중의 현실적 삶을 삶의 본디 성품 즉 참삶으로부터 다른 곳으로 옮겨 놓은 것입니다. 즉 '옮김'이올시다. 생명의 본디 성품에 따라 살지 못하는 삶은 다 옮김 당한 삶이며 옮겨진 삶이며 그래서 '죽임' 당한 삶이올시다. 50년, 70년 만에 숨이 끊어져서 죽어 가는 그것만이 죽음이 아니고, 전쟁터에서 폭탄을 맞아 죽는 것만이 죽음이 아니고, 살아 있으면서도 참삶의 성품을 파괴당하고 참삶의 성품대로 자유롭고 통일적이며 창조적으로 살지 못하는 삶을 살 때는 이미 그것을 '죽임'당한 삶이라 볼 수 있습니다. 따라서 그때의 삶은 이미 삶이 아니라 죽임으로서의 삶, '죽임당한 채 삶'이라 불러야 마땅할 것입니다. 삶의 중심적 전체로서 활동하는 자유가 제약, 감금, 분단, 냉동, 분열, 왜곡, 약탈, 억압, 고립, 변질, 오염, 변형, 이전되거나 파괴되었을 때의 삶이 바로 옮겨진 삶이요 죽임 당한 삶입니다. 그리고 바로 이와 같은 죽임은 민중적 삶의 생명 에너지의 소모요 왜곡입니다. 이러한 인간에 의한 인위적인 '죽임'에 맞서서 그 죽임으로부터 참삶을 창조적이고 인위적으로 살리는 것이 살림으로서의 민중운동이며 민중문학이라고 할 수 있겠습니다. 따라서 이 살림살이의 핵심에는 중심적 전체로서의 활동하는 자유가 끊임없이, 가없이 살아 생동해야 된다는 조건에 이르게 됩니다.

'살림살이'로서의 민중문학의 형식 문제, 즉 민중문학의 미학적 견해의 핵심은 바로 이러한 중심적 전체로서의 활동하는 '무' 곧 활동하는 '자유'에 있는 것입니다. 그리고 우리는 이것을 '신명' 또는 '집단적 신명'이라고 부릅니다. 민중문학의 형식 문제는 바로 이 '신명' 또는 '집단적 신명'을 이해하고 해명하며 바로 이 집단적 신명으로부터 모든 문제를 차근차근 풀어 나가야만 해결될 수 있을 것입니다.

민중문학에 있어서 이와 같이 중심적 전체로서 활동하는 자유 곧 '신명' 또는 '집단적 신명'의 예를 하나만 들어 봅시다. 오늘날 시든 산문이든 우리의 민중문학의 한복판을 점령하고 있는 것들 중에서 보이는 가장 중요한 현상의 하나는 이야기 형식입니다. 민중 전기 형식, 담시 형식, 또는 서정 담시 형식 등의 모든 형식들을 망라하여 시에서건 산문에서건 이야기 형식이 오늘날 우리의 민중문학의 한복판을 점령하고 있는 중요한 현상이올시다. 그러면 이 이야기 형식에 있어서의 시간성을 한번 생각해 봄으로써 중심적 전체로서 활동하는 자유인 집단적 신명의 정체에 조금 접근해 보도록 합시다. 민중적 삶의 적극적인 살림살이로서의 이야기 형식이 갖는 시간성이라는 것은, 모든 시간을 다 시계로 재고 기록하고 난 다음에야 그 시간의 총화를 알 수 있는 그러한 시간성이 아닙니다. 그것은 바로 지금 여기 현실적으로 살아 있는 민중의 '현재'라는 삶의 중심으로 과거와 미래를 끌어당겨 핵심적으로 시간을 보았을 때의 그 역사적 시간, 중심적 시간, 곧 활동하는 자유를 핵으로 하여 살핀 세계사적 시간이어야 할 것입니다. 언뜻 들으면 어려운 이야기일지 모르겠습니다만 조금만 생각해 보면 별로 어려운 이야기는 아니올시다. 이러한 예로 비추어 볼 때에도 중심적 전체라는 것은 결코 가치중립적이고 냉랭한 과학적 인식으로는 문제 삼을 수 없는 것이며 오직 가치론적인 바탕에서만 문제가 되는 것입니다. 민중이 지향하는 가치들을 중심적으로 통일하는 하나의 가치를 핵심으로 하지 않는다면 민중의 삶 전체 또는 총체는 파악되지도 않으며 따라서 표현할 수도 없을 것입니다. 민중문학의 형식 문제는 인위적인 '죽임'에 대한 그 삶의 본디 성품을 핵으로 한 인위적 '살림살이'라는 하나의 자각적이고도 조직적인 운동이기 때문입니다. 민중문학에 있어 이와 같은 중심적 전체의 활동으로서의 형식의 객관성은 과학적 객관성이 아니라 주관적 객관성이라고 불러야 옳을 것 같습니다. 왜냐하면 삶의 본디 성품이, 그 성품에 따라 요구하며 죽임과의 관계 속에서 자각적으로 요구하고 능동적으로 실천함으로써 성취되는 이루어져야 할 객관성, 도래해야 할 객관성, 현실화되기 시작하는 객관성이기 때문입니다. 이 문제는 민중문학의 역동적인 형식의 미학 문제와 매우 긴요하게 연결되어 있으므로 잘 이해해 주셨으면 합니다.

신명–민중적 미의식의 핵심

'신명' 또는 '집단적 신명'이란 쉽게 설명드리자면 바로 처음에 말씀드렸듯이 민중적 삶의 본디 성품입니다. 그것은 죽임과의 접촉을 통해 죽임으로부터 '인위적으로 살려지고 죽임과의 관계에서 새롭고 또 힘차게 살아나는' 민중적 삶의 살아 생동하는 자유입니다. '신명' 또는 '집단적 신명'은 마음인가? 정신인가? 영혼인가? 아니면 힘인가? 기氣인가? 에너지인가? 신명론은 정신주의인가? 아니면 물질주의인가? 대답은 '아니다-그렇다'입니다. 그것은 정신도 물질도 아니면서 정신이며 물질입니다. 신명에 있어서는 정신과 물질의 근본적 차별은 없습니다. 노동이 구상 및 계획으로서의 정신과 힘 또는 에너지로서의 물질의 통일적 활동이듯이 신명 또한 일원적인 활동입니다. 일과 놀이가 본디 하나인 것은 신명의 활동이 곧 일과 놀이로 똑같이 나타나기 때문입니다. 일과 놀이가 '죽임'과 '옮김'의 장애에 걸릴 때 신명은 죽임 아래 억눌리며 따라서 민중운동과 민중 문화 운동 및 민중문학은 생명의 활동하는 자유의 본성에 따라 죽임에 맞서 저항하고 싸워 넘어섬으로써 억눌린 신명을 더욱더 연대적으로 넓게 확장하고 더욱더 감동적으로 거룩하게 드높이며 일과 놀이를 해방하고 일과 놀이를 고양된 신명의 충족 속에 하나로 통일합니다. 신명은 활동하는 자유의 구체적인 모습이며 민중 스스로 민중의 삶을 창조하고 해방하고 통일하는 생명력의 고양된 활동입니다. 신명에 관한 참된 논의는 유심론으로도 유물론으로도 불가능하며 오직 물物과 심心을 하나의 두 측면으로 보는 유기론唯氣論, 기일원론氣一元論으로서만 가능합니다. '신명'이란 일과 놀이, 개체와 집단, 주체와 객체, 의식과 물질, 언어와 언어 관계들 사이에 위치한 여러 가지 형태의 구별 밑에서, 구별 속에서, 그리고 그것들을 넘나들면서 그것들을 다 싸잡아 끊임없이 왜곡된 생명의 옮김 또는 죽임으로부터 해방하되 왜곡된 생명의 체험 또는 죽임의 정서 체험과의 접촉 속에서 해방하고, 또한 그러한 접촉 속에서 그 죽임의 경향들을 전향시키면서 새롭게 더 큰 하나로 아우르며 삶 그 스스로를 스스로 해방해 나아가는 이른바 '생명 에너지의 고양된 충족'인 것입니다. 이것이 바로 신명 또는 집단적 신명입니다. 생명 에너지, 특히 민중적 삶에 있어서의 민중적 생명 에너지의 고양된 충족-바로 이것이 민중적 미의식의 핵심 내용입니다. 이 말은 바꾸어 말하자면 '보편적 생존의 통일이 만들어지는 현실의 올바른 존재 방식이 바로 아름다운 현실이다'라는 현실 미학적인 명제하고도 같은 이야기가 됩니다. 조금 어렵게 들리실지 모르겠습니다만, 뒤에 가면 쉬운 이야기를 괜히 어렵게 했구나 하는 느낌이 드실 겁니다. 조금만 더 경청해 주시면 고맙겠습니다.

인간은 혀를 사용하는 동물이올시다. 혀는 곧 언어인데, 이 언어란 아시다시피 노동과 삶의 도구입니다. 노동과 삶에 유용하고 중요하며 핵심적인 도구인 이 언어는 동시에 바로 그런 이유 때문에 인간의 노동과 삶을 지배하는 강력한 무기도 됩니다. 언어는 지배의 무기로도 되며 해방의 무기로도 됩니다. 그것은 바로 그 언어가 그 스스로 살아 있는 삶의 표현이자 삶의 고양된 충족으로서의 '신명'이며 또한 '신명'의 표현이기도 한 까닭입니다. 이와 같이 살아 생동하는 생명 에너지의 고양된 충족에 바탕을 둔 '신명'의 활동이기 때문에 노동과 삶의 도구가 되며, 또한 그만큼 중요하고 핵심적인 인간의 삶의 활동 내용이기 때문에 지배의 무기로도 되고 억압의 무기로도 되는 동시에 해방과 통일의 무기로도 될 수 있는 것입니다. 그만큼 언어는 우리의 삶 속에서 중요한 역할을 지닙니다. 그런데 바로 이러한 언어는 생명 자체가 그러하듯 가락, 장단, 울림, 그늘, 빛깔과 냄새를 가지고 있는 '신명'의 움직임입니다. 지시하는 것과 지시된 것 사이의 관계만이 언어가 아니올시다. 언어에는 그 스스로 가락이 있고 장단과 울림이 있으며 그늘 즉 의미나 속셈같이 오랫동안 때가 묻어 온 문화적인 외형 같은 것이 있습니다. 뿐만 아니라 빛깔이나 냄새까지도 가지고 있습니다. 이런 연유로 삶의 도구이며 연장이 될 수 있는 것입니다. 여기서 우리는 연장과 도구라는 용어를 조금 구분해서 써야 할 것 같습니다. 연장이라 할 경우에는 그 스스로 생명의 적극적인 활동이라는 뜻이며, 도구라 할 경우에는 물질적인 첨가물로 이해될 수 있겠습니다. 이와 같이 중요한 것이 바로 언어와 '신명'의 관계입니다. 신명이 없는 노동을 우리는 노예노동, 소외 노동이라고 부릅니다. 마찬가지로 신명이 없는 노래를 억지 노래나 죽은 노래라고 부릅니다. 아무리 판소리 대사를 다 외우고 소리, 즉 가락과 장단을 익힌 사람이라도 그날 신명이 나지 않으면 딱할 정도로 못난 소리가 되어 버리고 마는 이유도 여기에서 찾을 수 있겠습니다.

언어에서 '신명'을 박탈하는 것, 즉 가락, 장단, 그늘, 울림, 빛깔, 냄새 등을 떼어 내고 냉랭한 의미와 논리만을 구조의 중심으로 하든가, 또는 이른바 존재론적 의미를 '묻기 위해' 장단, 그늘, 빛깔 등을 사용하되 거기서 본디의 신명을 박탈한다면 그것은 삶의 현실로부터 점점 멀어지는 괴상한 언어, 소리 없는 언어, 유령 언어로 둔갑해 버리고 말 것입니다. 이것이 바로 죽임의 언어요, 언어의 죽임입니다. 그리고 그러한 언어는 반민중적입니다.

그런데 언어의 '신명'을 살리면서도 다른 한편 본디 살아 생동하는 언어와 언어 관계를 어떤 독특한 고정된 속셈 밑에 감금하거나 냉동하는 형식에 의해서 언어 벽돌장을 만들어, 곧 사물의 힘을 장악하기 위하여 소유의 체계로 만들어 냉동시키는 구조가 있습니다. 예를 들면 어떤 사람이 걸어가다가 무슨 물건을 집어 들었다고 할 때, 우선 걸어가고 있는 동작이라는 살아 있는 삶 그 자체를 냉동 언어로 잡아서 하나의 언어 벽돌장(언어 단위)으로 만들고 이어서 물건의 집어 드는 동작을 또 하나의 언어 벽돌장으로 만든 다음 이 두 개의 언어 단위들을 건축하듯이 축조학적으로 쌓아 올리는 방식을 말하는 것이올시다. 이것은 그 속셈을 감동적으로 산출하기 위하여 체계로서 완결된 제품으로 되돌려주는 것인데, 이것 역시 비록 그 속셈이 민중 지향적이라 하더라도 언어의 '신명'을 '죽임'이며 역시 부분적이라도 어떤 특별한 시도라는 정당한 조건이 없다면 이것 또한 반민중문학적이라고 부를 수밖에 없을 것 같습니다.

또한 신명, 즉 민중적 삶의 역동적인 의미 연관을 다 배제하고 가락, 장단 등을 그 자체로서 연관으로부터 독립된 감성적인 활동물로 '풀면서 냉동하는' 이른바 '심미주의' 역시 반민중문학적입니다. 동시에 가락, 장단 등을 동반한 신명의 역동적 수렴, 확장 활동을 배제하고 사태 자체의 즉물적인 묘사나 의미 연관만을 보고하는 일면적인 '르포르타주'도 특별한 경우 및 폭로적 의도라는 조건이 없는 한 그 양식 자체로서는 반민중문학적이라고 할 수가 있겠습니다.

나아가 동일한 언어를 다른 속셈으로 사용할 경우, 즉 원래는 민중의 삶을 현실적으로 살리려는 데 쓰이는 언어를 민중적 '신명'을 죽이려는 '속셈'에 의하여 사용하는 경우도 '죽임'의 언어요 죽임이며 반민중문학적이라는 것은 물론이겠습니다.

또 지금 여기 살아 있는 민중의 있는 그대로이거나 소망되는 '신명'의 움직임을 제약하는 형식들도 반민중문학적입니다.

또 민중의 삶을 '죽임'의 이념 선전과 그 집행에 활용하는 모든 언어 형식이 반민중문학적임은 물론입니다.

이와 같은 '죽임'의 언어, 언어의 죽임, 죽임의 문학은 왜곡된 생명 체험을 끝없이 강요하며 왜곡된 정서 체험을 조장합니다.

오늘의 문학을 대체로 '고통의 언어'라고 규정하는 것이 통상적인 예입니다. 비극성을 말하는 것입니다. '고통의 언어'와 '신명'은 어떤 관계에 있는가? '고통의 언어'도 '죽임의 언어'인가? 그렇지는 않습니다. '고통의 언어', 곧 민중적 비극 문학은 민중적 삶이 '왜곡된 생명의 체험, 죽임의 정서 체험과의 접촉 속에서' 비극적 신명으로 확장해 나가는 변증법적 전환에서 태어납니다. 전환에 의해 고양된 비극적 신명은 비장, 연민, 숭고 등의 감동을 통해 민중적 삶을 그 나름대로 해방하고 죽임의 체험을 삶의 의지로 전향시킵니다. 바로 이 점에서 민중적 고통의 언어 역시 민중적 생명 에너지의 고양된 충족을 가져오는 민중문학의 중요한 한 형식일 수 있습니다.

그러나 오늘날 우리 주변에 대체로 통용되고 있는 문학에 있어서의 문체, 구조, 유통되는 형식, 양식과 장르들은 다 그 나름대로 독특한 기여를 하고 있으나, 똑같이 그 나름대로 복잡다단한 현재의 민중적 삶의 복합적이고 총체적인 반영과 그 반영을 넘어선 참다운 '살림'에 대하여 참답게 살려 내는 그러한 목적에 대하여 적합성을 잃고 있거나 나아가 '죽임'의 형식으로 전락하고 있는 것이 사실입니다. 이것이 바로 문학 형식에 대한 미학적인 소수 독점, 그리고 전문 작가와 민중 사이의 틈이 날이 갈수록 확대된다는 사실에 대한 어쩔 수 없는 증거입니다.

문학 행위의 주체는 삶이며 민중문학의 주체는 민중의 삶 그 자체라고 말씀드렸습니다. 삶이 문학의 형식 주체입니다. 이 말을 잘 이해해 주셨으면 합니다. 삶이 문학의 내용 주체일 뿐만 아니라 형식 주체이기도 하다는 말입니다. 민중적 삶의 주체가 되는 참다운 '살림'의 문학일 때는 작가와 민중, 삶과 형식 사이에 틈이 있을 수 없을 것입니다. 참삶 즉 본디 성품에 따른 활동하는 자유가 중심적 전체로서 한 인간과 민중 집단 전체를 아우르며 해방하여 삶의 질적 성취를 이루는 그러한 참삶의 가운데에 있어서는, 다시 말하면 삶이 현실적으로 부딪치고 있는 장애 즉 '죽임'으로부터 죽임과의 적극적 교섭 관계를 통해서 삶의 본성을 오히려 더욱 창조적으로 확대해서 살려 내려고 하는 그러한 '살림'에 있어서는, 즉 집단적 '신명'이 활발하게 약동하는 그 가운데에 있어서는, 주관과 객관, 주체와 객체가 이미 한 삶 속에 유기적으로 상호작용하는 두 개의 측면이며 예술과 운동, 내용과 형식 등등이 이미 하나의 살아 있는 생명체로서 우리 앞에 또 우리 속에 그리고 우리 주변에 현존하게 되는 것입니다.

오늘날 삶은 오로지 '살림'의 형태로만 존재하는가? 그렇다면 어째서 그런가? 그렇지 않다면 삶과 살림의 관계는 무엇인가? 오늘날의 문학 또는 민중문학은 오로지 '살림'의 형식으로만 존재하는가? 그렇다면 어째서 그런가? 그렇지 않다면 문학 또는 민중문학에 있어서 삶과 살림의 관계는 무엇인가?

오늘날 민중의 삶은 '죽임으로서의 삶'과 '살림으로서의 삶'으로 나뉩니다. 그것들은 흔히 서로 섞여 있고 서로 전화轉化합니다. 민중의 삶은 총체적인 생명 파괴라는 포괄적 위협 아래 놓여 있습니다. 이 지구의 어느 구석에도 자연적인 삶, 이른바 '잠이 들면 꿈이 없고 깨고 나면 근심 없는' 삶은 더 이상 존재하지 않습니다. 그 누구도 그 어떠한 삶의 형태도 이 보편화된 위협으로부터 벗어나 있지 않으며 생명의 본디 성품인 중심적 전체로서의 활동하는 자유, 곧 참된 자아를 살고 있지 못합니다. 인간이 제 삶의 본디 성품을 참으로 인식하고 그것을 참으로 살기 위해 '죽임'에 맞서 저항하여 자각적 · 능동적 · 조직적으로 스스로의 삶을 '살림'이 없이는 이미 그 삶은 죽임 당하는 삶, 노예적인 삶, 자아가 없는 삶, 소외된 삶, 곧 남의 삶입니다. 삶이란 목숨이 붙어 있는 것만이 아닙니다. 자유롭고 생산적인 활동 속에 부단히 자아를 통합하는 질적 향상 활동이 참된 삶입니다. 죽임은 목숨을 끊는 것만이 아닙니다. 자유롭고 생산적이며 통일적인 삶을 억누르고 소모시키며 분열시키는 모든 행위가 죽임입니다. 특히 민중적 삶에 있어 '죽임으로서의 삶'은 인간적 삶 일반의 사회적 · 심리적 연관의 바다로부터 불쑥 솟아올라 도드라집니다. 역사사회적 구조 모순의 질곡과 정신심리적 소외의 고통과 같은 형태로 심각하게 도드라집니다. 이 '도드라짐'의 도전에 맞서 민중적 삶을 '죽임'으로부터 참된 삶으로 창조적으로 회복시키는 자각적 · 능동적 · 조직적인 집단적 '살림'이 곧 민중운동입니다.

민중문학은 이러한 민중운동에 자기 차원에서 적극적으로 대응합니다. 본디 '죽임'은 '옮김'으로서 생명의 활동 과정 자체의 자기소외 작용의 산물입니다. 문학은 이 '옮김'을 반영하고 표현합니다. 인간의 삶은 '죽임'의 전면적 지배 밑에서도 소극적 · 수동적으로 '내적 자유'를 지키며 유지될 수 있고, '죽임'에 압도되어 노예적 굴종을 자기의 삶으로 착각하면서 목숨을 부지할 수도 있습니다. 문학은 이러한 '수동성'과 이러한 '도착倒錯'을 반영하고 표현합니다.

그러나 민중문학은 이 '옮김'과 이 '수동성', 이 '도착'을 다 함께 접수, 반영하고 두루 표현하는 기초 위에서 그것들과의 활발하고 예리한 접촉과 심각한 관련 속에서 오히려 그것들을 성큼 뛰어넘어 대담하게 '죽임'에 맞서 저항하며 민중적 삶을 '옮김'과 '죽임'으로부터 자각적 · 능동적 · 조직적 · 적극적으로 '살림'이며 변혁함인 것입니다. 때문에 민중문학은 관조로서의 문학 인식이 아니라 운동으로서의 문학 노동인 것입니다. 따라서 운동 및 노동으로서의 민중문학은 스스로 하나의 삶의 형식이며 '삶 · 죽임 · 살림'의 역동적 구조를 자기 형식의 활동적 본성으로 하게 되는 것입니다.

민중적 삶의 참다운 살림의 문제는 분명히 우리가 현실적으로 부딪쳐 있는 가장 큰 명제 중의 하나인 공동체 문제와 직결되어 있습니다. 제 개인적 견해로서, 그것은 농업 공동체가 가진 잠재적이고 보편적이며 광범위한 전승과 관련되어 있는 민중적인 생명의 세계관으로부터 그러한 민중적 세계관을 중심 기초로 하여 현실적으로 우리가 부딪치고 있는 복잡다단한 산업사회의 도전에 대비하여 창조적으로 응전, 생명의 본디 성품에 보다 더 충실할 수 있는 새로운 생명 공동체를 창조해 내야 하는 오늘날 민중운동의 첨예한 명제와 그대로 직결되어 있습니다. 여기서 우리가 생각해야 될 점은 농민은 물론 수많은 도시 빈민과 800만 이상의 도시 노동자들의 언어생활과 총체적 정서 생활의 밑바닥에는 불과 10여 년 전 그들이 떠나온 농촌공동체의 여러 가지 개인적 또는 집단적 삶의 기억과 어마어마한 양의 도덕적 · 윤리적 · 종교적 · 정서적인 전승의 축적이 있다는 점입니다. 그리고 그것과 더불어 거의 변경되기가 힘든 잠재적 세계관, 가치관의 뿌리가 깊이 내려져 있다는 것을 잊어서는 안 됩니다. 바로 이 기초를 바탕으로 하여 오늘날의 민중문학의 형식 문제를 해결해 나아가야 합니다. 왜냐하면 민중문학에 있어서의 형식 문제의 해결은 바로 지금 우리에게 요구되는 민중적 삶의 새로운 사회적 양식을 창조하는 문제와 그대로 직결되어 있기 때문입니다. 이러한 전제하에서 볼 때 민중문학의 경우에 있어서 민요, 판소리, 가사, 기타 다른 모든 전승 민예 속에 살아 있는 그 '신명' 또는 집단적 신명과 여러 가지 형태로 표출되고 있는 생명의 세계관 및 그것을 감동적으로 형상화해 내는 의장의 법칙성들과 미학적인 특징들을 올바로 찾아내고, 그것을 중심으로 하여 현재 산업사회의 모든 언어 체험의 틀과 사회적 경험들과 여타의 모든 문제에 대하여 '살아 생동하는 통합'으로 대답할 수 있는 민중적 생명의 문학 형식, 삶의 문학 형식을 지어 내야 할 것입니다. 이것을 저는 '민족 형식'의 문제라고 부르겠습니다.

민중문학의 바람직한 언어 형식은 지금 여기 주어져 있는 온갖 '죽임'을 뚫고 나가 현실에서 진행되고 있는 민중 자신들의 '민중적 신명'의 활동 지향과 그 활동 양상에 충실히 따라야 하며, 그렇게 함으로써 모든 왜곡된 생명 체험과 정서 체험을 강요하는 죽임의 언어, 언어의 죽임, 냉동 언어, 감금 언어까지도 민중적 신명의 언어적인 파도, 물결, 그 분류 위에 띄워서 밝은 햇빛 밑에 그 속셈을 폭로하고 그 왜곡 기능을 해체시키는 과정에서 죽임의 언어를 쇄신시키고 새롭게 그 기능을 부여함으로써 생명 체험의 충만에 소극적으로 이바지하게끔 만드는 전향의 변증법까지도 갖추어야 할 것입니다.

민족 형식의 창조와 삶, 죽임, 살림

민중의 삶이 주체가 되는 새로운 문제, 민중의 삶이 그 형성 주체가 되는 새로운 형식, 양식, 새로운 장르의 창조가 요구됩니다. 동시에 기존 장르의 새로운 방향에로의 변용, 변혁, 재활성화가 요구됩니다. 뿐만 아니라 아까도 말씀드린 바와 같이 민중문학에 있어서 매우 지배적인 형식으로 등장하고 있는 이야기 구조의 세계사적 시간성의 문제에 대해서도 보다 대담한 시도들이 있어야 할 것 같습니다. 언어와 언어 사이의 관계의 역동적인 변형과 그것에 의한 관계 자체의 변화에 대한 문제 역시 마찬가지입니다. 또한 축제 또는 굿으로서의 언어 분류, 언어 물결, 그 언어의 뛰뛰는, 고양된 춤에 의해서 딱딱하게 고정되어 있는 죽임의 의미와 죽임의 이념들을 언어로서 포위하여 그 이념들이 가진 현실적인 권위를 풍자적으로 추락시키고 찬탈시키는 방법에 대한 새로운 시도가 있어야겠습니다. 언어의 민중적인 신명의 주권 회복에 의한 언어 죽임 일체에 대한 부정도 마찬가지입니다. 거기에다 민중적인 생활 언어 안에 있는 복문 구조와 빈번한 도치 구조를 어떻게 의도적이고도 창조적으로 문학 표현에 대거 활용할 것인가의 문제, 어떻게 현실에 살아 뛰뛰는 민중들의 생활 감정의 그 신명을 문학 내에서 살려 낼 수 있겠는가의 문제, 장식물로서 주변부로 밀려나 있는 조사, 부사, 형용사의 주권 회복의 문제, 즉 동사와 명사 속에서는 얼른 잡히지 않는 언어의 색채, 울림, 빛깔, 그늘과 같은 언어 기능들을 보다 더 자주적으로 살아 생동하게 만드는 문제, 또 크게 보아 언어의 죽임과의 적극적인 접촉에서 확대되어야 할 생물학적 상상력의 문제가 예의 검토되어야 할 것 같습니다. 그리고 언어 전개, 언어 운동에 기이하게도 기초적인 구조를 이루고 있는 생식 구조를 찾아내고 그것에 대하여 착안하는 점, 생명의 확대재생산 구조가 언어의 기본 구조를 이루고 있다는 다소 일면적인 주장에도 착안하는 점, 종 발생과 개체발생이 반복하듯이 언어 운동 안에서도 모든 시대 모든 사회의 언어의 순환이 가진 언어 자체의 살아 생동하는 의미가 압축 · 발전하고 있다는 개체 생성 구조로서의 언어 운동에 착안해야 한다는 점에 유의하여야 하겠습니다. 우리의 굿이나 탈춤, 부락제 같은 것을 염두에 두시면 이해가 쉬우실 겁니다. 다시 말하면, 시장판에서 나타나는 다성적多聲的인 구조의 탈중심화라는 미학적 방법을 새로운 방향에서 어떻게 확대 · 활용시킬 수 있느냐는 문제인데, 이러한 문제에 대한 시도들은 '민중의 집단적 신명', 즉 민중적 삶의 생명 에너지의 고양된 충족이라는 민중 미의식의 핵심, 민중의 미학적 견해의 핵심에 의해서 통어되고 확대되고 창조되고 비판되어야 할 것입니다. 그것이 곧 중심적 전체로서의 활동하는 자유를 핵으로 하는 민중문학의 형식 문제의 한 해결 방향이라고 저는 생각합니다.

민중문학의 형식 문제의 해결은 '삶', '죽임', '살림'이라는 역동적인 움직임 속에 있는 민중적 삶이 곧 민중문학과 민중문학 형식의 현실적이면서도 실직적인 창조 주체라는 이 이상한 말을 문자 그대로 이해하는 데서부터 출발하는 수밖에 없습니다. 삶이란 무규정적인 것입니다. '이것이다, 저것이다'라고 꼭 집어 말할 수 없는 바로 그 삶이, 말로는 뭐라고 딱 집어낼 수 없는 그 삶이 바로 민중문학 형식의 주체라는 점을 어떻게 이해하느냐—여기에 따라서 민중문학의 형식 문제의 해결의 가능성도 보이며 작가와 민중이 그 삶 속에서, 그 삶을 적극적으로 사는 문학 행위 속에서 이미 하나라는 창조적 결론에 도달할 수 있을 것이라는 이야기입니다. 저는 오늘 논의를 위한 한 꼬투리를 마련하려고 이 자리에 선 것이지 묻고 답하는 해결사로서 선 것이 아닙니다. 그저 제가 이제까지 의심해 왔던 바에 따라 생각해 보실 만한 재료를 하나 던지는 것에 불과하니까 너무 어렵다고 하지는 말아 주십시오. 이때 그 삶이 바로 민중문학과 민중문학 형식의 형식적인 주체라는 것을 문자 그대로 명백히 이해하고, 바로 그것을 굳세게 믿고, 바로 그것을 믿는 기초 위에서 크게 넓혀진 정서의 광야를 가진다는 것, 즉 온 지구를 둘러싼 모든 중생들의 고통과 삶과 죽임과 살림의 온갖 생성, 소멸, 울부짖음, 고통, 그리고 환희의 노랫소리들이 다 자기의 집중적인 정서 체험 안에서 일어나고 있다고 느끼는 확장된 정서를 가진다는 것—바로 이것이 아까 얘기한 삶이 창조의 주체라는 것을 이해하는 결과가 되겠습니다. 이렇게 해서 그 표현에 있어서도 느낌과 마찬가지로 호호탕탕한 표현을 대담하게 해 나가는 것이 가능할 때, 민중문학의 형식 문제는 소승적으로 따지고 따지는 행위로부터 이미 삶의 행위로 크게 승화될 것을 믿습니다. 이때 이 민중문학 창조의 주체인 중심적 전체로서의 활동하는 자유 그 집단적 신명 속에서는 작가냐 민중이냐, 일이냐 놀이냐, 대중화냐 의식화냐, 운동이냐 예술이냐, 실용성이냐 심미성이냐, 광대냐 현장이냐 따위의 이른바 현실적인 갈등은 그 존재 의의를 잃어버리게 될 것입니다. 오직 작은 형식은 작은 형식대로, 큰 형식은 큰 형식대로, 직접적인 양식은 직접적인 양식대로, 비유적인 양식은 비유적인 양식대로, 달리 말하자면 학은 학대로, 구렁이는 구렁이대로, 뱁새는 뱁새대로, 황새는 황새대로 바로 그 하나하나가 중심적 전체로서의 활동하는 무, 활동하는 자유를 나름나름 자기 안에 살아 뛰뛰게 할 때 그것들 하나하나로서도 독립적으로 살아 행동하는 민중문학 행위요 민중문학 형식이 될 수 있는 것이며, 다 함께로서도 하나의 거대한 '문학적 육체', '예술적 육체', '민중적 신명이 활동하는 큰 언어 육체'로서 통일되는, 민중 삶의 생명 에너지가 고양되고 충족되는 민족 형식의 큰 한판이 있을 뿐입니다. 이것저것의 구별이 이미 원칙적으로 그 존재 의의를 잃게 되는 바로 그곳에 민중문학의 커다란 성취가 있을 것을 믿습니다.

감사합니다.

1985년 3월

3부

미야타 마리에[宮田毬榮]
여사에게

미야타 마리에[宮田毬榮] 여사에게*

* **편집자의 말** 이 글은 김지하 시인이 1984년 8월 15일에 직접 녹음, 테이프 그대로 일본에 보내려다 공개 서한 형식으로 국내에서 발표하는 것이 좋겠다고 판단, 보류했던 것을 풀어 정리한 것이므로, 불가피하게 편지 투의 글로 바꾸는 데 따르는 부자연스러움이 있음을 밝혀 둔다.
미야타 마리에[宮田毬榮] ; 『우미[海]』, 『주오코론[中央公論]』 편집인 역임. 김지하 구출위원회 조직 책임자.

안녕하십니까.

무더운 여름 아무 탈 없이 건강하신지요. 그리고 집안도 두루 평안하신지요. 저는 이 여름 내내 방 안에 앉아서 책을 읽거나 글을 쓰는 일로 피서를 대신하고 있습니다.

오늘은 8월 15일입니다. 일본이 패전하고 한국이 일본의 강점에서 해방된 바로 그날입니다. 지난 10여 년 동안 내내 서로 무관하지 않았으면서도 한 번도 직접 얼굴을 뵌 적 없는 당신에게 제가 오늘 새삼스럽게 안부를 묻고 있는 것은 최근 한국과 일본 사이에 심상치 않은 조짐들이 나타나고 있으며 또한 저와 당신의 관계가 개인과 개인의 그것이 아니라 한 사람의 한국인과 한 사람의 일본인 사이의 관계였다는 것, 그리고 오늘이 8월 15일이라는 것, 바로 그것 때문일 것입니다.

이 무더운 8월에 하필이면 왜 당신을 생각해야 하며 또 어째서 당신에게 구태여 긴 이야기를, 그것도 글이 아닌 목소리를 통해서 해야 하는 것인지? 그것은 아마도 당신과 제가 똑같이 이 세상에서 오로지 바라는 것은 하나뿐, 참다운 평화라는 것을 믿고 있기 때문일 것입니다.

무성한 여름은 지금 절정을 향해 달리고 있습니다. 그러나 사철의 성쇠는 덧없는 것입니다. 이제 곧 열매가 맺는 아름다운 토용土用의 계절이 올 것입니다. 그러나 그에 이어 곧 조락의 가을이 찾아오고 추운 겨울이 또한 빨리 찾아올 것입니다. 지금의 일본은 마치 이와 같이 절정을 향해 달리고 있는 한여름처럼 힘차고 강렬합니다. 이처럼 무성하고 힘차고 강렬한 여름의 한편에 분단의 긴긴 겨울 속에 웅크리고 앉아 그 겨울 속에서 통일의 봄을 씨뿌리고 싸우고 기다리며 인고하는 세월이 있습니다. 바로 우리 한국 민족, 한국 민중의 모습입니다.

이 두 개의 계절 사이에 심상치 않은 일들이 일어나고 있습니다. 요즘 일본에서는 한국과 일본 사이에 새로운 밀월 시대가 시작됐다고 떠들어 대고 있으며, 동조동근同祖同根이라는 문화적인 궤변 속에 그 옛날 내선일체의 뜻을 반복하며, 심지어는 지나간 36년의 강점 기간에 정치 · 경제 · 군사적으로 완전히 제패하여 복속시켰으나 다만 문화적으로는 그것을 하지 못했다는 소리들이 있는가 하면, 정치 · 경제적으로 현재 한국의 대일 예속 관계는 완성되었으니 이제는 문화적 지배와 군사적 통수 체제의 통합 완성만이 남았다고 공공연히 떠들어 대는 사람들도 있습니다.

한편 한국에서는 한국과 일본 사이에 새로운 밀월 시대가 아니라 새로운 위기 시대가 개막되고 있다고 말하고 있습니다. 그리고 그것은 이제 몇 사람의 입을 통해서가 아니라 수천 수십만 수백만 사람들의 입을 통해서 큰 목소리로 울리기 시작할 것 같습니다. 지난 십 년 동안 이 반도를 휩쓸었던 민주화운동의 에너지는 이제 일본을 겨냥해서 거대한 섬광을 동반한 채 폭발할 것으로 보입니다.

1964년과 1965년의 한일 굴욕 회담 반대 운동에 비해 열 배, 백배의 파고와 격랑이 예상되기도 합니다. 이러한 시기에 나는 당신과 당신의 친구들, 그리고 경애하는 쓰루미 슌스케[鶴見俊輔]* 선생의 모습을 생각하지 않을 수 없습니다. 서로 이웃해 있는 나라와 민족 사이에 평화로운 공존과 공생, 그리고 친교는 생명의 근원적 진리이며, 동서고금의 전 인류 역사가 참으로 간절히 요구해 온 바였습니다. 그리고 그 역사의 주체인 생활하는 민중의 간절한 염원이기도 했습니다. 그러나 진정한 본원적인 생명의 실상과 그 본성에 알맞은 공생과 친교의 관계라는 것은 또한 그 생명

* 쓰루미 슌스케[鶴見俊輔] ; 전 교토[京都] 대학 철학 교수. '베트남에 평화를!' 연맹 지도자. 저서 『일본제국주의 정신사』.

의 본성에 따라서 주인과 노예, 지배와 예속의 수직적인 이분법이나 포섭 관계라는 망상을 가차 없이 버릴 때에만 비로소 가능한 것입니다.

아시다시피 본래 강한 것과 약한 것, 강한 사람과 약한 사람의 분별은 항구적이거나 본질적인 것, 고정적인 것이 결코 아닐 것입니다. 강한 듯이 보이는 것에서도, 약한 듯 보이는 것에서도 어김없이 모두 다 커다란 부처 성품이, 진실이, 진리가, 생명이 살아 있습니다. 또한 한순간도 멈춤 없는 생명의 천변만화하는 운동법칙에 따라서 그때그때마다 강자가 약자로 되고 약자가 강자로 되는 것이 진리요 또한 부처 성품이라는 것은 이미 상식입니다. 따라서 강약, 음양의 이 살아 생동하는 변화를 혹시라도 그 누가 마치 항구적이고 본성적이며 고정적인 우월 관계라든가 주인 노예의 관계로, 또는 관계의 이러저러한 복잡화로 생각해서 믿어 의심치 않는 사람이 있다면 그것은 분명히 망상이며 어리석음, 즉 무명 우치의 소산일 뿐일 것입니다.

또한 적자생존의 우생학적인 망상은 약자 도태와 약육강식의 실천 철학을 만들어 냈으며, 그것은 모든 제국주의와 패권주의라는 역사적인 대참사의 원인이 되었던 것입니다. 이것은 결국 끊임없이 변화 생동하는 운동을 그 운동 과정에서 잠정적으로 나타나는 물질과 물질의 벽에 폐쇄된 요소와 요소로서, 대립 충돌하는 계와 계로서 파악하여 이것을 세계 운동의 자체 본질로 착각하는 극대화된 분별지와 눈에 보이는 형상에 대한 집착에 뿌리를 둔 소유 및 독점욕의 전 역사적, 전 지구적 확산으로부터 비롯된 것입니다. 그리고 그것은 생명과 역사의 본성에 정면으로 거역함으로써, 그리고 생명의 흐름에 자기 배신을 강요함으로써 결과적으로는 생명과 역사에 참혹하게 보복당해 온 것이 모든 역사의 경험입니다.

사실 생명이란 죽음 즉 자연적인 죽음에 맞서 있는 것이 아닙니다. 생명은 살해 즉 인위적인 죽임에 맞서 있는 것입니다. 따라서 삶은 죽음과 대립하는 것이 아니라 죽임 즉 살해 또는 피살로서의 삶과 대립하고 있습니다. 유연하고 자유롭고 통일적이며 창조적인 삶으로서의 본성적인 생명 활동을 제약하고 왜곡시키고 약탈하고 파괴하는 일체의 행위가 다 죽임이요 살해입니다. 핵전쟁에 의한 급속한 죽임만 죽임이 아니라 공해에 의한 서서한 죽임도 틀림없는 죽임이며 억압에 의한 자유의 박탈과 착취에 의한 생존권의 약탈도 명백한 죽임입니다. 바로 이 죽임으로서의 삶, 살해로서의 삶을 우리는 분단과 억압, 착취, 약탈, 소외, 온갖 형태의 지배와 세뇌, 기만과 생명의 파괴와 갖가지 공해의 남발과 자원 약탈과 그것들의 소모 속에서 일상적으로 발견합니다. 삶, 즉 생명은 본디 낳고 자라고 시들고 죽고 또다시 낳는 창조적 순환 질서 전체이기 때문입니다.

여기에서 생명은 생명 자신의 생명 현상 그 자체에 대한 조절 역할을 능히 행사하는 것입니다. 바로 이러한 생명 활동의 본성에 탁월한 차원에서 과학적으로 접근하여 그것을 인식하고 그것을 적극적으로 실천하는 것이 인간의 문화 창조 행위일 것입니다. 바로 이러한 행위를 우리는 통일과 해방, 평등, 자주와 주체의 회복, 자유와 역사적 진실, 개방과 창조 및 생산적 노동의 활발한 확대재생산 과정의 전개 속에 보이는 참된 삶 가운데서 발견합니다. 따라서 인위적 죽임의 세력, 죽임의 인위적 생명 파괴의 세력은 생명의 본성에 철저한 인위적인 생명운동 즉 민중적 삶의 문화, 생존을 위한 저항에서 결국 분쇄되고 해체되는 것이 진리입니다.

죽임의 힘은 죽임의 힘과 서로 싸우는 법입니다. 죽임의 힘은 본성적으로 자기 자신을 가르고 자르고 죽이는 힘입니다. 부메랑은 바로 이러한 자기 배신과 자기 보복의 역설을 보여 주는 것입니다. 생명의 본성에 따른 인위적이고 적극적인 생명운동은 이 필연적인 부메랑의 움직임을 앞질러 따라가면서 죽임에 저항하고 죽임을 해체시킵니다.

1945년 8월 15일이 바로 그 부메랑의 적중의 시간이었습니다. 역사는 반복하는 것입니까. 일본은 놀랄 만큼 오만한 고자세로 이제 다시금 반도 상륙작전을 감행하고 있으며, 특히 우리 민족에 대한 그 문화적 병탄의 시도와 기도 밑에는 군사적 음모와 계획이 역연히 잠재해 있습니다. 그러나 역사는 단순히 반복하는 것입니까. 한국에서는 이제 전 민족적인 차원에서 거대한 반일의 물결이 준비되고 있습니다. 일본의 오만무례한 그 고자세는 도대체 어디서부터 비롯된 것일까요? 한마디로 그것은 죽임, 죽임의 열광에서 온 것입니다. 네크로필리아, 시체선호증이란 다만 자연적 생명체의 파괴와 해체, 그것에만 해당되는 것이라고는 생각되지 않습니다. 세계와 인간 그리고 생명을 분할하고 고정시키며 고정된 것 사이의 여러 관계를 물질주의적으로 파악함으로써 생명을 장악하고 소유하려는 일체의 문화나 문명 그 전체가 바로 네크로필리아, 시체선호증입니다.

그것은 살아 끊임없이 변화하며 생동하고 순환하는 생명을 소유하고 장악하기 위하여 고정시키고 분할하고 그리고 지배하는 형식이기 때문입니다. 바로 이러한 고정, 분할, 지배와 장악이 곧 살아 생동하는 것에 대한 죽임입니다. 그리고 그것은 생명 본성에 대한 착각과 망상에서부터 온 것이며 그것을 마치 진리인 듯이 자기와 남에게 똑같이 강요하는 기만과 자기기만, 세뇌와 자기세뇌에서부터 온 것입니다. 그리고 그것을 가장 영웅서사시적으로 완성시킨 문명이 유럽 문명이라고 생각합니다.

일본의 문화는 한마디로 죽임의 문화입니다. 이 죽임에 대한 열광, 맹신이 오늘 일본의 그 오만의 근거인 것입니다. 그러나 그 오만은 스스로 바로 그 근거가 비진리라는 것을 웅변적으로 증거합니다. 오만과 자기분열과 우월감은 이웃과 범생명에 대한 가차 없는 죽임과 파괴의 기초 심리적 토대, 즉 증오이기 때문입니다.

일본인의 오만과 자기 분열과 그 터무니없는 우월감은 신도神道와 『고지키[古事記]』와 『니혼쇼키[日本書記]』, 만세 일계萬歲一系의 천황 국가에 대한 맹신을 한편으로 하고, 흑선黑船 도래 이후 서구와 북미, 러시아의 자본주의, 제국주의, 패권주의적인 일체의 물신숭배적 따라잡기, 문명의 사닥다리 신앙과 서양에 대한 열등의식을 다른 한편으로 하는 합작 제휴의 산물입니다. 일본인들의 그 유명한 한국 민족 및 제3세계에 대한 근거 없는 오만과 서구 북미 및 러시아에 대한 유례없는 비굴의 자기 분열 증세가 그것입니다. 신도와 만세 일계의 천황 국가의 선민이라는 도무지 황당무계한 국수주의자이면서 동시에 수직적 가부장제의 열광자이며 철저한 봉건주의자요, 동시에 서구 문화를 흠모하는 보편주의자요, 북미 문명을 좇아가는 신식민주의자요, 러시아를 두려워하는 진보주의자요, 중국을 동경하는 복고주의자인 일본이 주체적이며 창조적이고 자각적인 통일을 위한 일체의 진통도 없이 지리멸렬한 상태로 분열 혼거하는 잡문화, 바로 그 잡문화에 대한 허망하고 기괴한 우월감이 그 증거입니다.

어째서 그것은 황당무계할까요? 신도와 만세 일계의 천황 신통에 대한 신앙의 토대는 『니혼쇼키』입니다. 그러나 『니혼쇼키』는 분명히 날조된 신화요 조작된 신통 체계입니다. 그러나 수많은 역사적 작업과 노작들에 의해서 밝혀진 바대로 하늘에서 내려왔다는 그 천손족의 실체는 하늘에서 내려온 것이 아니라 실은 한반도로부터 일본열도로 건너간 비류沸流 백제계의 기마민족이었습니다. 그리고 야마토다마시[大和魂]의 상징이며 야마토 문화의 기원인 진구[神功] 황후는 사실 비류 백제계 가야 땅이었던 영일만으로부터 서라벌의 압력 끝에 일본열도로 망명한 세오녀細烏女였던 것이며, 일본인들이 지금도 숭상하는 만세 일계 천황 국가의 가장 큰 태양과 같은 존재인 오진[應神] 천황, 진무[神武] 천황은 비류 백제계의 마지막 왕이었던 것이며, 천황 국가의 기원은 바로 이 비류 백제계의 망명 정권에 지나지 않았고, 소위 임나任那 일본부라는 것은 비류 백제계 유민의 도일 지점이자 그들의 활동지요 거주지였던 것입니다.

따라서 임나가 지금 주장되고 있는 바와 같은 일본의 식민지인 것이 아니라 쓰시마 섬과 규슈[九州]가 오히려 백제의 식민지였던 것입니다.

그러나 일본 국토의 일부, 일본 역사와 문화의 어떤 시기, 어떤 내용이 한국 민족과 식민지적 종속 관계였다는 사실은, 실제에 있어서 일본인들이 역사적 허구에 집착하듯 그런 허황한 집념으로 한국인들에게 집착되는 사항이 전혀 아닙니다. 우리는 그것을 차라리 역사의 덧없음으로 생각할지언정 우월 의식 따위와 연관시킬 만큼 정신적으로 가난하지 않습니다.

남방계의 원주민 속에 토착 정권을 세우려는 비류 백제계의 천황 국가는 역사적으로 형제적 관계에 있었던 온조溫祖 백제의 멸망 바로 다음 해에 처음으로 일본이라는 국호를 만들어 사용한 것이며, 오진 천황을 진구 황후의 자식으로 만들어 내기 위해서 만세 일계의 신통을 조작하기 위해서 120년이라는 공백을 끌어올리는 이른바 일본 사학계의 그 유명한 스캔들, 즉 이주갑 인상二周甲引上을 단행한 것이 바로 『니혼쇼키』의 조작성, 허구성의 핵심 증거인 것입니다.

어째서 그 우월감과 오만은 허망한 것일까요?

유럽과 러시아, 그리고 북미의 현 문명은 이미 역사적으로 사형선고를 받고 있습니다. 그들이 자랑하는 이른바 진보주의와 새로운 고급 기술, 컴퓨터와 유전자공학, 우주개발의 전 과학적 체계 따위는 새로운 생명의 세계관의 기초 위에 전 인류와 전 생명계의 협동적 생존을 성취한다는 시각에서 마땅히 혁명적으로 재조정되지 않는다면 분명히 파멸적인 악마의 기능으로 둔갑하리라는 것은 모든 사람이 다 알고 있는 명백한 사실인 것입니다. 일본이 자랑하고 있는 이른바 그 유전자공학이라는 것도 끝까지 추구해 봤자 소위 DNA를 잡는 데서 종지부를 찍고 말 것입니다. 그리고 이것은 모든 현명한 현대 과학자들이 다 같이 증명하고 있는 바입니다.

생명의 무궁무진한 처녀지를 개척하는 데 있어서 일본이 과시해 마지않는 바로 그 유전자공학의 과학적 체계는 더 이상 나갈 길을 가지고 있지 않습니다. 생명의 무궁 광대한 처녀 공간이 우리들의 새로운 그리고 심도 있는 광활한, 생명의 본성에 합당한 과학적인 상상력과 그 상상력에 의해서 인도되는 엄밀한 탐구의 전혀 새로운 진리파지眞理把知의 열풍을 기다리고 있다는 생각을 한번 해 보십시오. 거기에 비한다면 현 일본인들이 자랑하는 유전자공학 정도의 고급 기술과 언필칭 최신 과학적 이론 체계와 그 생산 체계란 얼마나 치졸한 것이며 그 자만과 우월감이 얼마나 유치하고 유아적인 것인지 한번 생각해 볼 필요가 있습니다.

그럼에도 불구하고 일본인은 한국인과 제3세계 민족에게는 오만하고 북미와 유럽, 러시아, 중국에게는 비굴한 자기 분열을 부끄러움 없이 보여 줍니다. 일본인의 그 유명한 칼과 벚꽃은 상호 통일되지 않는 기괴한 분열과 이중성을 그대로 노출하고 간직한 채로 둘 다 똑같이 죽임의 숭배로서 혼거하는 지리멸렬한 잡문화의 양상을 노출시킵니다.

칼은 죽임과 파괴의 열광으로써 일도양단하는 저 섬찟한 '추수선秋水禪'의 상징으로서, 벚꽃은 찰나의 황홀한 그리고 순식간에 사라지는 깨끗한 파멸의 예찬으로서 상징됩니다. 날조된 신화에 대한 맹신은 붕괴되는 반생명적 유럽에 대한 거듭되는 모방과 스스로 저지르고 있는 온갖 형태의 생명 파괴와 공해의 수출 남발과 찰나적인 쾌감의 산화 예찬, 끈질긴 가부장제와 여성 멸시와 서양에 대한 놀랄 만한 비굴의 자기 분열, 또한 국제공산주의에 대한 열렬한 맹신에서 천황 숭배로, 극단적인 폭력혁명 주장에서부터 극단적인 국수주의 및 황도주의로, 극에서 극으로 집단적으로 전향하는 사태 등은 바로 일본의 지배 문화가 죽임의 문화이며 일본의 문화가 배신의 문화, 분열의 문화임을 웅변으로 증명합니다.

오만과 멸시, 터무니없는 우월감은 바로 실천적인 죽임 즉 살해의 실천을 준비하는 심리적인 기초입니다. 현해탄에서 선상 토론을 할 때에 한 유명한 영화감독의 입으로부터 뱉어진 한국인에 대한 일본인 최대의 멸시와 욕설과 오만의 표현인 '바가야로'라는 말 한마디에서 우리는 일본의 죽임에 대한 열광, 죽임의 문화에 대한 불결한 열정을 충분히 엿볼 수 있으며, 그 결과로 또 하나의 더욱 참혹한 8 · 15를, 일본인이 겪게 될 비극의 확대 반복을 충분히 예감케 합니다.

당신들 일본인들은 유럽인 전체와 일본인 자신들을 죽이는 죽임의 문화를 제3세계와 한국에 퍼뜨리고 있고 지금 거듭거듭 강요하고 있으며 또한 오만과 무례와 멸시와 우월감에 차서 그것의 정당성을 강변하고 있습니다. 한일문화협력기구 따위가 번성하는 등 온갖 형태의 한국 붐이 요즘 일본을 휩쓸고 있는 것은 무엇을 말하는 것입니까? 사실 우리 한국 사람이 당신들 일본 사람에게 얻을 것이란 고도 산업기술의 몇 가지 디테일을 빼놓고 무엇이 있겠습니까? 황당무계한 천황 숭배와 살인 전문가와 봉건적 잔재인 사무라이, 유럽적인 폭력의 되풀이나 섹스에 미친 성도착 문화, 전쟁 예찬의 그 죽임의 문화를 어떠한 양심을 가지고 우리에게 강요하는 것입니까? 또한 그것이 어떻게 당신들의 우월감 및 오만과 한민족에 대한 멸시에 정당한 근거가 될 수 있다고 생각하십니까?

일본인들이 그러한 감정을 가지고 우리 민족에게 강요하고 받아들이기를 요구하고 있는 죽임의 문화에 대응하여, 한국 민중은 전 민족의 차원에서 삶의 문화, 생명의 문화로 일본의 죽임의 문화에 맞서게 될 것입니다. 만약 한국의 현 정부가 생명의 길보다 일본인들이 걸어가고 있는 죽임의 길을 선택하여 그쪽 편에 서려고 한다면, 민중은 당연히 이들의 이와 같은 행패에 대해서도 격렬히 맞서게 될 것입니다. 그것은 어느 누구에 대해서도, 한국인, 일본인, 북미인과 구주인, 러시아인, 제3세계인 전체에 대해서도, 또 인간만 아니라 모든 생명을 가진 일체의 중생들에 대해서도 똑같이 적용돼야 할 진리의 요구이기 때문입니다.

당신들 일본인들은 기술이전 문제에는 지극히 인색하면서도 소위 문화 협력 따위 등에는 열을 올리고 있습니다. 우리는 우리 자신, 국제 경쟁이라는 잔인한 현실 가운데에서 살아남기 위해 잠정적으로 첨단 기술과 최신의 과학적 이론 체계와 그 생산 체계들의 디테일이 필요할 수는 있습니다. 그러나 우리 한국 민족이 당신들 일본의 엉터리같이 날조된 신화주의, 국수주의, 문화라고 부르기조차 거북살스러운 생명 파괴와 성도착, 그리고 파괴적인 전쟁 열광과 불결한 잡동사니 쓰레기 공해 문화를 무엇 때문에 접해야 하는 것입니까? 분단과 전쟁, 일본인들 당신들이 한반도에 원하고 있는 것은 이 두 가지뿐입니다. 정신적으로 분단하고, 전쟁 분위기를 남북 간에 조성하여 남북 양쪽에 모두 전쟁 물자를 팔아먹고, 동시에 긴장 완화 노력의 보자기 위에서 한국 민중으로부터 혼과 더불어 잉여가치와 초과이윤을 수탈하여 그러한 이율배반적 패권 전략을 통해 당신들은 한국을 속죄양으로 삼는 대소對蘇 방어 전선을 구축하려고 하는 것입니다. 그것은 곧 우리 민족의 영원한 생명 약탈, 죽임이며, 또한 그것은 바로 파멸과 죽임의 길로 당신들 자신을 몰고 가는 일이 될 것입니다. 따라서 한국 민중 자신의 주체적인 삶의 문화, 생명의 문화, 생명의 운동으로써 일본인들의 죽임의 문화의 강요에 맞서는 운동은 우리 자신뿐만 아니라 일본인에 대해서도 선善이며 또한 그것은 일본에 대해서만으로 끝나는 것이 아니라 그것을 통해서 참다운 민중 주체의 민주화와 민중 주체의 평화적 민족통일과 제3세계와의 공고한 연대 확립과 전 인류의 해방, 전 세계사적인 새로운 생명 문화와 문명 건설의 책임을 완수하는 일로 될 것입니다.

일본인들이 한민족에게 요구하고 있는 그 죽임의 문화의 내용, 즉 분단과 전쟁은 죽임, 생명 파괴의 절정입니다. 사실 당신들 일본인들은 한국의 남북 분단과 그 처참한 동족 전쟁에 근원적 · 역사적으로 책임이 있으며, 또한 그 전쟁 발발과 분단의 고정에 따라 막대한 초과이윤을 빨아먹고 계속 분단을 고정시키며 정치 · 경제적으로뿐만 아니라 문화 · 군사 면에서도 더욱 강력하게 지배하려고 획책하고 있습니다. 이 죽임에 대하여 생명의 문화, 그리고 평화적이고 통일적이며 더불어 함께 사는 듯이 힘차게 사는 삶으로 줄기차게 맞서서 우리는 결국 이겨 내고 말 것입니다. 오히려 당신들은 당신들의 참된 보편적인 삶, 보편적인 생존의 통일과 통일적 생존의 회복을 위해서 자기 분열적으로 도착된, 뒤집힌 지금과 같은 죽임의 늪으로부터 스스로 회복하기 위해서, 분단 속에 죽임당하면서도 끝끝내 그것을 극복하여 통일적인 삶을 회복하려는 한국 민중으로부터 삶의 태도를 겸허하게 배워야 할 것입니다. 한국 민중이 당신들 일본인들로부터 배워야 할 참된 의미에서의 문화는 없습니다. 일본 민중은 한국 민중의 신선한 생명의 문화운동의 물결로부터 당신 자신들의 삶의 출구를 찾아야 합니다. 한국 민중의 생명운동에 허심탄회하게 동참함으로써 당신들 자신의 삶을 쇄신해야 할 것입니다. 우리 민중의 생명운동과 생명의 문화운동은 일본에 단순하게 맞서고 대결하는 것만이 아니기 때문입니다. 그것을 통해 전 인류와 전 생명계에 보편적 생존의 통일을 이룩함으로써, 해방되고 자유롭고 창조적이며 생명 공동체적인 새로운 지구 건설이 목표로 되어 있기 때문입니다. 그러나 한국 민족은 바로 이와 같은 생명운동과 생명의 문화로 죽임의 문화에 대결한다고 하여 그것에 우월감을 느끼거나 오만을 가지는 것은 전혀 아니며 그것을 강요하려고도 하지 않습니다. 다만 그것은 진리요 자연 생명의 본성에 알맞게 사는 당연한 삶의 태도이기 때문입니다.

그러면 이와 같은 생명의 본성과 그 본성에 대한 인식과 그 본성에 알맞은 생활의 전통이 일본 문화와 일본인들의 삶 속에는 전혀 없는 것일까요? 그렇지 않습니다. 또 그렇게 될 수도 없습니다. 한 태극 안에 음과 양이 있고 또한 태극이 있듯이, 그리고 또한 음 안에도 음양과 태극이 있으며 양 안에도 음양과 태극이 있듯이, 일본 문화와 일본인들 삶 내부에도 삶의 문화, 생명의 본성을 찾아서 자유롭고 통일적이며 창조적인 삶을 실천하려는 훌륭한 민중 지향과 현명한 지식인, 과학자, 종교인들이 많이 있다는 것을 저는 잘 알고 있습니다.

파란 많던 지난 10여 년 동안에 당신과 당신의 친구들, 그리고 존경하는 쓰루미 슌스케 선생의 그 성실한 삶의 모습을 나는 결코 잊을 수가 없습니다. 한국의 민주화와 민주 인사들의 구명을 위해 자신들의 온갖 고충과 개인적인 고통에도 불구하고 헌신적으로 노력해 온 당신들의 이웃 사랑, 세계적인 형제적 사랑, 그것을 실천하는 모습은 결코 잊을 수 없는 감동적인 것입니다. 당신들이 있었기 때문에, 그리고 당신들이 지금 일본에 살아 있기 때문에 나는 일본에 대해서 완전히 절망하지 않을 수가 있는 것입니다.

나는 일본 민중운동의 전통 안에 비록 약하고 무규정적이고 가늘기는 하지만 당신과 당신 선배들의 생명의 본성과 역사의 진실에 대한 줄기찬 인식 노력 및 그 실천이 계속되어 왔음을 잘 알고 있습니다. 1910년 한일합방이 강행되던 날 조선의 망국을 애도한 진보주의자 이시카와 다쿠보쿠[石川啄木]*의 단가, 그리고 죽을 때까지 계속되었던 그 줄기찬 보수주의자 야나기 무네요시[柳宗悅]**의 조선 민중예술의 그 생명성, 무유미추無有美醜의 금강불괴金剛不壞의 경지에 대한 열광과 전쟁에 대한 민예운동으로서의 저항, 그리고 미야자와 겐지[宮澤賢治]의 그 생명력에 가득 찬 농업적 세계관과 우주적 사랑, 이것은 일본인이면 좌우익을 막론하고 사로잡혀 있었던 서양류의 문명의 사닥다리에 대한 광신의 탁류 속에서 진보 · 보수의 차이를 넘어선 참다운 역사의식의 하나의 맑은 물줄기였습니다.

그리고 제국주의의 그 자기 배신과 생명 파괴와 학살, 망상적 종족우월주의의 광란의 바다 한복판에서도 의연히 빛나고 있는 바로 당신의 선배 여성운동가들이 있었습니다. 가네코 후미코[金子文子]***의 그 청렬한 정열과 구즈미 후사코[九津見房子]**** 여사의 그 여유 있으면서도 끈질긴 불굴의 정신, 그 생동하는 탄력성에서 나는 미래 일본의 가능성을 희미하게나마 희망을 가지고 바라봅니

* 이시카와 다쿠보쿠[石川啄木] ; 시인. 한일병합에 맞서 '지도 위의 조선국을 검게 먹칠하면서 추풍秋風을 듣고 있다'라는 단가短歌로 일본제국주의를 비판했음.

** 야나기 무네요시[柳宗悅] ; 한국 이름 유종열. '민예운동民藝運動'을 일으켜 일본의 공예를 부활시킨 일본인으로 일찍이 한국의 도예에 깊이 심취하여 한국 미술의 선線과 백색白色을 연구했음.

*** 가네코 후미코[金子文子] ; 사회주의운동가. 일제하에서 일본 천황을 암살하려 했던 독립투사 박열朴烈의 처로 박열과 함께 투옥당했음.

**** 구즈미 후사코[九津見房子] ; 사회주의운동가. 1930년대의 사회주의 학자들에 대한 대량 검거 때 투옥되자 전향을 했으나, 석방된 후에도 뜻을 굽히지 않고 사회주의운동에 앞장서서 '전향의 비전향'이라는 논리를 폄. 곧, 투옥됨으로써 동시대의 상황과 접촉을 잃게 되는 비전향의 불모성에 맞서 시대에 대처하는 전향의 생명성을 강조함.

다. 특히 8 · 15 일본 항복 이후 오랜 가부장제적 봉건제적 편견과 남성 위주의 제국주의적인 오만함, 민중과 여성 위에 마치 영주나 무사처럼 군림하여 거드럭거리던 남성들이 참담한 열패감으로 완전히 생활력과 자부심을 상실한 채 한낱 기생충으로 전락하고 폐인처럼 움츠러들었을 때, 일본 여성들이 보여 준 그 생생한 활기와 빛나는 민중적인 위엄, 민중적인 끈질긴 생활의 기풍은 일본의 미래에 결정적인 의미를 갖는다고 생각됩니다.

일본의 여성 민중은 사무라이 집구석처럼 고압적인 봉건적 질서 속에 묶이지도 않았었고, 황도주의의 그 터무니없는 성전 나팔을 불지도 않았으며, 그들이 제국주의 전쟁을 일으키지도 않았습니다. 그들은 그 패전과 열패감의 늪 속에서도 자신과 아이들, 남편을 먹여살리고 그 목숨을 유지시키기 위해, 이 세상에서 가장 근원적이고 가장 고통스러우면서도 가장 고상한 가치인 생명을 위해 팔 걷어붙이고 나섰던 것입니다. 전통적 긍지와 부질없는 제도, 법률적인 제약을 무시해 버리고 삶을 위해서, 오로지 생명의 유지, 보존, 확장, 성취를 위해서 서로 협조해 가며 사는 집단적 삶의 운동을 조직적으로 벌였던 것입니다. 그리하여 쓰루미 슌스케 선생의 표현대로 거창한 정치적 구호를 일절 쓰지 않고서도 전쟁 중에 전쟁에 미친 일본 국가 속에 포섭되지 않았던, 오히려 도외시되어 버렸던 진정한 생명의 사상을 사실상 몸으로 실천했던 것입니다.

일본의 구원의 길은 앞으로 이러한 삶을 위한 민중운동과 여성의 생존 운동에 의해서만 가능할 것이라고 말한다면 저의 지나친 단견일까요?

그러나 이제 일본은 다시금 높은 공업력 축적에 따라 남성 지배, 엘리트 지배, 황도적인 국수주의, 신식민주의, 군국주의의 나팔을 미친 듯이 불어 대고 여성의 정치 활동은 일체 희미해져 가며 다시금 탈만 바꿔 쓴 남성의 노리개로 전락하고 있습니다. 나는 이 전후 일본 여성들의 그 어느 정당과도 관련 없는, 어느 이데올로기와도 관련 없는 민중적인 생명 사상, 삶의 정치적 운동의 역사에 주목합니다. 바로 이 운동이 부활하여 원폭의 피해자인 일본인들의 근원적 생명 감각을 회복시키고, 전쟁과 핵과 군수산업의 팽창과 무기 장사와 일체의 공해의 남발과 공해의 외국 수출과 제국주의적 경쟁과 식민주의적인 일체의 음모와 생명 파괴에 대한 반대 및 그것에 반대하여 산업화와의 역동적이고 발전적인 관련 위에서의 농업적 세계관의 새로운 해석과 유기농법, 식당 운동 등을 포함한 광범한 민중의 총체적 생활 협동 운동 또는 반전, 반핵, 반공해, 반침략 운동 등과 결합될 때, 그리고 한국 민족과 민중에 대한 또 한 번의 파렴치하고 야수적인 가해자 노릇을 하길 반대하고 현대 일본의 군사주의적인 생명 파괴의 불길한 정열과 성도착, 분열과 이중성 그리고 망상적 국수주의의 죽임의 문화를 한국에 강요하는 것에 대해서 반대하여 일본 정치경제계와 군부의 어두운 속셈 및 그것을 둘러싼 국제적 음모를 참으로 물리칠 수 있을 때, 한국과 일본의 미래, 그리고 당신과 나의 공생적이고 협동적인 삶의 미래는 더없이 밝을 것이라고 믿습니다.

오늘 한국의 겨울과 일본의 여름 그리고 내일 일본의 가을과 한국의 봄은 우주 생명과 필연적인 역사의 창조적 순환 속에서 그리고 그 큰 태극 속에서 돌고 돌아가는 하나의 운동임을 분명히 알고 죽임의 역사를 반대하여 생명의 문화를 건설하며 그것에 합일하여 살고자 집단적으로 결단할 때에 비로소 일본인들은 또 하나의 8 · 15의 악몽으로부터, 죽임의 문화가 곧바로 자기 자신의 죽임을 불러오는 죽임의 부메랑이라는 어두운 악몽으로부터 벗어날 것이고, 우리 민족 및 제3세계 민중과 더불어 세계와 인류 역사의 진정하고 새로운 건설에 참으로 이바지하게 될 것입니다.

그리고 그때 나는 이제껏 단 한 번도 직접 본 적이 없는 당신의 얼굴을 가까이서 똑똑히 볼 수 있게 될 것입니다.

부디 안녕히 계시고, 당신과 당신의 친구들 그리고 경애하는 쓰루미 슌스케 선생에 대한 나의 존경과 우의에 가득 찬 인사를 전해 주시기 바랍니다.

1984년 8월 15일

한국에서 김지하 올림

보고 싶은
여장부

보고 싶은 여장부

요즈음은 여성운동, 여성해방운동이 매우 활발하고 여성운동가, 여성해방운동가가 많이 활약하는 시절입니다. 좋은 일이지요. 그 일이 당장에 큰 성과를 얻지 못한다 하더라도, 하다가 그만 다시 부엌으로 꽁무니를 뺀다 하더라도, 방귀 잦으면 똥 나올 때가 멀지 않고 실패는 성공의 어머니라는 말도 있으니, 춘삼월 호시절에 여성이라는 만년나무에 해방이라는 천 떨기 꽃이 분명히 만발하겠지요. 그걸 의심할 수는 없겠지요.

다만 제가 오늘 말씀드리고 싶은 것은, 여성해방 하자는 데야 크룹스카야다, 콜론타이(러시아혁명 당시의 여성해방론자)다, 베티 프리단이니 보부아르니 하는 거물들을 뉘 감히 뒤쫓을 수 있겠습니까마는, 그놈의 여성해방이라는 것이 다른 여러 세상 문제들과 대추나무에 연 걸리듯이 이리저리 얽혀 있어서 세상 문제, 삶의 문제 전체와 함께 그 뿌리를 걸터듬어 가지 않으면 제대로 풀어 내기 힘든 일이라는 것, 그저 남자 원수 삼아 집 튀어 나가기 식으로 해 본대야 그것 염통에 좀 슨 것 모르고 손톱 밑에 가시 든 것 가지고 삼동네 떠나라 악 쓰는 꼴 되기 십상이라는 것, 그래서 그것을 한번 우리 민족의 민중 종교 사상에서 가장 큰 줄거리인 후천개벽, 그 근원적인 변혁 사상 안에서 찾아보자는 것, 그것입니다.

오늘날은 후천개벽의 시대입니다. 후천개벽을 말하는 쪽에서 본다면 이제까지의 모든 우주 역사는 선천先天이 됩니다. 선천은 음-양 가운데서 양이 판치는 때이니 곧 사람 세상에서는 남자가 온갖 것을 좌지우지하여 여자는 자연히 그 밑에 억눌려 서럽고 억울하게 한을 품고 살게 되는 때입니다. 동서고금에 아무리 크고 넓고 깊은 사상, 제 아무리 사랑과 자비와 연민을 외치는 큰 종교라 하더라도, 여자를 깔보고 업신여기는 점에서는 정도의 차이는 있겠지만 대체로 다 같지요. 하기야 예외 또한 있겠지만. 대개 하느님은 어머니가 아니라 아버지일 뿐이요, 여자는 본디부터 해탈하기가 어려운 존재이며 뭐라 해도 남자의 지배 밑에 있어야만 온전할 수 있는 자라는 것입니다. 우주적으로 '양'이 '음'을 누르는 시대여서 '남녀 부동', '강약 부동', '귀천 부동', '빈부 부동'이라고들 보는 차별이 당연한 것이 되는 시대이기 때문에.

그러나 후천개벽의 시대는 음-양의 위치를 바꾸어 '음'을 높이고 '양'을 그 아래에 두어, 여성적이고 부드럽고 겸손하고 그늘지고 천하고 약하고 어리석고 이름 없는 기운이 남성적이고 거칠고 자신만만하고 번쩍거리고 고귀하고 힘 있고 지혜롭고 뛰어난 기운을 눌러서 우주와 사람 사는 역사에 참된 평온과 화해를 이루는 시대요, 이름 없는 사람들, 천한 상놈들의 운수가 크게 통하는 민중 시대, 그래서 여자들이 기를 펴는 시대랍니다. 그래서 후천이라고 하고 개벽이라고 합니다. 후천개벽을 주장한 사람으로 강일순 선생이 있었는데, 이런 말씀을 하셨습니다. "이때는 해원 시대라, 몇천 년 동안 깊이깊이 남자의 완롱거리와 사역거리에 지나지 못하던 여자의 원을 풀어 정음 정양으로 건곤을 짓게 하려니와 이 뒤로는 예법을 다시 꾸며 여자의 말을 듣지 않고는 함부로 남자의 권리를 행하지 못하리라."

이 말씀은 여성해방의 선언임이 틀림없습니다. 이 말씀이 그러면 남자 대신에 여자가 온갖 것을 좌지우지하여 판치는 세상을 뜻하는 것일까요? 사람 사는 세상의 긴 역사 속에서, 남자가 판치는 세상 곧 이른바 가부장제 세상에 앞서 잠깐 있었다고 짐작되는 이른바 모권제 세상이라는 것은 아마도 지중해 연안의 이시스나 키벨레 숭배의 자취 따위로 미루어 볼 적에 수직적인 모권적 세상, 말하자면 여자가 저 혼자 판치는 세상이었을 듯합니다. 강일순 선생의 여성해방 말씀이 그런 세상으로 되돌아가자는 뜻일까요? 음-양의 위치를 바꾸어 '음'을 높이고 '양'을 그 아래에 두어 여성적인 것이 남성적인 것을 눌러서 평온함과 화해를 이루는 시대가 바로 다름 아닌 후천개벽의 시대라고 한다면 의당 남자를 누르고 여자가 혼자 판치는 세상이 되어야 한다는 뜻 아니겠습니까?

강일순 선생의 말씀을 더 들어 봅시다.

"부인이 천하사를 하려고 염주를 딱딱거리는 소리가 구천에 사무쳤으니 장차 부인의 천지를 만들려 함이로다. 그러나 그렇게까지는 되지 못할 것이요, 남녀 동권 시대가 되리라."

남자 말고 이번에는 여자가 독판 치는 세상 곧 수직적인 모권제 세상 말고, 남자와 여자가 똑같이 서로 아우성치는 난장판 세상도 말고, 똑같이 서로 '한울님'으로 섬기는 세상, 가장 뛰어난 뜻에서 남녀 동권이 이루어지는 세상을 말하는 것이겠지요. 그래서 남녀평등, 강약 평등, 귀천 평등, 빈부 평등이 당연한 것으로 되는 시대, 이것이 바로 후천개벽의 시대입니다. 그리고 그것은 '정음 정양' 곧 '음'과 '양'을 고르게 하는 일로 그리 됩니다.

후천개벽이란 이제까지 선천 시대의 잘못된 음-양 관계를 뜯어고쳐 본디 살아 있는 그대로의 생명을 그 본성대로 회복하자는 사상이요 운동이올시다. 본디 살아 있는 그대로의 우주 생명은 음-양이 고르게 순환하되 끝없이 서로 아우러져 창조적으로 순환하며 서로 함께 공생하고 협동하여 한울타리로 살되 하나하나가 다 자유롭게 살아 생동하는 우주로서 사는 것입니다. 동학에서 '인내천' 곧 '사람이 한울이다'라고 하는 말은 사람 생명이 본디 살아 있는 그대로 음-양이 고르게 순환하되 끝없이 서로 아우러져 창조적으로 순환하며 서로 함께 공생하고 협동하여 한울타리로 살되 한 사람 한 사람이 다 자유롭게 살아 생동하는 우주로서 사는 것이라는 말입니다.

사람 사람이 다 '한울(우주)'이며, 모든 사람이 다 같은 '한울(한울타리, 한배, 한식구)'이며 온갖 사람과 갖은 짐승, 풀, 나무, 흙, 공기, 물과 별과 달과 해가 똑같은 '한울(큰 통일 생명)'이며 남자와 여자가 조금도 다름없는 더없이 높은 '한울님(신령)'이란 말입니다.

그리고 사람은 스스로 '한울'임을 깨달아 알고 '한울'로서 살 줄 아는 '한울님'이란 말이며 생명의 본성을 깨닫고 생명의 본성대로 살 줄 아는 생명이란 말입니다. 최제우 선생은 '한울'을 '님'이라 부르는 뜻은 '한울'을 부모와 똑같이 섬기고 부모를 '한울'과 똑같이 섬기라는 뜻이라 하여 '한울님'은 아버지일 뿐만 아니라 어머니이기도 하고 또한 남자와 여자는 똑같은 생명, 똑같은 '한울님'이란 말씀을 하였습니다.

'음'과 '양'을 고르게 하는 일은 사람이 생명의 본성대로 사는 일이요, 남자와 여자가 평등하게 되는 일은 사람이 신령스러운 '한울님'으로서 사는 일, 아주 큰 일, 가장 당연한 일입니다.

후천개벽은 '음'과 '양'을 고르게 하는 일이요, '음'과 '양'을 고르게 하는 일은 생명의 본성대로 살도록 하는 일, 곧 생명운동이고, 생명운동은 사람을 모두 함께 거룩한 '한울님'으로 드높이는 인간의 사회적 성화, 다름 아닌 바로 '인내천' 혁명입니다.

여자가 몇천 년 동안을 깊이깊이 갇혀 있어 남자의 완롱거리와 사역거리에 지나지 못하였던 이제까지의 역사, '양'이 판치고 남자가 좌지우지하는 세상을 뜯어고쳐 여자의 한을 풀고 나아가 세상을 바꾸는 일은 이제까지 억눌려 왔던 여자를 힘차게 들어올리는 일로부터 시작될 것입니다. '음'이 '양'에게 눌려 있는 곳에서 '음'과 '양'을 고르게 하려면 의당 '양'을 누르고 '음'을 올려야 하기 때문에, 그리고 '양'이란 기운이 드셀 때 '음'과 '양'이 고르지 못하고 버그러지며 '양'이 계속 판을 치는 것이 '양'이라면, '음'이란 기운은 그것을 아무리 높여도 '양'이란 기운을 억눌러 종을 만드는 것이 아니라 잠깐 판치다가는 결국 '음'과 '양'을 고르게 하는 기운이기 때문에.

여자가 남자에게 일방적으로 억눌려 한이 쌓였다면 그것은 생명이 그 본성대로 활동하지 못하고 음-양이 뒤틀리고 토막토막 잘리고 막히고 억눌리며 약탈당해 온 것, 곧 죽임 당해 온 것을 말합니다.

생명은 자연적인 죽음과 맞서 있는 것이 아닙니다. 본디 생명이란 태어나고 살고 죽고 다시 태어나는 처음도 끝도 없는 무궁한 활동을 말합니다. 생명은 자연적인 죽음 말고 인위적인 죽음과 맞서 있는 것입니다. 전쟁터에서 폭탄으로 죽이는 빠른 죽임만이 죽임이 아니라 중금속이 든 배추를 매일 조금씩 먹여 죽이는 느린 죽임도 틀림없는 죽임이며, 끝없는 구박과 차별로 사람의 자유롭고 발랄한 천성을 주눅 들게 하는 것도 명백한 죽임입니다. 생명이 본디 음-양이 고르게 순환하고 살아 뛰며 서로 함께 하나로 아우러져 살고 신령스러우며 자유롭게 활동하는 것이라면, 음-양을 위-아래로 갈라 순환을 가로막고 가두어 놓아 굳어지게 하며 서로 따로따로 헤어지도록 분단하여 서로 싸우게 하며, 천대하고 차별하여 먹을 것을 빼앗고 억눌러 자유롭지 못하게 하는 일체의 행위는 생명 곧 참삶을 죽임이요, 그것에 굴복하여 종처럼 그저 목숨만 붙어 헐떡이는 삶도 참삶이 아니라 참삶을 죽임이며, 죽임으로써 사는 삶인 것입니다. 따라서 인위적인 죽임에 맞서 생명의 본성을 회복하려는 행위는 당연히 인위적이고 자각적이며 조직적이고 총체적이되 반드시 일상적이고 구체적이어야 합니다.

인위적인 죽임 곧 생명 파괴는 선천 시대의 역사적 한계와 제도 및 전체 문명의 결과입니다. 그러므로 여자가 그토록 오래고 끔찍하고 한 깊은 죽임으로부터 자기 생명을 해방하는 일은 그리

쉽게, 그리 한 부분만으로, 그리고 남자를 원수로 돌리는 식으로 해결될 수는 없는 것이며, 선천 시대의 역사적 한계와 제도 및 전체 문명이 강요하는 죽임으로써 사는 삶 전체에 의연히 맞서 '음'과 '양'을 전면적으로 고르게 하며 생명의 본성에 따라 살고자 하는 인위적이고 적극적인 생명운동, 인내천 혁명, 후천개벽을 통해서만 비로소 가능합니다. 오늘날 온 세상을 휩쓸고 있는 불안, 불신, 부패, 배신, 소외, 차별, 고문, 빈부 격차, 약탈, 폭력, 거짓, 억압, 착취, 분단, 세뇌, 학살, 질병, 공해, 전쟁, 핵과 같은 온갖 종류의 생명 파괴, 죽임에 맞서 참된 삶, 싱싱한 삶, 아름다운 삶, 자유로운 삶, 화목한 삶을 살려는 민중적인 개벽 운동, 생명운동에 앞장섬으로써만 여성은 뿌리에서부터 참되게 해방될 것입니다.

선천 시대에 가장 참혹하게 죽임 당해 온 사람은 여자올시다. 그러기에 여자는 후천개벽에 가장 앞장설 수 있는 사람입니다.

그러나 여자만이 죽임 당해 온 것은 아닙니다. 이름 없고 힘없는 수많은 민중이 죽임 당해 왔습니다. 그렇기에 여자는 이 모든 민중과 더불어 사는 개벽 운동을 통해서 비로소 참으로 해방될 수 있습니다.

후천개벽, 생명운동은 모든 민중이 다 함께 하되 여자가 먼저 힘차게 시작할 것입니다. '음'이 '양'에게 눌려 있는 곳에서 '음'과 '양'을 고르게 하려면 의당 '양'을 누르고 '음'을 올려야 하기 때문에.

실제로 오늘날 우리 사회에서도 모든 계층, 모든 종류의 사람들이 잠재적으로 신선한 생명운동의 커다란 물결이 다가오기를 기다리고 있습니다. 그러나 어떤 사람들도 여자들만큼 그 기다림이 길고 오래고 끈질기지는 못할 것입니다. 여자가 도대체 뭡니까? 인류의 반 아닙니까? 이 인류의 반이 뭡니까? 생명을 몸소 낳는 출산자요, 기르는 양육자요, 감싸는 보호자요, 가르치는 교육자요, 식구를 질긴 동아리로 만드는 매개자요, 어머니로서 온 가족의 위안자, 온 가족의 마음의 안식처가 되는 수렴자일 뿐만이 아니라, 남자의 벌이가 시원치 않을 때는 맞벌이로, 아주 영 시원치 않을 때는 몽땅 가로맡아 생계를 꾸려 나가는 생명의 병참 사령관 아닙니까? '살림' 곧 '살리는 일'이 바로 여자의 일이요, '살림살이' 바로 '살리는 일을 자기 삶으로 사는 것'이 바로 여자이니 생명운동이 곧바로 여자의 일 아닙니까?

사람의 깊은 심리 속에서 뿌리 깊이 움직이는 생명의 본성과 생명의 고향으로 돌아가려는 근원적인 생명 활동은 흔히 어머니 또는 여자에 대한 깊고 심각한 감정 복합의 모습을 보여 준다는 것은 널리 알려진 일입니다. 그리고 이것은 단순히 한 사람의 심리적 차원뿐만이 아니라 인류 문명 전체와 깊은 관련이 있어서, 사람의 기울어진 사회 의식에 균형을 주거나 병든 문명을 근본적으로 치료하는 데에 여자의 생명운동 역할, 후천개벽 역할이 중요함이 다시 한 번 강조될 수밖에 없습니다. 여자는 사람의 삶을 지탱시켜 주는 대지와 풍요한 생산과 온갖 문화 창조의 표상으로 '생명'의 동의어라고까지 말할 수 있습니다. 더욱이 여자는 가정에서 하는 어머니의 노릇, 온갖 가사 노동, 갖은 주부 노동에다가 고된 생계 노동까지 하는 농촌에서나 도시에서나 가장 고달픈 밥벌이 노동자이며 동시에 출산이라는 어렵고도 괴로운 일을 떠맡고 있는 노동자 중의 노동자 아니겠습니까?

그럼에도 불구하고 변함없이 이 세상의 맨 밑바닥 천덕꾸러기가 되는 것이 여자올시다. 성차별, 가부장제, 온갖 낡은 관습과 구조들이 그 생명을 깎아먹고 물건처럼 다루고 억누르고 묶으며, 또 임신중절, 출산 같은 일들과 관련된 갖은 약물 복용과 수술 처리 따위가 그 생체를 파괴하고 기형화하며, 남자들의 성도락의 노리개로 그 정신과 몸이 무너지고 부서지며, 사회적 천대 속에서 깊은 열등의식과 운명론에 짓눌려 열 겹, 스무 겹, 서른 겹, 마흔 겹으로 '죽임'당하고 있는 것이 바로 오늘의 여자들입니다.

그처럼 생명을 낳고 기르고 먹이고 감싸면서도 그 자신은 별 볼 일 없이 짓밟혀 사회적으로나 역사적으로나 모든 사회, 모든 문명의 밑바닥에서 시들어 가는 생명이 여자들이라면, 여자들이야말로 바로 그 점 때문에도 생명운동의 가장 힘찬 전위적 활동가요 후천개벽과 인내천 혁명의 정열적인 주체가 될 것입니다. 여자들을, 플라스틱 상품처럼, 망가진 물건처럼 천해진 생명, 그래서 마구 함부로 깎아먹어도 팔아먹어도 죽여도 좋은 것으로 생각되는 생명, 인간 생명, 민중 생명을 거룩한 '한울님'으로 드높이는 인간의 사회적 성화에 앞장서서 생명을 천대하고 억누르고 죽이는 선천의 문명을 거절하고 모든 민중의 참생명을 회복함으로써 자신들의 생명을 거룩하게 드높이는 진정한 해방에 이를 것입니다.

그것은 사실 엄청난 일이지만 처음부터 엄청난 일이 결코 아니며 또 그래서도 안 될 것입니다. 오히려 사소한 나날의 문제, 자기 자신의 전체 역사적 처지, 가족의 생활 속에서부터 시작해야 할 것입니다. 밥 먹는 일, 옷 입는 일, 살림 사는 일에서 개벽이 시작되는 것이지, 어디서 난데없이 우당탕 쿵쾅 터지는 것이 개벽이 아닙니다. 생명운동은 구체적인 삶 속에서만 제 놀이터를 짓기 때문에. 생명운동은 우선 여성 농민들의 경우에는 서로 단합하여 도시 여성 소비자들과 연락을 취하며 자연 농법에 의한 농산품 재배를 협업으로 해내는 농민운동으로부터, 도시 여성의 경우에는 가족의 밥상에서 공해 식품을 몰아내고 건강한 자연식품을 농민들과 연락하여 집단적으로, 지속적으로, 공동으로 사들이는 운동으로부터 시작할 수 있을 것입니다. 그것이 바로 후천개벽입니다. 농약 공해, 식품 공해란 오늘날 세계를 휩쓰는 선천 문명 자체이기 때문에.

생명의 본성에 따라, 사회 공동체와 맺은 깊은 연관 관계 위에서 가족공동체를 재건하며, 가정의 어머니 역할, 주부 노동, 가사 노동에 대한 평가를 근본적으로 변화시키며, 사회 속의 여성 노동 평가와 처지를 변화시키고, 생명의 출산자, 양육자, 보호자로서 자기가 맡고 있는 생명 활동에 관한 모든 몫을 철저히 생명의 세계관 위에서 스스로 다시 평가하고, 그 가치를 사무치게 인식하며, 모든 민중들의 운동과 손잡고 온 세상이 그 가치를 똑똑히 다시 알고 그 평가를 근본적으로 바꾸도록 하는 운동을 끈질기게 벌이는 것으로부터 시작할 수 있습니다. 그것이 곧 후천개벽입니다. 선천 문명의 가장 큰 특징 하나가 여자 노동과 이 세상에서의 여자의 역할에 대한 업신여김이요 천하게 여김이기 때문에.

요즈음의 온갖 옷가지들이나 생필품, 가구와 기구가 어떻게 사람의 건강한 정신생활과 몸의 건강, 혈액순환, 신진대사, 피부위생, 발육 및 생기 있는 활동을 파괴하고 가로막고 병들게 하고 있는가, 지금 살고 있는 집 구조나 동네 분위기, 난방과 냉방이 어떻게 생명을 기형화하고 있는가 하는 것들을 여러 여자 모임, 부인회, 부녀회를 통하여 또는 이웃끼리 모여 집단적으로 의논하고 그 대책을 짜내며 그것을 어떻게 해결하고 해결하는 데에는 다른 민중 단체, 민중운동과 어떤 연관을 가질 것인지를 결정하여 그것을 계속해서 실천하는 것으로부터 시작할 수도 있을 것입니다. 그것이 후천개벽입니다. 우리가 쓰고 입고 살고 있는 옷, 집, 가구, 기구 따위가 비싸거나 싸거나, 새것이거나 낡은 것이거나, 많거나 적거나, 크거나 작거나 어떤 것이거나를 물을 것 없이 생명을 파괴하는 기능을 분명히 갖고 있기 때문에.

그러나 무엇보다도 중요하고 우선적이며 심각하고 강력한 여자들의 생명운동은 여성 농민, 여성 근로자, 서비스 부문 여성들의 생활임금과 적정한 농산품 가격들을 포함한 모든 인권과 기본적인 생존권을 보장받으며 산업재해와 초과 노동과 약물 피해와 부당 해고, 기숙사 및 거주 지역의 온갖 열악한 위생 문제, 불결한 식사 등에 의한 생명 파괴, 그 죽음으로부터 살아나기 위한 전면적인 생존 협동 운동의 확대일 것입니다. 그것은 가장 날카로운 후천개벽의 실천입니다. 무수한 여성 근로자, 여성 농민, 서비스 부문 여성들의 고달픈 노동과 생명의 파괴는 선천 문명의 존립 근거 자체이기 때문에.

여자들의 이러한 개벽 운동 시작이 생명에 대한 여자들 스스로의 깊은 관심으로부터 지혜로우면서 결코 포기하지 않는 생명성 있는 방법, 예컨대 수동적 적극성과 같은 유연한 방법으로, 분단으로 죽임 당하고 있는 이 땅의 어디서부터라도, 아무리 조그맣게라도 시작만 된다면, 그것은 죽임 당하는 모든 민중, 모든 민족들 속에 요원의 불길처럼 번져서 오만 년 후천개벽이 지금 여기 우리 자신 속에 참생명의 싱싱한 회복으로 호호탕탕하게 물결칠 것이며, 여성이라는 만년나무에 해방이라는 천 떨기 꽃이 눈부시게 만발하는 춘삼월 호시절이 내일이 아니라 바로 이곳의 오늘이 될 것입니다. 그것은 곧 민중 해방이요 민족통일이며 인간의 사회적 성화의 성취일 것입니다.

그리고 이때 강일순 선생이 전주 변두리 김 주보의 주막에서 주보의 아내더러 '여장군'이라 부른 뜻을, 그리고 부엌 바닥에 쪼그리고 앉은 모든 천덕꾸러기 여편네들을 후천개벽의 '여장부'라고 부른 말의 참뜻을 머릿속에서가 아니라 눈으로 똑똑히 보게 될 것입니다.

1984년 11월

살림굿과
여자 지위

살림굿과 여자 지위

한 남편이라는 사람이 제 집에 한 손님이라는 사람을 청해 놓고 제 아내라는 사람을 떠억하니 소개해 가로되, "우리 집 부엌데기요."

흔한 일입니다. 물론 우스갯소리일 수도 있겠지요. 그러나 이 말 속에는 동양 서양을 물을 것 없이 매한가지로 여러 천 년을 내려오며 여자를 천하게 여기는 생각과 함께 부엌일 또한 천하게 여겨 버릇한 오랜 생각이 들어 있음이 틀림없습니다.

이산가족 찾는 텔레비전에 '이부엌순', '김부엌순', '박부엌네', '서정지', '한국쑨네', '최국쑨네', '밥푼네', '주걱네', '구둘레', '마당순', '뒷방순', '후방순'에다가 '바가지' 같은 여자 이름들이 줄지어 나타나는 것만 봐도 틀림없습니다.

그러면 부엌일이라는 것이 정말로 천한 것일까요? 이 세상에서 참으로 고귀한 것, 거룩한 것은 그러면 무엇일까요?

잘 아시다시피 이제까지의 모든 사람 세상, 곧 선천 시대에서 가장 고귀한 것, 가장 거룩한 것은 제사라 일러 왔습니다. 하늘과 귀신에게 고상하고 장엄하게 제사 지내는 것이 가장 거룩한 것이고, 부엌에서 밥 짓고 국 끓여 먹는 일이 제일 천덕스럽고 상스러운 짓인 것으로 통해 왔습니다. 하늘, 영혼, 귀신, 정신, 종교, 정치, 문화—이런 것들은 거룩한 것이니 제사 지내는 일과 제사 지내는 사람 곧 사제는 귀하고, 땅, 육체, 사람, 물질, 세속, 민중의 의식주 생활, 노동 활동—이런 것들은 상스러운 것이니 밥 짓는 일과 밥 지어 먹이는 사람 곧 부엌데기는 천하다, 이렇게 되어 왔습니다.

그러나 이것이 옳은 일일까요? 제사는 귀신에게 밥을 먹이는 일이요 식사는 사람에게 밥을 먹이는 일이니 귀신이나 사람이나 밥 먹기는 매일반이요, 사제나 여편네나 밥 먹이기는 매한가지인데 어째서 한 사람은 고귀하고 거룩한 분이 되고 한 사람은 천하고 상스러운 부엌데기가 됩니까?

선천 시대에는 사람과 귀신, 땅과 하늘이 서로 다를 뿐 아니라 서로 맞서 있어 사람 위에 귀신이, 땅 위에 하늘이 거만하게 버티고 앉아 다스린다고 생각했었습니다. 그러나 사실은 그와 달라서 사람도 귀신도 땅도 하늘도 다 같이 처음도 끝도 없이 무궁무궁하게 나고 자라고 시들면서 창조적으로 돌고 돌아가는 한울 또는 우주 곧 하나의 큰 생명인 것입니다. 이 큰 생명, 이 큰 우주에서 본다면 땅이 곧 하늘이요 하늘이 곧 땅이며, 사람이 바로 귀신이요 귀신이 바로 사람입니다. 다 하나요 똑같은 한울입니다. 그래서 사람이 한울입니다.

사람이 한울을 섬긴다는 것은 자신 속에 그 큰 생명이 살아 계심을 사무치게 깨달아 알고 그 생명의 본성품에 돌아가 그 성품대로 살아서 무궁한 우주만큼 스스로 해방되고 넓어지게 되는 것을 말함이지 저 퍼어런 하늘 어디쯤인가에서 내려다보고 있는 거만한 하느님에게 무릎 꿇고 절한다는 것이 전혀 아닙니다. 한울님 곧 넓고 넓은 우주 생명과 사람이 완전히 하나가 되려는 것이 제사이기 때문에.

사람이 귀신에게 빌고 밥을 바친다는 것은 자신 속에 살아 계신 산 귀신에게 밥을 먹여 더 기운차게 일하고 더 신령스럽게 됨을 말하지, 허깨비와 우상에게 밥을 빼앗기는 짓거리가 결코 아닙니다. 후손의 마음에, 생명 속에 살아 계신 대대의 조상 귀신을 기리며 잊지 않으며 후손이 더 창성하도록 빌어 삶과 죽음을 넘어 한 생명 안에 후손과 조상이 서로 끊어지지 않음으로써 이녁의 짧은 한평생을 넘어 영원한 생명의 지속에 이르려는 것이 제사이기 때문에.

그래서 동학의 최시형 선생은 조상 제사 지낼 때는 멧밥을 지방 놓는 벽 쪽에 놓지 말고 상제 앞에 놓고, 상제 자신을 향해 합장하고 이녁 속에 살아 계신 조상 귀신에게 빌라고 말씀하셨습니다.

최시형 선생은 또 이런 말씀도 하셨습니다.

"제사보다도 하루 세끼 밥때 이녁 안에 모신 한울님께 거룩한 마음으로 정성스럽게 '밥 먹는 고백'을 하옵소서."

"밥 짓고 밥 먹는 일이 가장 으뜸가는 제사이니 지성으로 하옵소서."

"방아 찧으러 갈 때 '방아 찧으러 갑니다' 하고, 깨끗이 다 찧은 뒤에 '벼 몇 말 찧었더니 쌀이 몇 말 몇 되 났습니다' 하고, 쌀 그릇에 넣을 때에 '몇 말 몇 되 넣습니다'고 하옵소서."

"밥 지을 때에 새 물 길어다가 쌀 다섯 번 씻어 앉히고, 밥해서 풀 때에 국이나 장이나 김치나 한 그릇 놓고 이녁 안에 모신 한울님께 극진한 마음으로 '밥이 다 되었으니 이제 밥상을 차려 식구들과 함께 먹습니다'라고 하옵소서."

"금이 난 그릇에 먹지 말고 이 빠진 그릇에 먹지 말며 살생해 먹지 말며 세끼 음식을 부모님 제사와 똑같이 받드옵소서."

"먹던 밥 새 밥에 섞지 말고 먹던 국 새 국에 섞지 말고 먹던 김치 새 김치에 섞지 말고 먹던 반찬 새 반찬에 섞지 말고 먹던 밥과 국과 김치와 반찬 따위는 따로 두었다가 시장하거든 먹되 고백하지 말고 그저 '먹습니다'고만 하옵소서."

"밥 한 그릇이 '천지 이치를 다 깨달음'이니, 우리 동학의 기본이 천지 부모를 섬김에 있는데 천지가 곧 부모요 부모가 곧 천지라 '밥 먹는 고백'은 바로 살아 계신 천지와 부모를 섬기는 것과 똑같은 이치인 까닭에 밥을 귀하게 알고 고백을 정성으로 하면 삼재를 모두 면하고 진리에 속히 도통하여 한울을 이루어 전염병이나 감기나 온갖 나쁜 병들과 학질과 배앓이와 고뿔도 아니 하오며 간질과 중풍, 대풍이라도 나오리니 부디 정성스럽게 공경하고 믿어 고백을 하옵소서."

제사와 식사는 서로 다른 것이 아닙니다. 하물며 제사가 식사 위에 버티고 앉아 거만을 떨며 사람이 먹을 밥을 빼앗아 가며 그러고도 도리어 '천하다, 상스럽다'고 내리여기는 것은 진실에 어긋나는 큰 잘못입니다.

제사는 곧 식사요 식사는 바로 제사입니다. 극진한 마음으로 날마다 밥을 짓고 날마다 밥을 먹으며 정성스럽게 고백하는 것은 자신 안에 모신 천지 곧 우주 생명을 섬기는 일이요 자신 안에 살아 계신 부모 곧 모든 조상 귀신에게 밥을 대접하여 일 년 열두 달 하루도 빠짐없이 매일 매 시간 드리는 이 세상에서 가장 지성스러운 제사올시다. 매일 매 시간 밥 한 그릇 앞에서 천지 이치를 깨치는 뛰어나게 거룩한 제사올시다.

그러니 부엌일이 거룩하지 않을 수 있겠으며 부엌데기가 고귀하지 않을 수 있겠습니까? 부엌일은 이 세상에서 가장 고귀한 제사이며 부엌데기는 이 세상에서 가장 거룩한 사제인 것입니다.

금 간 그릇, 이 빠진 그릇을 써도 안 되고 새 밥에 먹던 밥을 섞지 말아야 한다는 것도 이 일이 그처럼 거룩한 생명의 예절이요 한울님의 사업이기 때문이겠지요.

도대체 밥을 먹지 않고 살 수 있는 사람은 이 세상에는 하나도 없습니다. 귀신도 밥을 먹어야 사는데 하물며 사람이 밥 안 먹고 살겠습니까? 재벌 총수도 장군도 박사도 천재 예술가도 밥 안 먹고는 재벌 총수 노릇도 장군 노릇도 박사 노릇도 천재 예술가 노릇도 아예 못합니다. 성미 고약한 놀부도 밥 안 먹고는 놀부 짓을 못합니다. 매일 먹는 그 밥이 사람의 목숨 보명에서부터 삶 전체와 온 세상과 천지자연의 심오한 이치에 이르기까지 그 복판을 꿰뚫는 생명의 진리임을 새까맣게 잊어 먹고, 영성입네, 실존입네, 종교네, 문화네, 예술이네 하고 똥폼 잡고 자빠져서 밥을 우습게 아는 사람이 있다면 어물전 팔아 꼴뚜기 장사 나서는 격이요, 등잔 밑이 어두울 정도를 지나 대낮의 도깨비라 하겠습니다.

밥을 못 먹으면 모든 사람이 다 주걱에 붙은 밥풀 한 알 더 얻어먹자고 더 때려 달라 뺨 들이대는 흥부처럼 되는 법입니다.

굶고 살던 흥부가 밥을 보자 하늘에 오른 듯 신명 내는 모양을 한번 봅시다.

"여보소, 마누라! 아따, 쌀과 돈이 이렇게 많이 나왔는듸 우리 굶주리던 판에 밥 좀 우선 해 먹고 박을 타도 타자. 배가 고파서 살 수가 없다. 자, 우리 권속이 모두 몇이냐? 자식들이 아홉, 우리 내외 모두 도합이 열하나로구나. 여태까지 거 굶주리다 한 사람 앞에 쌀 한 섬 밥 못 먹겄느냐? 쌀 열한 섬만 갖다 해 보자!"

"동네 가마솥을 쫓아다니면서 꼬두밥 찌듯 쪄 놓고 흥부 자식들이 지게발대를 짊어지고 '밥 지러 가자', 우! '엣 뜨거라! 이놈의 것', 끙! '밥 지러 가자', 우! '엣 뜨거라! 이놈의 것', 끙! 어찌 져다 잔뜩 쌓아 놨던지 밥 무더기가 삼간 집채만 하니 져다 부어 놓고 흥부가 명령을 내리는듸, '네 이놈의 새끼들, 애비 명령 떨어지기 전에 밥 한 알이라도 모르게 먹어서는, 이놈들, 밥으로 목을 베리라! 네 이놈들, 밥 먹어라!', '예이!' 군율이 꽉 째였것다."

"흥부 자식들이 달려들어서 밥을 와삭와삭 와삭와삭 누에가 한밥 색이듯 퍼먹고 있을 적에 흥부 마누라, '여보 영감, 어서 영감도 밥 자시시오', '아니 나는 저렇게 자식들처럼 무식하게 먹을 게 아니라 나는 밥 속에 가서 드러누워서 좀 먹을란구마.' 흥부가 밥을 먹는듸, 밥을 뭉쳐서 초라니 줄방울 던지듯 공중에다가 딱 던져 놓고, 내려오는 놈을 두꺼비 파리 채듯 하는듸 밥 먹는데도 장단을 다르르르 말아 놓고 밥을 먹던가 보더라."

"흥부가 밥 먹는다. 흥부가 밥 먹는다. 흥부가 밥을 먹는다. 뚝, 딱, 뚝, 딱, 뚝딱 뚝딱 뚝딱 뚝딱 뚝딱. 뭉쳐 가지고 '올라가거라' 딱. 흥부가 밥 먹는다. 흥부가 밥 먹는다. 흥부가 밥을 먹는다. 뚝딱 뚝딱 뚝딱 뚝딱. 뭉쳐 가지고 '올라가거라' 딱, 딱. 던져 놓고 받아먹고, 던져 놓고 받아먹고, 던져 놓고 받아먹고 던져 놓고 받아먹고 아이고, 어찌 밥을 많이 먹어 놨던지 흥부가 밥을 먹다 죽는다."

무슨 생과자 썹는 것도 아니고 집 짓는 것도 아닌데 웬 '와삭와삭, 뚝딱 뚝딱'입니까? 그러나 흥부 밥 먹는 것이 생과자 씹는 일이나 집 짓는 일보다 훨씬 더 신명이 납니다.

신명은 다른 말로 생명이기도 합니다. 그러나 바로 밥이 억눌리고 막혔던 생명을 그 생동하는 본성품대로 호호탕탕 물결치게 하여 하늘에 오른 듯 신나게, 그러니까 '신령스럽게' 만드는 셈이지요. 밥을 먹고 '신명이 나서', '정신을 차린' 흥부, 그러니까 유식한 문자로 '영성이 충만한' 또는 요즘 흔한 말로 '해방된' 흥부가 덩실덩실 '춤을 추고 놀며 노래 부르는', 그러니까 요즘 젊은이들이 흔히 노는 그 '굿' 곧 '제사'를 지내며 잦은 중중모리로 부르는 밥타령을 다시 들어 봅시다.

"밥 먹은께 좋다, 밥 먹은께 좋다. 수인씨 교인화식 날 두고서 생겼나, 밥 먹으니 좋다. 얼씨구나절씨구, 만승천자라도 밥이 가장 큰일이라 밥이 아니면 살 수가 있나. 얼씨구나 좋구나."

흥부는 밥을 먹고 천지 이치를 다 깨닫고 생명을 회복하고 신령하게 되고 해방된 것입니다.

과연 최시형 선생 말씀처럼 밥 한 그릇이 바로 '천지 이치를 다 깨달음'입니다. 그리고 생명입니다. 그래서 '밥이 한울이다'라는 말이 나온 것입니다. 그러니 부엌일은 참으로 거룩한 제사요, 부엌데기는 이 세상에서 가장 고귀한 사제가 아닐 수 없습니다.

또 부엌일, 밥 짓는 일, 밥 먹이는 일, 밥 먹는 일은 죽어 가는 생명을 살리는 일, 신통한 의술이요 신령한 부적입니다. 그래서 '활인부'입니다. 사람 살리는 부적이지요.

사람의 몸과 마음이 병들거나 죽어간다면 그것은 본디 돌고 돌게 되어 있는 생명이, 기운이 어디에서 무슨 까닭에서든지 막혔기 때문입니다. 세상이 어지럽고 살기 어렵다면 그것도 마찬가지로 본디 서로 어우러져 도우며 서로서로 나누며 살게 되어 있는 세상 생명이, 세상 기운이 어디에서 무슨 탈이 나서든지 잘리고 억눌리고 막혔기 때문입니다. 자연이 황폐하고 우주의 절기가 뒤틀려 이변이 꼬리를 문다면, 매한가지로 그것도 사람과 짐승과 풀 나무와 흙과 물과 공기 사이에 본디 서로 의지하여 함께 살도록 되어 있는 우주 생명이, 우주 기운이 어디에서 무슨 잘못에서든지 깨지고 일그러지고 막혀 음양 운행이 잘못된 탓입니다.

의술이다, 기도다, 참선이다, 제사다, 부적이다, 개혁이다, 혁명이다 하는 것들은 정도와 내용의 차이는 있겠으나 본디는 대체로 다 이 막힌 것을 뚫어 주어 생명이 제 본성품대로 싱싱하게 돌고 돌아가게 하는 일입니다. 세상에서 제일 귀한 일이 활인 곧 사람 살리는 일이지요. 그래서 모든 사람이 그것들을 귀하게 알고 대접하지요. 또 그래서 그런 일 한답시고 나선 사람들이 스스로 거룩한 체 고귀한 체 거드럭거렸던 것입니다.

그러나 선천 시대에는 그것들이 본디부터의 제 일을 하는 것이 아니라 도리어 생명의 본성적인 활동을 막거나 막히게 하여 병들게 하고 죽이는 일을 해 왔습니다. 그래서 동학은 선천 종교, 선천 사상, 선천 정치에 의지하지 않는 후천개벽으로써 막히고 막힌 생명 활동을 참으로 새롭게 뚫어 주고 본바탕부터 풀어 주어 중생을 온전히 살리고자 했습니다. 그러나 고귀한 어떤 사람이 가로맡고 나서서 그렇게 뚫어 주는 것이 아니라 천대받고 고통 받는 사람이 스스로 뚫고 나가고 병들고 굶주린 사람 스스로 제 몸의 오랏줄을 풀고 나가게 했습니다. 사람이 스스로 막힌 것을 뚫어서 제 생명을 본디대로 싱싱하게 돌게 하고 세상 생명을 돌아가게 하는 방편 가운데 하나가 부적입니다. 활인부 또는 영부입니다. 사람 살리는 부적이요 신령한 부적이니 곧 세상에서 가장 고귀한 것이겠습니다.

최제우 선생이 1860년 음력 4월 5일 상오 11시에 천지 이치를 크게 깨닫고 한울의 소리를 들었을 때에 한울은 말하기를, "너에게 주문과 영부를 줄 터이니 주문으로 모든 중생이 스스로 깨쳐 다 나와 똑같이 되게 하고 영부로 모든 중생이 스스로 제 병을 고쳐 다 불사장생하게 하라"고 했다 합니다. 곧 한울이 준 사람 살리는 방편을 모든 사람이 스스로 제 막힌 데를 뚫음에 쓰는 것이니, 바로 사람 스스로 한울님 사업을 진행하는 것인지라 이야말로 세상에서 제일 거룩한 일이요 거룩한 물건이며 거룩한 사람들이라 하겠습니다.

또다시 한울은 말하기를, "영부의 모양은 궁궁이니 태극과 같고 그 이름은 선약이다"라고 했다 합니다. 궁궁이란 안과 밖, 음과 양, 넋과 몸, 물과 불이 서로서로 맞물고 무궁무궁토록 끊임없이 돌고 돌아가며 창조적으로 확장하고 창조적으로 수렴하면서 처음도 끝도 없이 움직이는 무변광대한 우주 만물의 운동이니 곧 생명이요, 이 생명이 바로 사람 살리는 만병통치약이란 말인 것입니다.

먼저 '시천주 조화정 영세 불망 만사지'의 주문을 성심으로 외며 이녁 안에 모신 한울님께 기도하여 정신이 집중되면 흰 종이 위에 붓으로 궁궁 모양으로 움직이는 제 마음 자취를 무심중에 칩니다. 다음엔 그렇게 그려진 부적을 불에 태우고 태운 재를 맑은 물에 띄워서 마십니다.

그리고 다시 주문을 외고 붓으로 종이 위에 부적을 치고 불에 태워 물에 띄워서 마시고 또 주문을 외고, 이리 거듭하면 온갖 병이 다 낫고 삶에 의욕이 생기고 세상 사람과 천지자연이 다 부모 형제처럼 가깝게 느껴진다 합니다. 최제우 선생은 그 경지를 이렇게 읊었습니다.

"그럭저럭 먹은 부가 수백 장이 되었더라. 칠팔 삭 지내나니 가는 몸이 굵어지고 검은 낯이 희어지네. 어화, 세상 사람들아, 선풍도골 내 아닌가. 좋을시구 좋을시구 이 내 신명 좋을시구. 불로불사하단 말가. 만승천자 진시황도 여산 밑에 누워 있고 한무제 승로반도 웃음바탕 되었더라. 좋을시구 좋을시구 이내 신명 좋을시구. 영세무궁하단 말가. 좋을시구 좋을시구, 금을 준들 바꿀소냐 은을 준들 바꿀소냐. 진시황 한무제가 무엇 없이 죽었는고, 내가 그때 났었더면 불사약을 손에 들고 조롱만상하올 것을 늦게 나니 한이로다. 좋을시구 좋을시구 이 내 신명 좋을시구."

이러한 치유의 기적과 정신의 변화가 최제우 선생 한 사람에게만 일어난 것은 아니었습니다.

방방골골의 천대받고 고통 받는 사람들 속에서 일어나, 낫 놓고 기역 자도 모르는 까막눈도 붓을 들어 부적을 치면 사람들이 왕희지 글씨인가 의심을 내고, 입을 열어 소리 높이 주문을 외면 천덕꾸러기 나무꾼 앞에 모든 사람이 머리를 숙이며, 가난한 농투성이가 석숭의 재물이 부러울 것 없고, 무식한 머슴이 사랑의 총명이 아쉬울 것 없고, 햇볕에 새까맣게 그을린 사람들 얼굴 모양이 환골탈태하여 신선이 내려온 듯하며, 오랜 병에 찌든 사람들이 '약을 쓰지 않고서도 저절로 거뜬히 나아서' 화타 편작의 이름을 싹 잊어버리는 판국이었습니다. 이른바 인간 해방의 시작이요, 죽임 당하는 생명의 소생입니다. 온갖 막힌 것, 억눌린 것, 죽임 당하는 것을 뚫고 이 세상에서 가장 거룩한 일, 사람 살리는 일, 세상 해방하는 일 곧 활인이 이루어지는 것입니다. 활인이 이루어지면 그것이 곧 한울 세상이요, 소생된 생명, 해방된 사람이 곧 한울님이니 바로 다름 아닌 후천개벽의 시작입니다.

그런데 이리 부적을 먹고 일어난 생명의 소생을 흥부는 밥을 먹고 얻었습니다. 최제우 선생에게 불사약 곧 생명의 약이었던 부적이 흥부에게는 밥이었습니다. 최시형 선생은 밥이 곧 한울이요 생명이니 밥을 경건한 마음으로 먹으며 밥 먹는 고백을 성심으로 하면 죽임 당하지 않는 생명을 얻어 한울을 이룬다 했습니다.

부적이란 방편입니다. 최제우 선생이 대구 감옥에 갇혀 있을 때 한 제자가 찾아가 돌아가시기 전에 부적을 영험스럽게 만드는 비결을 가르쳐 달라고 졸랐다고 합니다. 그때 최제우 선생은 노여워하는 얼굴로 "그렇게 성심이 없이 부적을 먹으면 죽는다" 고 말씀했다 합니다. 이 말씀은 분명 부적이 방편임을 뜻하는 것입니다. 그리고 최제우 선생 스스로 밥이 곧 부적이요, 활인부요 영부임을 다음과 같이 에둘러 말씀하셨습니다.

"일일시시 먹는 음식 성경이자 지켜내어 한울님을 공경하면 자아시 있던 신병 물약자효 아닐런가."

'물약자효'란 '약을 쓰지 않고서도 병이 저절로 거뜬히 낫는다'는 뜻이올시다. 그러니 밥이 바로 영부요 활인부요 생명의 약인 것입니다.

'영부'라 할 때 '영'은 눈에 보이지 않는 우주 생명이요, '부'란 그 생명의 자취가 눈에 보이게 나타나는 것입니다.

밥이 곧 영부요 밥이 곧 생명이라고 한다면 그것은 또한 사람 속에 살아 움직이는 눈에 보이지 않는 생명 곧 일할 힘과 일할 뜻이 사람의 움직임 곧 '일'을 통해 밖으로 나가 연장이나 흙이나 볍씨나 풀벌레들과 함께 농사지어 쌀을 키워 내고, 그 쌀을 거두어 물에 씻고 물을 부어 불을 때 가지고 밥을 지어 그릇에 담아 눈에 보이는 생명 활동의 결과요 눈에 보이는 생명력 그것으로 되돌아와 그것을 '밥 먹는 고백'과 함께 밥상에 둘러앉아 여럿이 같이 먹고 다시 눈에 보이지 않는 생명 곧 일할 힘과 일할 뜻이 더욱더 크게 되어 '일'을 통해 더욱더 힘차게 반복 확장해서 밖으로 나가는 그러한 활동이 바로 부적을 치고 마시는 일의 모양과 똑같다는 뜻에서 그렇게 한 것입니다. 왜냐하면 부적을 칠 때의 붓은 일할 때의 괭이나 삽 따위 연장과 같은 것이며, 종이는 흙과 물과 풀벌레 같은 것이요, 그려지는 모양은 쌀과 같은 것이요, 불에 태우는 일은 아궁이에 불 때는 것과 같은 것이요, 물에 띄우는 일은 쌀을 씻어 솥에 넣고 물을 붓는 것과 같은 것이요, 그릇에 담아 꼴을 잡아 마시는 일은 밥 먹는 것과 그 일 모양이나 몫이 똑같은 것이기 때문입니다. 그리고 본디 생명의 움직임은 모든 일, 모든 꼴 속에서 대체로 이와 같은 모양으로 창조하면서 돌고 도는 것이니 막힌 것을 뚫어 생명을 본성품대로 돌고 돌아가게 하는 일, 곧 부적을 침과 마심이 일하고 일해서 얻은 밥을 먹고 다시 일하는 사람의 가장 본성적인 삶 곧 일과 결코 다를 리가 없기 때문입니다.

밥이 곧 영부라고 한다면 밥 짓는 일, 부엌일은 온갖 막힌 것을 뚫어 사람을 살리고 생명을 살려 내는 의사 노릇이요, 사람 세상 모두를 살리는 해방자 노릇이며, 천지 질서를 본디대로 회복시키는 개벽꾼 노릇이고, '밥 먹는 고백'을 지성으로 하면서 성심을 다해 사람에게 식구에게 온전한 밥그릇에 새 밥을 담아 정성껏 먹인다면 바로 한울님 사업을 집행하는 거룩하고 고귀한 사제 노릇이게 될 것입니다. 그리고 그 일은 온갖 모양으로 가로막고 빼앗고 죽여 생명을 억누르는 세간 악마들을 뿌리부터 물리치는 일이니 큰 굿, 개벽 굿, 큰 제사일 것입니다.

부엌일은 생명의 밥을 물 붓고 불 때어서 지어 먹이는 일이니 물과 불의 제사라 불러 마땅합니다. 우주 운동의 가장 근본인 물과 불을 통일하는 제사이니 뜨거운 물의 제사요, 뜨거운 물은 피이니 피의 제사 곧 생명의 제사입니다. 세상의 모든 식구와 자식들을 먹여 살리는 어미의 살림입니다. 그러니 부엌데기는 세상의 어미, 생명의 사제 곧 한울님입니다.

인류는 이 생명의 제사로 살아 왔습니다. 인류의 역사 전체를 통해 어느 한 연놈인들 밥 안 처먹고 산 연놈이 있었습니까? 그러니 사실은 선천 시대 내내 후천개벽과 생명운동은 감추어진 채로 활동이 계속되고 있었던 셈입니다. 밥을 계속해서 먹여 주는 데도 깔보고 업신여기고 천하게 여겼습니다. 후천은 선천 속에 감추어져 있고 선천은 후천 속에 드러난다는 말이 이 말이올시다. 바로 이렇게 감추어진 부엌일의 거룩한 뜻이 분명히 드러나고 천대받았던 부엌데기의 고귀한 몫이 명백히 인정되는 전환이 바로 후천개벽이요, 인내천 혁명이요, 생명운동입니다.

그리고 이 운동은 제일 먼저 부엌데기 자신들이 부엌일의 의미와 가치와 기능과 역할과 본질을 사무치게 깨달아 알아 적극적으로 그것을 널리 알리고 그것을 인정시키고 획득해 내는 실천을 하며 개벽을 위한 모든 민중운동에 스스로 앞장서는 일로부터 시작되어야 할 것입니다.

전체 중생과 여자들의 생존권 보장은 두말할 나위 없이 부엌순이, 죽쑨네, 밥푼네, 주걱네, 구둘례, 뒷방순이, 마당순이, 바가지 따위 부엌일에 대한 천대와 '부엌데기'라는 이름 아닌 이름의 철폐 곧 '주부 노동과 가사 노동에 대한 혁명적인 평가 변화'를 얻어 내는 운동이 그 첫걸음이 될 것입니다. 그러나 이러한 변화를 남편을 상대로 소박하게 요구하는 것은 의미도 성과도 없을 것입니다. 지금 당장 할 수 있는 일은 남편의 사회적 노동의 평가 속에 여자의 주부 노동, 가사 노동에 대한 혁명적 평가 변화가 포함되도록 사회를 상대로 요구하는 일입니다.

그러나 이러한 일이 여자를 다시금 부엌으로 몰아넣어 행주치마에 영원히 묶어 놓으려는 남자들의 '꼼수'가 되어서는 안 됩니다. 가사 노동, 주부 노동의 혁명적 평가 변화는 보다 더 근원적이고 전면적인 여성 노동의 사회적 해방과 반드시 함께 이루어져야 비로소 그 참뜻이 살 것입니다. 이것은 가부장제적 농촌공동체와 산업사회의 핵분열적 공동체를 다 같이 넘어서는 새로운 제3의 생명 공동체에로 사회가 변혁되면서 일관된 생명의 세계관 확립이 이루어질 때 가능할 것입니다. 그러니 여자들은 스스로를 위해서도 이러한 변혁, 이러한 확립을 위한 민중운동에 전위적 활동가로 앞장서야 합니다. 이 운동은 모두 부엌데기들이 앞장서서 하는, 온갖 사람을 살려 내고 온갖 생명을 되살려 내는 큰 제사일 것이니 마땅히 '살림굿'이라 불러야 할 것입니다. 부엌일이 바로 애시당초 사람 살리는 일, 곧 '살림'이기 때문입니다.

'살림', 이것은 '모심'으로부터 시작됩니다. 남녀 간의 '성투쟁'인 '젠더 투쟁'의 유럽 페미니즘이 완전 실패한 뒤, 뤼스 이리가라이Luce Irigaray의 생명과 생활의 성스러움이라는 예수의 겟세마네 테마인 '사크라리온Sacrarion'이 강하게 드러나고, 전혀 반反여성적인 이슬람에서 '재스민 혁명'과 함께 무함마드 성인의 첫 부인의 별명인 '아크발라이 쇼크니아바(어둠 위에 참빛을!)'로 시작된 50년간의 여성 · 아기들의 지하운동이 공개되고 있는 실정입니다. 이것이 곧 후천개벽이고 음개벽입니다.

1985년 2월

4부

생명 사상의 전개

생명 사상의 전개*

김지하 시인과의 대화
묻는 사람 : 신홍범愼洪範

*** 편집자의 말** 김지하 시인은 '생명의 세계관'을 거듭 강조하고 있다. 죽임의 세력들에 의해 모든 생명이 짓밟히고, 찢기고, 부서지고, 죽어 가고 있기 때문에 이 생명을 죽임으로부터 해방시켜 그 본성대로 생명답게 꽃피우게 해야 한다는 것이다. 생명이야말로 가장 존귀한 것이며 시작이요 끝이기 때문에 생명이라는 기초 가치관을 중심으로 모든 것을 총괄적으로, 전면적으로 다시 묻고 다시 대답해야 한다고 그는 말한다.
사상도 생명 현상을 지닌 것이기에 그의 세계관 역시 생성 변화 발전하는 과정을 밟아 왔을 것이고 또한 앞으로도 변화해 갈 것이다. 그의 생명 사상의 씨앗은 언제 어떻게 생성되어 전개돼 온 것인가. 다음의 '문답(인터뷰)'은 오늘에 이르기까지의 김지하 시인의 사상적 모색 과정, 즉 사상적 생애를 알아보기 위해, 그리고 그의 생명 사상에 대한 여러 의문들을 풀어 보기 위해 이루어진 것이다. 그러므로 그에 대해 알아보고 싶은 많은 의문들이 있음에도 불구하고 이 문답은 그의 사상적 전개와 관련된 것들에만 제한되었다. 이 문답에서 그는 전부터도 살아 생동하는 것, 역동하는 것, 뛰뛰는 것, 흐르는 것에 대한 추구가 강했던 만큼 생명 사상에 대한 씨앗을 갖게 된 것은 오래전부터였던 것 같다고 말하고, 다만 자각적인 형태로 그것을 추구하게 된 것은 감옥 생활에서였다고 밝혔다. 김지하 시인과의 이 문답은 1985년 5월 초 원주의 김지하 시인 자택에서 약 7시간에 걸쳐 진행되었는데, 다음은 그 가운데 주요한 것들만을 정리한 것이다.

우리 집안은 기술자 집안

—한 사람의 개인사個人史는 그 자체로서도 흥미로운 것인데, 이 같은 개인사가 사회사社會史와 결합되면 더욱 재미있는 이야기가 되는 것 같습니다. 김 시인의 개인사나 가족사는 그 자체로서도 관심을 끄는 것이지만, 김 시인의 문학을 이해하기 위해서도 알아 둘 필요가 있는 것 같습니다. 가령 『대설大說, 남南』을 보아도 저자의 가족사가 문학적으로 변형되어 나타나고 있는 것 같습니다. 김 시인의 문학적 전개, 사상의 전개와 관련시켜 살펴보기 위해 지난날의 이야기들을 들어 보고 싶습니다. 쑥스러울는지 모르겠지만 우선 친가와 외가의 가족사부터 좀 이야기해 주시겠습니까?

김지하　한 개인의 사사로운 지난 이야기는 되도록 피하고 싶습니다만, 그렇게 구태여 물어 오시니 앞서 『생활성서』나 『신동아』에 이야기한 한도 내에서 이야기해 보도록 하겠습니다. 어렸을 때부터 들어 기억에 남아 있는 것을 말씀드리면, 증조부는 동학을 하다가 돌아가셨고, 조부는 피신을 하고 계시다가 배를 타고 일본으로 가셔서 거기서 재봉틀 고치는 기술을 배워 가지고 왔다고 합니다. 그래서 우리 친가 쪽은 기술자 집안입니다. 전기 기계부속 등을 다루는 기술자 집안인데, 아버지도, 작은 아버지, 큰아버지도 모두가 기술자였지요.

—근거지는 목포였나요?

김지하　원래는 암태도岩泰島인데, 증조부가 무슨 사건이 있어 가지고 거기서 못 살고 자식들을 데리고 뛰쳐나오셨다고 합니다. 자식들 가운데 일부는 그 근처 다른 섬으로 피신을 시키고 큰아들 즉 우리 할아버지를 데리고 전북 줄포로 해서 김제金堤에 눌러앉아 농사를 지으셨는데, 거기서 동학당을 했다고 해요. 할아버지 때 김제에서 법성포로 가서 살다가 목포로 들어간 거지요. 지금도 암태엔 선산이 있고, 다른 섬으로 피신했던 작은아들 쪽이 그 뒤로 암태에 다시 들어가 선산을 지키고 있습니다. 상당히 오래된 이야기인데, 그것이 나에게 무슨 직접적인 영향을 주었다고는 생각되지 않고, 하여튼 친가 분위기는 요즘 흔한 말로 민중적인 분위기였던 것 같습니다.

외가 쪽을 보면 외증조부께서는 천주학쟁이에다 개화당이셨는데, 서울에서 꽤 높은 벼슬을 살았다고 합니다. 당시 천주학도 별로 환영받지 못했던 데다가 개화당을 해 가지고 김윤식金允植 등의 패거리에 섞여 어울리다가 제주도에 귀양 가서 살았다고 해요. 그러니까 그 경우는 유학에다 천주학에다 개화당까지 다 붙어 있었던 거지요. 제주도에서는 원래 이제수 반란이 일어났었고 또한 제주도라는 데가 천주학 개화당을 별로 좋아하지 않는 동네라서 박해를 당했기 때문인지 하여간 외증조부가 돌아가신 다음 외할아버지께서 제주도에서 나오셔서 해남으로 가셨다가 목포로 오셨다고 합니다. 외할머니 쪽은 해남에 사셨지요. 해남은 원래 조선조 말 객주, 물상객주들이 많았던 곳입니다. 중선 배를 이용한 연안 운수업(법성포, 군산, 목포, 해남, 강진, 통영 등의 연안 해운업)이 성행했는데 강진, 해남이 근거지였어요. 지금은 폐항이지만 상공리라는 데가 크게 번창했던 항구였다는데, 외할머니의 아버지 되시는 분이 이곳에서 중선 배를 여럿 가지고 큰 객주를 했다고 해요. 외할머니 집안은 또 골수 불교 집안이었습니다. 친가 쪽을 보면 할아버지가 법성포에서 광주 출입을 하면서 프랑스 선교사를 만나 가지고 천주학쟁이가 됐어요. 아버지, 작은아버지, 고모 등이 다 영세를 받았지만 신통치 않은 천주학이고 별로 나에게 영향을 주지는 못했어요. 친가 쪽의 천주학 분위기는 다니나 안 다니나 한 판이었지요. 시커먼 굴속 같은 아주 어두컴컴한

성당엘 몇 번 갔다가 무서워서 안 가 버린 그런 정도였으니까요. 그러나 외할머니 쪽은 독실한 불교 신자였는데, 지금 생각해 보면 외가 쪽의 분위기를 통해 불교적인 영향을 강하게 받지 않았나 생각돼요.

—친가 쪽의 분위기가 민중적이라고 했는데, 예컨대 어떤 것일까요?

김지하 목포에서 제일 가난한 동네에 살았으니까 그 동네 분위기란 것이 민중적일 수밖에요. 없는 사람끼리 뭐 있으면 서로 나눠 먹고 돈 좀 생기면 우 몰려다니면서 먹거리 타령 하고…… 그렇게 산다는 것 자체가 가장 큰 가치가 되는 그런 분위기지요. 그런 걸 얘기하는 겁니다.

—나신 동네는 어디였습니까?

김지하 목포의 부둣가.

—가족사는 『대설, 남』에서 어떻게 나타날까요?

김지하 그것은 내 개인사의 전개가 아니니까 문학적인 일정한 처리 과정을 거쳐 변형되어 나타날 수밖에 없고, 그러니 곧이곧대로 들을 수는 없는 것이지요.

—형제는 없으셨습니까? 부친의 생업은 무엇이었나요?

김지하 외아들이지요. 아버지는 기술자였고요.

4 · 19가 준 사상적 충격

—김 시인 하면 우선 떠오르는 것 중의 하나가 참으로 오랜 세월에 걸친 옥중의 고난인데, 첫 번째 투옥된 것이 1964년 한일회담 반대 투쟁 때였던가요? 당시의 상황과 그때의 생활 그리고 당시에 많이 생각했던 문제들에 대해 말씀해 주시겠습니까?

김지하 1962년의 한미행정협정체결 촉구 데모에 뒤이은 1964년의 한일회담 반대 투쟁의 시기는 4 · 19혁명으로 표현됐던 민족주의에 대한 관심, 민족문제에 대한 관심, 민족문화에 대한 관심 등이 5 · 16에 복재돼 있다가 다시 부활해 올라온 시기입니다. 민족문화 운동이 판소리, 탈춤, 민요, 전통적인 예술 양식 등에 대한 연구의 형태로 활기를 띠기 시작하는가 하면, 민족주의비교연구회 같은 것이 나타나 1964년의 한일 굴욕 외교 반대 투쟁, 1965년의 한일조약 비준 반대 투쟁으로 발전되었지요. 2년 동안의 요란한 폭풍이 있었어요. 4 · 19는 전 국민적이고 전 세대적인 체험이었고 특히 젊은 세대에게는 보편적인 충격 체험이었기 때문에 그것이 여러 면에 준 충격에 대해서는 더 말할 필요가 없겠는데, 어쨌든 그 후 내가 생각해 왔고 모색했던 여러 민족 예술 문제, 민중예술 문제, 민족통일 문제에 대한 관점들은 4 · 19 이후 1963~1965년 무렵에 싹텄다고 봐야 할 것 같아요. 4 · 19가 5 · 16이라는 어둠을 지나면서 복재돼 있다가 어려운 조건에서 다시 소생돼 나오는 과정은 하나의 역동적인 틀을 갖고 있는데, 이런 어떤 역동적인 틀 같은 것이 나의 문학이라든가 생각, 사상 같은 것에 상당한 영향을 주지 않았나 그런 생각이 들어요. 그래서 예를 들면 「황토길」이 1963년에 쓰여진 것이니까, 이런 시들이 쓰여진 것도 그 무렵이지요. 그 이전의 어렸을 때의 개인적인 체험이 전체 민중적인 체험과 얽혀, 현실에 대한 아픈 느낌이랄까, 실천적인 관심과 함께 어떤 의미를 띠기 시작했다고 말할 수 있겠지요.

—학생 시절에 특히 사상적인 영향을 받은 곳은 있었습니까?

김지하 어떤 선배로부터 영향을 받았다 하는 것은 없었어요. 영향을 주고받았다면 동료들인데, 친구들과의 토론, 대화, 그리고 책, 나 자신의 어떤 생각 같은 것들이 서로 작용했다고 봐야지요.

—시를 쓰기 시작한 것은 언제부터인가요?

김지하 고등학교 때부터지요.

—그때는 주로 어떤 시들을 썼나요?

김지하 잡다합니다. 1963년까지도 여러 가지 경향의 시들을 썼어요. 시집 『황토』에 실린 계열의 시를 썼는가 하면, 아주 극단적으로 형태 실험을 하는 그런 시도 썼고 초현실주의적인 경향의 시도 쓰는 등 여러 계통의, 여러 성격을 가진 시들을 한 시기에 막 썼어요. 잡다한데, 그걸 가려내기란 힘들어요. 어떤 단계에 무슨 작품을 썼고 어쩌고 하는데, 난 그걸 우습다고 생각합니다. 그것은 머릿속에서 다른 사람을 정리하고 싶어 하는 사람들이 하는 소리지, 사람이란 것이 단계적으로 이렇게 저렇게 변해 가는 것은 아니지요.

—서울 문리대 교정에서의 시화전에서 보면 형태 실험도 해 보았던 것 같은데, 예를 들면 시의 행을 바꾸지 않고 사선斜線만 그어 연결해 가는 식의…….

김지하 그런 걸 쓰면서도 거의 같은 시기에 「용당리에서의 나의 죽음」 같은 시도 썼단 말예요. 그때 발표는 안 됐지만 같은 시기에 「산정리山亭里 일기」 같은 시들이 쓰여지고 있었습니다. 당시 누구하고 이야기한 기억이 나는데, 난 그때 시인이 되겠다는 생각은 하지 않았어요. 이것도 해 보고 저것도 해 보는, 마치 그림 그리는 사람이 데생도 해 보고 피카소 식으로도 해 보고 난초도 해 보는 식으로 습작으로 생각했습니다. 그 당시 이미 시인으로서의 틀을 갖추어 가지고 이런 시를 썼다고 하는 것은 훗날 그렇게 보려는 사람들의 얘기지요. 난 그저 습작으로 답답하고 외로울 때 썼던 것이고 시를 쓰는 동안 몰입됐던 것입니다. 그저 이런저런 형식 또는 양식의 다양성을 다 좇아가 보았던 겁니다. 그것이 하나로 묶여지기 시작한 것이 1963, 1964, 1965년 무렵이 아니냐,

이렇게 되는 거지요.

—김 시인의 시 가운데에는 모더니즘의 영향을 받은 것들도 있는 것 같은데, 그것은 자각적으로 받아들인 것인가요, 아니면 그런 양식 실험 과정에서 나타난 하나의 측면에 지나지 않는 것인가요?

김지하 아마 후자 쪽이 가까울 거요.

—다양한 양식 실험을 해 보는 가운데 그것도 하나 끼어들었다는 말인가요?

김지하 그렇지요. 어느 한쪽에 완전히 빠져들어 가 본 적은 없었으니까. 틀림없어요. 글쎄 당시에도 내가 좀 건방졌다고 할까요, 내가 무엇을 창조해야지 어떤 것을 좇아갈 것이 뭐 있느냐 하는 똥배짱이 언제나 있었으니까요. 문학 하는 청년 기질이라 해도 좋고, 돈키호테 같은 대학생 기질 같은 것이 있었으니까요.

—당시 학생운동에는 어느 정도 참가했나요?

김지하 그 무렵 문리대를 중심으로 본다면 민족주의비교연구회가 주축이었다고 할 수 있는데, 나는 거기엔 들어가지 않았어요. 1964년 한일회담 반대 운동에 뛰어들면서, 즉 1964년 5·20 민족적 민주주의 장례식 조사를 쓰면서부터 깊이 개입되었습니다. 1964년 6·3 한일회담 반대 운동 때는 단식연좌투쟁지도부에 있었는데, 이날의 가두 진출 책임을 졌지요. 이후 잠깐 투옥됐었습니다.

—얼마 동안 투옥되었습니까?

김지하 한 4개월 되나요?

—학교 다닐 때 연극도 한 것으로 기억하는데요.

김지하 그랬었지요. 뭐 이것저것 많이 했으니까요. 영화연구반(시네클럽), 연극반, 민속연구회 등 이것저것 많이 했어요. 희곡도 쓰고요.

—학교를 오래 다니셨지요?

김지하 대학 입학 연도에서 졸업 연도까지로 따진다면 7년 반을 다녔지요. 1959년 입학이고 1966년 여름 졸업이었으니까요. 등록을 하다 말다, 떠돌아다니다가 와서는 다시 학교엘 가곤 했어요. 그때엔 8년까지 재입학이 가능했고 몇 년 후까지 복학이 가능했어요.

—떠돌아다니면서 무엇을 하고 지냈습니까?

김지하 그러니까 소위 '박정희 각하'가 얘기했던 '고의적인 장기 학적 보유자'였지요. 그런데 꼭 그럴 의사가 있어서 그랬던 것은 아니고 그냥 등록했다 안 했다 그랬던 거지요. 어디 방랑하다가 돌아와서는 등록하고, 등록 안 하고도 한 학기 계속 수강한 적도 있고요. 그러고도 시험까지 다 쳤는데, 그러나 학점은 안 나왔지요.

—미학과를 가게 된 동기는 무엇인가요?

김지하 미학과는 그때 미술대학에 있었어요. 집에서는 공과대학이나 의과대학을 원했는데, 난 어렸을 때부터 그림 그리기를 좋아했어요. 난 그림이 맞았어요. 그런데 집에서는 원하질 않았습니다. 그림을 그리면 배가 고팠으니까. 그러나 그림을 잊지 못했습니다. 그때 생각으론 대학교수가 되면 안정된 밥벌이가 될 수 있지 않느냐, 내 취미하고도 맞고……라고 생각했지요. 그리고 중학교 다닐 때의 이야깁니다만, 그림을 그려서 여러 번 도道 전람회 같은 데서 입상을 하고 특선을 하고 해서 상으로 『미학개론』을 하나 받았는데(『김태오金泰午 미학개론』), 고등학교엘 가서 그걸 읽어 보니 뭐가 뭔지는 잘 모르겠으나 재미는 있을 거 같더군요. 거기에다 고등학교 한 학년 위의 친하던 선배가 미학과를 가 가지고는 자꾸 미학은 좋은 거다, 재미있는 학문이다 그러는 겁니다. 그래서 외국어로 된 미학 책을 여러 권 사다 읽었고 고등학교 3학년 때 미학과를 가기로 결정했지요. 미학과는 원래 문리대에 속했던 과였기 때문에 4 · 19가 나면서 문리대로 넘겨졌습니다.

4 · 19 후부터 판소리에 적극적 관심

—「오적五賊」이 발표된 것이 1970년이었지요? 매우 긴 담시인데 얼마 동안에 걸쳐 쓴 것입니까? 그 리듬이나 형식이 판소리로 되어 있는데, 판소리에 대해 관심을 갖고 연구한 것은 언제부터였나요?

김지하 사흘 동안에 썼습니다. 판소리에 대해 관심을 가진 것은 대학 다닐 때였습니다. 1963, 1964, 1965년 무렵 조동일 씨, 심우성沈雨晟 씨 등 여럿이 하던 '우리문화연구회'라는 것이 있었어요. 당시는 매우 소수였지만 민요, 판소리, 탈춤, 무속 같은 것에 대한 적극적인 관심이 일어나기 시작했습니다. 학생들이 지금 같으면 마당굿을 하는 '말뚝'이라는 극회를 만들었는데, 연암의 「호질」 같은 것을 각색해 가지고 공연을 하기도 했어요.

—「오적」은 『사상계』가 폐간될 정도로 파문이 컸는데, 당시 그 같은 파장을 예상했었는지요?

김지하 어떻게 예상할 수 있었겠어요. 그런 예상을 하면서 작품을 쓰는 사람은 별로 없을 겁니다. 쓰는 때는 그것대로 몰입되는 거니까요. 정치적으로 비화되는 것은 나로서는 예상할 수 없었던 일이었어요.

—정치적으로 문제가 된 과정은 어땠나요?

김지하 『사상계』에 발표된 후 연행되어 조사를 받았는데, 그때는 일단 무마하기로 됐던가 그랬어요. 그러나 그것이 『민주전선』(당시 신민당 기관지)에 전재됨으로써 폭발했던 거지요. 그

때 국가보안법 위반 혐의로 구속되었지요.

—얼마 동안 구속됐었나요?

김지하 100일, 석 달 열흘.

—그 후 발표된 것이 담시 「비어」였지요? 그때도 그 시가 문제됐었지요?

김지하 1972년 4월이던가, 『창조』지에 「비어」가 실리면서 다시 문제가 되어 가지고 조사를 받았습니다. 그때는 입건은 안 되고 마산 국립결핵요양원에 연금되었어요. 7·4공동성명이 발표되면서 바로 그 며칠 후 풀려났지요.

—「오적」 사건 재판은 어떻게 결말이 났었습니까?

김지하 『민주전선』에 실리면서 폭발되었으니까 문제가 국회에까지 비화됐는데, 재판 도중에 박정희 씨하고 유진산 씨하고 둘이 정치적 타결을 보고 그날 저녁이던가 그 이튿날이던가 보석으로 나왔습니다. 판사 직권보석으로.

—「비어」 사건 이후로 다시 투옥된 것이 '민청학련' 사건 때였지요? 투옥 기간을 전부 합치면 얼마가 되나요?

김지하 7년은 넘고 8년 가까이 되겠지요.(김지하 시인은 1974년 민청학련 사건으로 투옥되어 1심 군사법정에서 사형선고를 받았으며, 그 후 감형되어 1년간 옥중 생활을 하다가 1975년 2월 형집행정지로 석방되었다. 그리고는 풀려난 지 27일 만에 다시 투옥되어 1980년 말에야 형집행정지로 석방되었다.)

—민청학련 사건에서 풀려나서 다시 구속되어 장기 투옥되게 된 계기가 출옥 직후 『동아일보』에 인혁당 사건을 중심으로 쓴 「고행…… 1974」란 글이었던 것으로 아는데, 그때 어지간한 용기가 아니었으면 쓸 수 없었을 텐데요. 나오자마자 그 글을 쓰게 된 동기는 무엇이었나요?

김지하 그 글 속에 다 들어 있지 않을까요? 『동아일보』의 부탁으로 쓰게 된 것이었습니다. 관련된 사람들이 나왔다고는 하지만 민청학련 사건도, 인혁당 사건도 완전히 해결된 것이 아니었어요. 민청학련 사건에서 이강철, 정화영, 장영달 씨가 남았었나? 어쨌든 떨어져 남아 있는 사람들이 여럿 있었어요. 물론 인혁당 사건 사람들도 마찬가지였는데, 그 사람들까지도 다 나와야 사건이 해결되는 거지요. 그들은 군사법정에서 중형을 받았어요. 그때의 군사법정이란 강신옥姜信玉 변호사가 법정 구속을 당할 정도였으니까요. 그런 법정에서 약식재판으로 중형을 내린다는 것은 있을 수 없는 일이어서 공개된 민주적인 법정에서 재심을 요구하는 것이 절실한 요청이었어요. 그것은 가톨릭 사제단, 학생운동, 지식인, 그리고 일반 국민들의 공통된 요청이었습니다. 또한 이 사건을 해결하는 데에는 함께 옥살이를 하다가 나온 사람들과 직접적인 관련 당사자들이 문제를 제기해야 하는 책임이 있었습니다. 그런 요청의 일환으로 그 문제를 제기했다고 보아야겠지요.

예술과 정치의 통일

—민청학련 사건에서 출옥하신 후 쓴 「고행…… 1974」란 글을 보면 군사법정에서 사형선고를 받은 학생들이 "영광이다"라고 말하는가 하면 또 어떤 학생은 "왜 나에게는 사형선고를 주지 않느냐"고 항의하는 장면이 나오는데, 김 시인은 그 장면을 보면서 평소 고통스럽게도 해결점을 찾지 못했던 예술과 정치의 관계가 하나로 통일되는 깨달음에 이르렀다는 대목이 있지요. 퍽 인상 깊게 읽었습니다.

김지하　그렇게 만나지기 힘든 문제와 문제 사이의 통일이 있을 수 있지요. 그러나 그때 그렇게 통일되는 것을 느꼈다고 해서 계속 그런 느낌, 각성이 변하지 않고 지속된다고는 말할 수 없습니다. 소각小覺이라고 그러지요. 대각이 아니라 소각, 조그만 깨달음이지요. 붙었다가 떨어지기도 하고 떨어졌다가 또 붙기도 하는데 원래는 하나지요. 원래는 하나인데 현상적으로, 현실 사회 안에서는 그것을 분리되는 것으로 자주 생각하고, 또 그렇게 생각하도록 요구하는 데서 서로 떨어져 있는 것으로 생각했던 거지요. 하나로 통일된다기보다는 오히려 그것을 서로 다른 것이라고 생각해 왔던 것의 껍질이 벗겨진 것입니다. 실체가 드러난 것이라고 봐야지요. 무언가 보자기가 찢어지면서 안에 들어 있던 실체가 드러났다고 봐야 한다는 겁니다. 그런데 사람들은 정치라는 것을 피상적으로 이해하여 오해들을 하고 있는데, 아니 오해하려고 애쓰는데 무대정치만 정치는 아닙니다. 운동정치라는 것도 있는 거예요. 온갖 모순, 온갖 갈등을 일으키는 사회적 운동을 놓고, 그 같은 현상을 일으키는 기본적 · 근원적 동기를 밝혀 이를 극복하려는 인간의 인식과 실천, 집중적인 노력을 정치라고 부르기도 합니다. 또한 현실 사회에서 보면 사람들은 생활의 사회적 집약을 정치에서 구하기 때문에 사회적 진실이나 진리를 인식하고 그것을 현실 속에서 성취시키려는 일체의 인간 활동은 정치와 연결되지 않을 수 없습니다. 그런 점에서 본다면 예술과 정치는 큰 의미, 깊은 의미, 탁월한 차원에서는 본래 하나인 거지요. 그런 원체험을 느낀 것이 사실입니다. 원체험이라 부르는 것이 좋겠습니다.

사상도 하나의 생명체

—일본의 철학자인 쓰루미 슌스케와 문학자인 오에 겐자부로[大江健三郞]가 김 시인의 『대설, 남』을 읽고 한 좌담을 보면 김 시

인의 기나긴 옥중 생활의 체험이 『대설, 남』을 비롯한 문학작품에 커다란 영향을 주고 있는 것 같다고 말하고 있어요. 사형선고를 받았던 도스토옙스키의 체험이 『카라마조프의 형제들』에 담겨져서 그 전의 작품들을 초월하고 있듯이……. 김 시인이 요즘 많이 생각하고 있는 생명 사상 역시 옥중 체험과 깊이 관련된 것이 아닌가 생각되는데, 생명에 대한 깊은 깨달음을 얻은 데가 감옥은 아니었던가요?

김지하 간단히 말하기는 힘드나, 도스토옙스키의 『죽음의 집의 기록』을 보면 이 작품 이전의 사상 또는 작품들과 이후의 작품 사상은 크게 대별된다고 얘기들 해요. 물론 어떤 절실한 체험에 의해 사상이나 작품이 변할 수 있지요. 하지만 내가 보건대는 『죽음의 집의 기록』 이전의 『가난한 사람들』 안에 이미 그 이후의 여러 작품들에 크게 확대돼 나오는 사상이나 문제의식이 들어 있었다고 보고 싶습니다. 그 씨앗이 무자각적인 상태로 있었든지 아니면 자각적인 상태로 있었든지, 아무튼 조그만 씨앗으로 있다가 시베리아 유형이라는 엄혹한 체험을 거쳐서 확대되고 심화된 것이지요. 그러니까 어떤 생각이나 사상이라는 것도 하나의 생명체인지라 절대로 씨 없이 꽃피는 법 없고 꽃 없이 열매 맺지 않아요. 어디서 갑자기 변했다는 것만 자꾸 보는데, 그것은 피상적 관찰이고, 원래 있었던 어떤 씨앗이 어떤 체험을 통과하면서 크게 눈에 보이는 형태로 드러났다고 봐야 한다는 겁니다. 그렇게 본다면 옥중 체험은 어떤 변화라면 변화를 내게 주었을 수 있겠지요. 원래 있었던 것이 상당히 중요한 문제점으로 크게 등장하면서 그것을 통해 다시 다른 문제를 보기 시작하는 그런 쪽으로 어떤 변화나 영향을 주었다고 말하지 못할 것도 없다고 생각할 수도 있겠지요.(웃음)

—감옥 생활 중 한동안은 책도 안 들어가고 외부와 절연된

매우 고통스런 상태에 놓여 있었던 것으로 아는데, 그때는 무슨 생각을 하며 시간을 보냈습니까?

김지하 아, 그야 뭐 행복한 시절이었지요. 내 스스로 머릿속에다 책을 쓰고 읽었으니까요.

―무엇을 머릿속에다 썼습니까?

김지하 모르겠어요. 지금은 다 까먹었어요.

―그것이 지금 『대설, 남』으로 나오고 있는 중 아닌가요?

김지하 지가 나오긴 나오지 어디로 가겠어요. 한번 사람이 생각을 일으키면 그 씨는 대해탈을 하기 전엔 어디로 안 가요.

―옥중에서 지난날의 추억을 지우기가 퍽 힘들었다고 하던데요.

김지하 그 말을 이해 못하는 사람들이 있어요, 추억과의 투쟁이라는 거. 그거 묘한 질문인데요, 미래에 대한 환상으로 고통을 보상하기조차 힘든 사람은 추억, 과거 쪽으로 기울어진다고 하지요. 그러니까 상당히 비참한 상태지요. 과거의 좋았던 시절, 그걸 자꾸 되풀이 되풀이 기억해 냄으로써 현재의 고통의 감각, 통증을 자꾸 상쇄하려고, 그걸 조금 이겨 내 보려고 하는 건데, 이렇게 되면 사람은 현실적 평형, 감각의 평형, 현실에 대한 실감, 감촉, 살아 있는 감촉을 점점 상실하기 시작해요. 특히 감옥 안에서 그런 일이 많은데, 나만 그랬던 것이 아니라 대개의 사람들이 다 그럴 겁니다. 개방된 장소에서 여러 사람들이 집단적으로 노동하는 징역의 경우는 그렇지 않은데, 금고, 그것도 특수금고, 특수 감금 상태에서 단절, 절연된 상태에 있게 되면 그것이 상당히 심해집니다. 그래서 그 싸움은 매우 집요할 뿐만 아니라 처절해집니다. 그 싸움에서 이겨 낼 수 있는 사람은 현실을 현실대로 인정할 수 있는 사람입니다. 통증을 통증대로 인정하면서 고통 자체를 대담하게 바라볼 수 있는 능력, 이것만이 감방 안에서 자기를 파괴시키지 않고, 인간성을 상실하지 않고 이겨 낼 수 있는 것이라고 나는 보는데, 여러 사람마다 다르겠지요. 꼭 내 이야기가 다 옳다는 것은 아닙니다.

생명 사상의 씨앗은 오래전부터 가져

—아까, 생각의 씨앗이란 말이 나왔는데, 요즘 많이 생각하시는 생명 사상, 생명의 세계관의 씨앗을 갖게 된 것은 언제부터였습니까?

김지하 이전부터도 그런 것이 나에게 있었다고 볼 수 있겠지요. 위기철 씨가 「살아 있는 문학을 위하여」란 글에서 나의 문학에 대해 쓰는 가운데 나의 초기의 서정시를 삶과 죽음의 대비 관계로 해부하고 있는데, 그것은 잘 본 것 같아요. 살아 있는 것, 생동하는 것, 역동하는 것, 뛰뛰는 것, 흐르는 것, 이런 것에 대한 추구가 강했으니까요. 그런 것이 자각적인 형태로, 중심적인 문제로 나의 생각을 차지하게 된 것은 확실히 감방 생활, 옥중 생활의 결과라고 말할 수도 있을 겁니다. 갇혀 있다는 것, 묶여 있다는 것, 그래서 생각이 자꾸 굳어지고 분해되어 버리는 것, 이런 것들은 실질적으로 한 인간의 파괴 과정이거든요.

감옥이란 괜히 있는 것이 아닙니다. 20세기 문명과 문화를 자랑하는, 인권을 소중히 여기는 이 시대에까지도 어째서 감옥이 위세를 떨치느냐는 한번 생각해 볼 만합니다. 수천 년 동안 있어 왔으면서도 감옥은 아직도 대단한 위력을 갖고 있는 거지요. 왜 위력을 갖고 있는 것일까를 생각해 보십시오. 그것은 그만큼 감옥이 사람에게 고통을 주고, 그만큼 인간을 파괴시킴으로써 그가 갖고 있는 원래의 어떤 지향, 즉 도둑놈이면 도둑질하고 싶어지는 그런 동기, 또는 사상범이라면 자기의 일관된 신념, 자기 생명의 중심적 정신을 계속 유지하고 실현시키려는 그런 지향을 억제, 파괴시키기 때문일 겁니다. 그렇기 때문에 감옥은 인간을 억압하는 가장 효력 있는 도구다, 그렇기 때문에 위력을 떨치는 것이다라고 말할 수 있지 않을까요? 감옥은 꼭 눈에 보이는 철창과 시멘트벽과 폐쇄된 문짝, 그리고 제한된 정보, 인간과의 접촉의 차단, 그 밖에 여러 가지 형태의 신체적인 자유의 박탈 등 눈에 보이는 형태로만 사람을 억압함으로써 지상에 존재하는 것은 아닙니다. 이것을 외연外延시키면 이 사회엔 유형무형의 온갖 형태의 감옥과 비슷한 억압 도구들이 도처에 있고 그런 속에 우리는 살고 있어요. 개인적으로나 집단적으로나 다 마찬가지예요. 그렇게 확대해서 볼 때 우리는 지금 느끼고 있는 여러 가지 불행, 모순, 여러 가지 형태의 뭔가 잘못되고 있다는 느낌, 뭔가 갇혀서 자유롭게 흐르지 못하는 것, 뭔가 부서지고 있다고 느껴지는 것이 어디로부터 오는 것인가를 생각하지 않을 수 없게 되지요. 사람들은 억압적 체제 때문이다, 구조 모순 때문이다, 역사적 한계 때문이다 등 여러 가지로 설명합니다. 우리를 제한하고 있는 것엔 아마 그런 것들이 다 포함되겠지요. 그러면 무엇이 있어서 그 제약을 고통스럽게 느끼는 것일까요? 우리는 그것을 자유라고도 부르고 삶이라고도 부르고 또 그 밖에 여러 가지로 부르는데, 어쨌든 그 무엇인가가 있지 않느냐 이겁니다. 원초적인 그 무엇이……. 그것이 눈에 보이는 뚜렷한 형태로, 직접적으로 뼈에 사무치는 형태로 느껴지게 하는 곳이 감방이 아닌가 해요. 감방 안에서는 특히 자기 생명에 대한 감촉을 더 느낄 수 있어요. 그것을 생명이라고 부르니까 생명인 거지 다르게 부르면 다른 것이겠지요. 무언가 막혀 있는 것, 제한돼 있는 것, 부서져 나가는 것, 해체되는 것을 느끼는 그 무엇이 있다는 말이에요. 사람이란, 어떤 생명체란 원래 그렇게 제한되어, 묶여서 살 수 없게 되어 있는 겁니다. 예를 들어 봄날 철창 밖을 보면 민들레 씨가 씨를 퍼트리기 위해 하얗게 날곤 하는데, 그것은 괜히 날아다니는 게 아니잖아요? 생명의 일정한 법칙에 따라서 씨를 퍼트려 종자를 번식시키기 위해서, 생명을 확대하기 위해서 날아다니는 거란 말입니다. 이렇게 본다면 내가 밖에 있는 사람들과 만나지 못하는 것, 원래 만나서 이야기하고 함께 생활하도록 되어 있는데 갇혀 있기 때문에 그럴 수 없는 것, 그것은 생명에 반反하는 것이지요. 아까도 이야기했다시피 이것을 외연, 확대시키면 정도의 차이가 있을 뿐이지 모든 것이 감옥 안에 있는 것처럼 제한, 제약되고 있다는 것을 알게 됩니다. 그렇다면 우리가 보유해야 할 가치는 무엇인가요? 자유라는 말을 많이 씁니다만, 지금에 와서는 자유라는 말까지도 속임수의 말로 전락하고 정의라는 말까지도 이데올로기의 수단이 되어 오히려 생명의 근원적인 활동을 제약하는 도구로 전락하고 있어요. 그렇다면 그런 것보다도 더 큰 더 근원적인 그런 가치는 무엇이냐는 질문이 제기됩니다. 인간은 무엇 때문에 그 같은 제한으로 고통을 받는가, 그 고통을 넘어서 무엇을 해방시켜야 하는가, 어떻게 해방시켜야 하는가라는 질문이 나오게 돼요. 생명에 대한 생각은 거기서부터 나온 겁니다. 그런데 생명이라고 부르니까 생명이지—이건 분명히 강조하고 싶습니다만—다르게 부르면 다른 것입니다. 하여튼 우리가 말로 표현하기 이전에 자기가 느끼는 것이 있어요.

고통의 뿌리에 이르지 않고는 민중 문제 해결 안 돼

—민중에 대한 김 시인의 생각은 학교(대학) 다닐 때부터 지속적으로 계속되고 있는 것 같습니다. 그런데 김 시인의 민중관

은 우리가 사회과학적으로 보아 온 기층 민중에 대한 생각으로부터 더 큰 테두리에서의 민중, 이를테면 전체 생명계 속에서의 민중으로 확대되어 가고 있는 것 같습니다. 이 같은 민중관의 확대가 자각적인 형태로 나타난 것은 언제부터인가요? 그리고 젊은 사회과학도들 가운데는 이 같은 민중관의 확대가 문제의 초점을 흐리고 희석화시키는 결과를 가져오는 것이 아니냐고 보는 사람도 있는 것 같습니다.

김지하 요즘 내가 생각하는 민중은, 고통당하는, 억압받는, 착취당하고 짓밟히는 다수의 사람들이라는, 부정적 조건을 통해 민중을 발견하는 경우와 대응될지도 모르겠지요. 그러나 한 번 더 깊이 생각해볼 필요가 있어요. 민중의 고통은 어디로부터 오는가, 민중이 자기 안에 보위保衛하고자 하는 것은 무엇인가를 물어 봅시다. 이에 대한 가장 간단한 대답은 삶다운 삶이겠지요. 삶다운 삶이라 했을 때 그 '다운'이란 말은 본성에 맞는 삶을 이야기하는 것일 터인데, 그 본성적 삶은 무엇이냐는 질문이 제기되는 것 아니겠어요? 고통의 뿌리에 이르지 않고는 고통을 해결하기란 어려운 것이겠지요. 어떤 시기, 어떤 사회에서 통용되는 그때그때마다의 유통화폐로서의 처방이나 이념들을 가지고는 뭐라고 집어 올릴 수도 없고 해결할 수도 없는 더 큰 복잡한 고통들의 복합이 우리를 쥐어짜고 있는 것은 아닌지? 이 같은 유통화폐를 가지고는 쉽사리 지불하기가 힘들다, 지불을 받아 주지 않는다, 그렇다면 근원적인 고통들의 복합에 대응할 수 있는 더 큰 총체적 시야가 있어야 하는 것이 아니냐는 것입니다. 그것은 고통들의 복합에 대응한다고 해서 '복잡한' 이론을 꾸미는 것이 아닙니다. 공작工作하는 것처럼 여러 콘덴서와 와이어를 복잡하게 연결하는 식의 꾀죄죄한 작업이 아닙니다. 고통의 복합에 대응할 수 있는, 거기에 대응하여 보위코자 하는 큰 가치에 대한 보다 큰 넓은 시야, 총체적 시야가 있어야 한다는 거지요. 민중 내부로부터, 민중이 옹호하고자 하는 '가치의 총체'로부터 민중 문제를 제기하여 해결해 나가야 한다는 것입니다.

—김 시인은 민중은 종種의 개념이고 중생은 유類의 개념이라고 보았는데, 이 같은 생각에 이르게 된 것은 감옥 안에서 잡초라는 생명체에서도 인간과 같은 생명 현상을 보았기 때문은 아닌가요? 감방의 갈라진 시멘트 벽 틈새에 풀이 나서 꽃까지 피우는 것을 보고, 그리고 봄이 되면 민들레 씨앗이 하얗게 날아 창살 속으로까지 들어오는 것을 보고 생명에 대해 많은 것을 생각케 되었다는 글을 읽은 적이 있습니다.

김지하　직관적인 인식이었어요. 시멘트란 입자는 매우 촘촘한 물질이고 쇠 같은 감옥을 구성하고 있는 물질들은 딱딱하고 두께가 있으며 모가 나 있는데, 이런 것들은 갇혀 있는 사람들에게 고통을 주지요. 이것을 확대시키면 아파트라는 것도 그런 것이고 경직된 체제도 마찬가지이지요. 나는 시인으로서 직관적인 방법으로 인식합니다. 그런데 고통을 통해서 세계의 어떤 문제를 인식하는 데에는 직관적인 방법이 가장 통괄적인 방법이 아닌가 해요. 실제로 자기 삶의 구체적 경험 가운데서 인식하는 것이니까요. 잡초도 시멘트의 조그만 틈에서 뿌리를 내리고 꽃을 피운다면, 그보다 훨씬 유기적이고 자각적인 통합 능력을 가진 고등 생명인 인간이 그렇게 갇혀 있을 수는 없는 일이에요. 그런 갇혀 있는 상태에서 자기 생명을 파괴시키지 않고 어떻게 뚫고 나가 광활한 생명의 바다에 이를 수 있느냐는 나 자신의 자각적인 몸부림이 민중의 사회적 · 역사적 처지의 문제와 같은 문제로서 결합되었던 것이 아닌가 생각됩니다.

나에 대한 비판은 좀 더 깊이 있게 이루어졌으면

—김 시인의 생명 사상의 전개를 보면 동양의 노장사상, 불교 사상, 우리의 전통적인 민중 종교 사상과 깊이 연관되어 있는 것이 아닌가 생각됩니다. 후천개벽 같은 쓰는 용어도 그렇고. 그런데 요즘 서구 문화, 서양 학문, 그리고 일반적으로 유행하고 있는 서구적 분석 방법에 익숙해져 있거나 경도되어 있는 사람들은 여기에 대해 오히려 생경함을 느끼고 있는 것 같습니다.

김지하 글쎄요, 서구적이다 동양적이다 하는 말은 이제 철거돼야 하지 않을까요. 서구적 방법론이다 동양적 방법론이다 하는 구별은 실제로 아무 의미도 없습니다. 문제가 된다면 서구의 데카르트적 이원론二元論 같은 것을 구체적으로 들어 비판해야 되겠지요. 인간의 고도의 영靈, 영혼이란 것을 제외하고는 모든 것을 물질로 분석, 분해할 수 있고 환원시킬 수 있다는 극단적인 이원론 같은 것 말입니다. 모든 것을 물질로 생각해 가지고 떼기도 하고 붙이기도 하고 죽이기도 하는 극단적인 이원론, 그런 데카르트적 철학 기초 위에 세워진 논리의 건축물, 학문의 건축물들, 그런 방법론을 가지고는 해결할 수 없다고 나는 말하고 싶은 것입니다. 서구 사상 안에서도 물활론物活論이라든가, 무식해서 딱 적시하지는 못하겠지만, 데카르트적 사고와는 다른 것들이 있습니다. 프란체스코 같은 사람의 사상을 보면 새 보고도, 풀 보고도, 물이나 태양 보고도 형제라고 부르는데, 이것은 데카르트적 이원론하고는 거리가 먼 것이지요. 그렇다고 동양에는 그런 물질주의적인, 기계론적인 사고가 없느냐 하면 그렇지도 않아요. 일련의 유가적儒家的 실용주의적 학문에서 보면 서양하고는 좀 다르겠지만 상당히 물질주의적인 것이 있습니다. 유물론하고는 좀 다른 것이지만—그러니까 서양적이다 동양적이다라고 도매금으로 이야기해 버리는 것은 앞으로 철거돼야 한다고 생각해요. 다만 내가 이야기하는 것에 대해서 이러고저러고 하는 것은 얼마든지 이야기되어야 하겠지요. 나 자신한테도 아직 규정되지 않은, 확실하지 않은 생각들이 많으니까요. 나는 다만 그것을 하나의 학문적인 방법론이나 철학으로서 제시한 것은 아니고, 이 고통스런 사회를 사는 한 사람으로서, 한 문학 하는 사람으로서 느끼고 생각한 것을 어떤 방법론에 얽매이지 않는 평이한 구술체로써, 우리가 대화할 때 하는 식으로, 이런 것이 문제가 되지 않느냐, 이런 방향으로 생각을 돌려 봐야 하지 않느냐, 좀 더 넓혀서 생각해야 되지 않느냐고 제기한 것입니다. 이런 문제의 제기, 또는 하나의 자극이 충분히 효력을 발휘하려면 이에 대해 전문 분야에 있는 사람들이나 또는 이에 대해 깊이 생각하는 사람들 사이에 논의가 본격적으로 일어나 주어야 하는데, 그렇게 되어 주기만 한다면 나로서는 만족스럽게 생각합니다.

또 어떤 경우에는 내가 전열을 혼란시키고 있는 것이 아니냐는 말까지 나오는데, 그것은 좀 우스운 사람의 우스운 이야기라고밖에는 생각되지 않습니다. 지금 우리의 경우에는 여러 가지 창조적 제안들이 다 나와야 한다고 생각합니다. 백화난만하게 나오면서, 실천이라는 큰 물줄기와 상호 연관을 가지면서 새로운 차원의 창조적인 세계를 열어야 한다고 생각해요.

그런 관점에서 본다면 나의 생각을 비판하는 것까지도 다 좋다고 생각해요, 그것도 하나의 논論이니까. 그러나 하나 말하고 싶은 것은, 그 같은 비판이 좀 더 깊이 있게 이루어졌으면 좋겠다고 생각해요. 예컨대 내가 말하는 동양 사상, 불교의 화엄 사상 안에는, 선禪사상 안에는 이러저러한 문제가 있다든지, 전통의 창조적 부활로써 우리 문제를 해결하는 데에는 이러저러한 문제가 있다든지, 증산 사상은 이러저러한 문제를 갖고 있는데 민중의 조건은 이러이러하다든지, 이렇게 좀 깊이 있게 이야기됐으면 좋겠어요. 그런데 비판을 한다는 것이 막연한 비판을 해 놓고는 그 후 좀 더 이야기해 보자고 하면 입을 다물어 버려요. 살아 있는 사람의 살아 있는 이야기임에도 불구하고, 생각의 개진 과정이 아직 살아 있음에도 불구하고, 마치 그것이 이 세상에 없는 것처럼 무시해 버려요. 이 같은 태도는 우리 전체가 극복해야 될 결함이라고 생각합니다. 어떤 제안이 있을 때는 기분 나쁘든 좋든 관심을 가져야 하며, 그 문제점을 찾아 해결해 나가야 한다고 생각합니다. 지금 우리들 사이에는 깊이 있는 상호 대화가 잘 안 되고 있다고 생각해요.

새 상상력에 의해 새롭고 원숙한 과학 나와야

—어려운 상황일수록 문제를 해결하려는 공통의 지향을 가진 사람들 사이에 바른 진로, 참다운 논리를 밝히려는 격렬한 노력이 있어야 한다는 뜻인가요?

김지하 상황의 변동을 보는 우리들의 눈은 너무 수동적이지 않았나 생각돼요. 상황이 어렵다고 한다면 이 어려운 상황을 어떻게 능동적으로 주체적으로 뚫고 나갈 것이냐에 대한 충분한 논의가 있어야 하지 않을까요? 그렇지 않다는 것은 상황을 수동적으로 보고 있다는 것을 의미할 수도 있을 겁니다. 만약 나의 생각이나 주장에 문제가 있다고 하면, 예컨대 동양 사상에 관한 것이라면 참으로 이제부터라도 동양이 무엇이냐, 그냥 동양 것이라고만 말해 버릴 것이 아니라, 노장사상이 현재 진행되고 있는 여러 운동, 민중의 여러 운동과 어떤 관련을 갖는 것이냐에 대해 파고들어야 할 것입니다. 과학, 과학 하지만 과학에 대한 논의도 제대로 이루어지고 있지 않잖아요? 과학이나 과학적인 것이 무엇이냐 하는 것은 상당히 중요한 문제인데, 여기에 대해서도 별로 진지한 논의가 없고 비과학적이다, 과학적이다 하는 말만 남발되고 있어요. 어떤 사상 속에 들어 있는 과학적인 기준을 모든 문제에 대해 보편적 효력을 갖는 과학으로 대입시켜 버리고 있어요.

—김 시인은 우리가 갖고 있는 기계론적 · 물질적인 세계관, 즉 물리학에 바탕을 둔 세계관으로부터 생물학적 인식에 바탕을 둔 새로운 세계관으로 전환되어야 한다, 그것이 생명을 생명의 본질로서 바로 보는 징검다리가 될 것이라고 보는 것 같은데, 그렇다면 과학에 대한 규정이 달라져야 하지 않겠어요? 과학이 도대체 어떤 기능을 하느냐에 따라서 그것이 과학이라는 이름으로 불릴 과학인가 아닌가, 사이비 과학인가 진정한 과학인가 새로이 검토돼야 할 것 같은데, 생명의 본성을 해방하고 확장하는 과학이 진정한 과학이고 그것을 억누르는 것은 어떤 미명을 띤다 할지라도 과학이라 불릴 수 없다고 보는 건가요?

김지하 서양의 여러 기계론적인 과학이나 학문, 기술 체계, 세계관 같은 것들은 생명을 신장시키며 생명을 본성에 따라 해방시키고 원숙하게 하는 데 크게 이바지한 일면이 있는가 하면 다른 한편으로는 오히려 반대로 생명을 억압하고 파괴 분해시키는 것으로 뒤집혀 버렸어요. 그러나 과학이라는 것은 어차피 계속해서 실패를 통해서 옳은 길로 나아가는 것이니까 아직 과학이 미숙한 단계에 있다고 말할 수 있겠지요. 지금까지의 인류의 과학 수준은 아직 미숙한 단계에 있다는 데 착안해야 할 것 같아요. 그렇기 때문에 진정한, 원숙한, 보다 진실에 핍진하는, 과거보다 더 사물의 실상, 모든 운동의 실상에 육박하는 과학이 되기 위해서는 먼저 필요한 것이 상상력입니다. 그러기 위해서는 세상을 보는 눈에 변화가 있어야 해요. 세계를 보는 눈이 뭔가 잘못됐던 것이 아니냐,

세계는 이렇게 보아야 하는 것이 아니냐는 식의 상상력과 자극이 필요하다고 봅니다. 원래 과학 그 자체, 과학자들의 노력 자체에는 실증하려는, 증명하려는 노력과 더불어 상상, 추리, 추정의 계기가 반드시 결합돼 있어야 하는 것입니다. 반대로 문학작품이나 예술작품에도 언제나 상상이나 추상만 있는 것이 아니라 현실에 대한 논리적 접근, 실증을 동반하는 문제 인식과 같은 것이 통일돼 있는 거라고 봐요. 과학이 그런 상상력의 계기 없이 입증 가능한 것에만 집착할 때 무엇이 되겠습니까? 철학도 마찬가지입니다. 나는 전문용어는 잘 모르겠는데, 미국 사람들이 많이 하는 분석철학이니 하는 것들로 돼 버리고 마는 거지요.

총체적 시각에서만 오늘의 복잡한 문제 해결

—김 시인의 생명 사상에 대해서는 몇 가지 이견이 있는 것 같습니다. 그 가운데에는 오해에 토대를 두고 있는 것도 있고요. 이 시대를 살고 있는 수많은 생명들이 부자유한 상태, 억압 상태, 제약된 상태, 왜곡된 상태에서 짓밟히고 파괴당하고 있기 때문에 이 같은 상태를 극복하여 생명을 생명답게 꽃피우고 발현시키도록 해방시켜야 한다는 궁극적인 목표에는 모두 동의하지만, 그런 상태에 도달하기까지는 밟지 않을 수 없는 어떤 필연적인 단계가 있는 것이 아니냐 하는 것이지요. 우선 절박하게 대결해서 극복해야 할 과제나 적도 있는 것이고 문제의 중요성에 대한 순위도 있는 것이 아니냐, 그런데 김 시인은 문제를 너무 궁극적으로 총괄적으로 제기하면서 멀고도 근원적인 해결을 주장하고 있는 것이 아니냐 하는 것입니다. 그것은 문제를 보는 시야를 크게 열어 놓는 것이기도 하지만 당면한 절박한 문제에 대한 초점을 확산시켜

놓을 수도 있다고 보는 것 같습니다. 이 같은 이견이라 할지 오해라 할지 하는 것들은 김 시인이 생명 사상, 생명의 세계관이라는 커다란 문제를 제기해 놓기는 했는데, 그것이 구체적인 현실 속에서 실천적으로 어떤 방향으로 어떻게 전개, 적용될 수 있는 것인지를 잘 제시해 주지 않았기 때문에도 오는 것이 아닌가 합니다. 실천적인 구체적인 제안들이 아직 나와 있지 않기 때문에…….

김지하 생명 사상에서의 미묘한 점은 누구나 자기가 이에 대해 잘 알고 있다고 생각한다는 점입니다. 그렇기 때문에 누구의 사상이다라고 말하는 것은 있을 수 없어요. 아까도 이야기했지만 지금 뭔가가 부서지는, 해체되는 것 같은 고통의 감각을 모든 사람이 느끼고 있다는 데서부터 이야기가 시작되는 것이거든요. 뭐가 잘못되고 있는지는 조금만 예민한 사람이라면 누구나가 다 느낀다니까요. 그래서 이 이야기를 어디로 끌고 갈 것인가에 대한 말들이 자꾸만 나오고 있는데, 그 자체가 많은 사람들이 고통을 느끼고 있음을 말해 주는 증거겠지요. 그러나 이 일은 여럿이 함께 해야 하는 것입니다. 누가 이거다 하고 끌고 나가는 방식은 좋지 않고 모두가 애들을 쓰는 가운데 좋은 길이 나오지 않겠어요? 내 생각이 유장하다고들 자꾸 이야기하는데, 유장할수록 좋지요. 우리는 가끔 이러이러한 것이 문제이니 이를 격파해야 한다고 말합니다. 그런데 문제의 격파라고 하지만 국면적인 문제만 가지고는 해결이 잘 안 되더란 말이에요. 오늘날엔 대추나무에 연 걸리듯 여러 문제들이 전 지구적인 규모로 얽혀 있습니다. 지구는 100가지 형태로 얽혀 있는 거미줄 덩어리라 할까, 복잡한 세포 덩어리같이 보여요. 날이 갈수록 더 그럴 겁니다. 세계는 통신, 무역, 문화 교류, 심지어는 전쟁 등 온갖 형태로 얽혀 있어서 어떤 사회의, 어떤 사람의 문제도 전 지구적 연관을 갖고 있어요. 그렇기 때문에 어떤 문제의 진정한 해결은 전 지구적 연관 속에서 구체적 문제로 들어갈 때에만, 문제 속에 들어 있는 세계적 부합을 바로 볼 때에만 가능할 것입니다. 그러니까 내가 제기하는 것은 감각의 문제입니다. 전 지구적 감각, 우주적 감각을 가지고 구체적 문제를 보아야 한다는 거지요. 한 사람이 앞으로 50년을 산다고 할 때, 자신을 50년을 사는 존재로만 보아 가지고는 50년만 사는 존재인 자신의 생의 조건을 해결하지 못해요. 과거 긴 세월에 걸쳐 쌓여 온 내 안에 들어 있는 여러 축적물들이 내 속에서 어떻게 작용하고 있는가, 그리고 내 안에 있는 어떤 것이 미래의 긴 세월에 걸쳐 어떻게 작용해 나갈 것인가가 전체적으로 검토되는 총괄적인 시야가 열려야만, 오늘의, 그리고 미래의 문제가 바로 해결되는 것과 마찬가지 이치라고 생각하는 것입니다. 즉, 축적되고 있고 계속 변화하고 있으며 부서지고 또한 축성되어 가는 전체의 움직임 속에서 나를 파악하고 사회를 파악하는 그런 총체적인, 그리고 유동적인 시점視點이 필요하다고 보는 거지요. 그래야만 복잡한 실타래를 풀어 나갈 수 있지 않으냐, 그렇지 않고 어떻게 인간을 해방할 수 있다고 말할 수 있겠느냐, 이런 이야기가 됩니다. 그래서 표현 자체가 비록 직관적일망정 내가 이야기하는 것이 절대 비과학적이라고는 생각지 않습니다.

옛 용어는 상상력의 기폭제起爆劑

—김 시인은 저서인 『밥』에서도, 『대설, 남』에서도, 그리고 그 밖의 다른 글에서도, 과거에는 우리가 써 왔지만 지금은 별로 쓰지 않는, 그리고 과학적인 분석의 틀 안에 들어오지 않는 여러 말들을 쓰고 있어요. 음개벽이라든지, 후천개벽이라든지, 중음신中陰身이라든지 하는 등의 많은 용어들을 쓰고 있는데, 과거에

종교적 색채가 강했던 말이었기 때문에 이 같은 용어의 사용에서 오는 낯설음과 오해도 있는 것 같습니다. 이 같은 용어에 대한 낯설음이나 오해에 대해서는 다음과 같이 대답할 수도 있겠지요. 즉 정말 진정한 과학이 무엇이냐에 대한 정확한 인식 없이 요즘 유행하는 사회과학적 방법론이나 개념의 틀을 가지고 우리가 오랜 세월과 역사에 걸쳐 죽 써 왔던 용어에 대해 거부감을 느낀다는 것은 우리도 모르는 사이에 받아들인 문화사대주의에 빠져 있음을 말해 주는 것이 아니냐, 그런 문화사대주의 속에서 우리를 살릴 참다운 새로운 세계관이 어떻게 나올 수 있겠느냐고 답변할 수도 있겠지요. 하지만 그렇게만 이야기할 수만은 없는 측면도 있는 것 같습니다. 우리는 함께 살아가는 것이니까요. 이런 용어를 쓰는 특별한 이유가 있는지, 그것들을 오늘의 용어로 바꾸어 가지고 어떻게 말할 수는 없는 것인지요?

김지하　나는 우리들의 옛말들의 기본적인 동기나 기초가 비과학적이라고는 전혀 생각하지 않습니다. 지금과 같은 미숙한 과학이 아니라 앞으로의 보다 원숙한 과학의 창조와 출현을 위해서는 그것을 탐색하기 위한 상상력의 기폭起爆이 필요한데, 나는 그 같은 직관적인 언표 방식을 기폭제로 사용하고 싶은 것입니다. 물론 여기에는 과거에 사용됐던 여러 종교적인 언표 방식을 대체할, 요즘에 알맞은 말로 적시할 새로운 과학적인 말이 발견되지 못하고 있다는 사정도 반영되어 있어요. 어쨌든 나는 그 같은 용어를 씀으로써 그 말 자체에 내포되어 있는 여러 새로운 시각과 해석 가능성을 제시함으로써 상상력을 기폭시키고 싶은 것입니다. 우리는 그 같은 용어들이 옛날에 있었던 엉터리 말이라고 취급하기 쉽지만, 나는 그것이 고색창연한 옛말, 절간의 고승대덕 또는 종교 전문가들만이 쓰는 말은 아니라고 봐요. 그 속에는 오늘날 우리가 새로운 과학의 탐색을 위해 필요로 하는 여러 가지 사상과 아이디어와 정보들이 들어 있습니다. 그것은 우리에게 여러 정신적인 충격을 주고 새로운 시야를 제공해 줄 수 있는 어떤 사상과 아이디어의 창고로 변할 수도 있어요. 그러나 필요하다면 많은 사람들이 쉽게 이해할 수 있는 알맞은 말들을 발견해야겠지요.

생명 사상에서 신비주의적 낙인 떼어 내야

—그리고 생명 사상에 대해 이의를 제기하고 있는 이유 중의 하나는 생명론이 정신주의적 색채를 많이 띠고 있는 것으로 받아들여지고 있기 때문이 아닌가 합니다. 요즘의 과학 이론은 서양이나 동양이나 모두 양적인 측정 가능성, 곧 물질적 토대에 바탕을 두고 전개되어 가고 있는데, 그리고 세계적인 문제들도 그런 물질적 방법으로 해결해 나가려고 하는 데 비해 '생명' 하면 무엇인가 과거의, 특히 서양 종교에서의 정신주의적 색채를 많이 띠고 있는 것으로 보여지는 것 같습니다.

김지하　그래요. 그렇기 때문에 『밥』이란 책에서도 이 같은 언표 방식이 가져올 수 있는 오해를 피하기 위해, '과거의 허황한 신비주의적 낙인을 반드시 떼어야 한다'는 조건을 여러 번 제시했었습니다. 그런 조건의 제시를 충분히 감안한다면 오해의 소지는 없어질 것이라 생각합니다. 그리고 아까도 이야기했지만, 우리는 '과학'이란 말에 대해 다시 음미해 봐야 할 것 같아요. 과학이란 말을 많이 쓰고 있는데, 이 과학이란 말이 갖고 있는 내포를 앞으로 자주 깊이 있게 검토해야 한다는 것입니다. 그렇지 않으면 이것은 마치 눈에 보이지 않는 신의 이름으로 사람을 잡는 도구 비슷하게 된단 말이에요. 과학이란 말처럼 묘하게 사람 잡는 말도 없는 것 같습니다. 여하튼 그 말 앞에서는 꼼짝 못한단 말입니다. 신神이 과학으로 대치된 것 같은 느낌이 들 정도입니다. 그러나 어쨌든 그렇게 통용되고 있으니까, 생명이란 말이 신비주의의 오해를 준다면 이를 '기氣'라는 말로 바꿔도 좋습니다. '이기론理氣論'에서 말하는 '기' 말이지요. 그래서 『밥』이라는 책에서도 '기'라는 말과 '생명'이란 말을 번갈아 가며 사용했습니다. 그리고 문예 부문, 즉 마당굿이나 전통 민예의 현대화 작업과 연관 지어서 말할 때는 '신명'이란 말을 썼습니다. 그러니까 이 '기'란 말에 주의를 돌린다면 논리는 보다 치밀하게 이루어질 수 있습니다. 그런데도 내가 생명이란 말을 자꾸 쓰는 이유는 '실천' 문제를 항상 염두에 두고 있기 때문입니다. 누구나 갖고 있는 생명, 누구나 알 수 있는 생명, 그 생명이 누구에게 있어서나 매일매일 파괴되고 있는 것이 현실이기 때문에, 이 같은 문제에 대한 대중적 자각을 유도하는 열쇳말로서는 '기'라는 말이 적합하지 않기 때문입니다. '기'라는 말로는 얼른 납득이 안 가고 '생명'이란 말이 쉽게 이해되기 때문이지요. 생명은 존귀한 것이고 원초부터 있었던 것이고 끝도 없는 것이며 그것밖에 없는 알파와 오메가다, 누구나 다 아는 것이다 이런 말이지요. 그러므로 그것이 현실적으로 파괴됐을 때는 저항할 수밖에 없는 것 아닙니까? 어쨌든 생명 파괴에 맞서는 대중적 실천을 유도하기 위한 열쇳말로서 '생명'이란 말을 쓸 수밖에 없었던 것입니다. 그러나 논리적으로 논의코자 한다면 '기'라고 바꾸어 말해도 큰 잘못은 없을 것이라고 이야기하고 싶어요. '기'라고 이야기한다면 좀 더 핵심에 접근할 수 있겠지요. 더욱더 이야기가 촘촘해지고.

우리의 민중적 '기 사상'을 창조적으로 발전시켜야

— '기 이론氣理論'이라고 하면 사람들은 흔히 그것이 중국에서 온 것이 아니냐고 생각하기 쉽지요. 그러나 '기 이론'은 우리 민중 사상 속에서는 늘 있어 온 것이라고 봅니다. 지식인 수준에서는 이 '기'를 놓고 다양한 '이론적인' 전개가 있었으나, 민중 수준에서는 삶에 있어서나 사고나 언어에 있어서나 늘 기 이론을 '실천'해 온 면이 있다고 봅니다. 생명이란 말을 이 '기'라는 말로 바꾸어 놓을 수 있다고 했는데, 그렇다면 김 시인의 생명 사상은 우리의 전통적인 민중적 기 사상과 맥을 같이하고 있는 것이 아닌가 생각되기도 합니다. 우리의 전통적인 '기 사상'과 생명 사상 간의 관계에 대해서 이야기해 주시겠습니까?

김지하 이기 이론은 중국으로부터 영향을 받아서 우리나라에서 여러 가지 '이기 논쟁理氣論爭'을 불러일으킨 점도 있습니다. 그러나 그런 것 때문에 '기 사상'이 우리 민중 속에 깊이 파고들어 갔다고 보기보다는 오히려 우리 민중 속에는 본래부터 표현되지 않은, 명시적으로 언표되지 않은 기 사상, 생명 사상이 넓게 자리 잡아 맥맥히 흐르고 있었다고 보는 것입니다. 집 자리, 무덤 자리를 보는 풍수에서부터 농사짓는 것, 세시풍속, 사계의 변화, 관혼상제에 이르기까지, 그리고 인간의 문명에 대한 관점이나 역사를 보는 태도에 이르기까지 '기 사상'은 맥맥하게 작용해 오고 있어요. 조그만 공예품을 만드는 데서도 암수 관계의 조화를 강조하는 것이라든지, 유기를 만드는 데서도 그 안에 들어 있는 '기'를 돋우기 위해서 암틀 수틀을 사용하는 것이라든지, 악기의 종류에서도 음양을 구분하는 것, 민요에서도 반드시 음양을 구분하는 것, 나오는 것과 들어가는 것, 높은 것과 낮은 것, 활동적인 것과 정적인 것, 이런 것들의 끊임없는 교호 관계, 전화轉化 관계를 중시하는 이 모든 것이 '기 사상'입니다. 음양이 상호 관계하면서 끊임없이 유동하는 것으로 보는 것, 이것이 '기 사상'입니다. 민중 속에서 사상의 핵을 찾는다면 그것은 '기'라고 불러야 마땅해요. 우리는 민중 주체적 세계관을 자주 이야기하면서도 '풍수'다 하면 우선 그런 것은 미신이다 해 버려요, 알아보기도 전에. 이거 큰 병폐 아니겠어요?

'기' 하면 우선 '이기 논쟁'부터 공부하려고 하겠는데, 그런 것도 좋겠지요. 그러나 이기론도 민중 속에서 지금도 살아 생동하고 있는 잠재적 세계관으로서의 '기' 즉 '생명관'을 중심으로 해서 다시 봐야 합니다. 과거의 유산으로서의 이기 철학에 그대로 매달리는 것이 아니라, 오늘날 당면하고 있는 광범위한 생명 파괴의 문제, 공해, 고문, 온갖 형태의 독극물, 전쟁 등의 문제와 연관하여 보아야 한다는 것입니다. 이 같은 생명의 관점은 예부터 있었던 것인데 오늘날엔 잊혀 버리고 있어요. 예를 들면 농촌의 한 젊은이는 서울에 와서 대학에 다니면서 합리적인 교육을 받는 가운데 원래 그가 갖고 있었던, 그리고 자기 내부에 오랫동안 축적되어 왔던 생명적인 관점들을 잊어버리게 됩니다. 그래서 학교에서, 신문에서 배운 것만이 진리이고 전통적인 것에 대해서는 우스운 것으로 취급해 버리고 맙니다. 만약 우리의 '기 사상'이 자각적인 형태로 도드라져서 민중 사상으로, 민족 사상으로, 그리고 보편적인 세계관으로서 발전된다면 그 젊은이는 그 같은 '기 사상', '생명 사상'을 중심으로 하여 학교에서 배우는 학문들을 취사선택 섭취해서 살아 있는 보다 풍부한 창조적 세계관을 만들어 낼 것입니다. 그러나 오늘날엔 밑바탕에 중심이 없고, 또는 그 중심이 자각된 형태로 언표되어 있지 않고 잠재적인 상태로만 있기 때문에 여기에 온갖 형태의 지식이 틀어박혀 '기'나 '생명'의 사상이 아예 없는 것처럼 생각되고 있어요. 그러나 실제의 구체적 생활에서 보면 한 인간이, 민중이 위기에 부딪쳐서 그것을 극복해내는 힘의 저력은 '기 사상'에서 나옵니다. 나는 많은 경우에 그걸 보았습니다.

지도자 시각 아닌 민중적 시각 가질 때 민중운동 성공

—김 시인이 말하는 '민중적 합법성'이란 것도 위에서 전개한 논리와 비슷한 것인가요? 민중이 생각하는 것, 민중이 생활 속에서 획득한 진리나 '옳음'을 자기의 것으로 한다는 뜻인가요?

김지하 민중적 합법성이란 단순한 민중의 지지만을 뜻하는 것이 아닙니다. 민중은 자신이 확고하게 말로 표현할 수는 없으나 자기가 늘 의지하고 있는 잠재적인 세계관이나 가치관을 갖고 있어요. 이 같은 세계관이나 가치관에 적합성을 가질 때 민중은 동의를 표시하게 됩니다. 어떤 현실 문제가 제기되었을 때 이에 대한 어떤 대응은 민중적 세계관이나 가치관에 일치하거나 적합성을 가진 것으로 판단될 때, 또한 그것이 논리적 구조를 가지고 언표될 때 민중의 동의를 받게 될 것입니다. 민중이 '아, 그건 알겠다', '그것은 옳다' 했을 때 여기에서의 '옳다'란 무엇이겠습니까? '옳다'란 자기 내부에서 옳다라는 판단이 나올 때 하는 것 아니겠어요? 그것을 '민중적 합법성'이라 부르는 거지요.

—아까도 이야기가 나왔지만 김 시인의 생명론에 대해서는 이론이 있는 것 같습니다. 그 가운데는 김 시인이 문제를 전체적으로, 통합적으로 봐야 한다는 것을 내세워, 구체적 현실, 당면한 문제를 회피하고 있는 것이 아니냐, 그래서 '전열의 혼란'을 가져올 수도 있는 것이 아니냐는 견해도 있는 것 같습니다. 이 같은 견해에 대해서는 어떻게 대답하시겠습니까?

김지하 전열의 혼란이란 말은 내게 참 이상하게 들려요. 지금 우리가 진행되고 있는 운동을 어떻게 보느냐 하는 문제인데, 우리는 현재 진행되고 있는, 눈에 보이는 것만을 운동의 전부라고 보아서는 안 됩니다. 그것은 '돌출부'에 불과해요. 잠재적인 영역, 눈에 잘 안 띄는 영역, 다음 단계에서 고조되어 올라갈 영역, 그런 유동적인 영역 등의 전체를 다 싸잡아서 운동이라고 봐야 한다는 말이지요. 운동을 보는 시각이 문제인데, 우리는 돌출부의 전열만 보고 있는 것이 아닌지요. 돌출한 것이거나 돌출하지 않은 것이거나, 광활하고 유장한 것이거나 아주 촘촘한 것이거나, 모두가 다 각기 별(星) 한 개입니다. 바로 이렇게 보는 시각을 열자는 것입니다. 돌출한 것만을 전부로 보는 시각이야말로 민중적 시각과 반대되는 지도자 시각이 아닐까요? 앞장서서 싸우는 사람은 훌륭합니다. 그러나 당장 쌀을 사 가지고 집에 돌아가 아픈 아내에게 미음을 끓여 주어야 할 사람이 시위 때문에 길이 막혔을 때, 발길을 멈추고 이를 건너다보면서 마음속으로 이를 참 씩씩하게 잘한다고 보는 사람도 전체 살아 있는 운동의 한 부분인 것입니다. 이렇게 보는 시각을 열자는 것입니다. 그렇지 않으면 민중 이야기를 할 수 없게 돼요. 거듭 이야기하지만 돌출부, 전위, 첨병, 이것만을 역량의 전부라고 믿는다면 그 역량은 성공하지 못할 것입니다. 잠재적인 영역과, 모든 생업에 종사하고 있는 사람들과 다 연관되어 있으면서 그들의 의사와 힘이 돌출부를 통해 집약적으로 표현되는 것을 운동이라 보아야 할 것이고, 그런 운동만이 성공을 거둘 수 있다고 보아야 할 것입니다.

그리고 분석적인, 촘촘한 시각만을 갖고는, 그리고 그때그때 부딪치는 문제나 주장만 가지고는 모자라는 것이 많다, 다가올 앞으로의 단계들, 옆의 문제 등 이것과 저것을 전체적 연관 속에서 보는 조망이 필요하다고 나는 생각합니다. 지금 우리는 우리들의 문제를 민족 주체적으로 민중 주체적으로, 제3세계적으로 보고 그것을 극복해 보자는 것 아닙니까? 그렇다면 이와 관련된 모든 노력을 우리는 운동의 일부로 보아야 합니다. 전쟁을 유기적으로 보듯이 운동도 마찬가지입니다. 보병도 있어야 하고 포병도 있어야 해요. 전투 사단만 있고 병참이 없다든지, 병사들만 있고 작전 지휘부가 없는 상태를 생각해 보아요. 그러니까 우리는 좀 넓게 봐야 합니다. 내 견해로는 운동이란 생명의 본성적인 운동 법칙을 가장 핍진하게 인식하고 생명의 운동 방식을 가장 핍진하게 실천하는 것입니다. 살아 있는 모든 것은 다 운동을 하는데, 생명의 운동 본성에 가장 알맞게 운동을 조직적으로 전개시키는 것을 운동다운 운동으로 보는 것입니다. 그렇기 때문에 '소경(맹인) 동맹적인' 조직 운동은 옳지 않다, '곤충적 경직성' 가지고는 안 된다고 보는 거지요. 눈에 드러나게 완결되어 있는 조직 구조보다는 '포유동물적인' 어떤 자유와 여백이 있어야 돼요. 개방돼 있어야 돼요. 세계에 대해 문을 열어 놓고 있어야 돼요. 뱁새는 뱁새대로, 황새는 황새대로, 구렁이는 구렁이대로, 학은 학대로, 작은 것은 작은 것대로, 큰 것은 큰 것대로, 유장한 놈은 유장한 대로, 촘촘한 놈은 촘촘한 대로, 돌출부는 돌출부대로, 후위부는 후위부대로 각각 할 일과 역할이 있는 것입니다. 반드시 강조하고 넘어가야 할 것이 있는데, 그것은 후위부에 대해 돌출부를 강조하는 것은 옳지 않다는 것입니다. 오늘 후위부가 내일 돌출부로 전화할 수 있는 것, 그것이 운동입니다. 어떤 운동이란 놓인 환경 속에서 보편적인 운동 정신을 실행해 나가는 것인데, 그러기 위해서는 이 같은 모두의 역할과 견해가 존중되고 의식돼야 합니다. 그렇지 않을 때 파벌주의가 생기고 결벽주의가 생기고 갈등이 생기게 되는데, 이거야말로 전열 혼란을 가져올 수 있어요. 우리는 민주화를 한다고 하면서 스스로 비민주적으로 되어서는 안 될 것입니다. 민주적이란 말은 참으로 탕평적湯平的인 것, 고른 것, 문자 한번 쓴다면 화엄적인 것이라 할 수 있어요. 조그마한 털구멍 속에서도 보살이 일어나는 것이라 보고, 이런 것들이 서로 유기적 연관을 가지면서 점차 확대되는 방향으로 운동이 진행돼야 할 것입니다. 상호 존중이 필요하다는 이야기입니다. 자기가 선택한 어떤 방법만이 옳다고 보는 가운데서 민중적 합법성을 자주 놓치는 것을 봅니다. 농민운동을 하는 분들을 보면 일을 열심히 하면서도 매우 너그러워요. 그런가 하면 지식인들을 보면 굉장히 너그럽질 못해요. 민중적 합법성을 자꾸만 놓친다고 했는데, 그 근본적인 이유는 세계를 보는 시각, 삶을 보는 시각에 문제가 있기 때문이 아닌가 합니다. 나는 지금 그 문제를 제기하고 있는 것입니다. 그리고 그것은 내가 해야 할 한 몫이기도 하고요.

'남조선 사상'은 생존과 변혁 추구의 민중 사상

—이야기를 바꾸어 '만국활계 남조선萬國活計 南朝鮮'을 이야기해 볼까요? 이는 『대설, 남』의 주제를 이루고 있기도 한데, 이 같은 사상의 내력과 그렇게 생각하는 근거는 어디에 있다고 보십니까?

김지하 '만국활계 남조선' 사상을 명백히 한 것은 강증산 선생입니다. 만국을 살릴 계책이 남조선에서 나온다, 만국, 즉 전 세계 중생, 전 세계 민중을 구원할 사상과 어떤 움직임이(사상만 이야기하는 것이 아닙니다. 민중 사상 안에서는 사상과 움직임은 하나입니다) 남쪽 조선에서 나온다, 이런 뜻입니다. 이 같은 '남조선 사상'의 연원에 대해서는 기록이 잘 안 나오는데, 강증산 선생 이전부터도 우리나라 민중 사상 속에 계속 내려왔다고 그래요.

나는 여러 사람들한테 들어서 안 것입니다. 강증산 선생 바로 위에는 수운 최제우 선생이 있는데, 수운 선생의 『용담유사』를 보면, "눌로 대해 이 말 할꼬, 아국 운수 먼저 하네"라는 말이 나오고, "한울님 하신 말씀 개벽 후 오만 년에 네가 또한 첨이로다" 하는 말이 나와요. 오만 년 개벽 운수가 순환하는데, 후천개벽이 아국, 우리나라에서 제일 먼저 시작된다는 거예요.

그런데 이런 이야기는 상당히 상고上古로 올라가서 소위 남쪽 사상과도 관련돼 있는 것이 아닌가 하는 생각도 듭니다. 북미건 남미건 인디언들은 사람이 죽으면 남쪽으로 간다고 해요. 틀림없이 태양이 뜨는 동쪽을 생각할 텐데 남쪽으로 간다고 해요. 불교에서도 이 남쪽을 제일 밝은 곳으로 치지요. 해방, 환희, 광명의 땅을 뜻해요. 밝사상과 관련시켜 생각해 볼 수도 있겠지요. 어쨌든 남쪽이란 기름져서 물산이 풍부한 곳이고 문학적으로도 축적된 전통이 있는 곳입니다. 그러나 풍요롭기는 한데 역사적으로 고통이 극심했던 지역이어서 민중들의 간절한 소망이 쌓여 있는 곳이고 그것이 발효되고 있는 곳이지요.

풍수에서는 간혈법看穴法, 즉 혈처를 보는 방법을 따르고 있는데, 예를 들면 계룡산에서 남조선이라고 부르는 소위 새로운 왕조가 나타난다고 보고 있어요. 계룡산은 회룡고조라 해서 용이 활궁弓 자처럼 빙 돌다가 꼬리가 용 대가리를 다시 쳐다보는 형, 즉 장풍국이라는 거지요. 계룡산은 또 삼태극이라고 해요. 물도 태극(강물이 들어와 있어요), 산도 태극, 길도 태극이라는 거지요. 동학에서는 이를 궁궁형弓弓形, 장풍국이라고 하는데, 방어국, 즉 피난지라는 뜻입니다. 계룡산 같은 산은 또한 와룡형臥龍形, 즉 용이 엎드려 일어나려고 하는 형이라고도 하는데, 이는 변혁에 대한 소망을 나타낸다는 것입니다. 그러므로 계룡산은 피난과 변혁에 대한 소망을 다 함께 갖추고 있다는 겁니다. 이런 산의 대표적인 산이 계룡산이라는 것인데, 피난과 변혁을 함께 안고 있으니 불안한 산입니다. 피난을 하기는 하는데 상당히 불안하다는 말이에요. 이것이 참 재미있어요. 나는 이런 것이 남조선 사상과 깊이 연관돼 있는 것이 아닌가 봅니다. 이것을 제3세계적으로 한번 확대시켜 보면 제3세계의 현실과 일치합니다. 제3세계 민중은 우선 참화를 피해 살아남아야 하고 또한 그와 함께 변혁을 원합니다. 생존과 변혁을 함께 지향하고 있는 것인데, 여기에 민중 사상의 중요한 한 측면이 있다고 봅니다. 이런 것이 전통적인 풍수지리설, 음양설, 기론氣論 등과 연결되면서 남조선 사상을 만들어 낸 것이 아닌가 합니다.

남조선이란 피난과 변혁에 대한 소망을 함께 간직하고 있는 곳이다, 살아남을 뿐만 아니라 삶을 근본적으로 바꾸는 개벽에 대한 소망이 강렬하게 살아 있는 곳이다, 이런 것이 어떤 큰 사상과 움직임으로 되어져 나올 때 그것은 인류를 구원해 낼 것이다, 인류를 해방할 것이다, 인류를 살려 낼 것이다, 라는 것이 '남조선 사상'입니다. '만국활계'라 했어요. '활活'이란 말이 재미있어요. '활'은 죽어 가는 사람을 살린다는 뜻입니다. 생명입니다. '죽임'이 아니라 '죽임'으로부터 '살림'이지요. 만국을 살리는 계책이 남조선에서 나온다, 바꾸어 말하면 만국을 살리는 계책이 바로 남조선이다, 이런 이야기입니다.

'남조선'을 '남은 조선 사람'으로 해석한 사람은 강증산 선생인데, 국토를 바로 민중으로 보고 있습니다. 신토불이身土不二 사상이기도 하지요. 살아 움직이는 모든 것의 눈에 보이는 수렴자는 사람이니까, 국토, 산천과 거기에 서식하는 모든 여러 가지 생명체들과 유기적인 관계를 맺고 자각적으로 살아가는 것은 사람이니까 그렇게 본 것 같습니다.

'남조선'은 우선 남조선에 살아남은 사람입니다. 그리고 그것은 또한 나머지 조선 사람입니다. 이것 믿고 저것 믿고 해서 어떤 이데올로기로 머리가 굳어져 있는 사람이 아닌 나머지 사람, 뿌리 뽑히고 대접받지 못하는 밑바닥의 나머지 사람, 즉 요즘 우리가 제3세계적 관점에서 말하는 '민중'입니다. '남조선 사상'은 첫째 이 민중으로부터 활계活計가 나온다는 것입니다. 둘째 '남南'이란 제3세계입니다. 세계의 '북北'에 대한 세계의 '남'이지요. 제3세계의 민중이 바로 남은 사람들, 나머지 사람들, 뿌리 뽑힌 사람들 아닙니까? 이 '남'은 묘하게도 불교에서 말하는 대해탈의 경지하고도 관련이 있어요. '남'은 가장 밝은 곳이라 했어요. 아까도 이야기가 나왔지만, '남'은 물산이 풍부한데도 역사적으로 고통이 심했던 곳이지요.

그러므로 '남조선 사상'이란 이제까지 미신적인, 또는 신비주의적인 전설이나 구전으로 민중 속에 떠돌아다녀 온 것이긴 하지만, 민중들의 살아남으려는 생존에의 소망과, 삶을 근본적으로 변혁시키려는 소망을 아울러 간직한 민중 사상을 뜻하는 것으로 보입니다. 소극과 적극, 사태들과 사태의 연관이, 음과 양이 아우러지는 산 태극 운동으로서의 생명이라고 할까요? 실제로 내가 보기엔 우리가 사는 남쪽은 어떻든지 간에 부글부글 끓고 있어요. 무엇이 태어날 조짐이에요. 나는 여행을 많이 하는데, 돌아다녀 보면 발효하고 있는 것을 감촉으로 느낄 수 있어요. 사람들의 삶이 그러니까 그럴 수밖에 없을 겁니다. 밖으로부터 주어지는 수많은 제약들, 다국적기업의 횡포, 여러 정치적 사회적 모순들 속에서 살다 보니 삶과 생각과 충동 같은 것들이 전부 부글부글 끓고 있어요. 어떤 사람들의 눈에는 그것이 생기로 보일 것이고, 어떤 사람의 눈에는 혼란으로 보일 것이고, 어떤 사람의 눈에는 자유로운 것으로 보일 것이고, 또 어떤 사람의 눈에는 잡탕인 복잡한 것으로 보이겠지만, 어쨌든 발효하고 있어요. 그렇기 때문에 여기서 무엇이 태어나지 않겠는가 보는 것이지요. 국수주의적 관점에서 무엇인가가 꼭 우리나라에서 나타날 것이라고 보는 것은 아닙니다. 아까도 이야기했다시피 우리가 살고 있는 곳은 제3세계의 여러 조건들이 모조리 집약되어 있는 곳 아닙니까? 그렇다면 여기에서야말로 이 같은 여러 문제들을 극복할 수 있는 움직임이나 세계관, 사상이 반드시 나올 수밖에 없지 않겠느냐고 생각하게 된 것입니다. 이 같은 내 평소의 믿음하고 '남조선 사상'하고 맞아떨어져서 '만국활계 남조선'을 이야기한 것이고 또한 『대설, 남』의 주제로 잡았던 것이지요.

남조선 사상은 생명 사상

— 동서양 문화의 온갖 문제가, 동서 이데올로기가, 남북 간의 온갖 문제가 다 들어와, 그러니까 온갖 모순이 이 땅에 다 들어와, 그것도 그야말로 치열하게 불꽃을 튀기고 있다는 것과도 밀접히 연관되는 것인가요?

김지하　그렇습니다. 동양, 서양의 문화 문명 가운데 우리에게 안 들어온 것이 있습니까? 다 들어와서 그것도 가장 요란하게 불꽃을 튀기고 있어요. 그런데 그것이 아직까지는 비주체적인 상태로 불꽃을 튀기고 있어요. 그 유명한 단재丹齋 신채호申采浩 선생의 말대로, 도대체 이 나라에서는 공자가 들어오면 조선의 공자가 되지 않고 공자의 조선이 돼 버리고, 석가가 들어오면 조선의 석가가 아니라 석가의 조선이 돼 버리고, 예수가 들어오면 조선의 예수가 아니라 예수의 조선이 돼 버리고, 마르크스가 들어오면 조선의 마르크스가 아니라 마르크스의 조선이 돼 버린다, 이게 뭐냐, 비주체성이다, '비아非我'의 작동이다, '아我'의 작동이 비아의 작동에 의해 눌려 있는 상태다라는 것입니다. 내가 지금까지 이야기해 온 것을 다른 식으로 정리한다면 그것은 '아'를 회복하자는 이야기와도 같은 것입니다. '비아'가 너무나도 설치고 있으니까. 분단도 비아에 의해 저질러진 것 아닙니까? 그런 식으로 볼 때 만국활계 남조선은 '아'의 회복과 절대 무관한 것이 아닙니다. 여기서의 '아'란 단순한 민족이 아니고 민중 주체의 '민족'입니다. 그런 점에서 민중적 삶의 생각이 주체로 되는 온 민족과 중생의 '화쟁和諍' 사상이 바로 '남'의 사상이라고도 할 수 있지요.

— '만국활계 남조선'은 어떤 움직임으로, 또는 사상으로 나타날 수 있다고 했는데, 사상적으로는 어떤 내용으로, 어떤 방향으로 나타날 것으로 보는지요?

김지하 내가 보기엔 생명론입니다. 구체적으로는 화쟁 사상이지요. 아까 이야기한 '회룡고조 장풍국'이 그것입니다. 피난과 변혁이라 했지 않습니까? 피난이란 것은 도망가는 것을 말하는 것이 아닙니다. 어려운 시절에 민중이 살아남는 방법, 삶을 지키는 것이 피난입니다. 전화戰禍가 지나가는데 살 데가 어디 있겠어요. 소나무 밑에 가면 산다고도 했고 집 속에 가만있으면 산다고도 했어요. 이게 다 임진왜란, 병자호란을 거치면서 나온 말입니다. 생존이란, 삶이란 민중의 최고 가치입니다. 피난이란 삶에 대한 요구입니다. 삶이란 또한 단순한 도생주의가 아니라 변혁을 요구하는 것이지요. 단순한 변혁이 아니라 근본적인 변혁입니다. 개벽입니다. 강증산 선생에게서는 그것이 '원시반본'이란 말로 나타납니다. 아득한 옛날의 화해로운 세계로 돌아간다는 뜻이지요. 그러나 강증산 선생의 경우에는 그냥 되돌아가는 것이 아닙니다. 강증산 선생은 서구의 과학, 기계문명 자체를 하늘에서 내려온 것이라 보았고 그래서 거부하지 않았어요. 하늘에서 내려온 것은 다 이유가 있어서 내려온 것이라 보고 거부하지 않았어요.

그는 개벽 시대가 오면 새로 일어나는 민중이 운거雲車를 타고(비행기를 구름차라 한 것 같아요) 수천 수만 리를 순식간에 달릴 것이라고 했습니다. 편안한 세상이 온다, 그러나 사람이 개벽되느냐 안 되느냐가 문제라고 본 것이지요.

강증산의 원시반본은 단순한 반본이 아닙니다. 정음 정양이라 했어요. 음양이 맞지 않았다, 음양을 고르게 해야 한다, 남자와 여자, 강자와 약자, 부자와 가난한 자, 이 모든 것들이 고르게 돼야 한다는 이야기입니다. '원시반본'이다 하면 픽 웃어 버리기 쉬운데, 예컨대 공자도 석가도 예수도 마호메트도 나아가 루소에게서 보는 것도 원시반본이고, 마르크스도 결국은 원시반본해 보자는 것 아닙니까. 어떻게 돌아가느냐 하는 것이 문제일 뿐이지…….

이제 새롭게 일어나는 제3세계의 민중이 참으로 근원적으로 철저히 구체적이고 과학적으로 원시반본을 하려 한다면 그것은 이제까지 있었던 여러 원시반본의 사상들, 움직임들의 좋은 사상과 이론, 경험들을 다 섭수하면서도 더 나아가 민중 나름의 크고 긴 호흡으로, 보다 근원적인 생명의 세계로 돌아가려고 하는, 생명이 생명답게 꽃피는 그런 세계로 돌아가려고 하는, 그리고 부처님이 얘기하는 근원적인 해탈까지도 생각하는 그런 경지를 지향해야 한다고 나는 생각합니다. 대체로 이런 것들을 남조선 사상이라 보고 있고 민중 주체에 의한 세계의 근원적 해방이라고 봅니다.

후천개벽은 역사적 모순의 해결이면서 지구사적인 전 생명계의 변화

—김 시인은 개벽, 특히 후천개벽이란 말을 자주 쓰는데, 이는 문자 그대로 지구상에 실제로 어떤 물리적인, 또는 지구물리학적인 대변혁이 일어나 가지고 새로운 세상이 열리는 것을 뜻하는 것입니까? 인간과 사회와 세계가, 그리고 문화가 새로운 참다운 사상과 실천에 의해 변혁되어 새로운 세계가 건설되는 그런 상태를 말하는 것인가요? 후자 쪽으로 해석하고 싶어 하는 사람들이 많은 것 같은데요…….

김지하　그런 것만도 아닙니다. 실제로 조수 변동이 일어나고 있고 지구의 축에 변화가 일어나고 있어서 서양에서도 자꾸 이야기되고 있다고 해요. 어디까지가 신비주의이고 어디까지가 과학이냐 하는 이야기도 나오고 있는데, 정글이 자꾸 사하라가 되어 가고 있는 현상만 하더라도 단순한 공해의 영향만은 아니라고 그래요. 거시적으로 보면 조수의 변동뿐만 아니라 생태계가 급격히 변하고 있고 새로운 종자들이 자꾸 생긴다고 하지 않아요? 이제까지 못 보던 종자가. 지구의 지각운동에도 상당한 변화가 있어서 서구 과학자들이 당황하고 있다고 합니다. 공해의 만연까지도 포함한 지구사地球史 전체의 진행 과정이라고도 볼 수 있어요. 우리는 사회문제와 더불어 이런 것들도 하나의 총체적 시선으로 포착해야 하는데, 따로따로 보고 있어요. 조수 변동 같은 문제는 우리와 관계가 없다고 취급해 버리는데, 이에 대한 시각 교정이 필요하다고 봅니다. 후천개벽이란 역사적으로 해결되지 않은 채 축적되어서 이후 시대로 자꾸 이월된 복합된 모순이 현실적으로 해결되는 것을 의미하면서도, 동시에 지구사적인 관점에서 볼 때 지구에 그리고 전체 생태계에 변화가 일어나 인간과 생명계의 생활 자체에 현실적인 변화가 일어나는 것을 뜻합니다. 능동적으로 인간의 노력과 실천이 작용되는 것과 더불어 필연적인 우주사, 지구사의 진행 과정이라는 거시적 관점에서 보는 것입니다. 생명이라는 소리가 자꾸 나오고 평화, 지구적 감각, 지구 공동체, 지구촌 같은 이야기들이 여기저기서 자꾸 튀어나오는 것은 우연이 아니라고 봐요. 우리는 큰 것 속에서 작은 것을, 작은 것 속에서 큰 것을 함께 보아야 합니다.

여성해방이란 무엇인가

—김 시인은 후천개벽, 음개벽을 이야기하는 가운데, 그리고 정음 정양을 이야기하는 가운데 여성 문제에 관한 많은 관심을 보여 주었습니다. 생명 사상과 관련하여 여성 문제에 대한 김 시인의 관점을 들어 보고 싶습니다. 종래의 여성 문제와의 관점의 차이 같은 것도 듣고 싶습니다.

김지하 가족공동체와 연관하여 여성 문제를 검토해 볼 필요가 있어요. 가족공동체는 인간이 완전히 떼어 버릴 수 있는 것인가 물어야 할 것 같아요. 핵가족, 또는 소가족으로의 진행은 봉건적인 가부장적 대가족제의 질곡으로부터 가족을, 여성을 해방시켜 자유로운 생활과 개성과 찬란한 개별성의 만발과 노동의 자유로운 계약 같은 것을 누리게 한다는 점에서 긍정적인 점들을 많이 갖고 있기는 하지만, 반면 부정적인 면은 없는가 물어야 할 것 같습니다. 생명론적 관점에서 가족의 해체를 보게 되니까 여러 가지가 마음에 걸립니다. 가령 아파트의 핵가족에서 자라는 아이들의 경우를 보면 사회적 삶을 사는 데 필요한 슬기, 사람을 사귀는 데 필요한 사람에 대한 사랑, 협동 등 사람을 사랑하는 기술이랄까 하는 것들이 극도로 결핍돼 있어요. 그런가 하면 반면에 삶과 연관되지도 않은 교과서적인 지식, 텔레비전적인 상식, 아니면 용어들, 물건 이름들, 탤런트, 배우의 이름들 등 서로 따로 떨어져 있는 잡동사니들로 쓰레기통처럼 머리가 가득 채워져 있어요. 그런데 무얼 한마디 물으면 바로 대답해 가지고 잡아 제치는데 그 내용이 형편없다 이 말이에요. 자제력도, 견디는 힘도, 곤란한 지경에 부딪쳤을 때 머리를 짜내는 능력도, 위기를 당해 신중하게 처리하는 능력도 크게 결핍되어 있어요. 우리가 살아가는 데 필요하다고 생각되는 지혜, 민중적 슬기가 거의 결핍돼 있는 것을 보게 됩니다. 그것은 크게 보아 전 문명사적 · 전 사회적 문제이고, 사회적 모순의 소산이요 잘못된 교육의 결과이긴 하지만, 한편으론 가족공동체의 해체에서 오는 것도 있는 것으로 보입니다. 대가족제 집안에서 자라날 때는 할아버지, 할머니, 삼촌, 고모, 형제, 사촌, 조카 등 많은 사람들이 한데 어울림으로써 그들이 수많은 역경 속에서 축적한 경험과 지혜와 기억들을 전승받게 됩니다. 온갖 형태의 사물에 대처하는 슬기와 지혜, 기술, 심성, 마음 씀씀이, 대인접물對人接物하는 자세 등 많은 것들을 전승받게 됩니다. 실제로 사촌들과 함께 뛰노는 과정에서도 제한된 차원에서나마 사회화의 경험을 갖게 되고 그것이 확대되어 동네 이웃들과의 형제 같은 유기적 관계도 형성하게 됩니다. 집단적 경험이 한 어린이에게 집약적으로 전승되는 거지요. 삼촌이라든가 사촌 형 등이 여러 가지 형태로 성인식成人式을 통해 어른이 되는 통과의례通過儀禮를 갖는 것도 보게 됩니다. 예를 들면 오줌 싸는 놈 키 씌워 가지고 물벼락 안기는 것이라든지, 한밤중에 귀신 나온다고 해 가지고는 뒷산에 꼭 올라가 보게 한다든지 하는 것들이 용기를 키워 주고 견디는 힘을 길러 주기도 하는 것입니다. 꼭 성인식이라 하지 않아도 은연중에 이처럼 성인 의례를 치르는 것이지요. 그것도 일종의 사회적 유전입니다. 마치 고양이가 제 새끼한테 쥐 잡는 기술을 가르치기 위해서 죽은 쥐를 놓고 자주 던지는 연습을 하듯이.

그러나 이제 아파트의 핵가족에서는 아버지는 회사에 나가고 어머니는 직장 아니면 장 보러 나가고 아이는 학교에 가 버리니 가족끼리 한자리에서 얼굴 보기도 힘들어지고 있어요. 사촌형제 간이라는 관계도 거의 다 부서져 버렸어요. 그래서 저의 부모로부터만 단선적單線的인 경험 내지 지혜만 받아들이게 되었습니다. 그리고 의지한다는 것이 고작 학교와 몇몇 친구와 텔레비전뿐인 상태가 되어 버렸어요. 이런 것들이 무엇을 가르쳐 주느냐는 것도 문제입니다. 우선 배우는 것이 잔혹성이지요. 병아릴 죽여도 아무렇지도 않고 친구를 봐도 저한테 이롭지 않으면 '가!' 해 버리고 제 친척 형제들한테도 전혀 친애감을 안 느끼는 상태로 되고 있어요. 하나의 분리된 알맹이가 되어 버리고 있습니다.

그러면 이를 어떻게 할 것인가 하는 문제가 나오게 됩니다. 과거로 돌아간다는 것은 될 수 없는 일입니다. 그렇다면 옛날의 대가족공동체가 아이에게 집단적 경험과 오랜 슬기, 삶의 지혜들을 전승시킬 수 있었던 것을 이제는 전 사회가 수행해야 합니다. 특히 교육과 사회적 매체(미디어)가 그것을 담당해 줘야 합니다. 교육과 대중 언론(매스컴) 매체가 생명을 기본 가치관으로 확립하는 방향으로 전환하여 참다운 삶의 지혜와 삶의 기술을 전승시켜 줘야 할 것입니다. 그러나 지금의 매스컴에 당장 이를 기대하기란 어려운 일입니다. 바로 이런 이유에서도 가정에서의 여성의 역할은 다시 검토되고 재음미되어야 한다고 봐요. 오늘날 여성 문제에 대한 주요 관심은 여성의 노동력의 해방, 여성의 사회적 해방 쪽으로 집중돼 있는 것 같습니다. 이 문제는 물론 중요합니다. 그것을 부정하자는 얘기가 아닙니다. 그러나 가족공동체 안에서의 어머니의 역할, 생명의 출산자로서, 양육자로서, 위로자로서의 어머니 역할이 함께 주목돼야 할 것이며, 이 양자가 어떻게 통일될 수 있는가를 찾아내야 한다고 봐요. 여성의 사회적 해방이 진행되면서도 동시에 어머니로서의 역할도 강화되는 그런 통일의 길이 모색돼야 한다는 말이지요.

이 문제의 해결을 위해서는 무엇보다도 기초 세계관에서의 새로운 시야가 열려야 합니다. 생명의 산출자, 양육자로서의 여성과 여성 생명력의, 노동력의 사회적 해방 문제를 하나로 묶어서 보는 새로운 시야가 틔어야 합니다. 나는 여성이 부엌으로 돌아가야 한다고만 말하고 있는 것이 아닙니다. 부엌을 피하는 것이 여성의 사회적 해방이라고 보는 것이 일면적인 것처럼, 사회적 해방이고 뭐고 다 집어치우고 집구석으로 들어가는 것만이 여성의 본분이라 보는 것도 일면적인 것이라는 말이지요. 이 문제를 해결하는 기초 시야는 생명론적 입장에 설 때에만 가능하다고 생각됩니다. 여성의 생명론적 본성을 바로 봄으로써만, 그 본성에 충실함으로써만 해결이 가능하기 때문입니다. 이제까지 진행된 여성운동에서 보면 여성의 노동력 해방, 사회적 해방, 핵가족화 방향으로만 관심이 집중됨으로써 여성들 자신이 자기소외를 느끼는 결과가 나타나고 있어요.

이것은 남녀의 생물학적 구조, 생리 구조에 합치하지 않는 방향으로 운동이 진행되었기 때문일 것입니다. 음양은 구별되어 있으면서도 상호 보존적으로 함께 살게 되어 있는 것이고, 어느 한쪽이 부서지면 평형이 깨지도록 되어 있어요. 가족공동체는 생물이 서식하는 데 있어서의 기본단위인데, 이 같은 단위로부터 떨어져 나오는 것이 해방일 수는 없는 것입니다. 생명의 본성에 따라 진정한 의미에서 자기를 실현하는 것이 해방이지 노동의 제약, 사회적 제약으로부터의 자유만이 전 인간적 해방일 수는 없다고 봅니다. 양쪽이 다 충족되는 것이 탁월한 의미에서의 해방일 것입니다. 지난날의 사회를 보면 대가족의 경우일수록 여성이, 특히 할머니가 실질적인 살림살이의 주장이었어요. 가족이 커져서 사람이 많아지면 먹는 것도 많고 일도 많아 분주해지며 온갖 것이 복잡해지는데 이럴 때 그 살림을 해 나가는 것은 여자입니다. 핵가족이 돼서 그것이 축소되긴 했지만 절대 없어진 것은 아닙니다. 핵가족하에서의 어린이들의 결핍을 어머니가 메꾸어 줘야 합니다. 부엌으로 들어가는 것과 사회적으로 나가는 것을 적대 관계에 있는 것으로 보는 것이 이제까지의 여성해방론의 한계였던 것이 아닌가 해요. 그러니까 사회적 노동도 해방하면서 어머니의 역할이 강화될 수 있는 그런 창조적 통합에 의한 해방의 길은 없을까가 모색돼야 합니다. 그러기 위해서는 새로운 세계관에 의해 새로운 시야가 열려야 합니다. 개인과 사회, 가족과 사회, 여성과 사회 문제에 대한 새로운 관점, 새로운 정책, 새로운 제도, 새로운 문화가 나타나야 합니다. 사회 공동체와 가족공동체 간의 새로운 유기적 연관에 대한 산 관점이 나타나야 합니다.

여성의 진정한 해방은 사회적 해방과 가정생활의 통일

—가족 속에서의 여성의 역할과 사회 속에서의 여성의 역할이 통일돼야 한다는 데 이견을 갖는 사람은 별로 없을 터인데, 이 양자 간에 끊임없는 충돌이 일어나고 있는 데에 문제가 있는 것 아닐까요?

김지하 그렇습니다. 상당히 고통스러워요. 나도 확고한 답을 갖고 있는 것은 아닙니다. 극단적인 예로, 여성의 사회적 해방을 위해 가정을 뛰쳐나간 노라가 되었다고 할 때 그 여성은 심한 자기소외를 느낄 것입니다. 기본적인 생의 의미를 잊어버린 사람이 될 수 있어요. 가족도 없이 혼자 아파트에 사는 독신 여성을 상정해 볼 때, 과연 그가 총체적 · 전인적으로 해방됐다고 볼 수 있는 것이냐는 물음이 나올 수 있어요. 노동력은 해방되고 처지는 독립됐을지 몰라도 그 사람이 전인적으로 해방되었다고 말할 수 있느냐는 것입니다. 어머니로서의 여성을 우리는 다시금 주목할 필요가 있어요. 생명을 출산하고 양육하는 어머니로서의 여성은 생명의 '본성'이 아니겠어요? 여성은 일차적으로 부엌일을 통해 가족의 생명을 지키기 위한 일을 할 수 있으며, 그리고 그것을 사회적으로 확대함으로써 전 사회적 생명의 보호에 크게 기여할 수 있어요. 식탁에서 공해 식품 같은 것을 배제하는 것이 그 중요한 한 예입니다. 여성의 역할이 생명의 보호에 얼마나 중요한가를 깨달아야 합니다.

후천개벽론에서는 여성의 지위가 특히 강조되고 있어요. 앞 시대에는 여성이 너무나도 억압받아 왔으나 후천 시대에는 여성의 지위가 훨씬 더 높아짐으로써 개벽이 진행된다고 보고 있습니다. 정음 정양이란 남녀가 고르게 된다는 것을 뜻하기도 하는데, 고르게 된다는 것 자체가 큰 의미의 음陰입니다. 여성적이라는 것은 부드러운 화해, 조화, 화쟁, 이런 것을 뜻해요. 결국은 어머니로서의 역할을 버림으로써 여성의 사회적 해방을 얻는 것도 아니면서 사회적 해방을 포기하고 어머니로서 눌러앉아 버리는 것도 아닌 근원적 해결 방향이 있어야만 여성해방 문제는 해결되지 않겠는가 생각해요. 그러나 지금까지의 여성 문제는 주로 여성들의 사회적 해방 문제 쪽으로만 논의되었지 여성의 어머니로서의 역할이나 부엌일의 중요성에 대해서는 별로 이야기가 안 되었던 것 같아요. 거듭되는 이야기이지만 두 가지 역할을 통일시키는 새로운 시각을 여는 것이 앞으로의 과제입니다.

민중을 주체로 한 동서 사상의 수렴

—생명 사상의 시각에서 앞으로의 우리 문화의 건설 방향을 이야기한다면 어떻게 말할 수 있을까요?

김지하　앞서 이야기한 것이 모두 그 대답이 될 수 있겠지요. 외세가 우리나라를 침략 · 강점했을 때 거기에 저항하면서 민중의 봉건적 질곡과 식민지주의, 제국주의의 침탈로부터 민중의 생존 그 자체를 지키고 해방하려 했던 민중 속에서의 돌출한 사상들로부터 어떤 씨앗, 즉 민중 주체의 사상을 발견해 가지고 거기에서 그 주체를 중심으로 과거의 동서양의 위대한 사상들을 비판적으로 취사선택하여 창조적으로 수렴해 나가는 것이 문화적인 창조 방향이고 민중 주체적인 문화를 새롭게 창조해 나가는 방향이 되겠지요. 우리는 동학을 비롯한 우리나라의 민중 사상들, 불가, 도가, 노장, 역 사상 등 동양의 위대한 사상들, 그리고 서양의 큰 사상들을 주체적으로 다시 연구하고 음미할 필요가 있어요. 서구 것이라 해서 다 버릴 것도 없을 것이고 그렇다고 해서 동양권의 문화, 즉 자기들이 가진 것이라고 해서 다 좋은 것도 아닐 것입니다. 그 안에는 지배자들의 통치 철학, 통치용 이념들이 많이 들어 있고, 또 그렇지 않은 것도 통치용으로 변질되어 온 것이 많으니까요. 결국 중심, 주체가 있어야 하는데, 나는 그것을 민중 주체로 봅니다. 민중 주체 사상은 특히 서세동점 시에 서양 제국주의의 제3세계 침략 시에 거기에 저항하면서 돌출한 것입니다. 인디언한테도 그런 것이 있었고, 어느 나라에서도 있었어요. 잠재적으로 그것이 아직도 빛을 못 받고 있을 뿐이지 그것이 중심이 돼야 할 것이라고 봅니다. 소박하지만 내가 알고 있는 한은 그것들의 핵심은 대체로 생명 사상이에요. 그러나 이런 민중 사상에서 또한 주술적인 낙인은 떼어 내야 됩니다. 주술하고 연관돼 있는 경우가 많이 있기 때문입니다. 소위 정령精靈 사상, 애니미즘, 이런 것하고 연관이 있기 때문에 그런 낙인들은 떼어 내면서 그 안에 들어 있는 훌륭한 사상을 현대 시대에 맞는 생명의 사상으로 개화시켜야 합니다. 여타의 모든 좋은 사상을 그것 중심으로 수렴해 나가는 것, 그것이 바람직한 방향일 것 같아요.

『대설, 남』은 살아 있는 것을 살아 생동하는 것으로 표현해 보려는 시도

—김 시인의 그간의 사상적 · 문학적 모색은 『대설, 남』에서 집약적으로 표현되고 있는 것 같습니다. 문학 양식에서도 이 『대설, 남』은 가능한 문학 장르를 통일적으로 구성하는 새로운 경지를 보여 주고 있는 것으로 생각되는데, 『대설, 남』에서 이 같은 양식을 사용하게 된 계기와 앞으로의 전개에 대해 이야기해 주시겠습니까?

김지하 우리의 삶 자체가 굉장히 복잡해졌어요. 사회적 삶만 복잡해진 것이 아니라 인간의 내면적인, 심리적인, 정신적인 삶 자체도 아주 복잡해졌어요. 온갖 형태의 욕구와 충동이 복합되어 작용하고 있고 온갖 형태의 사상들이 복잡하게 얽혀 돌아가고 있어요. 이런 복잡한 삶은 한 가정이나 단위 사회에서만이 아니라 전 지구적인 것입니다. 하여튼 모든 것이 복잡해졌단 말이에요. 이런 복잡한 시대에는 그 연관 같은 것을 다 찾아 잡아 내면서 그 복잡성 자체를 구체적으로 표현할 수 있는, 표현할 뿐만 아니라 거기에 간여할 수 있는 그런 양식이 필요합니다. 표현하면서 동시에 거기에 개입하고 간여하고 변경하는 거지요. 복잡하게 얽크러져 있는 것들을 수동적으로 표현할 뿐만 아니라 동시에 거기에 간여해 들어가는 능동적인 양식을 찾다 보니까 우선 판소리가 찾아졌고, 판소리의 기초적인 표현 양식을 대규모 확대함으로써 이런 복잡한 삶 자체를 표현할 수 있는 것이 없겠느냐 해서 『대설, 남』이란 걸 생각해 낸 거지요. 그런데 복잡하다는 것은 이것저것이 고정된 상태로 얽혀 있는 것이 아니라 서로 복잡한 연관 속에서 유기적으로 연쇄적으로 움직이는 것이기 때문에 살아 있는 상태를 살아 있는 생동하는 표현 방법으로 총체적으로 표현해야 됩니다. 이런 것이 대설 양식의 특징이지요. 그러니까 거기에는 단편적인 것과 총괄적인 것, 개인적인 것과 전체적인 것, 한 개인의 조그만 순간과 전 역사적 · 집단적 경험들, 과거와 미래가 작가가 작업하는 순간순간의 현실 속에서 함께 작용하는 거지요. 예를 들면 과거의 어떤 민중의 움직임 속에 그 이전에 있었던 과거의 민중의 움직임이 같이 움직이기도 합니다. 예컨대 제국주의자, 몽골 제국주의자의 파티에 그 이후의 나폴레옹과 같은 제국주의자가 초대를 받거든요. 그렇게 표현할 수밖에 없어요. 역사적 연관, 살아 있는 연관을 문학에서 찾기 위해 신화에 의지하고 싶진 않으니까요. 신화적으로 표현하려면 눈에 보이지 않는 의미나 움직임을 눈에 보이는 한 인물로, 한 괴물로 만들어야 돼요. 그것이 바로 우상이 돼 버려요. 오히려 그걸 깨면서 신화 속, 신화 안에 들어 있는 내용을 요즘 식으로 풀어서 하다 보니까 때로 만화적인 방법이 동원되기도 하고, 정말 만화같이 돼 버린단 말이에요. 유치하다고 생각하기 이전에 한번 생각해 볼 필요가 있습니다.

—김 시인의 담시 「오적」과 「비어」가 준 충격은 너무나 커서 김 시인이 새로운 담시를 앞으로도 써 주기를 기대하는 사람들이 적지 않은데, 그런 계획은 없으십니까?

김지하　글쎄요, 담시는 이야기 시인데 담시라는 말을 붙인 것도 문제가 있어요. 서양 말로는 발라드ballade이지요. 하여튼 단형 판소리라 할까? 그런 것인데 이런 것은 앞으로 별로 쓰지 않을 겁니다. 이것은 『대설, 남』 속에 다 포함될 것이니까. 그런데 담시에는 기승전결起承轉結이라는 게 들어 있어요. 이 기승전결이라는 복재, 고정적인 틀, 그것을 깨고 싶단 말입니다. 기승전결 구조라는 것은 역사적인 상당한 이유가 있으나 이것은 그만큼 문제점을 안고 있습니다. 현시대의 천변만화하는 생의 구조, 고통에 찬 삶의 파악에 알맞지 않은 구조라 할까요. 너무 안정된 구조이지요. 어떻게 보면 처음이 있으니까 끝이 있고 중간에 전개가 있고 절정이 있고 하는 식이지요. 사람 중에는 어느 날 낳자마자 죽어 버리는 사람도 있고 처음엔 막 올라갔다가 나중엔 그냥 물거품처럼 사라져 버리는 인간도 있거든요.

민중 주체의 문학을 위해 문체 혁명 일어나야

—김 시인은 민중 자신이 자신의 눈으로 민중을 보아야 한다는 입장에 서서 문체文體 혁명을 제시했는데, 문체 혁명이 일어나야 하는 이유와 그 방향 같은 것에 대해 이야기해 주시겠습니까?

김지하 현실 철학이란 것을 제기하는 젊은 철학자도 있고 생명철학도 나오고 있는데, 이제 만약 민중 철학이 제시된다면 거기서 다루어야 될 가장 기본적인 출발점은 무엇일까요? 그것은 민중의 삶이겠지요. 삶, 생존인데, 이 생존이란 것은 끊임없이 변화하고 계속해서 운동하는 것입니다. 살아 있는 동안은 운동하는 거니까. 이 살아 있는 삶을 다루기 위해서 철학에서도 개진 방법, 진술 방법의 문제가 제기되고 있는데, 문학에 있어서도 형식 문제, 표현 방법의 문제는 굉장히 중요합니다. 천변만화, 변화하는 역동적인 삶, 노동하고 노동의 결과와 관련을 맺고 여기에서 희로

애락을 느끼면서 생존하는 민중의 삶, 살아 움직이는 사람과 사람들 간의 관계, 개인과 전체 간의 관계, 생태 · 환경과의 관계, 내면의 문제, 이런 것들의 복합을 표현하려고 할 때 그 형식은 마땅히 살아 생동하는 형식이 되지 않으면 안 될 것입니다. 살아 생동하는 문체가 되지 않으면 안 돼요. 그런데 이 살아 생동하는 문체로 잡는 데 있어서 역시 그 기초의 중심 가치는 민중의 생존이며 노동입니다. 계속 살아 움직이는 생명입니다. 그렇다면 인간 생활의 모든 가치와 문화, 문명 같은 것들은 민중의 생존이라는 가치를 위해서 집중되어야 하고 그 가치 위에서 판단되어야 할 것입니다. 그래서 철학도, 정치도 그 기초는 어떤 의미의 생물학이 돼야 하지 않나 생각합니다. 기존의 그런 틀 잡힌 생물학을 얘기하는 것이 아닙니다. 계속 변화하고 있는 그런 변화 속에 있는 새로운 생물학을 말합니다. 삶, 단순히 살아남는 것일 뿐만 아니라 창조적으로 삶, 자유롭게 삶, 통일적으로 삶, 공동체적으로 삶, 질적으로 성취하면서 삶, 해방하는 삶이, 이 민중의 삶이 기초가 돼야 한다는 것입니다. 그래서 예컨대 역사, 사회, 경제 등 모든 분야의 새로운 사회과학도 생물학적 방법론에 토대를 둔 사회과학으로 발전돼야 할 것 같다는 생각이 들어요. 사회라는 걸 하나의 고도로 복잡한 생물 현상으로 보는 것입니다. 그러나 그것은 유럽 생철학에서 보는 유기체론하고는 달라요. 오히려 '기론氣論'이나, 풍수에서 이야기하는 것, '신토불이' 사상 같은 것, 화엄 사상에서 이야기하는 것에 가깝습니다. 생물학적 방법론에 토대를 둔 사회과학을 이야기하니까 잘못 파시즘 쪽으로 오해하기 쉬운데, 그것과는 다릅니다. 파시즘의 사회유기체설은 인간의 몸의 구조를 사회에다 옮겨 놓아 머리와 동체, 지체 사이의 관계로 보는 것인데, 이는 파시즘에서뿐만 아니라 오늘의 유럽 그리스도 교회에서도 볼 수 있어요. 지체는 뇌수에 의해서 꼭 지도를 받아야 된다라는 것이 그쪽 유기체설이란 말입니다. 지도자론도 그런 식으로 나오고 있습니다. 그러나 내가 말하는 생물학적 방법론에 토대를 둔 사회과학의 경우에는 머리도 신체의 다른 부분과 더불어 한 몫에 불과하다는 것입니다. 뇌수가 그렇게 판단한다 해도 한 몫에 불과하단 얘기예요. 대뇌는 대뇌대로 별 한 개, 손톱은 손톱으로서 별 한 개, 다 그 역할이 아무리 적더라도 중요한 한 몫의 역할이라는 것입니다. 지금 지배하고 있는 것이 대체로 낡은 서양식 유기체설 비슷하니까 문체도 그와 비슷합니다.

우리가 정말로 민중 주체를 지향한다면, 그러니까 문체도 생동하는 문체, 새로운 차원의 생물학적 문체로 가야 될 것 같다는 이야기입니다. 그래서 『대설, 남』에서 그것을 시도해 본 것입니다. 『대설, 남』 구조를 보면 정자 세포 이야기가 나오는데, 이 조그만 세포 속에 전 중생의 수억천만 년의 역사가 압축되어 있습니다. 도솔천이 나오고 개벽 얘기가 나오고 미륵 배꼽에 들어앉아 좌선하는 것이 나오는데, 이 좌선하는 것이 순력巡歷하는 것입니다. 순력하면서 좌선하는 것인데, 이 좌선은 운천이라는 사람 속에서 진행되는 수만 년, 수천 년에 걸친 전 세계 민중의 역사입니다. 이렇게 복잡하게 진행됩니다. 그리고 다성적多聲的입니다. 이 소리 저 소리 막 나오지요. 그런 것들을 카니발 리얼리즘이라고도 하는 모양인데, 하여튼 이런 것들이 살아 있는 것의 구조입니다. 그런데 살아 움직이고 있다는 것은 물체라든가 무엇인가가 살아 움직이고 있는 것을 표현하는 것만은 아니고 생식 구조 같은 것을 전체적으로 포괄하는 것입니다. 생식 구조에서 보면 개체 발생 속에서 종의 발생이 반복되어, 한 올챙이의 발생 과정은 올챙이 종 자체의 전체의 진화 과정을 다 되풀이합니다. 한 아이가 태어나는 진행 과정을 보면 인간 종의 발생 과정을 되풀이할 뿐만 아니라 그 이전에 있었던 생물들, 포유류 단계나 파충류 단계나 이전에 있었던 생물들의 진화 단계를 다 반복한단 말입니다. 그래서 대뇌 피질에는 포유류적 기억이라든가 파충류적 기억의 축적 부분이 있다고 해요. 이렇게 생각한다면 살아 있는 사람 하나 안에 얼마나 복잡한 움직임이 있는가 이 말입니다. 실제로 우리 삶 자체가 그렇게 거미줄 속에서 움직이고 있는 것입니다. 그러니까 최소한도 생식 구조로 진행되는 것쯤은 생각해 봐야 되지 않겠느냐 하는 것입니다. 지금 유통되고 있는 문체 구조는 대체로 아까 기승전결 문제를 이야기했지만 객관적 관찰 구조입니다. 이야기 구조라 하더라도 관찰자가 따로 있어 가지고 사물의 움직임을 관찰하는 그런 식입니다. 과거의 여러 철학들이 사람의 구체적인 삶, 살면서 생기는 고통과 핍박과 눈물, 그리고 먹는 밥과는 아무 관계가 없는 그런 것들, 걱정 안 해도 좋은 것들을 다루는 귀족 철학자들의 향유물, 사유물이었던 것과 같이, 이제까지의 문학의 문체도 민요라든가 하는 민중 전승 예술 말고는 어떤 관찰자가 민중과 떨어져서 민중의 움직임을 정태적으로 관찰하는 그런 시각이었다는 것입니다. 그런 문체에서 크게 진전을 못하고 있습니다. 이 문제는 사실 민중의 사회적 삶의 틀, 제도가 유사 이래 근본적으로 크게 바뀌지 않은 점과 관련돼 있지요. '거기에 재떨이가 있었다. 그 재떨이에 담배를 비벼 끄면서 그는 눈을 번쩍 떴다' 계속 이런 식입니다. 그 사람의 움직임을 계속 관찰하고 있는 어떤 눈이 있는 거예요. 그런데 문제는 이 눈이 잘못됐다는 얘기가 아니고, 그렇게 움직이는 것을 말로 포착하는 객관적 · 전체적 파악 방식이 그 사람의 움직임을 단위 단위로 끊어 차곡차곡 냉동시켜서 챙겨 가지고 자기가 생각하는 주제를 감동적으로 표현하기 위한 건축 공사를 하고 있다는 점입니다. 그것은 살아 있는 실상을 살아 있는 실상대로, 움직이는 속에서 움직임을 파악하는 것이 아닙니다. 그런데 비해서 판소리는 주제의 발전이 있기는 하나 어떤 이야기나 어떤 장면이 나오면 그 장면에 연관되는 것은 다 튀어나옵니다. 다 그런 것은 아니지만, 이와 같은 것이 유기적으로 연관되어 있는 한 개체나 한 사태의 살아 있는 모습을 파악하는 방법의 한 좋은 예라는 것입니다. 사람이 살아 생동하는 것은 시장 같은 데서 잘 볼 수 있습니다. 시장은 아주 복잡하지요. 카니발 리얼리즘이란 것도 그런 것일 겁니다. 이를테면 장바닥, 시장에서 막 이거 사시오, 저거 사시오 하는 굉장히 생동감 넘치는 복잡한 것들을 표현하기 위해서 이 소리 저 소리 늘어놓는 것, 그런 것과 아까 얘기한 생식 구조 또는 민요 같은 것은 다 비슷한 것입니다. 전통적인 민중 음악에서의 음양 같은 것도 마찬가지입니다. 한 행이 위로 쳐올라가면 그 밑의 행은 반드시 밑으로 내려가요. 그 사이에 복잡하고 미묘한 전개가 있어요. 완자걸이나 잉아걸이 같은 것. 음양이 장단입니다. 장단을 통해서 음양을 표현합니다. 음의 연관이나 리듬도 다 그래요. 이런 변화 발전 때문에 민요나 판소리 같은 것은 굉장히 생동감이 넘칩니다. 우리나라 현대문학 속에서 외국 영향을 많이 받은 문체들을 보면 언어 자체가 살아 있질 않아요. 어떤 관념을 전달하기 위해서 수많은 언어들이 동원되고 있을 뿐이지 언어 자체가 살아 있지 않은 것입니다.

살아 있는 것을 살아 있는 양식으로 표현해야

—살아 생동하는 표현 양식으로 민요나 판소리를 특히 강조했는데 그중에서도 대표적인 것으로는 어떤 것을 들 수 있을까요? 이 같은 표현 양식은 다른 여러 문화 부문에서도 보편적으로 강조될 수 있을까요?

김지하 노동요 같은 것이 대표적인 것입니다. 반드시 앞의 후렴이 짧으면 뒤엔 길어요. 짧고 길고, 위로 치고 아래로 내리고 하여 노동의 기본 동작인 장단이 살아 있어요. 그런 데서 역동감이 오고 살아 있는 느낌을 줍니다. 살아 있는 노동, 살아 있는 노동의 신명의 움직임을 잡으려고 할 때는 그런 살아 있는 문체가 있어야 된다는 말입니다. 민요, 그리고 거기서 더 발전된 판소리 등은 우리가 준거해야 할 것으로 중요시해야 합니다. 문체는 단순히 문체로서만 끝나는 것이 아닙니다. 예술의 표현 문제로, 매체 문제로, 언론 문제로, 생성 중에 있는 새로운 사회적 삶의 틀의 문제로까지 확대됩니다. 말, 말의 사회적 기능은 결국 양식 문제, 사람이 사는 사회적 생존의 틀의 문제와 연결된 것이기 때문에 문학 장르, 예술 장르의 문제, 학문 방법론의 문제로까지 전부 연결됩니다. 살아 있는 양식으로 살아 있는 삶 자체를 표현하고 연구한다고 할 때 그것은 살아 있는 객체를 주체가 가만히 앉아서 파악하려고 하는 뉴턴Newton적 관측 방법이 아닙니다. 자기 자신까지도 그 속에서 살아 움직이는 자이면서 표현자여야 합니다. 주체이면서 객체이어야 한다는 말로서도 아직 부족합니다. 주관적 객관성의 생동하는 실천이어야 합니다. 그것은 현실적인 생명론의 요구에 의해, 그리고 새로운 시대적 요청에 의해 불가피합니다. 그것은 민중적인 예술이나 문화에 있어서 그것을 민중적이게 하는 가장 중요한 특징을 이루게 될 것입니다.

—살아 있는 문체, 살아 있는 양식이라는 관점에서 볼 때 그간의 민중문학이나 민족문학에서 주목할 만한 성과나 발전이 있었다고 볼 수 있을까요?

김지하　살아 있는 표현 양식과 대치되어야 할 것은 냉동 구조, 감금 구조입니다. 문체나 표현 양식은 그 시대의 지배적인 문화에 의해서 주어진 틀에 항쟁하고 있는 것입니다. 싸우고 있는 겁니다. 언어 자체가 싸우는 거예요. 몸부림치고 있는 것입니다.

과도기에 특히 그것이 잘 나타납니다. 반드시 어떤 뜻을 지시하는 말로 통용되었던 말이 그것을 표현하면서 동시에 다른 것을 표현하기 시작하는 때가 소위 혁명적 과도기입니다. 격동기예요. 이것은 언어의 산 신명이 언어의 냉동 구조, 감금 구조를 깨뜨리려고 하는 몸부림입니다. 요즘 보면 말이 이제까지 통용되어 왔던 지시 대상을 지시하는 것처럼 보이면서도 다른 것을 이야기하기 시작하고 있어요. 말의 혼란이 굉장히 심하고, 말에 그늘이 많아지고 있습니다. 그렇다면 지금 통용되고 있는 말이 갖고 있는 이중성, 즉 이것을 지시하는 것 같으면서도 다른 것을 말하려고 하는 것 등이 문체에서 잡혀야 됩니다. 살아 있는 문체가 아니면 이것은 잡혀지지 않습니다. 특히 풍자적 문체에서는 그것이 극명하게 드러나는데, 풍자적 문체가 아니라 서정적 문체라 하더라도 마찬가지입니다. 좁혀진 차원에서는 서정시에서도 그것이 잘될 수 있어요. 서정시에서도 비유와 은유로써, 이른바 표면적 문체와 이면적 문체 이 두 개를 같이 써서 어떤 뭉글뭉글한 '그 무엇'을 표현할 수 있어요. 특히 변동하는 격동의 시대일수록 이런 것을 잘 잡아내야 합니다. 이런 것을 언어 관계의 눈부신 변화 속에서 잘 잡아낼 때 살아요. 즉 언어의 냉동이 깨지면서 그 관계가 변하지요. 직접적으로 밀고 나가고 내용에만 의지하고자 했을 때 냉동 구조가 나옵니다. 그래서 요즘 젊은 시인들의 시를 보면, 내용은 이야기시로 변해 가면서도 시 자체가 가진 틀을 깨뜨리질 못하고 있어요. 서정시 안에서만 이야기적인 서사성을 회복하려고, 확보하려고 하니까 '……다' 형이 많이 나옵니다. 갔다, 했다, 나는 뭐다, 너는 뭐다, 이런 것들이 냉동 구조의 잔영이거든요. 하여튼 계속 운동하고 역동하고 있는 것을 역동적으로 표현하고자 한다면 문체에 대한 깊은 관심이 있어야 될 것으로 봅니다. 그래서 지금까지의 한국문학, 근대문학 연구도 문체론의 관점에서, 민중관의 입장에서 새롭게 접근해야 할 것입니다. 과연 민중문학이라 불렸던 것이 과연 민중적인 생활의 템포를 갖고 있었던 것인가도 물어 봐야 할 것입니다. 문체는 곧 작가의 미학적 견해의 직접적 드러남이며 바로 그의 세계관의 운동입니다. 그리고 그것은 바로 민중의 생활과 노동 템포의 반영입니다. 그 리듬, 그렇기 때문에 리듬은 거짓말을 할 수 없어요. 그것은 자기 생활의 템포를 반영하고 있을 뿐만 아니라 자기가 살려고 하는 어떤 방향, 의지, 지향과 관련되어 있어요. 그렇기 때문에 어떤 악질적인 친일파도 독립운동가의 혁혁한 생애를 쓸 수가 있어요. 그러나 내용은 쓸 수 있지만 문체로는 안 됩니다. 문체를 보면 그것이 사기라는 것이 드러납니다. 글쎄요, 너무 결정론적으로 이야기한 것 같은데, 예를 들자면 그렇다는 얘깁니다. 아무튼 민중문학, 민중예술, 모든 문학 장르, 매체 등에서 문체 혁명, 표현 양식의 혁명이 일어나야 합니다. 1970년대를 통해서 민중, 민족, 제3세계 문제에 대한 많은 논의가 나왔어요. 이 논의에서 모든 것이 결국은 삶의 문제라는 것까지 나왔으면서도 세계관의 문제로까지는 연결되지 않았어요. 문체 문제에서는 미학적 견해의 문제, 세계관의 문제가 반드시 제기됩니다.

민족문학의 전진 위해 민족 형식 문제 제기돼야

—그간 민족문학에 대해서는 논의도 활발하게 전개돼 왔고 또한 그만큼 많은 전진이 있어 온 것으로 보입니다. 민족문학의 당면한, 그리고 앞으로의 과제에 대해 말씀해 주시겠습니까?

김지하 민족문학에서 제일 과제로 생각되는 것은 민족문학의 형식에 대한 문제, 그 문제의 제기와 그 논의일 것입니다. 여기서 어떤 출구를 잡아야 돼요. 민족 형식의 문제는 공동체 논의하고도 연관이 있습니다. 그리고 특히 우리의 경우에는 다분히 민족 · 민중 이야기를 하면서도 거기엔 유럽 진보주의 쪽에서부터 온 사상적 영향이 굉장히 짙게 깔려 있습니다. 이런 것들은 민족 형식 문제에서 반드시 잡혀 올라올 것입니다. 그런가 하면 아까 민중적이다, 민요다 하고 이야기했는데, 이런 것 안에 들어 있는 잠재적 세계관 등은 상당히 농업적인 것과 관련이 있습니다. 농업적인 것, 농촌공동체적인 것, 농민적인 것과 관련이 있어요. 반드시 농민적이라고 못 박을 수는 없는 것이지만. 그리고 오늘날의 도시 산업사회에서의 민중의 삶을 보는 데 있어서도 유럽 진보주의의 시각에서 보는 관점이 있고 그렇지 않은 관점이 있을 것입니다. 그러므로 민족 형식 문제는 반드시 제기되어야 합니다. 이 민족 형식 문제는 아까의 문체 혁명과도 관련이 있고, 문체 문제와 민족 형식 문제는 공동체 문제와 반드시 관련이 있다고 봅니다. 그리고 그것은 민중의 생명의 세계관과 반드시 관련이 있어요. 그래서 민족문학의 이제부터의 가장 큰 과제 중의 하나는 민족 형식에 대한 논의를 활발히 진행시켜야 되는 것으로 보는 것입니다. 민족문학은 지난날 많은 성장을 이룩했고 양적인 확대를 성취했습니다. 그것은 민중 주체의 민족문학으로까지 나아갔는데, 민중 주체의 민족문학이란 구체적으로 어떻게 창조되어야 하며 어떤 미학적 견해 위에서 창조 방향이 잡혀야 되느냐가 모색되어야 합니다. 중요한 것은 민중 주체의 민족문학이라는 명제만을 되풀이하는 것이 아니고 민중적 민족문학이란 문학이요, 예술이요, 문화이기 때문에, 그리고 창조되고 향수되는 살아 있는 관계이기 때문에, 살아 있는 관계를 규정하는 세계관, 즉 미학적 견해가 필요하게 되는 것입니다. 그 미학적 견해를 찾는 과정이 바로 민족 형식 논쟁입니다. 그러니까 계속해서 자꾸만 명분만 제기하거나 명제만 되풀이하지 말고 민중 주체다, 노동자다, 농민이다라고만 하지 말고, 실제로 문학에 있어서 민중적 세계관이 어떻게 투영되는가, 또 어떻게 표현되는가, 또 어떻게 유통되는가, 또 유통 과정에서 어떻게 창조적으로 고쳐지면서 확대돼 나가는가, 유통 확대되면서 민중적 삶과 민중의 세계에 대한 견해를 변화 · 발전시키는가, 이런 전체를 규정하는 미학적 견해가 나타나야 하는 것입니다. 미학 문제의 제기가 필요해요. 잘된 거냐 잘못된 거냐 내용만 가지고 자꾸 얘기하고 있으며, 격렬성이니 민중적인 어떤 너그러움이니 이런 막연한 이야기만 자꾸 하고 있어요, 내용만 가지고. 그것은 진정한 의미에 있어서의 민중 주체의 지각적인 문화적 성취라고 보기가 힘듭니다. 그러니까 중국의 경우에도 민족 형식 문제가 나왔습니다. 반드시 제기되지요. 민족 형식 논쟁을 통한 미학적 견해, 민중적 미학적 견해의 탐색, 이것이 중심 과제라고 봅니다.

민족통일은 보편적 생존의 통일에서 성취

—민족 분단은 우리들의 모든 현실적 삶을 분단해 놓고 있는 우리 민족의 고통의 연원이므로 민족통일 문제는 우리들의 최대의 과제입니다. 김 시인의 생명의 세계관의 시각에서 볼 때 우리의 분단 문제, 민족통일 과제는 어떻게 설명될 수 있으며 또 어떻게 실현될 수 있다고 보십니까?

김지하　우리의 분단은 반생명적인 죽임의 세력, 그 세력의 힘의 현실적 축성체로서의 제국주의, 식민지주의, 신식민지주의, 사회제국주의, 패권주의가 만들어 낸 산물입니다. 그러므로 분단 문제는 정말로 제3세계적인 시각으로부터 보아야만 됩니다. 그리고 '보편적 생존의 통일'이라는 생명론의 관점에서 볼 때 민족통일의 필연성은 더욱 분명하게 인식됩니다. 생명운동은 기본적으로 분해된 인간, 부서진 인간의 보편적 생존의 통일을 실현시키는 것입니다. 잘리고 해체되고 찢어진 인간은 그날그날의 생활 속에서 보편적 생존의 통일을 요구하는데, 이 보편적 생존의 통일이야말로 인간의 모든 삶에 있어서의 최고의 요구이지요. 이 같은 생명론을 우리의 민족적 차원에서 전개하면 그 목표는 당연히 민족통일이 됩니다. 민족을 하나의 단위 생명체라고 볼 때 그 생명체는 도저히 분단되어서는 살 수 없는 것입니다. 민족은 눈에 보이는 것만이 아니라 공통의 문화적 추억, 공통의 문화적 유산, 공통의 말과 역사를 갖고 있어요. 뿐만 아니라 하나로 연결되어 있는 국토에서 하나의 생태계 속에서 교호 작용을 하면서 살아 오고 있습니다. 이것을 어거지로 끊어 놓은 것이 분단입니다. 끊어 놓았다고 하지만, 그러나 실제로는 끊겨 있는 것이 아닙니다. 생명론의 입장에서 본다면, 혹 환상적이라 볼지도 모르겠으나, 민족이라는 생명체 그 자체는 파괴당하고 고통을 당하고 있을망정 실제로는 완전히 끊어진 것이 아닙니다. 아직도 계속 서로 왔다 갔다 하고 있어요. 철새와 나비와 벌 떼와 개미들과 고기 떼들이 왔다 갔다 하듯이. 북쪽에 부모를 두고 온 사람은 살아 있을까 죽었을까 늘 부모 생각을 한단 말입니다. 감정이나 생각이라는 생명이 왔다 갔다 하지요. 우리 민족이 통일되기 위해서는 우리의 현실적 삶, 그 자체에서 우러나온 통일 철학, 통일 사상이 필요합니다. 생명의 세계관은 찢어진 인간의 보편적인 생존의 통일을 요구하므로 생명 사상은 통일 철학과 하나로 연결됩니다. 거듭되는 이야기입니다만, 보편적 생존의 통일을 성취하는 과정이 민족통일이라고 생각합니다. 단순히 남북 간에 전쟁을 하지 말자든가 정부 대 정부의 차원에서 왔다 갔다 하는 것만으로 되는 그런 통일이 아니고, 보편적 생존의 통일이라는 그런 엄청난 철학적인 대명제를 실현시키는 것이 통일입니다. 그런 통일 철학이, 통일 사상이 제시돼야 되고, 그런 통일 사상에 입각해서 통일의 방법론, 통일을 위한 민중운동의 전략과 마음 자세, 마음가짐이 형성돼야 합니다. 보편적 생존의 통일이라는 기본 가치 위에 선 통일 철학과 통일 사상, 통일 운동, 그것은 바로 생명운동입니다. 이런 가치관 위에서 분단을 다시 보아야 하며, 분단을 지향하며 분단을 고정시키고 유지하려고 하는 모든 세력과 모든 표현에 대해서 날카롭게 비판하고 저항하는 시야가 열려야 합니다. 또 통일을 늘 이야기하면서도 실질적으로는 분단을 유지시키고 있는 가짜 통일론에 대해서도 경계를 할 수 있는 시각이 열려야 합니다. 또 통일 얘기만 허구한 날 해 대면서 실제로 통일에 대해서는 아무런 생각을 하지 않는 데 대한 경계, 즉 속셈을 읽을 수 있는 눈을 갖추어야 합니다. 이런 과정 전체가 통일 운동이라고 보아야 합니다. 어느 날 갑자기 만나고 왔다 갔다 하는 그런 것이 아니고, 보편적 생존의 통일을 이룩하는 것이 민족통일 운동입니다. 그러므로 찢어지고 파괴된 삶, 분열되고 분단되고 뿌리 뽑힌 일상적 삶 속에서 보편적 생존을 통일시키려는 모든 노력과 운동은 민족통일 운동과 연결됩니다. 공해, 고문, 억압, 기만, 세뇌, 파괴, 폭력, 수탈 등은 모두가 우리의 삶을, 생명을 파괴하고 찢어 놓는 것이기 때문에 이 모든 것에 맞서 생존을 지키고 생명을 생명답게 유지하려는 노력은 보편적 생존의 통일이라는 점에서 민족통일과 그대로 연결되는 것입니다. 그러므로 공해 추방, 고문 반대, 유기농법, 자연농법의 회복, 쌀 생산비 문제의 해결, 저곡가 · 저임금 문제의 해결은 결코 민족통일 운동과 무관한 것이 아닙니다. 인간은 자유롭게, 통일적으로, 연대적으로 살게 되어 있으며, 소외노동이 아니라 해방노동을 하게 되어 있으며, 창조적 순환 속에서, 확대재생산 속에서 살게 되어 있습니다. 죽임의 세력에 의한 보편적 생존의 파괴에 맞서 생명을 회복시키자는 것, 회복하되 창조적으로 회복시키자는 것이 생명운동입니다. 한 개인의 경우만이 아니라 한 사회에서의 삶의 회복, 자유롭고 통일되어 있는 살아 있는 사회로의 회복, 공동체적이면서도 해방이 성취된 해방 공동체의 건설, 다양하면서도 서로 아우러지는 그런 사회를 건설하려는 것이 생명운동입니다. 민족적인 단위에서의 이 같은 보편적인 생존의 통일이 민족통일입니다.

—민족 분단의 극복이 그토록 절실히, 시급히 요청되는 것은 민족 분단에 의해 우리의 모든 삶, 총체적 삶이 분단되고 왜곡되기 때문이라 생각되는데, 김 시인은 이를 생명의 원리라는 관점에서 보는군요.

김지하 그렇습니다. 분단은 가장 큰 죽임이지요. 그러니까 가장 큰 살림이 통일인데, 그것은 어느 날 갑자기 이루어지는 것이 아니고 매일매일의 보편적 생존의 통일이라는 큰 목표를 일상적으로 실천하는 것, 그래서 일체의 보편화되어 있는 분단, 보편화되어 있는 죽임, 보편화되어 있는 분열, 이것과 대치하면서 계속 이를 민중적으로 극복하려고 노력하는 가운데서 성취될 것입니다. 나는 이 과정이 바로 구체적이고 일상적, 실천적인 통일 운동이라고 봐요. 분단이 우리 안에 들어와 있다고 한다면 분단과 공해 문제는 다른 것이 아닙니다. 하나입니다, 하나. 하나의 죽임의 세력이 만들어 낸 것입니다. 지식인들이 문제를 갈래갈래 찢어가지고 따로따로 분류해 놓았다가 다시 모으곤 하는데, 민중적인 입장에서 문제를 보는 시각은 총괄적입니다. 다 죽임이요 분단입니다. 분단은 갈라져 있는 상태가 아니라 계속 열전을 전제로 하는 것입니다. 뿐만 아니라 분단 그것은 살해의 기초 심리인 증오를 계속 매일 불어넣는 과정이에요. 증오의 양성, 유지는 상대방을 파괴하는 기초 심리 조성 과정이며 동시에 살해 과정입니다.

증오하는 순간 이미 살해 과정에 들어가는 것입니다. 이 엄청난 생명 에너지의 손실, 소모인 증오에서부터 어떻게 해방될 것이냐. 그러니까 우리는 단순히 갈라져 있는 것이 아니라 계속해서 열전하고 있어요. 증오라는, 상대를 살해하는 과정에 들어감으로써 자기 자신도 살해하고 파괴시키고 있어요. 즉 생명론의 입장에서 보면 타방과 나를 완전히 갈라 놓고 이쪽이 저쪽을 때려잡는 것은 바로 자기 생명을, 자기의 큰 생명 자체를 소모 파괴하는 것입니다. 그것이 모든 곳에 만연되어 있기 때문에 생명운동은 모든 방면에서 일어나야 합니다. 이것이 민족 차원에서는 바로 통일 운동이지요.

민족통일 위해 통일 사상 마련돼야

—보편적 생존의 통일이란 말을 좀 쉽게 설명해 주시겠습니까?

김지하 부서진 인간, 분해된 인간에 있어서 무엇보다 요구되는 것은 통일입니다. 생존의 통일입니다. 즉 주관과 객관 사이에, 욕구와 충족 가능성 사이에 분열과 분해가 수없이 일어나고 있어요. 자기는 이리 가고 싶은데 현실적으로는 저리 가야 돼요. 이런 속에서 사는 만큼 지금 이 사람들에게 요구되는 것은 자기의 지향과 현실적 삶 사이의 통일입니다. 이런 것 전체를 보편적 생존의 통일이라고 해요. 이것을 또한 민족적 차원에서 볼 필요가 있습니다. 우리나라의 민족통일 운동은 바로 보편적 생존의 통일을 깨뜨리는 전 지구적인 죽임의 세력에 대한 저항이기 때문에, 전 세계적인, 전 인류적인 차원에서 볼 때 그 죽임의 세력에 의해서 죽임 당하고 있는 사람들의 생명 회복의 운동 그 자체입니다.

민족통일 문제는 일상적이고도 장기적인 우리나라 민중의 특수한 문제이면서도 전 세계적인 보편성을 가진 문제란 이야기지요. 보편적 생존의 통일이라는 그 초점을 통해서 보면, 우리의 민족통일 운동과 지금의 전 제3세계, 전 세계의 민중적 생존이 당면하고 있는 문제의 해결은 같은 맥락에 있는 것입니다.

—통일을 이룩하기 위해서는 통일 사상이 있어야 한다는 말은 매우 중요한 이야기라 생각합니다. 김 시인은 이 통일 사상이 생명 사상을 기초로 해서 나와야 한다고 보는 것인가요?

김지하　보편적 생존의 통일이란 관점에서 통일 철학이 나와야 돼요. 통일이야말로 철학이 해결해야 될 긴급한 문제라고 봅니다. 생명의 관점에서 우리의 민족통일은 바로 보편적인 인간이 자기를 구원, 해방하는 길이라는 관점이 마련되어야 합니다. 그러면 모든 분단의 세력, 죽임의 세력에 대한 아주 비판적인 안목이 서게 될 것입니다. 우리가 지금 살고 있는 생활 가운데서 통일을 가로막고 있는 것들이 하나하나 지적되어 제거될 수 있는 길이 열릴 것입니다. 우리는 증오하고 있어요. 우리도 모르게 지금 증오하고 있는 것입니다. 자기 몸의 반쪽인데도 그 반쪽을 자기와는 아무런 상관도 없는 것으로 보는 것입니다. 그러니까 불구자입니다. 정신적으로 평형이 깨져 버린 불구자인 셈이지요.

—이와 관련한 통일 운동의 방법 같은 것에 대해서는 어떻게 생각하십니까?

김지하　모든 것이 통일 운동 아닌 것이 없다고 생각해요. 누구나가 다 통일 문제와 관련하여 자기 삶의 과제를 갖고 있어요. 통일이야말로 바로 자기 삶의 회복이요, 삶의 확충이기 때문입니다. 보편적 생존의 통일이란 말은 그래서 쓰는 겁니다. 그렇게 됐을 때는 모든 사람의 일거수일투족, 밥 먹는 것, 옷 입는 것, 뛰는 것, 삽자루로 파는 일 자체가 통일 운동으로 가게 됩니다. 그렇게 되기 위해서는, 그리고 전 민족이 통일을 향해 나가는 활동으로 자기 일상생활을 한 단계 더 높여서 보게 하기 위해서는, 자각적으로 그렇게 하기 위해서는 새로운 시야가 열려야 한다고 생각합니다. 생명론이란 것은 바로 거기서 출발했다고 보아도 좋아요. 통일 운동과의 연관 속에서 자기의 삶을 보는 새로운 시야가 열릴 때 통일 운동은 전 민중적인 일상적인 운동이 될 것입니다. 이것이 하나의 사상으로서, 방향으로서, 세계관으로서, 통일 철학으로서 민중에게 주어져 민중운동이 일어난다면 모든 문화가, 문예들이 그걸 표현하게 될 것입니다. 이것이 통일 운동 아니겠어요? 그럼 굉장히 할 일이 많아요. 각 방면에서, 그리고 모든 사람이 다 통일 운동 할 수 있어요.

지식인은 민중의 일부 역할을 놀 뿐

—김 시인의 생명 사상을 사회적 관점, 제3세계적 관점에서 보면 핵심은 민중 주체 사상인 것으로 이해됩니다. 억압받고 수탈당하고 소외당함으로써 삶(생명)을 가장 고통스럽게 파괴당하고 있는 것이 민중이기 때문이며, 또한 민중이야말로 노동을 통해 사회적 생산에 가장 크게 기여하는 생산 주체이기 때문일 것이라고 이해합니다. 이 민중과 지식인 간의 관계에 대해서는 논의도 많았고 또한 논쟁도 적지 않았던 것 같은데, 김 시인은 이에 대해 어떻게 생각하고 있는지요?

김지하　민중 주체다, 민중 시대다 하면서도 지금까지의 운동을 보면 지식인이 지도자가 되어 민중을 지도하는 지도자 중심으로 전개돼 나온 것 같습니다. 어떤 운동이 지도자나 혁명가 중심이 되어 그 지도자가 민중을 조직 · 동원하는 방식으로 전개되었을 때, 민중은 결국 나중에는 피동적으로 운동이나 사태를 구경하는 관망자의 입장으로 떨어지게 됩니다. 가령 중국에서의 태평천국운동을 보면, 처음엔 민중이 매우 자발적으로 전투에 참가하지만 홍수전이 왕이 되고 모두가 충왕, 서왕, 동왕이 되었을 때는 왕에게 감사만 하지 뛰어드는 적극성 같은 것이 후퇴해 버리고 말아요. 처음 태평군이 제시했던 토지제도도 나중엔 후퇴해 버려 지주하고 다시 타협하고 그러면서 현실적인 정책을 시도합니다. 하여튼 어떤 운동이 지도자 중심이 되어 버리면 처음엔 적극적으로 참여하던 민중이 뒤로 물러나 보고만 있게 되는 것입니다. 나는 이런 것들이 동양의 경우 유가儒家 사상과 많은 관련이 있다고 봅니다. 유가적 민중관, 유가적 관료주의와 밀접한 연관이 있다고 생각하는 것입니다. 동양의 자유주의자나 마르크스주의자들 가운데는, 그렇지 않은 사람들도 있지만, 이 같은 유가적 민중관을 갖고 있는 사람들이 많이 있습니다. 지도자가 민중을 이끌어 선정을 베푸는 것으로 보는 것입니다. 우리나라의 민족주의자들 가운데도 많은 사람들이 대체로 국사國士, 선비 지도자들이었는데, 이것은 오랜 유가적인 전통과 절대 무관하지 않습니다. 해방 이후의 지도자들을 쭉 보세요. 의연히 양반 지식인 중심입니다. 아무리 혁명을 떠들고 민중을 떠들더라도 대개 다 국사 의식, 지도자 의식을 갖고 있었어요. 이런 것이 유가적인 전통을 물려받은 것입니다. 어떤 점에서는 나 자신까지도 비판받아야 돼요. 그렇게 변혁을 외치는 사람들도 술집에 가면 여자들을 희롱하고 괴롭힌단 말이에요. 옛날 훌륭하다는 선비들하고 다를 것이 뭐 있습니까? 기생 끼고 앉아서 고담준론이나 하고, 이런 것이 별로 모순으로 안 느껴지는 겁니다. 역사적으로 보면 이른바 지도자라는 사람들은 성군, 훌륭한 선비, 훌륭한 관리가 백성을 긍휼히 여겨서 끌고 나가야 한다고 생각해 왔는데, 아직도 이 같은 태도에서 크게는 못 벗어나고 있는 것 같습니다. 그러니까 기왕에 민중 주체란 말이 나왔다면 이젠 좀 심각하게 생각해 봐야 합니다. 민중 주체에 대해서는 생산 주체다, 고통 주체다, 저항 주체다, 생명 주체다 하는 등 온갖 얘기가 다 나오고 있는데, 하여튼 민중 주체라 하면 분명히 중심이 이동된 것이며, 그렇다면 민중을 보는 눈이 근본적으로 달라져야 할 것입니다. 커다란 생명론에 입각한 관점에서 본다면 지식인은 한 사회에서 한 몫을, 한 기능을 담당하고 있는 데 불과합니다. 지식인이 지금 당장은 아무리 돌출부로서 지도적 기능을 가지고 있고 앞에 나가서 외치고 있다 하더라고, 외치는 그 자체가 자기의 밥 먹는 몫에 지나지 않는 것이라고 보지 않으면 안 됩니다. 그래서 지식인과 민중이란 것을 지도하는 기능과 지도받는 기능, 끄는 기능과 끌려가는 기능으로 잘못 보는 고정적인 생각에서 벗어나려고 애를 써야 할 것 같아요. 이것 역시 어려운 문제임에 틀림없습니다. 내가 자주 쓰는 말이지만, 자크 마리탱의 이른바 '비극적 필연'이란 말이 여기에 해당됩니다. 민중 자신이 스스로의 힘에 의해서 해방되는 것이 가장 바람직하나 민중 자신은 어떤 역사 시대에도 항상 지도자와 희생자를 원해 왔다는 말입니다. 그래서 민중은 지도자를 만들어 냈습니다. 이래서 비극적 필연이란 말을 쓰게 된 것으로 압니다. 그러나 이 비극적 필연이 문자 그대로 비극적 필연이라 하더라도 지식인 자신은 자기가 지도자라는 의식을 끝까지 자꾸만 버리면서, 자기를 비우면서 민중의 한 일부의 역할을 놀 뿐이라고 생각해야 합니다. 새들이, 철새가 날아갈 때 보면 대형을 짓습니다. 여러 마리가 기역 자 모양으로 대형을 지어서 날아가는데 돌출부의 맨 앞에 가는 것이 지도자입니다. 그러나 그것은 왕이 아니에요. 다 똑같은 새입니다. 다만 그것이 자기의 한 기능을 놀 뿐인 것입니다. 이렇게 본다면, 보다 탕평적이고 고른 화엄적 관점에 선다면, 지식인과 민중의 이분법적 사고에서 넘어설 수 있는 길이 있지 않겠는가도 생각합니다.

—오랜 시간 진지하게 말씀해 주신 데 대해 감사합니다.

변화무쌍한 한국*

* 미국 미시간 주립대 한국학 연구소 '2011 글로벌 코리아 어워드' 수상자 김준길 교수 수상 연설문.

신사 숙녀 여러분! 오늘 저는 비교 문화에 대한 이해와 한국학의 국제 교육 분야의 저명한 상賞인 글로벌 코리아 어워드를 수상하는 영예를 안게 되었습니다. 이번 기회에 한국, 다시 말해 한국의 역사에 대한 저의 견해를 밝히고 싶습니다.

6월에 저는 노스캐롤라이나 주에서 태어나 그곳에서 자란 여섯 살 난 손자와 또 제 아들과 함께 한국으로 왔습니다. 제 손자는 각종 차들이 무적의 로봇으로 변신하는 최근 개봉작 〈트랜스포머〉에 푹 빠져 있었습니다. 저는 할아버지 노릇을 제대로 하려고 손자에게 〈트랜스포머〉에 나오는 주인공 로봇들을 사 주었습니다. 손자의 장난감을 보는 순간 갑자기 한국의 대변화가 떠올랐습니다. 한국의 대변화는 20세기에 접어들면서 한국의 선지자와 같았던 강증산이 이미 예언한 바가 있습니다.

증산 강일순(1871~1909년)은 서학, 즉 기독교를 반대하며 외세 배척을 외치던 종교 조직인 동학의 젊은 추종자들 중 한 명이었습니다. 하지만 증산은 급진적인 성향을 띠었던 동학의 지도자 전봉준의 무장 봉기를 반대하고 세상을 구원하는 '도道'를 묵상하기 위해 남쪽 지방의 깊은 산에 몸을 숨겼습니다. 산에서 내려온 그는 세상을 개혁하고 균형 잡힌 사고를 통해 동서양의 문물을 아우르자고 사람들을 독려했습니다. 그의 추종자들은 이후 보천교, 증산도, 대순진리교라는 배타적인 종교 집단을 만들었지만, 저는 오늘날 한국 사회의 대변화에 대한 그의 식견에 주목하고 싶습니다.

당시 20세기 후반 한국의 분단 상황을 예견한 이는 없었지만, 증산은 한국의 대변화를 언급했습니다. 증산은 남한이 아닌 한국의 남쪽 지방을 언급한 것이었는지도 모릅니다. 1970년대 격정적인 삶을 살았던 시인 김지하는 1982년 출간된 『대설, 남』이라는 책에서 강증산의 이 같은 생각을 담아냈습니다. 그는 자신의 서사시에서 남한의 전라도에 있는 정읍을 "증산이 세상을 바꾸고 사람들을 해방시키기 위해 하늘에서 내려온 곳"이라고 풍자적으로 언급한 바 있습니다.

물론 제가 증산의 예언이 정확했다고 말씀드리는 것은 아니지만, 여러분이 과거의 한국을 기억하신다면 오늘날 한국이 얼마나 변모되었는지를 알 수 있을 것입니다. 한국은 후진 농경 사회에서 선진 공업국가로, 독재 체제에서 민주 사회로, 사람들을 직접 대면해서 소통하던 시대에서 세계 최대의 통신 강국으로 변모했습니다. 더군다나 이 같은 변화는 단지 수십 년 만에 이루어진 것이었습니다. 그것이 어떻게 가능했을까요? 전 세계에서, 특히 필리핀 같은 개발도상국에서 한국학을 연구하는 학자들에게 이 같은 질문은 중요한 것입니다.

역설적으로 들리겠지만 한국의 대변화는 일본의 식민 통치와 국가 분단이라는 한국 근대사의 두 가지 비극적인 사건에 기인하는 바가 큽니다. 만약 조선이 태국처럼 독립국가로 존속했다면 한국인들은 일본의 식민 통치라는 가혹한 시련을 통해 훈련받지 못했을 것입니다. 한국인들은 일본의 식민 통치하에서 더 발전하기 위해 고군분투할 수밖에 없었습니다. 사실 한국인들은 고집스럽게 자신들을 성장시킴으로써 식민지 압제를 이겨 냈습니다. 만약 한국이 제2차 세계 대전 이후 분단국가가 되지 않았다면 어떠했을지 상상해 보십시오. 한국은 냉전 시대에 공산주의 국가나 자본주의 국가가 되었을 것입니다. 공산주의 국가가 되었다면 소련의 위성국가 중 하나가 되었겠지요. 어떠한 동력 없이 자본주의 국가가 되었다면 한국은 오늘날 필리핀 같은 국가가 되었을 겁니다. 아이로니컬하게도 한국은 전례 없는 번영과 변모를 통해 분단 상황을 성공적으로 극복할 수 있었던 것입니다.

이 일이 어떻게 가능했을까요? 전통적인 동아시아 세계 체제에서 태평성대를 누리던 한국의 위상은 일본에 메이지유신 체제가 등장하고 서방 국가들이 간섭을 시작하면서 끝나게 됩니다. 1894년의 청일 전쟁과 1904년과 1905년에 걸쳐 발발한 러일 전쟁 이후 강대국들 사이에 끼어 있던 조선은 마침내 일본의 식민 통치하에 들어가게 되고 이후에도 36년간 식민 통치를 받게 되었습니다. 1905년 을사조약이 체결되던 날 애국심에 불타던 언론인 장지연은 그의 유명한 사설인 「시일야방성대곡」을 썼습니다. 그는 이같이 개탄했습니다. "천만 꿈 밖에 5조약이 어찌하여 제출되었는가. 이 조약은 비단 우리 한국뿐만 아니라 동양 3국이 분열을 빚어 낼 조짐인즉, 그렇다면 동아시아에서 평화와 안정을 지키려는 이토 후작의 본뜻이 어디에 있었던가? 그것은 그렇다 하더라도 우리 대황제 폐하의 성의聖意가 강경하여 거절하기를 마다하지 않았으니…… 슬프도다. 저 개돼지만도 못한 소위 우리 정부의 대신이란 자들은 4000년의 강토와 500년의 사직을 남에게 들어 바치고, 2000만 생명들로 하여금 남의 노예 되게 하였으니, 내 동포여, 살았는가, 죽었는가? 원통하고 원통하다! 동포여, 동포여!" 우리는 이 잊지 못할 문장에서 그분의 강한 분노를 느낄 수 있습니다.

당시 일본이 한국의 문화를 '야만적'으로 말살하면서 한국의 전통적인 자긍심은 땅에 떨어지고 말았습니다. 양반이라는 지식인 관료들은 죽음으로 이에 항거했습니다. 후에 독립군이 된 의병대는 국내와 해외에서 무장 항거를 하였지만 성공을 거두지 못했습니다. 국제사회에서 외교적인 노력도 기울였지만 모두 실패로 돌아갔습니다. 당시 강력한 제국주의 일본 세력으로부터 독립할 수 있었던 다른 방도가 있었던 것도 아니었습니다. 1919년 3월 1일, 마침내 한국인들은 「독립선언문」을 발표하며 전국적인 비폭력 무저항 운동을 통해 잔혹한 일제의 군정에 항거하고 나섰습니다.

그러나 한국인들은 3 · 1운동을 통해 진정한 독립을 얻지는 못했습니다. 일제는 평화적인 시위를 무자비하게 진압했습니다. 한국의 독립을 쟁취하기 위해 국내와 외국에서 경주해 온 군사적 · 외교적 노력은 성공을 거두지 못했습니다. 나중에 중국의 충칭으로 이전한 한국 독립의 정신적 지주였던 상하이 임시정부는 국제사회의 인정도 국내 정치 세력의 지지도 받지 못한 채 그저 망명한 독립투사들의 집단으로 전락하고 말았습니다. 심지어 1928년 소련의 코민테른도 1925년 결성된 한국 공산당에 대한 공개적인 지지를 철회했습니다.

그러나 3 · 1운동 덕분에 일본의 통치자들은 위협적인 군사 통치에서 유화적인 문화 통치로 식민 통치 방식을 바꾸어야만 했습니다. 한국인들은 차별을 당하기는 했지만 중등교육을 받을 수 있는 기회를 더 얻게 되었습니다. 한국의 일간신문을 통해 공교육을 접할 수 있는 기회도 늘어났습니다. 한국인들은 이런 기회를 결코 놓치지 않았습니다. 고등교육을 받을 때 숱한 차별을 당하고 식민지 사회에서 사회적으로 냉대를 받았지만, 한국인들은 일본의 통치자들과 개인적인 역량을 겨루며 경쟁에 나섰습니다. 한국인들은 이처럼 암울하고 고통스러운 식민지 시대에 미래의 변혁을 준비하고 있었던 것입니다.

1945년 8월 15일 한국이 일본의 식민 통치를 벗어나던 날, 더 비극적인 운명이 한국인들을 기다리고 있었습니다. 소련과 미국이 한반도의 북쪽과 남쪽을 각각 차지하게 되면서 한국은 38선을 경계로 나뉘게 되었습니다.

1945년 12월, 제2차 세계 대전 이후 한국 문제를 놓고 동맹국들 간에 최초로 열린 중대한 회담에서 모스크바 협정이 체결되고 이로 인해 한국의 분단 상황은 더욱 고착되었습니다. 하나의 통일된 한국에 동맹 4개국들의 신탁통치가 실시될 것처럼 알려졌지만 모스크바 협정에 따라 실시된 소련과 미국의 군사적 점령은 한반도 분단 상황을 지속시켰으며 미소공동위원회가 통제권을 쥐게 되었던 것입니다. 모스크바에서 미국의 국무장관 제임스 번즈는 동맹 4개국에서 선출된 판무관의 지휘 아래 10년 동안 통일 한국에 대한 신탁통치를 실시하자고 처음으로 제안했습니다. 그러나 소련은 통일된 한국의 신탁통치국 중 하나로 남아 있는 데 만족하지 않고 스탈린의 '일국사회주의' 원칙에 따라 분단된 북쪽에 절대적인 영향력을 행사하기를 원했습니다. 이에 따라 소련의 외상인 뱌체슬라프 몰로토프는 미소공동위원회의 감독하에 두 개의 한국에 5년간 신탁통치를 실시하자는 수정안을 내놓았습니다. 모스크바 협정은 자유 독립국가로서의 한국 대신 결국 공산주의 북한과 자본주의 남한이라는 완전히 다른 두 나라를 탄생시켰습니다.

한국의 분단은 남한과 북한의 지정학적 상황을 근본적으로 바꾸어 놓았습니다. 비무장지대 북쪽으로 통행이 불가능했기 때문에 남한은 하나의 도서島嶼 국가로 남게 되었습니다. 자원이 부족한 데다 10만 제곱킬로미터라는 협소한 영토에 인구가 과밀한 상황에서 남한은 해외무역을 통해 해양 강국의 대열에 합류하게 되었습니다. 부족한 쌀 생산만으로는 식량이 부족한 봄철에 보리로 연명한다는 의미의 보릿고개, 즉 고질적인 농촌의 기근 문제를 해결할 수 없었습니다. 따라서 산업화는 만연하던 농촌 지역의 빈곤뿐만 아니라 국가의 사회 · 경제적 발전을 위해 필수 불가결한 것이었습니다.

1960년대 남한에 박정희 독재 정권이 등장한 것은 우연이 아니었습니다. 10년간 지속된 이승만 정권이 무너지고 정치적 자유가 난무하면서 북한과 맞서고 있는 남한의 국가 안위가 위협받았을 뿐만 아니라 국가의 경제 발전을 위한 비전도 위협받았습니다. 자유롭게 정치적인 목소리를 내는 것보다 윤택한 경제적 삶을 더 원했던 사람들은 1961년 박정희 장군이 주도한 군사 쿠데타를 반겼습니다. 4차 경제개발5개년계획 기간 중 노동집약적 산업과 중공업을 통해 박정희는 남한의 산업화 기반을 닦았습니다. 이 때문에 박정희의 성장 모델은 싱가포르의 리콴유나 중국의 덩샤오핑, 말레이시아의 마하티르 같은 20세기 아시아의 독재 지도자들이나 베트남의 도모이 정책 입안자들에게 선망의 대상이 되었습니다.

역설적으로 들리겠지만, 남한의 민주주의는 1970년대 박정희, 그리고 1980년대 전두환 군사정권하에서 이루어진 경제성장으로 부유한 중산층이 늘어나면서 발전하게 된 것입니다. 독재 정권 시절 민주화운동을 이끌었던 김영삼과 김대중이라는 두 지도자는 1992년과 1997년 각각 선거를 통해 대통령으로 선출되었습니다. 1946년 이후 신생 독립국가 중 산업화와 민주화를 함께 이룬 국가는 한국이 처음입니다.

서울의 법률 회사에 다니면서 한국어를 모국어처럼 구사하는 한국통인 미국인 제프리 존스는 2000년대 초 한국인들에게 다음과 같은 질문을 던졌습니다. "여러분들은 한국이 선진국이라고 생각하십니까?" 응답자 중 90% 이상이 아니라고 대답했습니다. 그러나 존스는 한국은 분명 선진국이라고 반박했습니다. 왜일까요? 한국은 자동차, 선박, 전자 제품, 트랜지스터와 같은 문명의 5대 산물 중 네 가지를 생산해냈고 더군다나 조선造船과 트랜지스터 부문에서는 세계 1위를 달리고 있었기 때문입니다. 이 같은 나라가 선진국 대열에 들지 못할 이유가 어디 있겠습니까? 한국은 경제와 정치 면에서 선진국으로 탈바꿈한 것입니다.

1999년 베이징에 상주하는 일부 중국 언론인들은 중국 시장에서 한국인들과 한국 상품에 대한 인기가 높아지고 있다는 사실에 주목했습니다. 이들은 아시아를 비롯해서 해외 시장에서 한국의 대중음악과 텔레비전 드라마의 인기가 치솟는 현상에 대해 한류라는 신조어를 만들었습니다. 아시아를 비롯한 해외시장의 청중들은 한류, 특히 한국의 하이브리드 팝 뮤직에 열광했습니다. 한국의 전통적 리듬을 담고 있는 K팝 랩뮤직이 아시아뿐만 아니라 유럽의 청중들에게까지 인기를 끌고 있는 것이 한 예입니다. 한국은 미국의 대중문화를 한국산 혼성 문화로 변모시켰습니다.

또 한국은 21세기 통신 기술이 발달한 이래 세계 최대의 통신 강국으로 발돋움했습니다. 영토는 협소하지만 상당수의 국민들이 고등교육을 받은 한국에서는 오늘날 트위터나 페이스북과 같은 첨단 소셜 미디어 네트워크가 발달해 있습니다. 이로 인해 인터넷을 이용하는 소셜 미디어 청중들이 한국의 새로운 정치 세력으로 부상하고 있습니다.

2002년 대선 당시 정계의 이단아였던 노무현 야당 대선 후보는 소셜 미디어 네트워크 덕분에 자신보다 우세했던 여당 후보를 이길 수 있었습니다. 최근에는 자신이 개발한 컴퓨터 바이러스 백신을 무료로 배포한 전직 의사이자 컴퓨터 전문가인 안철수 씨가 2012년 대선 관련 여론조사에서 1위를 달렸던 박근혜 후보를 앞서기도 했습니다. 사회복지 프로그램을 남발하는 것과 같은 정치 포퓰리즘 때문에 야기된 유럽과 미국의 글로벌 금융 위기를 전 세계가 직면하고 있는 것을 감안하면, 한국이 소셜 미디어의 영향력을 체험했다는 사실은 많은 국가들에 닥친 민주주의의 제도적 위기에 대한 해법이 될 수도 있을 것입니다. 즉, 새로운 형태의 정치제도를 만들어 냄으로써 위기를 타파할 수 있을 것입니다.

변화무쌍한 한국은 21세기에도 변화를 거듭하고 있습니다.

감사합니다.

남
조
선
뱃
노
래

초판 발행 1985년 8월 1일
개정판 1쇄 인쇄 2012년 7월 5일
개정판 1쇄 발행 2012년 7월 19일

지은이 김지하
펴낸이 강병철
주간 정은영
책임편집 최민석
편집 박영숙 임자영 허원
제작 고성은 김우진
마케팅 조광진 장성준 박제연 이도은 전소연
E-사업부 정의범 조미숙 이혜미

펴낸곳 자음과모음
출판등록 1997년 10월 30일 제313-1997-129호
주소 121-840 서울 마포구 서교동 396-33번지
전화 편집부 02) 324-2347 경영지원부 02) 325-6047
팩스 편집부 02) 324-2348 경영지원부 02) 2648-1311
이메일 munhak@jamobook.com
홈페이지 www.jamo21.net
독자카페 cafe.naver.com/cafejamo

ISBN 978-89-5707-676-7(03800)